CHICAGO PUBLIC LIBRARY
R03113 90550

D0910893

DOS SIGLOS DE POESÍA MEXICANA

DEL XIX AL FIN DEL MILENIO:
UNA ANTOLOGÍA

Intemporales

DOS SIGLOS DE POESÍA MEXICANA

DEL XIX AL FIN DEL MILENIO: UNA ANTOLOGÍA

SELECCIÓN, PRÓLOGO Y NOTAS DE
JUAN DOMINGO ARGÜELLES

OCEANO

EDITOR: Rogelio Carvajal Dávila

DOS SIGLOS DE POESÍA MEXICANA
Del XIX al fin del milenio: Una antología

Eugenio Sue 59, Colonia Chapultepec Polanco
Miguel Hidalgo, Código Postal 11560, México, D.F.
☎ 5279 9000 📠 5279 9006
✉ info@oceano.com.mx

PRIMERA EDICIÓN

ISBN 970-651-488-0

IMPRESO EN MÉXICO / PRINTED IN MEXICO

ÍNDICE

SEGUNDA PARTE
EL SIGLO XX Y EL FIN DEL MILENIO

PRÓLOGO

I. Las antologías y sus destinatarios

Es ley del sentido común que para realizar una antología se debe tener conocimiento y procurarse información respecto del asunto. Mas es justo advertir, también, que todo ello junto no basta. Son importantes un gramo de inteligencia y otro de sensibilidad, y tampoco son suficientes. Porque a ello habría que añadir una serie de factores, subjetivos para unos y muy objetivos para otros, respecto de las obras y los autores incluidos u omitidos: el desprejuicio ante los prestigios y ante la falta de ellos; la plena valoración literaria de los escritos y la despreocupación por los presuntos valores políticos e ideológicos; el no dejarse impresionar por el peso de las simpatías y las antipatías, y quién sabe cuántas cosas más que hay que tomar en cuenta y que, en general, no podemos abarcar y que por ello, casi fatalmente, se confabulan, *en ausencia*, para que las más de las veces produzcamos una antología más, otra entre tantas o, lo que es peor, una que argumentando el gusto personal se entregue a la estéril tarea de incluir, como base, a hermanos, parientes, amigos y favoritos, sin preocuparse en absoluto por los lectores.

Tal ha sido el drama, a lo largo de la historia, de los antólogos: no poder escapar de alguna o algunas de estas imposiciones o aquellas limitaciones, dando como resultado la antología que será rebatida, desdeñada, atacada, insultada, aborrecida e incluso elogiada por quienes, de haberla emprendido ellos, la hubieran realizado, probablemente, muy similar a la que desdeñan o muy diferente a la que elogian.

El drama de las antologías es que, por desgracia, como una vez lo señaló Gabriel Zaid, quieren asumirse como el juicio final que es el cese de todo juicio y, por lo mismo, de todo posible diálogo. Con un concepto un poco más claro de la justicia, y de la modestia, las antologías deberían presentarse como propuestas mínimas de lectura para quienes, a partir de uno o unos pocos textos, especialmente atractivos o interesantes, puedan ir en busca de otras páginas de ese autor que tanto les llamó la atención o los sedujo de inmediato.

Y habrá que observar que no siempre los textos antológicos llevan a los lectores a otros igualmente atractivos de un mismo autor; a veces, por ejemplo, por lo que respecta a la poesía, hay autores con algunas piezas que se consideran antológicas *per se* y que son las mismas de siempre porque el dicho autor no dejó otras de la misma calidad. En este caso, se considera que incluirlas en una antología cumple con el buen propósito de ofrecerlas al lector para que al menos sepa dónde encontrarlas cuando las quiera releer y así renovar la experiencia del disfrute.

Hace poco más de tres décadas, Zaid sugirió un remedio luego de adelantar el diagnóstico acerca de una enfermedad que, más de treinta años después, sigue cobrando víctimas: "Hay que desmitificar las antologías, convertir ese deseo y terror del Juicio Final, en buen juicio dialogante, para no acabar sumidos a esa injusticia inherente, benévola o terrible de la Posteridad Absoluta. Pero no depende de uno solo. La sumisión está en el ambiente. Nuestros pequeños dedócratas literarios surgen de las expectativas colectivas. En cuanto se deja de creer en que hay auténticos lectores (y hay tan pocos), ¿en qué se va a creer sino en el Dedo Señalador? Desde esta perspectiva, hacer crítica pertenece a la peor especie de acto surrealista: sacar el Dedo y tirar contra la multitud. Lo pide el inconsciente colectivo, si no la porra. (¡A comprometerse, valientes! ¡Juicios! ¡Nombres!) Acaban por creerlo los críticos".

Para un antólogo, tratar con el pasado no significa tanto problema como la valoración del presente. Lo sabe todo el mundo, estamos condenados a no saber tomar distancia de nuestros contemporáneos, a quienes por tener demasiado cerca los encuadramos desde el prejuicio de las simpatías o las antipatías, la fuerza del prestigio o la aún más aplastante fuerza del desprestigio, la admiración o la animadversión, y toda una serie de condicionantes.

En uno de los más luminosos ensayos de su libro *Verdad y mentiras en la literatura*, el gran novelista y ensayista húngaro Stephen Vizinczey explica esta fatalidad del siguiente modo: "Podemos ver a los personajes desde una perspectiva clara si nuestro ego no está implicado en sus creencias y acciones, en sus hábitos y modo de vida; en otras palabras, si están alejados de nosotros en el tiempo y en el espacio. Puede haber grandes escritores contemporáneos, pero muy pocos grandes lectores contemporáneos; estamos demasiado inmersos en conflictos actuales, demasiado hipnotizados por las falsedades dominantes del presente, demasiado acostumbrados a lo que por casualidad está 'bien' o 'mal' en un momento dado, para poder alcanzar la perspicaz imparcialidad de la gran literatura".

A veces, como excepción, negando la preeminencia del gusto que muchos aducen como razón y fundamento de toda antología, aceptamos incluir aquello que nos disgusta, pero que consideramos necesario para un determinado tipo de lector que incluso podría no interesarnos salvo por el juicio adverso que verterá sobre nosotros. Tal fue el caso de Jorge Cuesta, en 1928, cuando incluyó a Amado Nervo en su *Antología de la poesía mexicana moderna*, a quien calificó de un modo devastador:

"Fue Nervo una víctima de la sinceridad; no sin ironía puede pensarse que éste fue su heroísmo. Nadie mejor que él puede servir de pretexto para meditar sobre esa antítesis que se ha hecho de la vida y el arte. Para quienes predican su deshumanización 'y que rompa las amarras que a la vida lo sujetan', el ejemplo de este poeta es un argumento valioso: el hombre, allí, acabó por destruir al artista."

Cuando lo desaprobaron por haber dicho esto, Jorge Cuesta dijo aun más. En una carta de respuesta a su cuestionador Manuel Horta enfatizó: "Encuentro que tanto Amado Nervo y Rafael López, que figuran en la antología, como Manuel Gutiérrez Nájera y José de J. Núñez y Domínguez que no figuran en ella, me parecen detestables poetas", y acto seguido, con magistral retórica, procedió a argumentar su compromiso con el interés y no tanto con el gusto. Así, al insistir en su apreciación sobre Gutiérrez Nájera y Nervo, remató con otra frase de desprecio: "Aquél no *vive* para mí, no atrae mi interés, y éste apenas cuando me esfuerzo y me violento. Y como siempre me parece un poeta inevitablemente mediocre, no debo de atribuir mi elección a la manifestación de mi gusto, sino, como también muy acertadamente se sospecha, a la conservación de mi interés".

A diferencia de Cuesta, otros argumentan lo contrario, y señalan que como se trata de *sus* antologías ellos están en todo el derecho de que antes que a ninguno sea a ellos a quienes les guste leerla. Por lo tanto, no incluyen *nada* que no sea el fruto de su gusto individual y soberano, y que el que quiera otra antología que vaya y que la haga y que si puede también la publique, pero que ésta es la suya y nada más la suya, que ello quede bien claro. Caso extraño de conclusión si consideramos que no se están refiriendo a su original o a su copia mecanográfica sino a la edición de al menos un millar de ejemplares más sobrantes para reposición.

He aquí algunos de los tropiezos y los dilemas de esta tarea. Y he aquí algunas de las soluciones que han encontrado los antólogos. Otra reflexión sería plantear, a manera de cuestionamiento, *qué es lo antológico y qué lo antologable*, porque el problema parece radicar en estos dos puntos donde muy pocos se ponen de acuerdo.

II. Lo antológico y lo antologable

Hemos visto, y la historia se repite cada día, que entre todas las posibilidades del antólogo para realizar su tarea hay dos posturas que son las más frecuentes: la primera, cada vez más desprestigiada, es darle un poco de razón al gusto popular; la segunda, cada vez más empleada, es negarle toda verdad a ese gusto colectivo y concederle la total autoridad al gusto único y personal, por arbitrario, limitado o prejuiciado que sea.

En los últimos años, y sobre todo a partir de la segunda mitad del siglo XX, la autoridad del gusto personal (que a veces se pretende justificar como objetividad científica) es la actitud más común de los antólogos. Se desdeñan así las preferencias populares con el argumento de que no todo lo que le gusta a mucha gente debe ser necesariamente bueno y que, en muchos casos, no sólo no es bueno sino inclusive pésimo.

Entre estas posturas encontradas de los antólogos, podría darse un término medio de equilibrar la apreciación estética lo más objetivamente posible y la preferencia histórica o de época que determina muchas veces que un texto permanezca vivo pese al tiempo que sobre él haya transcurrido. Este tipo de eclecticismo puede ser visto como un signo de pusilanimidad del antólogo, sobre todo por aquellos que consideran lo antologable como un deber egoísta de la soberanía personal.

El antólogo autónomo por excelencia, el que está pensando en los textos que a él le gustan y en los que él cree por encima de todo, supone, en ese arranque de severo optimismo en su favor, que habrá al menos, en una población de millones, tres millares, y acaso cinco, de lectores parecidos a él, que estarán encantados de encontrar una antología como a cada uno de ellos les hubiera gustado hacerla o, en su defecto, leerla.

Caso contrario el del antólogo ecléctico, pues piensa, con cierto pesimismo y no sin algo de razón, que no pueden ser tantos los lectores que posean un similar arbitrio y que, por tanto, habrá que conciliar entre lo "objetivo" y lo "popular" para que una antología responda verdaderamente a lo que buscan diversos lectores que, sin embargo, esperan encontrar en una antología las páginas (no siempre las mismas para todos) que quisieran releer.

A veces, en el colmo de nuestro optimismo individualista, justificamos nuestras inclusiones y les llamamos, pomposamente, *apuestas*. Se trata de textos que no son ni apreciados por la multitud ni prestigiados por la elite, pero que nos encantan a nosotros que somos los antólogos. Hay que preguntarnos cuántas antologías, a lo largo del tiempo, han conseguido hacer fructificar sus "apuestas". A veces se convierte en un experimento descorazonador el ir a revisar diversas antologías donde aparecen nombres de autores de los que ya nadie se acuerda, con textos que ya nadie lee y que probablemente sólo leyó con entusiasmo, en su momento, el antólogo que por ellos "apostó".

¿Quién cree hoy realmente que *Las cien mejores poesías líricas de la lengua castellana*, que canonizó, en su tiempo, don Marcelino Menéndez y Pelayo (1856-1912), son en efecto las cien mejores? De esas cien piezas elegidas por "el mejor crítico e historiador de la literatura que produjo España en el siglo XIX" (según el *Diccionario Oxford de la literatura española*), ¿cuántas han sobrevivido siquiera? ¿De veras se podía creer, entonces, que Federico Balart, Manuel del Palacio, Pablo Piferrer, Vicente W. Querol, Ventura Ruiz Aguilera, Eulogio Florentino Sanz, José Selgas y Gabriel García Tassara, por sólo mencionar a algunos ahí incluidos, había escrito, cada quien, al menos una de las cien mejores poesías líricas de la lengua castellana? Si don Marcelino Menéndez y Pelayo lo creyó realmente al llevar a cabo su crestomatía, el tiempo terminó por derrotarlo, precisamente por culpa de sus contemporáneos, porque, por el contrario, y como era de esperarse, no fue víctima de la equivocación (¡cómo podía serlo!) con autores como Gutierre de Cetina, san Juan de la Cruz, Andrés Fernández de Andrada, Luis de Góngora, Jorge Manrique, Francisco de Quevedo, Garcilaso de la Vega y Lope de Vega.

Ciertamente, le tuvo temor a la historia y, para protegerse —y para no comprometerse también—, excluyó de modo deliberado a los autores vivos, y hasta se disculpó un tanto por la parte del gusto individual que había puesto en su tarea. Para compensar ese sentimiento de culpa, explicó que había procurado "no omitir ninguna de las poesías ya consagradas por la universal admiración, ni dar entrada a ninguna que no tenga a nuestros ojos mérito positivo, aunque no siempre llegue a la absoluta perfección formal".

Que en su oficio de antólogo, don Marcelino temió el juicio de la historia, lo prueba el hecho de que, por si las dudas, se curó en salud: "Nuestra tarea era relativamente fácil tratándose del siglo XVIII, el más prosaico de nuestra historia literaria; pero se tornaba dificilísima respecto de la opulenta producción poética del siglo XIX, que sin ser superior a la antigua, como lo ha sido en Francia y en otras partes, ha continuado con nuevo espíritu la tradición de las formas líricas, las ha remozado a veces merced al impulso genial de los poetas y al contacto con extrañas literaturas y ofrece buen número de obras ya sancionadas por el común aplauso. En esta parte más que en ninguna solicitamos y esperamos indulgencia".

Y es aquí donde surgen las preguntas obligadas: los contemporáneos de don Marcelino, ¿en verdad fueron y eran importantes?, ¿objetivamente eran buenos?, ¿o sólo eran quizá los que impusieron, en ese tiempo, su prestigio doméstico? Aun quitándonos de suspicacias, a no pocos lectores les quedará la certeza, extemporánea, de que bien mirado, don Marcelino, que, por lo demás, no era poeta, tenía más bien pésimos gustos, como muy charros nos parecen hoy los gustos de la mayor parte de los antólogos que plantearon su crestomatía como si nunca se hubiese hecho una en el mundo y ellos estuvieran fundando la Villa Rica de la Antología.

Lo que la gente suele olvidar, con mucha facilidad, es que entre todas las cosas no hay peor gusto que el gusto mismo: un gusto que se modifica, a veces de la noche a la mañana, o que cambia radicalmente de un año a otro o de una época a otra, influyendo en ello las experiencias, las lecturas, los prejuicios, las simpatías y las antipatías o cualquier otra disposición o indisposición de ánimo que hace que los antólogos de entonces, ya no sean los mismos mañana.

El gusto popular, ciertamente, también se modifica y cambia de manera drástica, pero no hay duda que tiene un mayor margen de permanencia. En este punto es justo concederle la razón a Jorge Ibargüengoitia cuando dijo: "Ningún libro ha llegado a ser famoso por aburrido. Todos los libros 'consagrados' tuvieron un momento o muchos en que resultaron fascinantes para muchas personas".

Si el famoso "Nocturno", de Manuel Acuña, conocido popularmente (por su dedicatoria) como el "Nocturno a Rosario", fuera hoy impopular es bastante probable que ya no figuraría en antología alguna si ésta dependiera de las nuevas generaciones de antólogos que, con frecuencia, no sólo no reparan en el valor lírico de Acuña sino que incluso lo desdeñan, del mismo modo que desdeñan a Nervo, *por popular*, a Díaz Mirón, *por popular*, a Jaime Sabines, *por popular*, etcétera, y encumbran a algunos impopulares (*por desconocidos y no leídos*) que ellos creen que son magníficos amparados en el principio fundamental de que no son populares y que, por ello mismo, deben ser seguramente mejores. (Por lo general, el hecho de que sean mejores radica en el único e incontrovertible argumento de que son, ni más ni menos, sus amigos.)

¿Qué es lo antológico y qué lo antologable? En el universo de las antologías y de los antólogos aún no hay acuerdo en estos dos conceptos y es muy probable que nunca lo haya. Porque cada antología pretende erigirse como una piedra de verdad y como una roca de salvación en medio de las aguas agitadas de la confusión y la torpeza, y porque cada antología cree salvar para el mundo aquellas páginas que, supuestamente, no deberían extraviarse o perderse entre la inadvertencia de quienes no han sabido mirar ni mucho menos leer.

Por todo ello, la respuesta a *qué es lo antológico y qué lo antologable* tal vez debería considerar, antes que a nadie, a los lectores; pues si no es para ellos que se hacen las antologías, ¿entonces para quién?

III. Poesía e historia social en México en los siglos XIX y XX

Imponerse el deber de ser moderno, dijo Borges, es una obligación del todo superflua: "Ser moderno es ser contemporáneo, ser actual; todos fatalmente lo somos". Del mismo modo, por fatalidad, nadie escapa a ser nacional. Al igual que Borges fue argentino sin él proponérselo, de esta misma manera los poetas mexicanos fueron y son nacionales con o sin su propósito.

Una forma posible de la antología, que no deja de ser discutible, es proponer, desde el prólogo mismo, y con el carácter temático de los textos incluidos, una historia social de la poesía, en lugar de ofrecer al lector una imagen literaria, eminentemente lírica, marginalmente política, donde lo que prevalezca sea la poesía misma y no su contexto.

En la antología que privilegia la historia social, los autores y los textos se explican desde una perspectiva de política y de historia (como si el hecho poético estuviera supeditado al hecho social) en vez de presentarse, antes que nada, como un ejercicio gozoso de lectura. En la poesía mexicana, este criterio ha sido muy concurrido lo mismo para el siglo XIX —donde el elemento social y político está más estrechamente vinculado a la creación literaria— que para el siglo XX, pese a la intención muy concreta de algunos poetas principales de huir del tema social declarado y enfático.

Esto por lo que respecta a lo nacional, pero por lo demás, del mismo modo que los poetas mexicanos del siglo XIX fueron, fatalmente, mexicanos, de ese mismo modo ineludible fueron también modernos. Entre el ser contemporáneo de los poetas del siglo XX y el ser contemporáneo de los poetas del XIX no existe mucha diferencia. Los hombres de la Edad Media, se ha dicho, jamás supieron que vivían una Edad Media. Igual los mexicanos del XIX: ignoraron que vivían una etapa de transición hacia "la modernidad nacional", y no hubieran creído ser menos "actuales" que quienes los *relevarían* en el siglo XX.

Muy pronto, a la vuelta de unos años, las generaciones adultas serán consideradas por las más jóvenes como del siglo pasado, y muy pronto el siglo XX se convertirá (con todas sus candorosas supersticiones milenaristas incluidas) en la "época superada"; los "decimonónicos" (si es posible decirlo así, alterando lo temporal, nada más para poner el acento en la carga estigmática del concepto) serán entonces los del siglo XX y la modernidad (digital o no) será propiedad de los del siglo XXI. No deja de ser una ingenuidad pensar que somos mejores porque vivimos en un tiempo diferente, con "su progreso renombrado", diría desde hace muchos años Luis Cernuda. En esencia somos los mismos, y cada generación, con feliz inadvertencia, se afana (y se ufana) en cavar la tumba de sus padres como si estuviera fundando la historia y, gracias a ella, fuera a vivir por siempre.

Al revisar atentamente la historia escrita de la poesía mexicana, con frecuencia nos topamos con una especie de desdén, implícito o explícito, por la obra producida en el siglo XIX. Da la impresión de que algunos están convencidos de que la "mejor" poesía mexicana nace en el siglo XX merced a la Revolución y al Progreso. El abuso en el concepto de "modernidad", por lo demás ambiguo, acaba por definir la imposición nacionalista de un país que celebra haber salido del atraso y que luego institucionaliza su Revolución con el discurso del "progreso" y pretende incluir en ella a la poesía misma, aunque López Velarde siguiera contemplando con arrobo el pasado y lamentándose por el "edén subvertido". Ni la poesía del siglo XX es mejor que la del XIX, ni aquélla ha sido juzgada aún por el siglo XXI que, previsiblemente, también, en un discurso lineal y "ascendente" de progreso, se apropiará de la "modernidad" y de la "actualidad" y verá, si acaso con indulgencia, el pasado y sus vanguardias que tan decisivas nos parecieron a nosotros y que, con un abuso de la interpretación histórica, sólo serán entonces antiguallas.

En realidad, los poetas del siglo XIX mexicano no fueron menos modernos ni menos actuales que los del XX. Sus vanguardias (el romanticismo, el modernismo, el antimodernismo) no fueron menos vanguardistas que las del siglo que recién ha concluido (el surrealismo, el intelectualismo, el coloquialismo y todas esas rupturas de la tradición a las que constantemente se refirió Octavio Paz). En el abuso de su discurso casi antiestético, la historia social de la literatura mexicana llega a creer, no sin ingenuidad, que, en el siglo XIX, los neoclásicos y los académicos eran menos mexicanos que los románticos, pues éstos pugnaron por el nacionalismo y por la independencia cultural respecto de España, mientras que los otros seguían cultivando viejas formas, apegados (y apagados), por comodidad, al dominio español; pero lo cierto es que no tenían por qué entender, en su calidad de poetas, otra forma de ser mexicanos. Eran novohispanos bajo un concepto político y geográfico, y no tanto como una definición del espíritu; por ello, la mejor poesía de ese tiempo no es nada más un simple testimonio de la época: todavía se puede leer y disfrutar pese a los años que sobre ella han pasado. Ésta es una de las certezas que fundamentan la presente antología.

Si Martínez de Navarrete y Sánchez de Tagle eran imitadores de una estética, no menos imitadores de otra eran Quintana Roo, Fernando Calderón y Rodríguez Galván. La poesía y, en general, la literatura, se alimenta de influencias, propias y ajenas, y si el modernismo rompió con España y puso los ojos en Francia —igual que lo haría, muchos años después, la generación vigesimonónica de "Contemporáneos"—, en el caso de poetas posteriores, como Octavio Paz, su búsqueda está lo mismo en Francia que en otros países europeos (incluido España) pero también en Estados Unidos y en otras tradiciones sin que por ello sean menos nacionales ni más audaces. La poesía no es una cuestión de llegar primero, y ni siquiera de llegar a ninguna parte que no sea el poema mismo.

En una propuesta de lectura, que esto debería ser toda antología, y que esto pretende ser la presente, la poesía del XIX tiene momentos tan luminosos como la del XX, y ni siquiera es seguro que algunos prestigiados autores de hoy lleguen, mañana, a tener el peso poético de, por ejemplo, un Manuel M. Flores, un Manuel José Othón, o un José Juan Tablada, con todo y heráldica incluida, con todo y premios nacionales e internacionales, con todo y los prestigios que pueden ser tan efímeros de un siglo a otro. Falta el juicio del tiempo y la valoración continua de los lectores. No hay que creer demasiado en lo que nos dicen que *debemos encontrar* cuando leemos poesía; hay que creer, sobre todo, en lo que cada uno de nosotros *encuentra* cuando verdaderamente la leemos. (Con frecuencia, la tiranía de los prestigios y el temor al ridículo impiden a los lectores exteriorizar la certeza de que el rey va desnudo cuando, en efecto, no va vestido.)

Para entender el contexto (y nada más el contexto) en el que se desarrolla la poesía mexicana decimonónica, bien vale tener en cuenta lo que explica José Emilio Pacheco, en el prólogo de su antología de la poesía mexicana del XIX: "con fray Manuel de Navarrete acaba la literatura de la Nueva España sin que comience aún la poesía mexicana". Más aún: "Entre los últimos poetas novohispanos sólo Andrés Quintana Roo cruza las líneas y se afilia a la causa de Morelos que pugna por la igualdad racial, la abolición de privilegios y la restitución de tierras a los indios. Lizardi permanece en territorio realista aunque contribuye, dentro de sus limitaciones, a la empresa insurgente. La poesía no muestra nada que iguale a *El Periquillo Sarniento*, libro fundador de la novela mexicana aún antes de que exista la nación".

Como explicación del contexto en el que se crea la poesía del XIX, la valoración de Pacheco es del todo justa; lo demás es no perder de vista que la poesía, como tal, se deslinda de la historia y permanece o perece por sus propios valores, por la supervivencia o la caducidad de sus formas y por la eficacia de sus medios para transmitir y comunicar emociones que también son verdades. Así, por ejemplo, cada día que pase, *El Periquillo Sarniento* deberá enfrentar su supervivencia más como producto literario que como testimonio histórico, y si no lo consigue, entonces su valor será de otro tipo.

"En 1821 —advierte Pacheco— nuestra lírica padece una miseria en que tampoco tuvo parte. Porque todo se le dio hecho, hasta la blanda esterilidad o la exhortación engolada del neoclasicismo. A partir de entonces la idea de encontrar la independencia cultural obsesionará a los escritores [...] Según el sitio que ocupen en la organización social, los poetas sustentarán las ideas del liberalismo o del Partido Conservador, serán románticos o académicos. Hay intercambios y contaminaciones pero nadie permanece al margen. Por eso la mejor literatura mexicana anterior al modernismo resulta casi siempre la que no es en primera instancia literatura: el periodismo y la historiografía".

Si, con esta visión de continuidad antagónica, el romanticismo de Ignacio Manuel Altamirano se esfuerza por fundar la verdadera literatura nacional, y si Gutiérrez Nájera y Nervo y Tablada y Rafael López y Rebolledo se revelan contra lo autóctono desde su afrancesamiento modernista, entonces se comprueba la tesis tan famosa de Octavio Paz respecto de la tradición de la ruptura y las rupturas de la tradición. Sin embargo, no hay que perder de vista que el desarrollo de la poesía mexicana, como el desarrollo de toda literatura, no es lineal sino de sobresaltos, contradicciones y coincidencias (ideológicas y estéticas) que complementan una imagen cuyo rostro más fiel será el de sus logros artísticos y no tanto el de sus propósitos políticos. En este sentido, Altamirano no pertenece más a la literatura nacional que Tablada. Es el tiempo que pasa sobre una obra, y nuestra visión extemporánea que sobre ella tenemos, lo que nos hace pensar, a veces con demasiada insistencia, que lo decisivo de sus "revoluciones" fue el propósito y no el producto. A final de cuentas, el único valor de la literatura y, particularmente de la poesía, es lo que permanece por sus méritos artísticos inobjetables, y no lo que nos queda (memoria, anecdotario, chisme, documento) por sus rivalidades, sus manifiestos y sus proclamas.

La transición del XIX al XX ha sido vista por Carlos Monsiváis encarnada en la figura de Ramón López Velarde: "con él se consuma significativamente la agonía de algo que podría denominarse el 'siglo XIX mexicano', cuyo sentimentalismo se ve expresado en formas que al serles hostiles o ajenas lo desconocen y niegan". Vendrían después Alfonso Reyes y el ateneísmo. Por lo que respecta al anecdotario de las rivalidades, José Emilio Pacheco y Gabriel Zaid han documentado la animadversión mutua entre López Velarde y Reyes: el primero prefiere al segundo "fuera de la lírica" y éste lo satiriza en una fantasía calificándolo como "poeta de campanario". Mas para los fines de la poesía, son tan válidos los enemigos como los compañeros de viaje, de grupo, de generación.

Con esta imagen, donde lo que importa es la literatura, los Contemporáneos, con Villaurrutia, Cuesta, Gorostiza, Novo y los demás, reivindicarán lo mismo a López Velarde que a Reyes y a su vez serán atacados por los nacionalistas a ultranza bajo la acusación de ser unos descastados por preferir a Stendhal y no a Federico Gamboa; esos mismos nacionalistas trasnochados serán los que pretenderán descalificar a Reyes menoscabándole su mexicanismo por el grave pecado de abrevar en lo universal.

Vendrá después la generación de Taller (con Octavio Paz a la cabeza) que reivindicará a los Contemporáneos del mismo modo que las otras generaciones que estimarán unas veces y negarán otras a Octavio Paz, hasta llegar a nuestros días cuando *nacionalidad* y *nacionalismo* no significan lo mismo que en las primeras décadas del siglo XX ni mucho menos lo que significó (y por lo que tanto se peleó al grado de enfrentar a los poetas) en el siglo XIX. Hay batallas que ya no tienen que librarse y que incluso pelearlas constituye una beligerante ridiculez. Hoy priva el escepticismo (a despecho del "México, creo en ti") respecto de la virtud del que se siente ufano de ser mexicano y además, no conforme con ello, lo publica.

Todo esto es anecdótico y puede constituir el discurso de una historia social de la literatura mexicana. Lo cierto es que, para los fines del arte, lo que permanece y lo que verdaderamente importa es la poesía, más allá de sus pugnas y sus contextos. Lo cierto es que hemos llegado al final del siglo XX, y, para decirlo cursimente, a la agonía del segundo milenio, con una desazón muy parecida a la que fue consustancial a nuestros antepasados: las novísimas generaciones desconfían profundamente de las anteriores y prácticamente no leen a los poetas muy anteriores, ocupados como están en creer que las nuevas tecnologías y la era digital, y el siglo XXI tan mentado y el tercer milenio tan anunciado —en un afán milenarista que no deja de ser fanático, con perdón de la Edad Media— superarán toda expectativa y enterrarán, de una vez y para siempre, la anticuada visión de las letras nacionales.

La ingenuidad a la que se refería Borges sigue cobrando sus víctimas propiciatorias en espera de que, ineludiblemente, vengan los otros, los que aún no han nacido, a negar a sus antecesores en un continuo ejercicio intelectual de desprecio. Todos se imponen el estéril deber de ser modernos, sin querer darse cuenta de que, irremisiblemente, son modernos, como lo fueron los del XIX y los del XX, y como lo serán, en su cumplido tiempo, los del XXI.

IV. Esta (otra) antología

Nada hay peor en una antología que el antólogo lleve a cabo un ejercicio de desprecio contra sus antologados y contra sus lectores. En ese arranque de soberbia y arrogancia se concentra todo un afán estéril y una labor que significó más bien un padecimiento y no un placer.

La presente es una antología de divulgación, y en este término deseo centrar el argumento de su necesidad. A diferencia de antologías académicas o de crestomatías de grupos, sectas y cofradías, estas páginas se proponen entregar a los lectores —en medio millar de poemas— algunos de los momentos más significativos de la poesía mexicana a lo largo de los dos últimos siglos: desde los primeros años del XIX hasta los postreros del XX; desde el neoclasicismo y el academicismo hasta llegar a la época contemporánea (con un puñado de autores nacidos en la primera década de la segunda mitad del siglo que acaba de concluir), pasando por el romanticismo, el modernismo y los autores que, en la primera mitad del XX, una vez más se impusieron el deber, del todo superfluo, diría Borges, de fundar la modernidad mexicana. Para quienes creen en puntos de culminación decisivos, más allá de las propias obras, uno de esos momentos de la poesía mexicana contemporánea fue la entrega, en 1990, del premio Nobel de Literatura a Octavio Paz, indiscutiblemente, hoy al menos, el poeta mexicano de mayor universalidad.

Esta antología incluye a cien autores nacidos entre 1768 y 1961. Podrían ser más, difícilmente menos, pero establece sus límites en la cifra redonda de la centena, con la relativa certeza de que en sus páginas podrá encontrarse un fragmento importante de las obras más meritorias que ha dado la poesía mexicana durante este periodo. Entre los primeros años del siglo XIX, cuando publicó sus poemas Manuel Martínez de Navarrete, y los últimos del siglo XX, cuando se publicaron algunos de los textos nuevos de los poetas más jóvenes (Nelly Keoseyán, Silvia Tomasa Rivera, Jorge Esquinca, Sergio Cordero), abarcamos aproximadamente doscientos años que son también los que corresponderían, en la historia social, a la independencia política del país.

El orden es estrictamente cronológico (respecto del nacimiento y, en su caso, muerte de los autores) y no atiende a sucesión de escuelas y formas artísticas, pues en este punto se reitera como una obra de lectura, más allá de los preceptos académicos. Por tanto, este tipo de datos sólo se consigna, de manera tangencial y únicamente como referencia, en las notas biobibliográficas que han sido reducidas, también, a su mínima expresión.

A quienes creen que la poesía se acaba de inventar en el momento mismo en que comienzan a leer, habría que decirles que muy probablemente están equivocados. Es una inocencia pensar que antes de ellos no hubo nada, y que la obra de nuestros contemporáneos ha arrollado y acaso avasallado las páginas de los antiguos. Si estamos condenados a negar a nuestros padres y a desconocer a nuestros abuelos, el propósito de esta antología es, a todas luces, anticuado: pretende mostrar que antes de nuestros días también hubo poesía, y que esa poesía puede ser tan significativa, hoy al menos, como la que, anticipadamente, consideramos fundadora de *toda* la poesía, es decir la actual, la de nuestra época. En la poesía y en el arte en general los logros de una generación no anulan los de las precedentes. La historia de la poesía es lo menos parecido a la historia social, y pueden coexistir en nuestras aficiones admirativas y sensibles las épocas diversas y los más diversos nombres.

Siendo una obra de divulgación y siendo pensada para los lectores, asumo las consecuencias de su selección, pero no olvido señalar que dichas consecuencias deben considerarse desde un ejercicio ecléctico. No son los poemas que me gustan nada más a mí, ni los únicos que yo quisiera releer de los poetas mexicanos.

Incluyo aquí, siempre, poemas íntegros, con seis únicas excepciones (que, como tales, confirman la regla, y no alteran el propósito de la antología): breves fragmentos de un igual número de poemas extensos de Amado Nervo (*Perlas negras*), Rubén Bonifaz Nuño (*El manto y la corona*), Jaime Sabines (*Tarumba*), Víctor Sandoval (*Fraguas*), José Emilio Pacheco (*Las ruinas de México*) y Max Rojas (*El turno del aullante*), obras que en sí mismas constituyen libros que, de haberse incluido completas, hubieran rebasado, con mucho, las ya amplias dimensiones de esta antología. Tal criterio de fragmentación no lo empleo para los poemas extensos canónicos: *La suave Patria*, de Ramón López Velarde; *Muerte sin fin*, de José Gorostiza; y *Algo sobre la muerte del mayor Sabines*, de Jaime Sabines.

V. Agradecimientos

Los prólogos de las antologías son lo último que se lee, en caso de que se lean. No culpemos al lector; la sustancia no está en el prólogo sino en la obra misma, y este prólogo aspira tan sólo a que, en caso de que el lector desee explicarse el porqué de alguna inclusión o el sentido de la misma, recurra a estas páginas donde ojalá encuentre la respuesta a sus dudas. Cuando los prólogos parecen ser más importantes que las antologías mismas hay una desmesura de propósito. Por lo demás, ya lo advertí y lo repito, ésta es una antología de divulgación y como tal se presenta: es una invitación a seguir leyendo a partir del disfrute, del placer que, a fin de cuentas, es el más legítimo interés para abrir un libro.

Deseo agradecer a Rogelio Carvajal Dávila, de Editorial Oceano de México, la confianza del encargo para llevar a cabo este trabajo; del mismo modo, a

Rafael Muñoz, también de Oceano, sus valiosas observaciones y sugerencias, las cuales me fueron de gran utilidad. Mi gratitud también a los antólogos de la poesía mexicana que me han precedido y cuyos trabajos revisé al tiempo de releer a los autores incluidos. Desde luego, y por descontado, finalmente pero no al último, mi gratitud a los poetas incluidos, sobre todo a los que, dueños de sus derechos autorales, accedieron generosamente a permitir la reproducción de sus textos en este volumen cuyo propósito principal es la divulgación de la poesía mexicana.

Dedico este trabajo a mi esposa, a mi hija y a mi hijo, en espera de que la lectura de este fragmento de la poesía mexicana les entregue la certeza de que la vigencia de la poesía no radica ni en sus propósitos ni en su actualidad a partir de la historia social, sino, sobre todo, por encima de cualquier cosa, en lo que nos dice, a cada individuo, y en lo que nos da, en una cesión íntima y generosa, para mejorar nuestra existencia.

"Lo que importa —lo dijo Gabriel Zaid, y lo dijo bien— es cómo se anda, cómo se ve, cómo se actúa, después de leer. Si la calle y las nubes y la existencia de los otros tienen algo que decirnos. Si leer nos hace, físicamente, más reales."

Juan Domingo Argüelles
Ciudad de México, abril de 2001

PRIMERA PARTE

EL SIGLO XIX Y EL DESPERTAR DEL XX

Manuel Martínez de Navarrete
(1768-1809)

Nació en Zamora, Michoacán, en 1768, y murió en el Real de Minas de Tlalpujahua, en 1809. Realizó sus primeros estudios en la ciudad de Valladolid, hoy Morelia. Luego, en la ciudad de México, en la Academia de San Carlos, estudió álgebra, geometría, danza y dibujo. Fue sacerdote y se dedicó al estudio de la filosofía y de los clásicos. La mayor parte de los poemas (profanos y sagrados) que escribió los dio a conocer públicamente en los últimos cinco años de su existencia en las páginas de *El Diario de México.* Sus admiradores lo nombraron mayoral de la Arcadia Mexicana. Sus poemas fueron recogidos luego en los libros *Entretenimientos poéticos* (1823), *Poesías* (1904), *Poemas inéditos* (1929) y *Poesías profanas* (1939).

A UNOS OJOS

Cuando mis ojos miraron
de tu cielo los dos soles,
vieron tales arreboles
que sin vista se quedaron.
Mas por ciegos no dejaron
de seguir por sus destellos,
por lo que duélete de ellos,
que aunque te causen enojos,
son girasoles mis ojos
de tus ojos soles bellos.

A UNA INCONSTANCIA

Suspende, fuentecilla,
tu ligera corriente,
mientras que triste lloro
mis ya perdidos bienes.

¿Cuántas veces, estando
en tus orillas verdes,
Lisi me aseguraba
su amor hasta la muerte?

Aquí su diestra mano,
más blanca que la nieve,

en esta arena frágil
escribió muchas veces:

"Primero ha de tornarse
el curso de esta fuente
que el corazón de Lisi,
que a su Salicio quiere."

Mas tus promesas, Lisi,
no han sido menos leves
que el papel que escogías
para firmarlas siempre.

Las letras se borraron
por los soplos más tenues
del viento, y tus promesas
por lo que tú quisieres.

¡Ay, contentos soñados
de prometidos bienes!
¡Ay, inconstancia propia
de fáciles mujeres!

la separación de clorila

Luego que de la noche el negro velo
por la espaciosa selva se ha extendido,
parece que de luto se han vestido
las bellas flores del ameno suelo.

Callan las aves, y con tardo vuelo
cada cual se retira al dulce nido.
¡Qué silencio en el valle se ha esparcido!
Todo suscita un triste desconsuelo.

Sólo del búho se oye el ronco acento;
de la lechuza el eco quebrantado,
y el medroso ladrar del can hambriento.

Queda el mundo en tristeza sepultado,
como mi corazón en el momento
que se aparta Clorila de mi lado.

del amor

Que es prisión y enfermedad,
dicen el amor; yo digo
que no quiero, Fabio amigo,
ni salud ni libertad.

Francisco Manuel Sánchez de Tagle
(1782-1847)

Nació en Valladolid, hoy Morelia, Michoacán, en 1782 y murió en la ciudad de México en 1847. A los cinco años de edad fue llevado por su familia a la ciudad de México y en 1794 ingresó al Colegio de San Juan de Letrán, donde realizó estudios de latín, filosofía, teología y jurisprudencia. Posteriormente haría estudios de matemáticas, física y astronomía. Escribió para *El Diario de México* y para *El Observador de la República Mexicana*. A la muerte de Manuel Martínez de Navarrete sucedió a éste como mayoral de la Arcadia Mexicana. Sus *Obras poéticas*, recogidas y ordenadas por su hijo, y prologadas por José Joaquín Pesado, vieron la luz en 1852.

CONTRICIÓN POÉTICA

¡Oh lira, que hasta aquí locos amores
en tus vibrantes cuerdas suspiraste,
y dócil a mis voces me ayudaste
a comprar por un goce mil dolores!

Ya que hiciste armoniosos mis errores
y a mi locura seducción prestaste,
herida de otro plectro, da, en contraste,
con acuerdo mejor, tonos mejores.

Llora de los pasados años míos
prolongada maldad, crímenes tantos,
y tan multiplicados desvaríos:

de amarga contrición rige los cantos
en que le pida, con acentos píos,
misericordia al Santo de los Santos.

Anastasio de Ochoa
(1783-1833)

Nació en Huichapan, hoy estado de Hidalgo, en 1783, y murió en la ciudad de México en 1833. Estudió filosofía en el Colegio de San Ildefonso y se ordenó sacerdote en 1816 en el Seminario Conciliar de México. Tradujo a Ovidio y a Racine. Colaboró en *El Diario de México* donde usó los seudónimos "Atanasio de Achoso y Ucaña" y "El Tuerto". Fue miembro de la Arcadia Mexicana. Su obra poética, en dos volúmenes, se publicó en Nueva York, en 1828, con el título *Poesías de un mexicano.*

SILVIA EN EL PRADO

Cuando Silvia al prado
sale a divertir,
el campo se alegra
al verla salir.

Jilguerillo hermoso,
bello Colorín,
dulce Filomena,
desde un alhelí
le cantan la salva
con pico sutil,
juzgándola Aurora
al verla salir.

El prado se cubre
de hermoso matiz,
sus cálices abren
florecillas mil,
y el albo pie besan
la rosa y jazmín
a mi pastorcilla
al verla salir.

Si son tan dichosos
que van por allí,
los mis corderillos
van a recibir,
y triscan alegres
indicando así

el gozo que tienen
al verla salir.

Al mismo Amor niño
una tarde vi,
que el arco y las flechas
arrojó de sí,
y se fue corriendo
con mi bien a unir,
creyéndola Venus
al verla salir.

Andrés Quintana Roo
(1787-1851)

Nació en Mérida, Yucatán, en 1787, y murió en la ciudad de México en 1851. Estudió en el Seminario Conciliar de Mérida y en la Real y Pontificia Universidad. Diputado al congreso de Chilpancingo, presidió la Asamblea Nacional Constituyente que hizo la declaración de Independencia en 1813; es autor del manifiesto lanzado a la nación con ese motivo. Presidió la Academia de Letrán, fundada por Guillermo Prieto en 1836. Escribió para *El Ilustrador Americano* y *El Diario de México*. Son escasos, apenas siete, los poemas que de él se conocen, entre ellos su famosa oda "Dieciésis de septiembre".

DIECISÉIS DE SEPTIEMBRE

Ite, ait; egregias animas, quae sanguine nobis
hanc patriam peperere suo, decorate supremis
muneribus...

Virgilio, *Eneida*, libro xi

Renueva ¡oh Musa! el victorioso aliento
con que, fiel de la patria al amor santo,
el fin glorioso de su acerbo llanto
audaz predije en inspirado acento,
cuando más orgulloso
y con mentidos triunfos más ufano,
el ibero sañoso
tanto ¡ay! en la opresión cargó la mano,
que el Anáhuac vencido
contó por siempre a su coyunda uncido.

"Al miserable esclavo (cruel decía)
que independencia ciega apellidando,
de rebelión el pabellón nefando,
alzó una vez en algazara impía,
de nuevo en las cadenas,
con más rigor a su cerviz atadas,
aumentemos las penas,
que a su última progenie prolongadas,
en digno cautiverio
por siglos aseguren nuestro imperio.

"¿Qué sirvió en los Dolores, vil cortijo,
que el aleve pastor el grito diera
de libertad, que dócil repitiera
la insana chusma con afán prolijo?
Su valor inexperto,
de sacrílega audacia estimulado,
a nuestra vista yerto
en el campo quedó, y escarmentado,
su criminal caudillo,
rindió ya el cuello al vengador cuchillo.

"Cual al romper las Pléyadas lluviosas,
el seno de las nubes encendidas,
del mar las olas antes adormidas
súbito el austro altera tempestosas;
de la caterva osada
así los restos nuestra voz espanta,
que resuena indignada...
y recuerda, si altiva se levanta,
el respeto profundo
que inspiró de Vespucio al rico mundo.

"¡Ay del que hoy más los sediciosos labios
de libertad al nombre lisonjero
abriese, pretextando novelero
mentidos males, fútiles agravios!
Del cadalso oprobioso
veloz descenderá la tumba fría,
y ejemplar provechoso
al rebelde será, que en su porfía
desconociere el yugo
que al invicto español echarle plugo."

Así los hijos de Vandalia ruda
fieros clamaron cuando el héroe augusto
cedió de la fortuna al golpe injusto;
y el brazo fuerte que la empresa escuda,
faltando a sus campeones,
del terror y la muerte precedidos,
feroces escuadrones
talan impunes campos florecidos,
y al desierto sombrío
consagran de la paz el nombre pío.

No será empero que el benigno cielo,
cómplice fácil de opresión sangrienta,
niegue a la patria en tan crüel tormenta
una tierna mirada de consuelo.
Ante el trono clemente,
sin cesar sube el encendido ruego,

el quejido doliente
de aquel prelado que inflamado en fuego
de caridad divina,
la América indefensa patrocina.

"Padre amoroso, dice, que a tu hechura,
como el don más sublime concediste,
la noble libertad con que quisiste
de tu gloria ensalzarla hasta la altura,
¿no ves a un orbe entero
gemir, privado de excelencia tanta,
bajo el dominio fiero
del execrable pueblo que decanta,
asesinando al hombre,
dar honor a tu excelso y dulce nombre?

"¡Cuánto ¡ay! en su maldad ya se gozara
cuando por permisión inescrutable,
de tan justo decreto y adorable,
de sangre en la conquista se bañara
sacrílego arbolando
la enseña de tu cruz en burla impía,
cuando más profanando
su religión con negra hipocresía,
para gloria del cielo
cubrió de excesos el indiano suelo!

"De entonces su poder ¡cómo ha pesado
sobre el inerme pueblo! ¡Qué de horrores,
creciendo siempre en crímenes mayores,
el primero a tu vista han aumentado!
La astucia seductora
en auxilio han unido a su violencia:
Moral corrompedora
predican con su bárbara insolencia,
y por divinas leyes
proclaman los caprichos de sus reyes.

"Allí se ven con asombroso espanto
cual traición castigando el patriotismo,
en delito erigido el heroísmo
que al hombre eleva y engrandece tanto.
¿Qué más? En duda horrenda
se consulta el oráculo sagrado
por saber si la prenda
de la razón al indio se ha otorgado,
y mientras Roma calla,
entre las bestias confundido se halla.

"¿Y qué, cuando llegado se creía
de redención el suspirado instante,
permites, justo Dios, que ufano cante
nuevos triunfos la odiosa tiranía?
El adalid primero,
el generoso Hidalgo ha perecido:
el término postrero
ver no le fue de la obra concedido;
mas otros campeones
suscita que rediman las naciones."

Dijo, y Morelos siente enardecido
el noble pecho en belicoso aliento;
la victoria en su enseña toma asiento
y su ejemplo de mil se ve seguido.
La sangre difundida
de los héroes su número recrece,
como tal vez herida
de la segur la encina reverdece,
y más vigor recibe,
y con más pompa y más verdor revive.

Mas ¿quién de la alabanza el premio digno
con títulos supremos arrebata,
y el laurel más glorioso a su sien ata,
guerrero invicto, vencedor benigno?
El que en Iguala dijo:
"¡Libre la patria sea!", y fuelo luego
que el estrago prolijo
atajó y de la guerra el voraz fuego,
y con dulce clemencia
en el trono asentó la Independencia.

¡Himnos sin fin a su indeleble gloria!
Honor eterno a los varones claros
que el camino supieron prepararos,
¡oh Iturbide inmortal!, a la victoria.
Sus nombres antes fueron
cubiertos de luz pura, esplendorosa,
mas nuestros ojos vieron
brillar el tuyo como en noche hermosa
entre estrellas sin cuento
a la luna en el alto firmamento.

¡Sombras ilustres, que con cruento riego
de libertad la planta fecundasteis,
y sus frutos dulcísimos legasteis
al suelo patrio, ardiente en sacro fuego!

Recibid hoy benignas,
en su fiel gratitud prendas sinceras
en alabanzas dignas,
más que el mármol y el bronce duraderas,
con que vuestra memoria
coloca en el alcázar de la gloria.

Manuel Carpio
(1791-1860)

Nació en Cosamaloapan, Veracruz, en 1791, y murió en la ciudad de México, en 1860. Estudió filosofía y teología en el Seminario Conciliar de Puebla y medicina en la Universidad de México. Fue traductor de los *Aforismos de Hipócrates*. Sus *Poesías*, reunidas y prologadas por José Joaquín Pesado, se publicaron en 1849, y una segunda edición de las mismas, con prólogo de José Bernardo Couto, vio la luz en 1876.

AL RÍO DE COSAMALOAPAN

Arrebatado y caudaloso río
que riegas de mi pueblo las praderas,
¡quién pudiera llorar en tus riberas
en la redonda luna al rayo frío!

De noche en mi agitado desvarío
me parece estar viendo tus palmeras,
tus naranjos en flor y enredaderas,
y tus lirios cubiertos de rocío.

¡Quién le diera tan sólo una mirada
a la dulce y modesta casa mía,
donde nací, como ave en la enramada!

Pero tus olas ruedan en el día
sobre las ruinas, ¡ay!, de esa morada,
donde feliz en mi niñez vivía.

José Joaquín Pesado
(1801-1861)

Nació en San Agustín del Palmar, Puebla, en 1801, y murió en la ciudad de México en 1861. Perteneció a la Academia de la Lengua y a diversas agrupaciones científicas y literarias. En 1839 recogió su obra poética en el volumen *Poesías originales y traducidas*, cuya tercera edición, sustancialmente aumentada, se publicó en 1886.

SITIOS Y ESCENAS DE ORIZABA Y CÓRDOBA

LA FUENTE DE OJOZARCO

Sonora, limpia, transparente, ondosa,
naces de antiguo bosque, ¡oh sacra fuente!
En tus orillas canta dulcemente
el ave enamorada y querellosa.

Ora en el lirio azul, ora en la rosa
que ciñen el raudal de tu corriente,
se asientan y se mecen blandamente
la abeja y la galana mariposa.

Bien te conoce Amor por tus señales,
gloria de las pintadas praderías,
hechizo de pastoras y zagales.

Mas ¿qué son para mí tus alegrías?
¿Qué tus claros y tersos manantiales,
si sólo has de llevar lágrimas mías?

EL MOLINO Y LLANO DE ESCAMELA

Tibia en invierno, en el verano fría
brota y corre la fuente: en su camino
el puente pasa, toca la arquería,
y mueve con sus ondas el molino:

espumosa desciende, y se desvía
después, en curso claro y cristalino
copiando a trechos la enramada umbría
y el cedro añoso y el gallardo pino.

Mírase aquí selvosa la montaña:
allí el ganado ledo, que sestea,
parte en la cuesta y parte en la campaña.

Y en la tarde, al morir la luz febea,
convida a descansar en la cabaña
la campana sonora de la aldea.

LA CASCADA DE BARRIO NUEVO

Crecida, hinchada, turbia la corriente
troncos y penas con furor arrumba,
y bate los cimientos y trastumba
la falda, al monte de enriscada frente.

A mayores abismos impaciente
el raudal espumoso se derrumba;
la tierra gime: el eco que retumba
se extiende por los campos lentamente.

Apoyado en un pino el viejo río,
alzando entrambas sienes, coronadas
de ruda encina y de arrayán bravío;

entre el iris y nieblas levantadas,
ansioso de llegar al mar umbrío,
a las ondas increpa amotinadas.

UNA TEMPESTAD, DE NOCHE, EN ORIZABA

El carro del Señor, arrebatado
de noche, en tempestad que ruge y crece,
los cielos de los cielos estremece,
entre los torbellinos y el nublado.

De súbito, el relámpago inflamado
rompe la oscuridad y resplandece;
y bañado de luces aparece
sobre los montes el volcán nevado.

Arde el bosque, de viva llama herido;
y semeja de fuego la corriente
del río, por los campos extendido.

Al terrible fragor del rayo ardiente,
lanza del pecho triste y abatido,
clamor de angustia la aterrada gente.

Fernando Calderón
(1809-1845)

Nació en Guadalajara, Nueva Galicia, en el actual estado de Jalisco, en 1809, y murió en la villa de Ojocaliente, Zacatecas, en 1845. Fue miembro de la Academia de Letrán, y junto con Ignacio Rodríguez Galván es considerado iniciador del romanticismo mexicano. Sus *Obras poéticas*, prologadas por Manuel Payno, se publicaron en 1844, y se reeditaron, con prólogo de José Joaquín Pesado, en 1850. Entre las ediciones modernas de sus obras sobresale el volumen *Dramas y poesías*, prologado por Francisco Monterde y publicado en 1959.

EL SOLDADO DE LA LIBERTAD

Sobre un caballo brioso
camina un joven guerrero
cubierto de duro acero,
lleno de bélico ardor.

Lleva la espada en el cinto,
lleva en la cuja la lanza,
brilla en su faz la esperanza,
en sus ojos el valor.

De su diestra el guante quita,
y el robusto cuello halaga,
y la crin, que al viento vaga
de su compañero fiel.

Al sentirse acariciado
por la mano del valiente,
ufano alzando la frente
relincha el noble corcel.

Su negro pecho y sus brazos
de blanca espuma se llenan;
sus herraduras resuenan
sobre el duro pedernal;

y al compás de sus pisadas,
y al ronco son del acero,
alza la voz el guerrero
con un acento inmortal:

"Vuela, vuela, corcel mío
denodado;
no abatan tu noble brío
enemigos escuadrones,
que el fuego de los cañones
siempre altivo has despreciado,
y mil veces
has oído
su estallido
aterrador,
como un canto
de victoria,
de tu gloria
precursor.

"Entre hierros, con oprobio
gocen otros de la paz;
yo no, que busco en la guerra
la muerte o la libertad.

"Yo dejé el paterno asilo
delicioso:
dejé mi existir tranquilo
para ceñirme la espada,
y del seno de mi amada
supe arrancarme animoso;
vi al dejarla
su tormento,
¡qué momento
de dolor!
Vi su llanto
y pena impía;
fue a la mía
superior.

"Entre hierros, con oprobio
gocen otros de la paz;
yo no, que busco en la guerra
la muerte o la libertad.

"El artero cortesano
la grandeza
busque adulando al tirano
y doblando la rodilla;
mi trotón y humilde silla
no daré por su riqueza,
y bien pueden
sus salones
con canciones
resonar:

corcel mío,
yo prefiero
tu altanero
relinchar.

"Entre hierros, con oprobio
gocen otros de la paz;
yo no, que busco en la guerra
la muerte o la libertad.

"Vuela, bruto generoso
que ha llegado
el momento venturoso
de mostrar tu noble brío,
y hollar del tirano impío
el pendón abominado.
En su alcázar
relumbrante
arrogante
pisarás,
y en su pecho
con bravura
tu herradura
estamparás.

"Entre hierros, con oprobio
gocen otros de la paz;
yo no, que busco en la guerra
la muerte o la libertad."

Así el guerrero cantaba
cuando resuena en su oído
un lejano sordo ruido,
como de guerra el fragor.

"¡A la lid!", él fuerte grita,
en los estribos se afianza
y empuña la dura lanza,
lleno de insólito ardor.

En sus ojos, en su frente,
la luz brilla de la gloria,
un presagio de victoria,
un rayo de libertad.

Del monte en las quiebras hondas
resuena su voz terrible,
como el huracán horrible
que anuncia la tempestad.

Rápido vuela el caballo,
ya del combate impaciente,
mucho más que el rayo ardiente
en su carrera veloz.

Entre una nube de polvo
desaparece el guerrero:
se ve aún brillar su acero,
se oye a lo lejos su voz:

"¡Gloria, gloria! ¡Yo no quiero
una vergonzosa paz;
busco en medio de la guerra
la muerte o la libertad!"

LA RISA DE LA BELDAD

Bella es la flor que en las auras
con blando vaivén se mece;
bello el iris que aparece
después de la tempestad:
bella en noche borrascosa,
una solitaria estrella;
pero más que todo es bella
la risa de la beldad.

Despreciando los peligros
el entusiasta guerrero,
trueca por el duro acero
la dulce tranquilidad:
¿quién su corazón enciende
cuando a la lucha se lanza?
¿Quién anima su esperanza?...
La risa de la beldad.

El conquistador altivo
precedido de la guerra,
cubre de sangre la tierra,
de miseria y orfandad.
¿Y quién el curso detiene
de su cólera siniestra?
¿Y quién desarma su diestra?
La risa de la beldad.

¿Quién del prisionero triste
endulza el feroz tormento?
¿por quién olvida un momento
su perdida libertad?

¿Y quién, en fin, del poeta
hace resonar la lira?
¿Quién sus acentos inspira?
La risa de la beldad.

Una suerte inexorable
llena de luto mi vida,
y mi alma gime oprimida
por la dura adversidad;
pero yo olvido estas horas
de tanta amargura llenas,
cuando suaviza mis penas
la risa de la beldad.

Ignacio Rodríguez Galván
(1816-1842)

Nació en Tizayuca, Hidalgo, en 1816, y murió en La Habana, Cuba, en 1842. Fue miembro de la Academia de Letrán, y junto con Fernando Calderón iniciador del romanticismo en México. Sus *Poesías*, en dos volúmenes, se publicaron en 1851, e incluyen sus composiciones líricas y dramáticas. Una edición reciente de sus *Poemas mexicanos* (2000) fue prologada por Marco Antonio Campos.

AL BAILE DEL SEÑOR PRESIDENTE

Bailad mientras que llora
el pueblo dolorido,
bailad hasta la aurora
al compás del gemido
que a vuestra puerta el huérfano
hambriento lanzará.
¡Bailad! ¡Bailad!

Desnudez, ignorancia
a nuestra prole afrenta,
orgullo y arrogancia
con altivez ostenta,
y embrutece su espíritu
torpe inmoralidad.
¡Bailad! ¡Bailad!

Las escuelas inunda
turba ignorante y fútil,
que a su grandeza funda
en vedarnos lo útil,
y nos conduce hipócrita
por la senda del mal.
¡Bailad! ¡Bailad!

Soldados sin decoro
y sin saber nos celan,
adonde dan más oro
allá rápidos vuelan:
en la batalla tórtolas,
buitres en la ciudad.
¡Bailad! ¡Bailad!

Ya por Tejas avanza
el invasor astuto:
su grito de venganza
anuncia triste luto
a la infeliz república
que al abismo arrastráis.
¡Bailad! ¡Bailad!

El bárbaro ya en masa
por nuestros campos entra,
a fuego y sangre arrasa
cuanto a su paso encuentra,
deshonra nuestras vírgenes,
nos asesina audaz.
¡Bailad! ¡Bailad!

Europa se aprovecha
de nuestra inculta vida,
cual tigre nos acecha
con la garra tendida,
y nuestra ruina próxima
ya celebrando está.
¡Bailad! ¡Bailad!

Bailad, oh, campeones,
hasta la luz vecina,
al son de los cañones
de Tolemaida y China,
y de Argel a la pérdida
veinte copas vaciad.
¡Bailad! ¡Bailad!

Vuestro cantor en tanto
de miedo henchido el pecho
se vuelve en negro manto
en lágrimas deshecho
y prepara de México
el himno funeral.
¡Bailad! ¡Bailad!

ADIÓS, OH PATRIA MÍA

A mis amigos de México

Alegre el marinero
en voz pausada canta,
y el ancla ya levanta
con extraño rumor.

De la cadena al ruido
me agita pena impía.
Adiós, oh patria mía,
adiós, tierra de amor.

El barco suavemente
se inclina y se remece,
y luego se estremece
a impulso del vapor.

Las ruedas son cascadas
de blanca argentería.
Adiós, oh patria mía,
adiós, tierra de amor.

Sentado yo en la popa
contemplo el mar inmenso,
y en mi desdicha pienso
y en mi tenaz dolor.

A ti mi suerte entrego,
a ti, Virgen María.
Adiós, oh patria mía,
adiós, tierra de amor.

De fuego ardiente globo
en las aguas se oculta:
una onda lo sepulta
rodando con furor.

Rugiendo el mar anuncia
que muere el rey del día.
Adiós, oh patria mía,
adiós, tierra de amor.

Las olas, que se mecen
como el niño en su cuna,
retratan de la luna
el rostro seductor.

Gime la brisa triste
cual hombre en agonía.
Adiós, oh patria mía,
adiós, tierra de amor.

Del astro de la noche
un rayo blandamente
resbala por mi frente
rugada de dolor.

Así como hoy la luna,
en México lucía.
Adiós, oh patria mía,
adiós, tierra de amor.

¡En México!... ¡Oh memoria!...
¿Cuándo tu rico suelo
y a tu azulado cielo
veré, triste cantor?

Sin ti, cólera y tedio
me causa la alegría.
Adiós, oh patria mía,
adiós, tierra de amor.

Pienso que en tu recinto
hay quien por mí suspire,
quien al oriente mire
buscando a su amador.

Mi pecho hondos gemidos
a la brisa confía.
Adiós, oh patria mía,
adiós, tierra de amor.

[A bordo del paquete-vapor *Teviot*, navegando
de la baliza de Nueva Orleáns a La Habana.
Domingo 12 de junio de 1842.]

LA GOTA DE HIEL

¡Jehovah! ¡Jehovah, tu cólera me agobia!
¿Por qué la copa del martirio llenas?
Cansado está mi corazón de penas.
Basta, basta, Señor.
Hierve incendiada por el sol de Cuba
mi sangre toda y de cansancio expiro,
busco la noche, y en el lecho aspiro
fuego devorador.

¡Ay, la fatiga me adormece en vano!
Hondo sopor de mi alma se apodera
¡y siéntanse a mi pobre cabecera
la miseria, el dolor!
Roncos gemidos que mi pecho lanza
tristes heraldos son de mis pesares,
y a mi mente descienden a millares
fantasmas de terror.

¡Es terrible tu cólera, terrible!
Jehovah, suspende tu venganza fiera
o dame fuerzas, oh Señor, siquiera
para tanto sufrir.
Incierta vaga mi extraviada mente,
busco y no encuentro la perdida ruta,
sólo descubro tenebrosa gruta
donde acaba el vivir.

Yo sé, Señor, que existes, que eres justo,
que está a tu vista el libro del destino,
y que vigilas el triunfal camino
del hombre pecador.
Era tu voz la que en el mar tronaba
al ocultarse el sol en occidente,
cuando una ola rodaba tristemente
con extraño fragor.

Era tu voz y la escuché temblando.
Calmóse un tanto mi tenaz dolencia
y adoré tu divina omnipotencia
como cristiano fiel.
¡Ay, tú me ves, Señor! Mi triste pecho
cual moribunda lámpara vacila,
y en él la suerte sin cesar destila
una gota de hiel.

Ignacio Ramírez
(1818-1879)

Nació en San Miguel de Allende, Guanajuato, en 1818, y murió en la ciudad de México, en 1879. Realizó estudios en la Escuela de Jurisprudencia de la ciudad de México. Fue miembro de la Academia de Letrán. Fundó los periódicos *Don Simplicio*, *El Clamor Progresista* y *La Insurrección*, en cuyas páginas popularizó su seudónimo "El Nigromante". Colaboró también en *El Monitor Republicano* y en *El Correo de México*. Sus *Obras*, en dos volúmenes, se publicaron en 1889.

POR LOS GREGORIANOS MUERTOS
(Banquete fraternal de la Sociedad Gregoriana, 1872)

Cesen las risas y comience el llanto.
Esta mesa en sepulcro se convierte.
¡Vivos y muertos, escuchad mi canto!

Mientras que vinos espumosos vierte
nuestra antigua amistad, en este día,
y con alegres brindis se divierte;

y en raudales se escapa la armonía;
y la insaciable gula se despierta;
y va de flor en flor la poesía;

y el júbilo de todos se concierta
en una sola exclamación: ¡gocemos!,
y gozamos... La muerte está a la puerta.

Rechazar unas sombras, ¿no las vemos?
¡Ellas nos tienden suplicantes manos!
Ese acento, esos rostros conocemos.

¿No los oís?, ¡se llaman gregorianos!
Permíteles entrar, ¡oh muerte adusta!
He aquí su asiento... Son nuestros hermanos.

Pudo del mundo la sentencia injusta
proscribirlos, mas no de mi memoria:
Conversar con los muertos no me asusta.

Algunos de ellos viven en la historia;
otros, en florecer ocultamente
cifraron su placer, su orgullo y gloria.

Villalba asoma su tranquila frente
y el fraternal abrazo me reclama...
Y yo no puedo declararlo ausente.

¡Ay! en Fonseca ved cómo se inflama
el paternal cariño, no olvidado,
y, por nosotros, lágrimas derrama.

¿Será de nuestro seno arrebatado
Domínguez, que constante nos traía
un fiel amor y un nombre venerado?

¿No guarda nuestro oído todavía
los brindis que en el último banquete
pronuncian Soto, Iglesias y García?

Pero ¿será la Parca quien respete
los votos del dolor? ¡Empeño vano!
¡Turba de espectros, a tus antros vete!

¡Separóse el hermano del hermano!
Para sentaros a la mesa es tarde,
¡para irnos con vosotros es temprano!

Para vosotros, ¡infelices!, no arde
ya un solo leño en el hogar; ni miro
cuál copa vuestros ósculos aguarde.

¡Sólo va tras vosotros un suspiro!
Idos en paz; y quiera la fortuna
no cerrar a la luz vuestro retiro.

Odio el sepulcro, convertido en cuna
de vil insecto o sierpe venenosa
donde jamás se asoman sol ni luna.

Arraigue en vuestros huesos una rosa
donde aspire perfumes el rocío
y reine la pintada mariposa.

Escuchad sin temor el rayo impío;
y sonreíd al contemplar cercano,
vida esparciendo, un caudaloso río.

¡Para irnos con vosotros es temprano!
Aguarde, por lo menos, la Impaciente
que la copa se escape de la mano.

Más que a vosotros ¡ay! rápidamente
¿por qué de la existencia nos desnuda?
A éste despoja la adornada frente;

al otro dobla con su mano ruda;
a unos envuelve en amarillo velo;
y algunos sienten una garra aguda

en las entrañas, y en las venas hielo.

¡Ay! otra vez vendrá la primavera
y hallará en nuestro hogar el llanto, el duelo;

y este festín veremos desde afuera.
Tal vez alguno a despedirse vino.
Turba de espectros, al que parte, espera.

¿Sabéis cuál es el puerto, del camino
que llevamos? La tumba. Ya naufraga
nuestra nave; en astillas cae el pino;

quién en las aguas moribundo vaga;
quién a la débil tabla se confía,
y el que a la jarcia se subió, no apaga

la luz de la esperanza todavía,
y conviertan sus golpes viento y olas,
y el cielo inexorable un rayo envía.

Sube el fuego a bajar las banderolas,
y el ave de rapiña, el triste caso,
y las fieras del mar lo saben solas.

¿Qué es nuestra vida sino tosco vaso
cuyo precio es el precio del deseo
que en él guardan natura y el acaso?

Si derramado por la edad le veo,
sólo en las manos de la sabia tierra
recibirá otra forma y otro empleo.

Cárcel es y no vida la que encierra
privaciones, lamentos y dolores.
Ido el placer, la muerte ¿a quién aterra?

Madre naturaleza, ya no hay flores
por do mi paso vacilante avanza.
Nací sin esperanza ni temores:
Vuelvo a ti sin temores ni esperanza.

AL AMOR

¿Por qué, Amor, cuando expiro desarmado,
de mí te burlas? Llévate esa hermosa
doncella tan ardiente y tan graciosa
que por mi oscuro asilo has asomado.

En tiempo más feliz, yo supe osado
extender mi palabra artificiosa
como una red, y en ella, temblorosa,
más de una de tus aves he cazado.

Hoy de mí mis rivales hacen juego,
cobardes atacándome en gavilla,
y libre yo mi presa al aire entrego.

Al inerme león el asno humilla...
Vuélveme, Amor, mi juventud, y luego
tú mismo a mi rivales acaudilla.

SONETO

Heme al fin en el antro de la muerte
do no vuelan las penas y dolores,
do no brillan los astros ni las flores,
donde no hay un recuerdo que despierte.

Si algún día natura se divierte
rompiendo de esta cárcel los horrores,
y sus soplos ardientes, erradores
sobre mi polvo desatado vierte,

yo, por la eternidad ya devorado,
¿gozaré si ese polvo es una rosa?,
¿gemiré si una sierpe en él anida?

Ni pesadillas me dará un cuidado,
ni espantará mi sueño voz odiosa,
ni todo un Dios me volverá a la vida.

EN EL ÁLBUM DE ROSARIO

Ara es este álbum: esparcid, cantores,
a los pies de la diosa, incienso y flores.

GUILLERMO PRIETO
(1818-1897)

Nació en la ciudad de México, en 1818, y murió también en la capital de la república, en 1897. Colaboró en diversas publicaciones periódicas, entre otras *El Renacimiento*, *El Correo de México*, *El Federalista*, *El Semanario Ilustrado*, *El Diario del Hogar*, *El Monitor Republicano* y *El Siglo XIX*. Poeta eminentemente popular, utilizó el seudónimo "Fidel". En verso, sus libros más conocidos son *Musa callejera*, publicado en 1883, y *El romancero nacional* que, con prólogo de Ignacio Manuel Altamirano, se publicó en 1885. La edición moderna de *Musa callejera* vio la luz en 1940 con prólogo de Francisco Monterde.

CANTARES

Yo soy quien sin amparo cruzó la vida
en su nublada aurora, niño doliente,
con mi alma herida,
el luto y la miseria sobre la frente;
y en mi hogar solitario, y agonizante,
mi madre amante.

Yo soy quien vagabundo cuentos fingía,
y los ecos del pueblo que recogía
torné en cantares;
porque era el pueblo humilde toda mi ciencia
y era escudo, en mis luchas con la indigencia,
de mis pesares.

La soledad austera y el libre viento
le dieron a mi pecho robusto aliento,
fiera entereza;
y así tuvo mi lira cantos sentidos,
en lo íntimo de mi alma sordos gemidos
de mi pobreza.

La nube que volaba con alas de oro,
la tórtola amorosa que se quejaba
como con lloro;
el murmullo del aura que remedaba
las voces expresivas del sentimiento
copió mi acento.

Y el bandolón que un barrio locuaz conmueve,
y el placer tempestuoso con que la plebe
muestra contento;
sus bailes, sus cantares y sus amores,
fueron luz y arroyuelos, aves y flores
de mi talento.

Cantando ni yo mismo me sospechaba
que en mí la patria hermosa con voz nacía,
que en mí brotaba
con sus penas, sus glorias y su alegría,
sus montes y sus lagos, su lindo cielo,
y su alma que en perfumes se desparcía.

Entonces a la choza del jornalero,
al campo tumultuoso del guerrillero
llevé mis sones;
y no a regias beldades ni peregrinas,
sino a obreras modestas, a alegres chinas
di mis canciones.

¡Oh patria idolatrada, yo en tus quebrantos
ensalcé con ternura tus fueros santos,
sin arredrarme;
tu tierra era mi carne, tu amor mi vida,
hiel acerba en tus duelos fue mi bebida
para embriagarme!

Yo tuve himnos triunfales para tus muertos,
mi voz sembró esperanzas en tus desiertos
y, complaciente,
a la tropa cansada la consolaba,
y oyendo mis leyendas se reanimaba
riendo valiente.

Hoy merezco recuerdo de ese pasado
de luz y de tinieblas, de llanto y gloria;
soy un despojo, un resto casi borrado
de la memoria...

¡Pero esta pobre lira que está en mis manos,
guarda para mi pueblo sentidos sones;
y acentos vengadores y maldiciones
a sus tiranos!...

José Sebastián Segura
(1822-1889)

Nació en Córdoba, Veracruz, en 1822, y murió en la ciudad de México en 1889. Estudió ingeniería de minas en el Colegio de Minería de la ciudad de México. Fue cuñado y discípulo de José Joaquín Pesado. Tradujo a Horacio, Virgilio, Dante y Milton. Sus *Poesías* se publicaron en 1872 y 1884.

AMOR Y DESDÉN

Fuego sutil circula por mis venas
al contemplar tus seductores ojos,
y la sonrisa de tus labios rojos,
y la gracia gentil con que enajenas.

A tus palabras, de dulzura llenas,
de mi estéril desierto los abrojos
convertiste en edén, y por despojos
quedó mi alma de amor en tus cadenas.

Mas, ¡ay!, que al punto, Laura, con desvío
me ves y te me alejas de repente
sin que te duelas del quebranto mío.

Si es criminal quien te ama reverente,
y a tu beldad consagra su albedrío,
sólo quien no te ha visto es inocente.

A LAURA
(Antes de su partida)

¡Mísera flor!, te arrancará el destino
de mi doliente y cariñoso seno,
y el mundo cruzarás, de azares lleno,
en alas de estruendoso remolino;

o tal vez hallarás en el camino
otro sol y otro campo más ameno,
y halagada del céfiro sereno
ostentarás tu encanto peregrino;

o tal vez, entre estériles abrojos
irás a marchitarte, flor querida,
o entre ruinas y fúnebres despojos.

Aunque de mí te encuentres dividida,
las lágrimas ardientes de mis ojos
tu rocío serán en esta vida.

José María Roa Bárcena
(1827-1908)

Nació en Xalapa, Veracruz, en 1827, y murió en la ciudad de México en 1908. Fue miembro de la Academia Mexicana de la Lengua correspondiente de la Real Academia Española. Tradujo a Horacio y a Virgilio, y colaboró en *El Renacimiento*. Sus *Poesías líricas* vieron la luz en 1859. Más tarde, en 1913, se publicaría un tomo con sus *Obras poéticas*, con introducción de Ignacio Montes de Oca y Obregón.

SILVA

¿Por qué nace tan llena de alegría
la sonrosada aurora,
y el sol que las paredes
de la morada mía
desde el Oriente con su lumbre dora,
luce en mi corazón? ¿Por qué las aves
del cielo pasajeras
con trinos más süaves
su música me dan tras las vidrieras
de mi estrecho aposento;
y la flor que respeta
el sol canicular que el cielo inflama,
solo bien del poeta
que por humildes a las flores ama,
se mece a la merced del blando viento?
¿El gozo que estremece mis entrañas
brilla en el cielo, el valle y las montañas,
o es es mi corazón donde lo siento?

En él se alberga, sí: brillo más puro
desde aquí presta al sol, al campo, al río:
cual siempre el mundo permanece oscuro;
el luminoso rayo
que a mis ojos lo ilustra es todo mío.

Pasó el florido mayo
con rapidez cual nuestra edad primera,
vino el verano ardiente,
el verdor agostando de la era;
junio agrupó sus nubes, desatólas

y con terrible voz bramó el torrente,
arrastrando en su seno
frágiles amapolas
y el árbol eminente
de cuyas ramas se colgaba el heno;
y en lugar solitario,
salva de lluvias y del fuego estivo,
en pobre santuario
hay una flor con cuyo aroma vivo,
y que pura nacía
pocos años atrás, en este día.

Es flor de un acendrado sentimiento,
del entusiasmo y las virtudes hija,
germen de la esperanza
que hasta en mis horas de tristeza aliento.
Nació en sólo un momento
y aunque es humilde y delicada y tierna,
ni el sol ni el rayo destructor la hiere,
su belleza es eterna,
su celestial perfume nunca muere.
Bálsamo a los pesares de mi alma
bienhechora prodiga,
mis inquietudes calma
el solo influjo de su sombra amiga
en vano estalla, en vano,
la tempestad del mundo y me rodea
con sus amagos el Poder tirano,
la Ira que en los ojos centellea,
de su metal sedienta la Avaricia,
de la Discordia la inflamada tea,
y doquier imperando
como rey absoluto la Injusticia.
Yo a mi santuario acudo y en su centro
donde brilla la flor de mi ventura,
refugio y paz y bienestar encuentro;
y en tanto que otras almas en la tierra
de su amor agotaron el tesoro,
y de la duda y el error heridas
ya no dirigen su mirada al cielo,
yo al Dios que niegan, reverente adoro
sin querer a la Fe rasgar el velo
y entre la desacorde vocería
que, roto el freno a la maldad, levanta
la muchedumbre impía,
mi voz al Dios de mis mayores canta,
oveja fiel de su redil me llamo,
presto el oído a su palabra santa,
vivo dichoso porque espero y amo.

Bella y cándida flor, cuando a tu influjo
debo mi bienestar, ¿no he de cantarte?
¿No he de decir tu nombre?... Yo lo guardo
como el ave al polluelo cuando brama
la tempestad estremeciendo el polo:
quien te venera y ama
tu dulce nombre ha de saber él solo.

Grato, apacible día
que con el rayo de tu sol esparces
la más pura alegría,
dando al monte esmeraldas,
diamantes al arroyo fugitivo
canto a las aves, a la flor perfume,
de luz diademas al laurel altivo
que blando mece el matutino viento,
¿el gozo que estremece mis entrañas
brilla en el cielo, el valle y las montañas,
o es en mi corazón donde lo siento?

Antonio Plaza
(1832-1882)

Nació en Apaseo, Guanajuato, en 1832, y murió en la ciudad de México en 1882. En la capital del país hizo estudios en el Seminario Conciliar; luego se unió al ejército liberal y combatió en la guerra de Reforma. Cuando se retiró del ejército era teniente-coronel. José Emilio Pacheco lo ha llamado "poeta maldito en el sentido de su conducta asocial" y porque lo es también "por su expulsión del recinto en que simbólicamente se conserva a la poesía mexicana". *Álbum del corazón*, publicado en 1870, con prólogo de Manuel Payno, es su libro menos ignorado, pero es autor también de otros más: *Amor ideal*, *Amistad* y *La voz del inválido*. *Del álbum del corazón y otras páginas*, con edición y prólogo de Juan Diego Razo Oliva, vio la luz en 2000.

NADA

Nada es quien fue nada.

Pirrón

Nadaba entre la nada. Sin empeño
a la vida, que es nada, de improviso
vine a soñar que soy; porque Dios quiso
entre la nada levantar un sueño.

Dios, que es el Todo y de la nada es dueño,
me hace un mundo soñar, porque es preciso;
Él siendo Dios, de nada un paraíso
formó, nadando en eternal ensueño.

¿Qué importa que en la nada confundida
vuelva a nadar, al fin, esta soñada
vil existencia que la nada olvida,

nada fatal de la que fue sacada?...
¿Qué tiene esta ilusión que llaman vida?
—Nada en su origen. ¿Y en su extremo? ¡Nada!

Vicente Riva Palacio
(1832-1896)

Nació en la ciudad de México en 1832, y murió en Madrid, España, en 1896. Estudió leyes en el Colegio de San Gregorio. Colaboró en *El Radical* y *El Ahuizote*. Dirigió la obra enciclopédica *México a través de los siglos* (1884-1889) de la cual escribió, casi en su totalidad, el segundo volumen, dedicado a la historia del virreinato. Fue novelista, poeta, dramaturgo, cuentista, historiador, cronista y crítico, y cimentó su fama en sus novelas folletinescas de tema histórico. En 1875, con el seudónimo "Rosa Espino", publicó el libro de poemas *Flores del alma*. Sus *Páginas en verso*, con prólogo de Francisco Sosa, se publicaron en 1885. Años más tarde, en 1893, en Madrid, publicó el volumen *Mis versos*.

AL VIENTO

Cuando era niño, con pavor te oía
en las puertas gemir de mi aposento;
doloroso, tristísimo lamento
de misteriosos seres te creía.

Cuando era joven, tu rumor decía
frases que adivinó mi pensamiento;
y cruzando después el campamento,
"Patria", tu ronca voz me repetía.

Hoy te siento azotando, en las oscuras
noches, de mi prisión las fuertes rejas;
pero me han dicho ya mis desventuras

que eres viento, no más, cuando te quejas,
eres viento si ruges o murmuras,
viento si llegas, viento si te alejas.

[Prisión de Santiago Tlatelolco,
julio de 1884.]

EL CHINACO
(Romance nacional)

Sobre los robustos lomos
de un poderoso alazán,
que apenas deja la huella
de su ligero trotar,
apuntando la mañana
y camino a Tehuacán,
va Márgaro Peñadura,
el chinaco más cabal.

Ancho bordado sombrero
cubre su morena faz,
y matiza su sarape
la bandera nacional.
En el cinto la pistola,
el mosquete en el carcaj,
bajo la pierna la espada,
y en la bota su puñal.

Busca inquieto entre la bruma
y descubre "a poco más"
pequeña casa escondida
en las sombras de un palmar,
y dejando su camino
y aguijando su animal,
en un instante el jinete
cerca de la casa está.

Y como si ya impaciente
se cansara de aguardar,
da golpes en la ventana,
y muestra luego su faz
una morena, que puede
pasar por una beldad,
de ésas que hemos visto todos
y nos han hecho soñar,
y que siempre se recuerdan
como una visión ideal.
–¡Alabo, don Margarito!
¿Tan temprano por acá?
–¿Te pesa, luz de mis ojos?
Pues ya me voy a marchar.
–No me pesa, Dios me libre;
pero dicen que aquí están
los franceses. –No hay cuidado,
porque vengo a explorar.

Tuvimos ayer campaña
y hoy quiere mi capitán
volver a darle a los zuavos;
conque adiós. –¿Por qué se va?
Estése siquiera un rato,
bájese a desayunar,
ha tres días que no viene...
–Linda, otra vez será,
que llegan los compañeros
y voy para Tehuacán.
Inclinóse la doncella,
un beso se oyó sonar;
alzó el chinaco el embozo,
cobró su empaque marcial
y se perdió entre la bruma
galopando en su alazán.

ADIÓS MAMÁ CARLOTA
(Versión de Eduardo Ruiz)

I

Alegre el marinero
con voz pausada canta,
y el ancla ya levanta
con extraño rumor.
La nave va en los mares
botando cual pelota,
adiós, mamá Carlota,
adiós, mi tierno amor.

II

De la remota playa
te mira con tristeza
la estúpida nobleza
del mocho y del traidor.
En lo hondo de su pecho
ya sienten su derrota;
adiós, mamá Carlota,
adiós, mi tierno amor.

III

Acábanse en Palacio
tertulias, juegos, bailes,
agítanse los frailes
en fuerza de dolor.

La chusma de las cruces
gritando se alborota,
adiós, mamá Carlota,
adiós, mi tierno amor.

IV

Murmuran sordamente
los tristes chambelanes,
lloran los capellanes
y las damas de honor.
El triste Chucho Hermosa
canta con lira rota:
adiós, mamá Carlota,
adiós, mi tierno amor.

V

Y en tanto los chinacos
que ya cantan victoria,
guardando tu memoria
sin miedo ni rencor,
dicen mientras el viento
tu embarcación azota:
adiós, mamá Carlota,
adiós, mi tierno amor.

Ignacio Manuel Altamirano
(1834-1893)

Nació en Tixtla, perteneciente entonces al Estado de México y hoy al de Guerrero, en 1834, y murió en San Remo, Italia, en 1893. Estudió leyes en el Colegio de Letrán, y fundó los periódicos *El Correo de México*, *El Federalista*, *La Tribuna* y *La República*, así como la revista *El Renacimiento*. Fue maestro de varias generaciones y cultivó la poesía, la novela, el cuento, la historia y la crítica literaria. Su obra poética, reunida en *Rimas*, se publicó en 1871. Sus *Obras completas*, en veintidós volúmenes, se publicaron entre 1986 y 1992.

AL ATOYAC

Abrase el sol de julio las playas arenosas
que azota con sus tumbos embravecido el mar,
y opongan en su lucha las aguas orgullosas
al encendido rayo su ronco rebramar.

Tú corres blandamente bajo la fresca sombra
que el mangle con sus ramas espesas te formó
y duermen tus remansos en la mullida alfombra
que dulce primavera de flores matizó.

Tú juegas en las grutas que forman tus riberas
de ceibas y parotas del bosque colosal:
y plácido murmuras al pie de las palmeras
que esbeltas se retratan en tu onda de cristal.

En este edén divino que esconde aquí la costa
el sol ya no penetra con rayo abrasador;
su luz cayendo tibia los árboles no agosta
y en tu enramada espesa, se tiñe de verdor.

Aquí sólo se escuchan murmullos mil süaves,
el blando son que forman tus linfas al correr,
la planta cuando crece y el canto de las aves
y el aura que suspira las ramas al mecer.

Osténtanse las flores que cuelgan de tu techo
en mil y mil guirnaldas para adornar tu sien
y el gigantesco loto que brota de tu lecho
con frescos ramilletes inclínase también.

Se dobla en tus orillas cimbrándose el papayo,
el mango con sus pomas de oro y de carmín
y en los álamos saltan gozoso el papagayo,
el ronco carpintero y el dulce colorín.

A veces tus cristales se apartan bulliciosos
de tus morenas ninfas jugando en derredor
y amantes les prodigas abrazos misteriosos
y lánguidos recibes sus ósculos de amor.

Y cuando el sol se oculta detrás de los palmares,
y en tu salvaje templo comienza a oscurecer
del ave te saludan los últimos cantares
que lleva de los vientos el vuelo postrimer.

La noche viene tibia; se cuelga ya brillando
la blanca luna en medio de un cielo de zafir
y todo allá en los bosques se encoge y va callando
y todo en tus riberas empieza ya a dormir.

Entonces en tu lecho de arena, aletargado,
cubriéndote las palmas con lúgubre capuz,
también te vas durmiendo, apenas alumbrado
del astro de la noche por la argentada luz.

Y así resbalas muelle; ni turban tu reposo
del remo de las barcas el tímido rumor,
ni el repentino brinco del pez que huye medroso
en busca de las peñas que esquiva el pescador.

Ni el silbo de los grillos que se alza en los esteros,
ni el ronco que a los aires los caracoles dan,
ni el huaco vigilante que en gritos lastimeros
inquieta entre los juncos el sueño del caimán.

En tanto los cocuyos en polvo refulgente
salpican los umbrosos hierbajes del huamil
y las oscuras malvas del algodón naciente
que crece de las cañas de maíz entre el carril.

Y en tanto en la cabaña la joven que se mece
en la ligera hamaca y en lánguido vaivén,
arrúllase cantando la zamba que entristece,
mezclando con las trovas el suspirar también.

Mas de repente al aire resuenan los bordones
del arpa de la costa con incitante son
y agítanse y preludian la flor de las canciones:
la dulce malagueña que alegra el corazón.

Entonces de los barrios la turba placentera
en pos del arpa, el bosque comienza a recorrer,
y todo en breve es fiestas y danza en tu ribera,
y todo amor y cantos y risas y placer.

Así transcurren breves y sin sentir las horas.
Y de tus blandos sueños en medio del sopor
escuchas a tus hijas, morenas seductoras
que entonan a la luna sus cántigas de amor.

Las aves en sus nidos de dicha se estremecen,
los floripondios se abren su esencia a derramar;
los céfiros despiertan y suspirar parecen;
tus aguas en el álveo se sienten palpitar.

¡Ay! ¿Quién en estas horas en que el insomnio ardiente
aviva los recuerdos del eclipsado bien
no busca el blando seno de la querida ausente
para posar los labios y reclinar la sien?

Las palmas se entrelazan, la luz en sus caricias
destierra de tu lecho la triste oscuridad;
las flores a las auras inundan de delicias...
¡Y sólo el alma siente su triste soledad!

Adiós, callado río: tus verdes y risueñas
orillas no entristezcan las quejas del pesar;
que oírlas sólo deben las solitarias peñas
que azota con sus tumbos embravecido el mar.

Tú queda reflejando la luna en tus cristales,
que pasan en tus bordes tupidos a mecer
los verdes ahuejotes y azules carrizales,
que al sueño ya rendidos volviéronse a caer.

Tú corre blandamente bajo la fresca sombra
que el mangle con sus ramas espesas te formó;
y duerman tus remansos en la mullida alfombra
que alegre primavera de flores matizó.

LOS NARANJOS

Perdiéronse las neblinas
en los picos de la sierra,
y el sol derrama en la tierra
su torrente abrasador.
Y se derriten las perlas
del argentado rocío,
en las adelfas del río
y en los naranjos en flor.

Del mamey el duro tronco
picotea el carpintero,
y en el frondoso manguero
canta su amor el turpial;
y buscan miel las abejas
en las piñas olorosas.
Y pueblan las mariposas
el florido cafetal.

Deja el baño, amada mía,
sal de la onda bullidora;
desde que alumbró la aurora
jugueteas loca allí.
¿Acaso el genio que habita
de ese río en los cristales,
te brinda delicias tales
que lo prefieras a mí?

¡Ingrata! ¿Por qué rïendo
te apartas de la ribera?
Ven pronto, que ya te espera
palpitando el corazón.
¿No ves que todo se agita,
todo despierta y florece?
¿No ves que todo enardece
mi deseo y mi pasión?

En los verdes tamarindos
se requiebran las palomas,
y en el nardo los aromas
a beber la brisa van.
¿Tu corazón, por ventura,
esa sed de amor no siente,
que así se muestra inclemente
a mi dulce y tierno afán?

¡Ah, no!, perdona, bien mío;
cedes al fin a mi ruego,
y de la pasión el fuego
miro en tus ojos lucir.
Ven, que tu amor, virgen bella,
néctar es para mi alma;
sin él, que mi pena calma,
¿cómo pudiera vivir?

Ven y estréchame, no apartes
ya tus brazos de mi cuello,
no ocultes el rostro bello,
tímida huyendo de mí.
Oprímanse nuestros labios
en un beso eterno, ardiente,

y transcurran dulcemente
lentas las horas así.

[...]

En los verdes tamarindos
enmudecen las palomas;
en los nardos no hay aromas
para los ambientes ya.
Tú languideces; tus ojos
ha cerrado la fatiga,
y tu seno, dulce amiga,
estremeciéndose está.

En la ribera del río
todo se agosta y desmaya;
las adelfas de la playa
se adormecen de calor.
Voy el reposo a brindarte
de trébol en esta alfombra,
a la perfumada sombra
de los naranjos en flor.

JUAN DÍAZ COVARRUBIAS
(1837-1859)

Nació en Xalapa, Veracruz, en 1837, y murió en la ciudad de México, en 1859. Fue uno de los llamados "mártires de Tacubaya", pues fue fusilado por orden del general Leonardo Márquez junto con otros liberales. Estudió filosofía y latinidad en el Colegio de Letrán y, posteriormente, se graduó como médico. Colaboró en los periódicos *El Monitor Republicano*, *El Siglo XIX* y *El Diario de Avisos*. Además de poeta, fue novelista y crítico literario. Sus *Poesías escogidas* vieron la luz póstumamente, en 1888. En 1959, con un estudio preliminar de Clementina Díaz y de Ovando, se publicaron, en dos tomos, sus *Obras completas*.

A LA LUNA

Quédate, ¡oh luna!, plácida, argentada,
queda con tus encantos, tu luz pura,
yo ocultaré mi vida abandonada
entre las sombras de la noche oscura.

Y si alumbra tu luz, pálida y triste,
a la hermosa que amé sin esperanza,
dila que el llanto que en mis ojos viste,
nadie en el mundo a disipar alcanza.

Ahora, tal vez risueña y afanosa
te contempla al vagar entre las flores,
o a su amante esperando cariñosa
se aduerme en sueños de ilusión y amores.

Yo adoré a esa mujer, pura violeta
que brotó entre la lava de este suelo;
más pura que el ensueño de un poeta,
traslado de los ángeles del cielo.

Dulce suspiro de inocente niño,
ángel de amor que por amor delira,
plácida virgen del primer cariño,
flor que perfuma y perfumando expira.

Contémplala feliz, luna querida
al dulce lazo del placer sujeta,

que yo tranquilo cruzaré la vida
con mi llanto y miseria de poeta.

Dila que su recuerdo en mi memoria
por siempre existirá, solo, profundo,
ya me acaricie un porvenir de gloria
o ya cruce mendigo por el mundo.

Y al dejar de la vida la ribera,

cuando cansado de llorar, sucumba,
alumbra ¡oh luna! por la vez postrera
las olvidadas flores de mi tumba.

EPITAFIO EN LA TUMBA DE...

Ayes, suspiros, lágrimas, pasiones,
que al pasar por el mundo sollozando,
mi existencia fugaz fuisteis llenando
de sentidas y amargas decepciones.

Dichas, sonrisas, dulces ilusiones,
horas de amor en que viví soñando,
¡cuán triste realidad estáis mirando
de mi tumba en las lóbregas regiones!...

Adiós tristes memorias de otros días
desvanecidas ya de mi memoria,
alegres, cuanto locas fantasías...

Adiós llanto y tristeza de la gloria,
mis cenizas ajadas y sombrías
espejo son de mi infeliz historia.

Juan Valle
(1838-1864 o 1865)

Nació en la ciudad de Guanajuato en 1838 y murió en Guadalajara en fecha incierta, entre los últimos días de diciembre de 1864 y los primeros de enero de 1865. Fue llamado "el Tirteo de la Libertad". Desde los primeros años quedó ciego, de modo que dictó todos sus poemas. Colaboró en *El Siglo XIX*. Sus *Poesías*, con prólogo de Francisco Zarco, se publicaron en México en 1862. En 1995, Sergio López Mena seleccionó y prologó una *Antología poética* de este liberal que sufrió persecución por parte de los conservadores.

INDIFERENCIA

Va a amanecer: gozosa la campana
saluda al resplandor que el alba envía;
se alza del lecho la doncella pía
a rezar su oración de la mañana.

Cansada de gozar, la cortesana
sale riendo de la alegre orgía;
maldice el amador la luz del día,
dejando de su amada la ventana.

¡Feliz el que cree, goza o padece!
Yo ni creo, ni gozo, ni padezco,
y todo indiferente me parece.

Ni maldigo la luz ni la apetezco;
nada me regocija ni entristece;
nada me inspira amor, nada aborrezco.

SOLEDAD

Sentado de este río junto al cauce,
vengo a pensar a solas en mi suerte.
Por acercarme al reino de la muerte,
vengo a buscar la sombra de este sauce.

Mi ser ha trastornado la amargura;
me está quemando el sol, y tengo frío;
voy, refresco mis miembros en el río,
y me siento abrasar en calentura.

Mas de estas flores el agreste aroma
narcótico feliz a mi alma presta:
por simpatía, a mi gemir contesta
el gemir de la huérfana paloma.

Del buey trabajador se oye el mugido,
y en las espigas susurrar el viento,
y en monótono son se escucha lento
de millares de insectos el zumbido.

Van siguiendo los perros familiares
los pasos de los pobres labradores;
la aldeana adornada va con flores,
entonando estribillos populares.

A veces, a lo lejos, de un caballo
se escuchan en la arena las pisadas,
y se mezcla a las rústicas baladas
el cantar ronco del lejano gallo.

Este cuadro de paz y de inocencia,
en medio del placer grato sería;
mas tiene algo de gran melancolía,
visto a través del llanto de la ausencia.

Es verdad que a mis ojos aparece
hermosa esta natura; pero hermosa
con la hermosura de mujer llorosa,
¡ay! con esa hermosura que entristece.

Del paraíso de mi amor primero,
donde mi cuna ayer se ha columpiado,
con su espada de fuego me ha arrojado
de la guerra civil el ángel fiero.

Más infeliz que Adán, que, si el delito
lo lanzó a él de su mansión primera,
al menos lo siguió su compañera,
y yo me encuentro aquí solo y proscrito.

Amo yo, Guanajuato, más tus montes,
tu aire pesado y tus ruidosas calles,
que el aura y el silencio de estos valles,
y más que sus inmensos horizontes.

¡Con cuánta lentitud el tiempo pasa
lejos de aquel lugar donde nacimos,
de allí donde lloramos y reímos,
de allí donde tenemos nuestra casa!

Lejos de aquel lugar donde respiran
los seres que en el mundo más amamos.
Aquellos que, si ausentes suspiramos,
por instinto, tal vez, también suspiran.

¿En dónde estás, Jesús? Matilde mía,
¿en dónde estás también? ¿Dónde, Eduwige?
En vano entre la pena que me aflige,
invoco vuestra dulce compañía.

Toda vestida de sombrío luto,
la ausencia me persigue por doquiera,
y con su tarda voz me desespera
contándome minuto por minuto.

Tenaz, aun entre sueños, al oído,
con frases de ironía mofadoras,
me va contando las eternas horas,
de mi lado apartando al dulce olvido.

Se hace en mí, de dolor y de consuelo,
al pensar en vosotras, fusión vaga,
y a mi alma, en lucha tal, punza y halaga
mezclada sensación de infierno y cielo.

Pedid a Dios que, compasivo, un día
me vuelva mis domésticos placeres,
y hablar de cerca a mis queridos seres
de nuevo pueda, como hablar solía.

José Rosas Moreno
(1838-1883)

Nació en Lagos, Jalisco, en 1838, y murió allí mismo en 1883. Estudió en el Colegio de San Gregorio, en la ciudad de México. Por el carácter delicado y apacible de su lírica, y por la temática nostálgica y sentimental acerca de los años mozos, fue conocido como "el Poeta de la Niñez". Es, sin duda, el mejor fabulista mexicano. Sus *Poesías* se publicaron en 1864, y una segunda edición, con el título *Hojas de rosas* y con prólogo de Juan de Dios Peza, vio la luz en 1891.

LA VUELTA A LA ALDEA

Ya el sol oculta su radiosa frente;
melancólico brilla en occidente
su tímido esplendor;
ya en las selvas la noche inquieta vaga
y entre las brisas lánguido se apaga
el último cantar del ruiseñor.

¡Cuánto gozo escuchando embelesado
ese tímido acento apasionado
que en mi niñez oí!
Al ver de lejos la arboleda umbrosa
¿cuál recuerdo, en la tarde silenciosa,
la dicha que perdí!

Aquí al son de las aguas bullidoras,
de mi dulce niñez las dulces horas
dichoso vi pasar,
y aquí mil veces, al morir el día
vine amante después de mi alegría
dulces sueños de amor a recordar.

Ese sauce, esa fuente, esa enramada,
de una efímera gloria ya eclipsada
mudos testigos son:
cada árbol, cada flor, guarda una historia
de amor y de placer, cuya memoria
entristece y halaga el corazón.

Aquí está la montaña, allí está el río;
a mi vista se extiende el bosque umbrío
donde mi dicha fue.
¡Cuántas veces aquí con mis pesares
vine a exhalar de amor tristes cantares!
¡Cuánto de amor lloré!

Acá la calle solitaria; en ella
de mi paso en los céspedes la huella
el tiempo ya borró.
Allá la casa donde entrar solía
de mi padre en la dulce compañía.
¡Y hoy entro en su recinto sólo yo!

Desde esa fuente, por la vez primera,
una hermosa mañana, la ribera
a Laura vi cruzar,
y de aquella arboleda en la espesura,
una tarde de mayo, con ternura
una pálida flor me dio al pasar.

Todo era entonces para mí risueño;
mas la dicha en la vida es sólo un sueño,
y un sueño fue mi amor.
Cual eclipsa una nube al rey del día,
la desgracia eclipsó la dicha mía
en su primer fulgor.

Desatóse estruendoso el torbellino,
al fin airado me arrojó el destino
de mi natal ciudad.
Así cuando es feliz entre sus flores
¡ay! del nido en que canta sus amores
arroja al ruiseñor la tempestad.

Errante y sin amor siempre he vivido;
siempre errante en las sombras del olvido...
¡Cuán desgraciado soy!
Mas la suerte conmigo es hoy piadosa;
ha escuchado mi queja, cariñosa,
y aquí otra vez estoy.

No sé, ni espero, ni ambiciono nada;
triste suspira el alma destrozada
sus ilusiones ya:
mañana alumbrará la selva umbría
la luz del nuevo sol, y la alegría
¡jamás al corazón alumbrará!

Cual hoy, la tarde en que partí doliente,
triste el sol derramaba en occidente
su moribunda luz:
suspiraba la brisa en la laguna
y alumbraban los rayos de la luna
la solitaria cruz.

Tranquilo el río reflejaba al cielo,
y una nube pasaba en blando vuelo
cual pasa la ilusión;
cantaba el labrador en su cabaña,
y el eco repetía en la montaña
la misteriosa voz de la oración.

Aquí está la montaña, allí está el río...
Mas ¿dónde está mi fe? ¿Dónde, Dios mío,
dónde mi amor está?
Volvieron al vergel brisas y flores,
volvieron otra vez los ruiseñores...
Mi amor no volverá.

¿De qué me sirven, en mi amargo duelo,
de los bosques los lirios, y del cielo
el mágico arrebol;
el rumor de los céfiros süaves
y el armonioso canto de las aves,
si ha muerto ya de mi esperanza el sol?

Del arroyo en las márgenes umbrías
no miro ahora, como en otros días,
a Laura sonreír.
¡Ay! En vano la busco, en vano lloro;
ardiente en vano su piedad imploro:
¡jamás ha de venir!

Joaquín Arcadio Pagaza
(1839-1918)

Nació en Valle de Bravo, Estado de México, en 1839, y murió en Xalapa, Veracruz, en 1918. Estudió en el Seminario Conciliar de México en donde recibió las órdenes sacerdotales en 1862. Fue párroco del Sagrario Metropolitano y obispo de Veracruz. En la Arcadia Mexicana figuró con el nombre de Clearco Meonio. Fue traductor de Horacio y Virgilio. En 1887 publicó su libro de versos, *Murmurios de la selva*. Se le considera el antecedente inmediato de Manuel José Othón en la poesía del paisaje. Una de las antologías recientes de su obra poética es *El valle de la luz* (Universidad Autónoma del Estado de México, 1990), con selección, prólogo y notas de Raúl Cáceres Carenzo.

AL AMANECER

Asoma, Filis, soñoliento el día
y llueve sin cesar; en los cercanos
valladares, al pie de los bananos,
mi grey se escuda de la niebla fría.

Las vacas a sus hijos con porfía
llaman de los corrales, en pantanos
convertidos; y ruedan en los llanos
pardas las nubes y en la selva umbría.

Oye... se arrastran sobre el techo herboso
los tiernos sauces con extraño brío
al mecerlos el viento vagaroso,

que, trayendo oleadas de rocío,
por las rendijas entra querelloso.
Prende el fogón, amiga, tengo frío.

EL CERRO

Con regia veste de sedosa grama
y coronado en árboles bermejos
se empina el cerro por mirar de lejos
el magnífico y amplio panorama.

Escucha mudo que entre peñas brama
albo el río partiéndose en cadejos;
y vele retratar en sus espejos
del áureo sol la omnipotente flama.

Templado albergue y límpidos raudales
brinda a la grey; liberta de enemiga
cruda escarcha a hortalizas y frutales;

y con su manto providente abriga
y defiende a los tiernos cereales
encorvados al peso de la espiga.

OTUMBA

Al asomar encima la pendiente
boscosa y de los céfiros morada,
una ladera mírase agobiada
por el trigo en sazón y por un puente.

Allí para cada ave hay una fuente;
para cada raudal una cascada;
y para cada salto una arbolada
sombrosa vega, blonda y floreciente.

En cada arbusto se vislumbra un nido,
un corimbo de flores, una poma,
o un cándido panal de miel henchido.

Suda cada árbol odorante goma;
y en cada risco pardo y carcomido
arrulla lastimera una paloma.

EL MOLINO

En la falda del cerro, donde el río
sobre riscos y peñas se despeña
terrible y bramador, hay una aceña
tesoro y prez de mi solar natío.

De allí la torre en medio al caserío
vese surgir fantástica y risueña,
cual en pie suele cándida cigüeña,
entre albos cisnes cae alcor umbrío.

Ceñido en copos de hervorosa espuma
se levanta el molino cual vigía
siempre velado por delgada bruma;

de allí su canto postrimer envía
rizando alegre la nevada pluma
la dulce alondra al expirar el día.

A UN CIPRÉS

Lleva tu cono al refulgente cielo,
flébil ciprés, emblema peregrino
del alma que, llenado su destino,
esquiva rauda el miserable suelo.

La opaca nube con osado anhelo
hiende y traspón si estorba tu camino,
sin que te arredre ciego el torbellino,
ni el estridor de su potente vuelo.

Adusto escucha en la serena altura,
del ave pasajera la armonía
y el blando murmurar del aura pura.

Y al reclinar la sien la tarde fría,
remece austero tu cimera obscura,
de majestad, oh emblema, y poesía.

LA ORACIÓN DE LA TARDE

Tiende la tarde el silencioso manto
de albos vapores y húmidas neblinas,
y los valles y lagos y colinas
mudos deponen su divino encanto.

Las estrellas en solio de amaranto
al horizonte yérguense vecinas,
salpicando de gotas cristalinas
las negras hojas del dormido acanto.

De un árbol a otro en verberar se afana
nocturna el ave con pesado vuelo
las auras leves y la sombra vana;

y presa el alma de pavor y duelo,
el místico rumor de la campana
se encoge, y treme, y se remonta al cielo.

Ignacio Montes de Oca y Obregón
(1840-1921)

Nació en la ciudad de Guanajuato, en 1840, y murió en Nueva York, Estados Unidos, en 1921. Vivió y estudió en Europa, primero en Inglaterra y posteriormente en Italia donde estudió teología y se ordenó sacerdote en la Universidad Gregoriana de Roma. Perteneció a la Arcadia Romana y fue conocido con el nombre de Ipandro Acaico. Tradujo a Ovidio, Teócrito, Anacreonte, Píndaro y Apolonio de Rodas. En 1878 publicó sus *Ocios poéticos* y, posteriormente, dio a conocer los siguientes volúmenes de poesía: *A orillas de los ríos* (1917), *Otros cien sonetos* (1918), *Nuevo centenar de sonetos* (1921) y *Sonetos jubilares* (1921). En 1941, se publicó el volumen *Sonetos póstumos*, con prólogo y notas de Pedro Moctezuma.

AL SOL

¡Oh Sol! Yo amé tu luz, yo amé tu fuego.
Acarició en los trópicos mi frente
tu roja lumbre, para mí clemente,
y bienestar me dio, paz y sosiego.

Hoy tus favores a pedir me niego,
mi helado tronco tu calor no siente,
tu rayo ofusca mi ojo deficiente...
¡Inicuo Sol, me estás dejando ciego!

¿Acaso te ofendí, porque tus galas
y tu fulgor troqué por el estudio
al brillo de la lámpara de Palas?

¿O porque de la Luna enamorado,
a sus destellos pálidos, preludio
los cánticos que tú me has inspirado?

IPANDRO ACAICO

Triste, mendigo, ciego cual Homero,
Ipandro a su montaña se retira,
sin más tesoro que su vieja lira,
ni báculo mejor que el de romero.

Los altos juicios del Señor venero,
y al que me despojó vuelvo sin ira
de mi mantel pidiéndole una tira,
y un grano del que ha sido mi granero.

¿A qué mirar con fútiles enojos
a quien no puede hacer ni bien ni daño,
sentado entre sus áridos rastrojos,

y sólo quiere en su octagésimo año,
antes que acaben de cegar sus ojos
morir apacentando su rebaño?

Manuel M. Flores
(1840-1885)

Nació en San Andrés Chalchicomula, Puebla, en 1840, y murió en la ciudad de México en 1885. Hizo estudios en el Colegio de Minería de la ciudad de México, y formó parte del grupo que, alrededor de Altamirano, se reunía en el Colegio de Letrán. Se le considera el poeta mexicano romántico por excelencia. Entre otros autores tradujo a Hugo, Byron, Schiller, Goethe y Flaubert. En 1874, en Puebla, publicó *Pasionarias*, al cual siguió *Páginas locas* (1878). En 1910 vio la luz la edición póstuma *Poesías inéditas*, con prólogo de José Juan Tablada, y en 1953 sus memorias amorosas *Rosas caídas*, en edición de Margarita Quijano.

BAJO LAS PALMAS

Morena por el sol del mediodía
que en llama de oro fúlgido la baña,
es la agreste beldad del alma mía,
la rosa tropical de la montaña.

Diole la selva su belleza ardiente,
diole la palma su gallardo talle;
en su pasión hay algo del torrente
que se despeña desbordado al valle.

Sus miradas son luz, noche sus ojos,
la pasión en su rostro centellea,
y late el beso entre sus labios rojos
cuando desmaya su pupila hebrea.

Me tiembla el corazón cuando la nombro,
cuando sueño con ella me embeleso,
y en cada flor con que su senda alfombro
pusiera un alma como pongo un beso.

Allá en la soledad, entre las flores,
nos amamos sin fin a cielo abierto,
y tienen nuestros férvidos amores
la inmensidad soberbia del desierto.

Ella, la regia, la beldad altiva
soñadora de castos embelesos,
se doblega cual tierna sensitiva
al aura ardiente de mis locos besos.

Y tiene el bosque voluptuosa sombra,
profundos y selvosos laberintos
y grutas perfumadas, con alfombra
de eneldos y tapices de jacintos.

Y palmas de soberbios abanicos
mecidos por los vientos sonorosos,
aves salvajes de canoros picos
y lejanos torrentes caudalosos.

Los naranjos en flor que nos guarecen
perfuman el ambiente, y en su alfombra
un tálamo los musgos nos ofrecen
de las gallardas palmas a la sombra.

Por pabellón tenemos la techumbre
del azul de los cielos soberano,
y por antorcha de Himeneo la lumbre
del espléndido sol americano.

Y se oyen tronadores los torrentes
y las aves salvajes en concierto,
en tanto celebramos indolentes
nuestros libres amores del desierto.

Los labios de los dos, con fuego impresos,
se dicen el secreto de las almas;
después... desmayan lánguidos los besos...
y a la sombra quedamos de las palmas.

EN EL BAÑO

Alegre y sola en el recodo blando
que forma entre los árboles el río,
al fresco abrigo del ramaje umbrío
se está la niña de mi amor bañando.

Traviesa con las ondas jugueteando
el busto saca del remanso río,
y ríe y salpica de glacial rocío
el blanco seno, de rubor temblando.

Al verla tan hermosa, entre el follaje
el viento apenas susurrando gira,
salta trinando el pájaro salvaje,

el sol más poco a poco se retira;
todo calla... y Amor, entre el ramaje,
a escondidas mirándola, suspira.

BESOS

I. PRIMER BESO

—"La luz de ocaso moribunda toca
del pinar los follajes tembladores,
suspiran en el bosque los rumores
y las tórtolas gimen en la roca.

Es el instante que el amor invoca;
ven junto a mí; te sostendré con flores
mientras roban volando los Amores
el dulce beso de tu dulce boca".—

La virgen suspiró: sus labios rojos
apenas *yo te amo* murmuraron,
se entrecerraron lánguidos los ojos,

los labios a los labios se juntaron,
y las frentes, bañadas de sonrojos,
al beso de la dicha se doblaron.

II. UN BESO NADA MÁS

Bésame con el beso de tu boca,
cariñosa mitad del alma mía;
un solo beso el corazón invoca,
que la dicha de dos... me mataría.

¡Un beso nada más!... Ya su perfume
en mi alma derramándose, la embriaga;
y mi alma por tu beso se consume
y por mis labios impaciente vaga.

¡Júntese con la tuya!... Ya no puedo
lejos tenerla de tus labios rojos...
¡Pronto!... ¡Dame tus labios... ¡Tengo miedo
de ver tan cerca tus divinos ojos!

Hay un cielo, mujer, en tus abrazos,
siento de dicha el corazón opreso...
¡Oh!, ¡sosténme en la vida de tus brazos
para que no me mates con tu beso!

III. En el jardín

Ella estaba turbada y sonreía,
él le hablaba en la sombra a media voz;
solo estaba el jardín, y la algazara
del baile se escapaba del salón.

Al través de las hojas las estrellas
lanzaban temblorosas su fulgor...
Yo no sé cómo fue, mas sin pensarlo
se encontraron los labios de los dos.

Y encontrarse los labios cariñosos
de dos que se aman con inmenso amor,
es sentir que dos almas, que dos vidas
se confunden en una y van a Dios.

¡Sonrisa de mujer, tú eres aurora!
¡Beso de mujer, tú eres un Sol!...
¡Qué dulces son tus besos, vida mía!
¡Qué hermoso es el amor!

IV. Tu cabellera

Déjame ver tus ojos de paloma
cerca, tan cerca que me mire en ellos;
déjame respirar el blando aroma
que esparcen destrenzados tus cabellos.

Déjame así, sin voz ni pensamiento,
juntas las manos en el néctar de tu aliento,
abrasarme en el fuego de tus ojos.

Pero te inclinas... La cascada entera
cae de tus rizos luengos y espesos...
¡Escóndeme en tu negra cabellera
y déjame morir bajo tus besos!

V. El beso del adiós

Era el instante del adiós: callaban,
y sin verse las manos se estrechaban
        inmóviles los dos.
Almas que al separarse se rompían,
temblando y sin hablarse se decían:
"He aquí el instante del postrer adiós".

Doliente como el ángel del martirio
ella su frente pálida de lirio
tristísima dobló;
quiso hablar, y el sollozo comprimido
su pecho desgarró con un gemido
que el nombre idolatrado sofocó.

Y luego con afán, con ansia loca
tendió sus manos y apretó su boca
a la frente de él.
Fue un largo beso trémulo... y rodaba
de aquellos ojos que el dolor derrama
copioso llanto de infinita hiel.

Él lo sintió bañando sus mejillas,
y cayó conmovido de rodillas...
Sollozaban los dos.
Y en un abrazo delirante presos
confundieron sus lágrimas, sus besos,
y se apartaron... sin decirse adiós.

VI. El último beso

Empujé, vacilando como un ebrio,
la entrecerrada puerta.
Había en la estancia gentes que lloraban,
y en medio de los cirios funerarios
ella... ¡mi vida!... muerta.

Pálido mármol que esculpió la Muerte
con su mano de hielo,
la hermosura terrestre de la virgen
del abierto sepulcro por la entrada
se iluminaba con la luz del cielo.

Llegué, me arrodillé... y aquel gemido
que lanzó mi alma loca
hizo temblar la llama de los cirios...
Después... no supe más... Un beso eterno
clavó a su frente mi convulsa boca.

Todo el llanto de mi alma, el duelo inmenso,
¡oh niña!, de perderte,
estaba en ese beso de la tumba...
¿Te lo llevó, verdad, llegando al cielo
el ángel de la muerte?

Justo Sierra
(1848-1912)

Nació en la ciudad de Campeche, en 1848, y murió en Madrid, España, en 1912. En la ciudad de México hizo estudios en el Liceo Franco-Mexicano y en el Colegio de San Ildefonso. Perteneció al grupo de la *Revista Azul* y de la *Revista Moderna* y colaboró en la revista *El Renacimiento* y en los periódicos *La Tribuna* y *El Federalista.* Fue subsecretario de Instrucción Pública y ministro de Instrucción Pública y Bellas Artes. En su poesía pueden advertirse antecedentes del modernismo. En 1937 vio la la luz el volumen *Poesías*, coleccionadas y estudiadas por Dorothy Margaret Kress y con prólogo de Julio Jiménez Rueda. Entre 1948 y 1949 se publicaron sus *Obras completas*, bajo la dirección de Agustín Yáñez; en el primer volumen se incluyen sus *Poesías.*

PLAYERAS

Baje a la playa la dulce niña,
perlas hermosas le buscaré;
deje que el agua durmiendo ciña
con sus cristales su blanco pie.

Venga la niña risueña y pura,
el mar su encanto reflejará,
y mientras llega la noche oscura,
cosas de amores le contará.

Cuando en Levante despunte el día
verá las nubes de blanco tul,
como los cisnes de la bahía,
rizar serenas el cielo azul.

Enlazaremos a las palmeras
la suave hamaca y en su vaivén
las horas tristes irán ligeras,
y sueños de oro vendrán también.

Y si la luna sobre las olas
tiende de planta bello cendal,
oirá la niña mis barcarolas
al son del remo que hiende el mar.

Mientras la noche prende en sus velos
broches de perlas y de rubí,
y exhalaciones cruzan los cielos,
¡lágrimas de oro sobre el zafir!

El mar velado con tenue bruma
te dará su hálito arrullador,
que bien merece besos de espuma
la concha-nácar, nido de amor.

Ya la marea, niña, comienza;
ven que ya sopla tibio terral,
ven y careyes tendrá tu trenza,
y tu albo cuello rojo coral.

La dulce niña bajó temblando,
bañó en el agua su blanco pie;
después cuando ella se fue llorando,
dentro las olas perlas hallé.

Francisco Sosa
(1848-1925)

Nació en la ciudad de Campeche, en 1848, y murió en la ciudad de México, en 1925. En Mérida, Yucatán, estudió filosofía, latinidad y derecho y, junto con Ramón Aldana, fundó la *Revista de Mérida* en 1869. Posteriormente se trasladó a la capital del país donde fue nombrado prefecto de Coyoacán. Fue miembro de la Real Academia y perteneció a la Sociedad Mexicana de Geografía y Estadística. Colaboró en los periódicos *El Siglo XIX*, *El Federalista* y *El Nacional*, así como en la revista *El Renacimiento.* Además de la poesía cultivó el ensayo histórico, la biografía, el cuento y la crónica. Publicó dos libros de poesía: *Ecos de gloria* (1885) y *Recuerdos* (1888).

A LELIA

Cuando marchite tus galanas flores
el que es de la beldad fiero enemigo,
y en vano pidas protección y abrigo
a los que fueron, Lelia, tus amores;

cuando todos te olviden; cuando llores
en triste soledad, sin un amigo
que de tu pena ruda al ser testigo
anhele disipar tus sinsabores,

entonces ven a mí: conserva el pecho
puro el recuerdo de su afecto santo
y olvida tu pasado desvarío.

Entonces, Lelia, ven; mi hogar estrecho
contigo partiré, que no lo es tanto,
que en él no quepan tu dolor y el mío.

Manuel Acuña
(1849-1873)

Nació en Saltillo, Coahuila, en 1849, y murió en la ciudad de México, 1873. En la capital estudió filosofía, latinidad y francés en el Colegio de San Ildefonso y, posteriormente, en 1868, ingresó a la Escuela de Medicina. Con Agustín F. Cuenca fundó la Sociedad Literaria Nezahualcóyotl. Fue colaborador de los periódicos *El Federalista* y *El Domingo*, y de la revista *El Renacimiento*. Se suicidó a los veinticuatro años de edad. La recopilación de sus poemas se realizó póstumamente: *Versos*, un año después de su muerte, y *Poesías*, en 1884. Entre las ediciones modernas destaca la de sus *Obras: Poesía, teatro, artículos y cartas* (1949), publicada con motivo de su centenario natal, con prólogo de José Luis Martínez; y una reedición de 2000 de esta compilación, con edición y prólogo nuevamente de José Luis Martínez.

A LAURA

Yo te lo digo, Laura... quien encierra
valor para romper el yugo necio
de las preocupaciones de la tierra.

Quien sabe responder con el desprecio
a los que, amigos del anacronismo,
defienden el pasado a cualquier precio.

Quien sacudiendo todo despotismo
a ninguno somete su conciencia
y se basta al pensar consigo mismo.

Quien no busca más luz en la existencia
que la luz que desprende de su foco
el sol de la verdad y la experiencia.

Quien ha sabido en este mundo loco
encontrar el disfraz más conveniente
para encubrir de nuestro ser lo poco.

Quien al amor de su entusiasmo siente
que algo como una luz desconocida
baja a imprimir un ósculo en su frente.

Quien tiene un corazón en donde anida
el genio a cuya voz se cubre en flores
la paramal tristeza de la vida;

y un ser al que combaten los dolores
y esa noble ambición que pertenece
al mundo de las almas superiores;

culpable es, y su lira no merece
si debiendo cantar, rompe su lira
y silencioso y mudo permanece.

Porque es una tristísima mentira
ver callado al zenzontle y apagado
el tibio sol que en nuestro cielo gira;

o ver el broche de la flor cerrado
cuando la blanca luz de la mañana
derrama sus caricias en el prado.

Que indigno es de la gloria soberana,
quien siendo libre para alzar el vuelo,
al ensayar el vuelo se amilana.

Y tú, que alientas ese noble anhelo,
¡mal harás si hasta el cielo no te elevas
para arrancar una corona al cielo!...

Álzate, pues, si en tu interior aún llevas
el germen de ese afán que pensar te hace
en nuevos goces y delicias nuevas.

Sueña, ya que soñar te satisface
y que es para tu pecho una alegría
cada ilusión que en tu cerebro nace.

Forja un mundo en tu ardiente fantasía,
ya que encuentras placer y te recreas
en vivir delirando noche y día.

Alcanza hasta la cima que deseas,
mas cuando bajes de esa cima al mundo
refiérenos al menos lo que veas.

Pues será un egoísmo sin segundo,
que quien sabe sentir como tú sientes
se envuelva en un silencio tan profundo.

Haz inclinar ante tu voz las frentes,
y que resuene a tu canción unido
el general aplauso de las gentes.

Que tu nombre doquiera repetido,
resplandeciente en sus laureles sea
quien salve tu memoria del olvido;

y que la tierra en tus pupilas lea
la leyenda de una alma consagrada
al sacerdocio augusto de la idea.

Sí, Laura... que tus labios de inspirada
nos repitan la queja misteriosa
que te dice la alondra enamorada;

que tu lira tranquila y armoniosa
nos haga conocer lo que murmura
cuando entreabre sus pétalos la rosa;

que oigamos en tu acento la tristura
de la paloma que se oculta y canta
desde el fondo sin luz de la espesura;

o bien el grito que en su ardor levanta
el soldado del pueblo, que a la muerte
envuelto en su bandera se adelanta.

Sí, Laura... que tu espíritu despierte
para cumplir con su misión sublime,
y que hallemos en ti a la mujer fuerte
que del oscurantismo se redime.

ANTE UN CADÁVER

¡Y bien! Aquí estás ya... sobre la plancha
donde el gran horizonte de la ciencia
la extensión de sus límites ensancha.

Aquí donde la rígida experiencia
viene a dictar las leyes superiores
a que está sometida la existencia.

Aquí donde derrama sus fulgores
ese astro a cuya luz desaparece
la distinción de esclavos y señores.

Aquí donde la fábula enmudece
y la voz de los hechos se levanta
y la superstición se desvanece.

Aquí donde la ciencia se adelanta
a leer la solución de ese problema
cuyo sólo enunciado nos espanta.

Ella que tiene la razón por lema
y que en tus labios escuchar ansía
la augusta voz de la verdad suprema.

Aquí estás ya... tras de la lucha impía
en que romper al cabo conseguiste
la cárcel que al dolor te retenía.

La luz de tus pupilas ya no existe,
tu máquina vital descansa inerte
y a cumplir con su objeto se resiste.

¡Miseria y nada más!, dirán al verte
los que creen que el imperio de la vida
acaba donde empieza el de la muerte.

Y suponiendo tu misión cumplida
se acercarán a ti, y en su mirada
te mandarás la eterna despedida.

Pero ¡no!... tu misión no está acabada,
que ni es la nada el punto en que nacemos,
ni el punto en que morimos es la nada.

Círculo es la existencia, y mal hacemos
cuando al querer medirla le asignamos
la cuna y el sepulcro por extremos.

La madre es sólo el molde en que tomamos
nuestra forma, la forma pasajera
con que la ingrata vida atravesamos.

Pero ni es esa forma la primera
que nuestro ser reviste, ni tampoco
será su última forma cuando muera.

Tú sin aliento ya, dentro de poco
volverás a la tierra y a su seno
que es de la vida universal el foco.

Y allí, a la vida en apariencia ajeno,
el poder de la lluvia y el verano
fecundará de gérmenes tu cieno.

Y al ascender de la raíz al grano,
irás del vegetal a ser testigo
en el laboratorio soberano,

tal vez para volver cambiado en trigo
al triste hogar donde la triste esposa
sin encontrar un pan sueña contigo.

En tanto que las grietas de tu fosa
verán alzarse de su fondo abierto
la larva convertida en mariposa,

que en los ensayos de su vuelo incierto
irá al lecho infeliz de tus amores
a llevarle tus ósculos de muerto.

Y en medio de esos cambios interiores
tu cráneo lleno de una nueva vida,
en vez de pensamientos dará flores

en cuyo cáliz brillará escondida
la lágrima, tal vez, con que tu amada
acompañó el adiós de tu partida.

La tumba es el final de la jornada,
porque en la tumba es donde queda muerta
la llama en nuestro espíritu encerrada.

Pero en esa mansión a cuya puerta
se extingue nuestro aliento hay otro aliento
que de nuevo a la vida nos despierta.

Allí acaban la fuerza y el talento,
allí acaban los goces y los males,
allí acaban la fe y el sentimiento.

Allí acaban los lazos terrenales,
y mezclados el sabio y el idiota,
se hunden en la región de los iguales.

Pero allí donde el ánimo se agota
y perece la máquina, allí mismo
el ser que muere es otro ser que brota.

El poderoso y fecundante abismo
del antiguo organismo se apodera,
y forma y hace de él otro organismo.

Abandona a la historia justiciera
un nombre, sin cuidarse, indiferente,
de que ese nombre se eternice o muera.

Él recoge la masa únicamente,
y cambiando las formas y el objeto,
se encarga de que viva eternamente.

La tumba sólo guarda un esqueleto;
mas la vida en su bóveda mortuoria
prosigue alimentándose en secreto.

Que al fin de esta existencia transitoria,
a la que tanto nuestro afán se adhiere,
la materia, inmortal como la gloria,
cambia de formas, pero nunca muere.

NOCTURNO

A Rosario

I

¡Pues bien!, yo necesito decirte que te adoro,
decirte que te quiero con todo el corazón;
que es mucho lo que sufro, que es mucho lo que lloro,
que ya no puedo tanto, y al grito en que te imploro
te imploro y te hablo en nombre de mi última ilusión.

II

Yo quiero que tú sepas que ya hace muchos días
estoy enfermo y pálido de tanto no dormir;
que ya se han muerto todas las esperanzas mías,
que están mis noches negras, tan negras y sombrías,
que ya no sé ni dónde se alzaba el porvenir.

III

De noche, cuando pongo mis sienes en la almohada
y hacia otro mundo quiero mi espíritu volver,
camino mucho, mucho, y al fin de la jornada
las formas de mi madre se pierden en la nada
y tú de nuevo vuelves en mi alma a aparecer.

IV

Comprendo que tus besos jamás han de ser míos,
comprendo que en tus ojos no me he de ver jamás;
y te amo, y en mis locos y ardientes desvaríos
bendigo tus desdenes, adoro tus desvíos,
y en vez de amarte menos te quiero mucho más.

V

A veces pienso en darte mi eterna despedida,
borrarte en mis recuerdos y hundirte en mi pasión;

mas si es en vano todo y el alma no te olvida,
¿qué quieres tú que yo haga, pedazo de mi vida,
qué quieres tú que yo haga con este corazón?

VI

Y luego que ya estaba concluido tu santuario,
tu lámpara encendida, tu velo en el altar;
el sol de la mañana detrás del campanario,
chispeando las antorchas, humeando el incensario,
¡y abierta allá a lo lejos la puerta del hogar!...

VII

¡Qué hermoso hubiera sido vivir bajo aquel techo,
los dos unidos siempre y amándonos los dos;
tú siempre enamorada, yo siempre satisfecho,
los dos una sola alma, los dos un solo pecho,
y en medio de nosotros, mi madre como un dios!

VIII

¡Figúrate qué hermosas las horas de esa vida!
¡Qué dulce y bello el viaje por una tierra así!
Y yo soñaba en eso, mi santa prometida,
y al delirar en eso con la alma estremecida,
pensaba yo en ser bueno, por ti, nomás por ti.

IX

¡Bien sabe Dios que ése era mi hermoso sueño,
mi afán y mi esperanza, mi dicha y mi placer;
bien sabe Dios que en nada cifraba yo mi empeño,
sino en amarte mucho bajo el hogar risueño
que me envolvió en sus besos cuando me vio nacer!

X

Ésa era mi esperanza... mas ya que a sus fulgores
se opone el hondo abismo que existe entre los dos,
¡adiós por la vez última, amor de mis amores;
la luz de mis tinieblas, la esencia de mis flores;
mi lira de poeta, mi juventud, adiós!

HOJAS SECAS

I

Mañana que ya no puedan
encontrarse nuestros ojos,
y que vivamos ausentes,
muy lejos uno del otro,
que te hable de mí este libro
como de ti me habla todo.

II

Cada hoja es un recuerdo
tan triste como tierno
de que hubo sobre ese árbol
un cielo y un amor;
reunidas forman todas
el canto del invierno,
la estrofa de las nieves
y el himno del dolor.

III

Mañana a la misma hora
en que el sol te besó por vez primera,
sobre tu frente pura y hechicera
caerá otra vez el beso de la aurora;
pero ese beso que en aquel oriente
cayó sobre tu frente solo y frío,
mañana bajará dulce y ardiente,
porque el beso del Sol sobre tu frente
bajará acompañado con el mío.

IV

En Dios le exiges a mi fe que crea,
y que le alce un altar dentro de mí.
¡Ah! ¡Si basta nomás con que te vea
para que yo ame a Dios, creyendo en ti!

v

Si hay algún césped blando
cubierto de rocío
en donde siempre se alce
dormida alguna flor,
y en donde siempre puedas
hallar, dulce bien mío,
violetas y jazmines
muriéndose de amor;

yo quiero ser el césped
florido y matizado
donde se asienten, niña,
las huellas de tus pies;
yo quiero ser la brisa
tranquila de ese prado
para besar tus labios
y agonizar después.

Si hay algún pecho amante
que de ternura lleno
se agite y se estremezca
no más para el amor,
yo quiero ser, mi vida,
yo quiero ser el seno
donde tu frente inclines
para dormir mejor.

Yo quiero oír latiendo
tu pecho junto al mío,
yo quiero oír qué dicen
los dos en su latir,
y luego darte un beso
de ardiente desvarío,
y luego... arrodillarme
mirándote dormir.

vi

–Las doce... ¡Adiós!... Es fuerza que me vaya
y que te diga adiós...
Tu lámpara está ya por extinguirse,
y es necesario.
–Aún no.
–Las sombras son traidoras, y no quiero
que al asomar el Sol,
se detengan sus rayos a la entrada
de nuestro corazón...

–Y ¿qué importan las sombras cuando entre ellas
queda velando Dios?
–¿Dios? ¿Y qué puede Dios entre las sombras
al lado del amor?
–Cuando te duermas, ¿me enviarás un beso?
–¡Y mi alma!
–¡Adiós!...
–¡Adiós!...

VII

Lo que siente el árbol seco
por el pájaro que cruza
cuando plegando las alas
baja hasta sus ramas mustias,
y con sus cantos alegra
las horas de su amargura;
lo que siente por el día
la desolación nocturna
que en medio de sus pesares
y en medio de sus angustias,
ve asomar con la mañana
de sus esperanzas una;
lo que sienten los sepulcros
por la mano buena y pura
que solamente obligada
por la piedad que la impulsa,
riega de flores y de hojas
la blanca lápida muda,
eso es al amarte mi alma
lo que siente por la tuya,
que has bajado hasta mi invierno,
que has surgido entre mi angustia
y que has regado de flores
la soledad de mi tumba.

Mi hojarasca son mis creencias,
mis tinieblas son la duda,
mi esperanza es el cadáver,
y el mundo mi sepultura...
Y como de entre esas hojas
jamás retoña ninguna;
como la duda es el cielo
de una noche siempre oscura,
y como la fe es un muerto
que no resucita nunca,
yo no puedo darte un nido
donde recojas tus plumas,
ni puedo darte un espacio

donde enciendas tu luz pura,
ni hacer que mi alma de muerto
palpite unida a la tuya;
pero si gozar contigo
no ha de ser posible nunca,
cuando estés triste, y en la alma
sientas alguna amargura,
yo te ayudaré a que llores,
yo te ayudaré a que sufras,

y te prestaré mis lágrimas
cuando se acaben las tuyas.

VIII

1

Aun más que con los labios
hablamos con los ojos;
con los labios hablamos de la tierra,
con los ojos del cielo y de nosotros.

2

Cuando volví a mi casa
de tanta dicha loco,
fue cuando comprendí muy lejos de ella
que no hay cosa más triste que estar solo.

3

Radiante de ventura,
frenético de gozo,
cogí una pluma, le escribí a mi madre,
y al escribirle se lo dije todo.

4

Después de la fatiga
cediendo poco a poco,
me dormí y al dormirme sentí en sueños
que ella me daba un beso y mi madre otro.

5

¡Oh sueño, el de mi vida
más santo y más hermoso!
¡Qué dulce has de haber sido cuando aun muerto
gozo con tu recuerdo de este modo!

IX

Cuando yo comprendí que te quería
con toda la lealtad del corazón,
fue aquella noche en que al abrirme tu alma
miré hasta su interior.

Rotas estaban tus virgíneas alas
que ocultaba en sus pliegues un crespón
y un ángel enlutado cerca de ellas
lloraba como yo.

Otro, tal vez, te hubiera aborrecido
delante de aquel cuadro aterrador;
pero yo no miré en aquel instante
más que mi corazón;

y te quise, tal vez, por tus tinieblas,
y te adoré, tal vez, por tu dolor,
¡que es muy bello poder decir que la alma
ha servido de Sol!...

X

Las lágrimas del niño
la madre las enjuga,
las lágrimas del hombre
las seca la mujer...
¡Qué tristes las que brotan
y bajan por la arruga,
del hombre que está solo,
del hijo que está ausente,
del ser abandonado
que llora y que no siente
ni el beso de la cuna,
ni el beso del placer!

XI

¡Cómo quieres que tan pronto
olvide el mal que me has hecho,
si cuando me toco el pecho
la herida me duele más!
Entre el perdón y el olvido
hay una distancia inmensa;
yo perdonaré la ofensa;
pero olvidarla... ¡jamás!

XII

"Te amo —dijiste— y jamás a otro hombre
le entregaré mi amor y mi albedrío",
y al quererme llamar buscaste un nombre,
y el nombre que dijiste no era el mío.

XIII

¡Ah, gloria! ¡De qué me sirve
tu laurel mágico y santo,
cuando ella no enjuga el llanto
que estoy vertiendo sobre él!
¡De qué me sirve el reflejo
de tu soñada corona,
cuando ella no me perdona
ni en nombre de ese laurel!

La que a la luz de sus ojos
despertó mi pensamiento,
la que al amor de su acento
encendió en mí la pasión;
muerta para el mundo entero
y aun para ella misma muerta,
solamente está despierta
dentro de mi corazón.

XIV

El cielo está muy negro, y como un velo
lo envuelve en su crespón la oscuridad;
con una sombra más sobre ese cielo
el rayo puede desatar su vuelo
y la nube cambiarse en tempestad.

XV

Oye, ven a ver las naves,
están vestidas de luto,
y en vez de las golondrinas
están graznando los búhos...
El órgano está callado,
el templo solo y oscuro,
sobre el altar... ¿Y la virgen
por qué tiene el rostro oculto?
¿Ves?... En aquellas paredes
están cavando un sepulcro,
y parece como que alguien
solloza allí, junto al muro.

¿Por qué me miras y tiemblas?
¿Por qué tienes tanto susto?
¿Tú sabes quién es el muerto?
¿Tú sabes quién fue el verdugo?

Juan de Dios Peza
(1852-1910)

Nació en la ciudad de México, en 1852, y murió también en la capital de la República, en 1910. Hizo estudios de medicina pero nunca los concluyó y prefirió dedicarse a la literatura y al periodismo. Fue editor de *El Búcaro* y director de *El Mundo Literario Ilustrado*. Su libro de poesía más popular fue *Cantos del hogar*, publicado en 1884, con el cual se ganó también su sobrenombre: el "poeta del hogar". Otros títulos suyos son: *Poesías* (1873), *Horas de pasión* (1876) y *El arpa del amor* (1891).

REÍR LLORANDO

Viendo a Garrick —actor de la Inglaterra—
el pueblo al aplaudirlo le decía:
–Eres el más gracioso de la tierra,
y el más feliz...
Y el cómico reía.

Víctimas del *spleen*, los altos lores
en sus noches más negras y pesadas,
iban a ver al rey de los actores
y cambiaban su *spleen* en carcajadas.

Una vez, ante un médico famoso
llegóse un hombre de mirar sombrío:
–Sufro —le dijo—, un mal tan espantoso
como esta palidez del rostro mío.

Nada me causa encanto ni atractivo;
no me importa mi nombre ni mi suerte.
En un eterno *spleen*, muriendo vivo,
y es mi única ilusión la de la muerte.

–Viajad y os distraeréis.
–¡Tanto he viajado!
–Las lecturas buscad.
–¡Tanto he leído!
–Que os ame una mujer.
–¡Si soy amado!
–Un título adquirid.
–¡Noble he nacido!

–¿Pobre seréis quizá?
–Tengo riquezas.
–¿De lisonjas gustáis?
–¡Tantas escucho!...
–¿Qué tenéis de familia?
–Mis tristezas...
–¿Vais a los cementerios?
–Mucho, mucho...

–¿De vuestra vida actual tenéis testigos?
–Sí, mas no dejo que me impongan yugos;
yo les llamo a los muertos mis amigos;
y les llamo a los vivos mis verdugos.

–Me deja —agrega el médico— perplejo
vuestro mal, y no debo acobardaros;
tomad hoy por receta este consejo:
"Sólo viendo a Garrick podréis curaros".

–¿A Garrick?
–Sí, a Garrick... Las más remisa
y austera sociedad le busca ansiosa;
todo aquel que lo ve muere de risa.

–¿Y a mí me hará reír?
–¡Ah!, sí, os lo juro,
él, sí; nada más él; mas... ¿qué os inquieta?
–Así —dijo el enfermo—, no me curo;
¡yo soy Garrick!... Cambiadme la receta.

¡Cuántos hay que, cansados de la vida,
enfermos de pesar, muertos de tedio,
hacen reír como el actor suicida,
sin encontrar para su mal remedio!

¡Ay! ¡Cuántas veces al reír se llora!
¡Nadie en lo alegre de la risa fíe,
porque en los seres que el dolor devora
el alma gime cuando el rostro ríe!

Si se muere la fe, si huye la calma,
si sólo abrojos nuestra planta pisa,
lanza la faz la tempestad del alma
un relámpago triste: la sonrisa.

El carnaval del mundo engaña tanto,
que las vidas son breves mascaradas;
aquí aprendemos a reír con llanto,
y también a llorar con carcajadas.

EN LAS RUINAS DE MITLA

Les temps n'outrage que l'homme.

Maravillas de otra edad;
prodigios de lo pasado;
páginas que no ha estudiado
la indolente humanidad,
¿por qué vuestra majestad
causa entusiasmo y pavor?
Porque de tanto esplendor
y de tantas muertas galas,
están batiendo las alas
los siglos en derredor.

Muda historia de granito
que erguida en pie te mantienes,
¿qué nos escondes? ¿Qué tienes
por otras razas escrito?
Cada inmenso monolito,
del arte eximio trabajo,
¿quién lo labró? ¿Quién lo trajo
a do nadie lo derriba?
Lo saben, Dios allá arriba;
la soledad, aquí abajo.

Cada obelisco de pie
me dice en muda arrogancia:
tú eres dudas e ignorancia,
yo soy el arte y la fe.
Semejan de lo que fue
los muros viejos guardianes...
¡Qué sacrificios!, ¡qué afanes
revela lo que contemplo!
Labrado está cada templo
no por hombres, por titanes.

En nuestros tiempos, ¿qué son
los ritos, usos y leyes,
de sacerdotes y reyes
que aquí hicieron oración?
Una hermosa tradición
cuya antigüedad arredra;
ruinas que viste la yedra
y que adorna el jaramago:
¡la epopeya del estrago
escrita en versos de piedra!

Del palacio la grandeza;
del templo la pompa extraña;

la azul y abrupta montaña
convertida en fortaleza;
todo respira tristeza,
olvido, luto, orfandad;
¡aun del sol la claridad
se torna opaca y medrosa
en la puerta misteriosa
de la negra eternidad!

Despojo de lo ignorado,
busca un trono la hoja seca
en la mutilada greca
del frontón desportillado.
Al penate derribado
la ortiga encubre y escuda;
ya socavó mano ruda
la perdurable muralla...
Viajero: medita y calla...
¡Lo insondable nos saluda!

Sabio audaz, no inquieras nada,
que no sabrás más que yo;
aquí una raza vivió
heroica y civilizada;
extinta o degenerada,
sin renombre y sin poder,
de su misterioso ser
aquí el esplendor se esconde
y aquí sólo Dios responde.
¡Y Dios no ha de responder!

Salvador Díaz Mirón
(1853-1928)

Nació en la ciudad de Veracruz, en 1853, y murió en ese mismo puerto, en 1928. Fue diputado al Congreso de la Unión en dos ocasiones, director del Colegio Preparatorio de Xalapa y director del diario gobiernista *El Imparcial* (1913-1914). En 1895, en Nueva York, se publicó su libro *Poesías*, el cual se reeditó en París en 1900. En 1901, en la ciudad de Xalapa, aparecería *Lascas*, su más famosa obra. La edición de sus *Poesías completas*, con prólogo de Antonio Castro Leal, se publicó en 1941, reeditándose, corregida y aumentada, en 1966. Una edición más reciente de su *Poesía completa* es la que llevó a cabo Manuel Sol (recopilación, introducción, bibliografía y notas), en 1997.

ASONANCIAS

Sé de un reptil que persigue
la sombra rauda y aérea
que un ave del paraíso
proyecta sobre la tierra
desde el azul en que flota,
iris vivo de orlas negras.

Conozco un voraz gusano
que, perdido en una ciénaga,
acecha una mariposa
que, flor matizada y suelta,
ostenta en un aire de oro
dos pétalos que aletean.

¡Odio que la oscura escama
profesa a la pluma espléndida!
¡Inmundo rencor de oruga!
¡Eterna y mezquina guerra
de todo lo que se arrastra
contra todo lo que vuela!

EL DESERTOR

Allí junto al viejo muro
entre la hierba escondido...
¡Y el campo, alegre y florido,
y el cielo, impasible y puro!

Cuadro que tuve delante
y que hoy como entonces veo.
Ante un pelotón el reo,
en un flanco el comandante.

–¡Cesen tus ruegos prolijos!
¿Por qué huiste a la montaña?
–Señor, porque en mi cabaña
estaban sin pan mis hijos.

–¿Por qué trocaste el arado
por el fusil? Fue imprudencia.
–Señor, ha sido violencia:
la *leva* me hizo soldado.

–¡Basta! ¡Arrodíllate luego!
La disciplina es un yugo.
Yo no soy más que el verdugo...
¡Preparen! ¡Apunten! ¡Fuego!

Allí, junto al viejo muro
entre la hierba escondido...
¡Y el campo, alegre y florido,
y el cielo, impasible y puro!

OJOS VERDES

Ojos que nunca me veis
por recelo o por decoro,
ojos de esmeralda y oro
fuerza es que me contempléis;
quiero que me consoléis,
hermosos ojos que adoro:
estoy triste y os imploro
puesta en tierra la rodilla:
¡Piedad para el que se humilla,
ojos de esmeralda y oro!

Ojos en que reverbera
la estrella crepuscular,
ojos verdes como el mar,
como el mar por la ribera;
ojos de lumbre hechicera
que ignoráis lo que es llorar,
glorificad mi pesar.
¡No me desoléis así!
¡Tened compasión de mí,
ojos verdes como el mar!

Ojos cuyo amor anhelo
porque alegra cuanto alcanza,
ojos color de esperanza
con lejanías de cielo.
Ojos que al través del velo
radian bienaventuranza,
mi alma a vosotros se lanza
en alas de la embriaguez,
miradme una sola vez,
ojos color de esperanza.

Cese ya vuestro desvío,
ojos que me dais congojas,
ojos con aspecto de hojas
empapadas de rocío.
Húmedo esplendor del río
que por esquivo me enojas,
luz que la del sol sonrojas
y cuyos toques son besos,
derrámate en mí por esos
ojos con aspecto de hojas.

QUÉ ES POESÍA

¡La poesía! Pugna sagrada,
radioso arcángel de ardiente espada,
tres heroísmos en conjunción:
el heroísmo del pensamiento,
el heroísmo del sentimiento
y el heroísmo de la expresión.

Flor que en la cumbre brilla y perfuma,
copo de nieve, gasa de espuma,
zarza encendida do el cielo está,
nube de oro vistosa y rauda,
fugaz cometa de inmensa cauda,
onda de gloria que viene y va.

Nébula vaga de que gotea,
como una perla de luz, la idea;
espiga herida por la segur,
brasa de incienso, vapor de plata,
fulgor de aurora que se dilata
de oriente a ocaso, de norte a sur.

Verdad, ternura, virtud, belleza,
sueño, entusiasmo, placer, tristeza;
lengua de fuego, vivaz crisol;
abismo de éter que el genio salva,

alondra humilde que canta al alba,
águila altiva que vuela al sol.

Humo que brota de la montaña,
nostalgia oscura, pasión extraña,
sed insaciable, tedio inmortal,
anhelo tierno e indefinible,
ansia infinita de lo imposible,
amor sublime de lo ideal.

AL CHORRO DEL ESTANQUE...

Al chorro del estanque abrí la llave,
pero a la pena y al furor no pude
ceñir palabra consecuente y grave.
Pretendo que la forma ceda y mude,
y ella en mi propio gusto se precave,
y en el encanto y en el brillo acude.

Afeites usa y enjoyada viene...
¡Sólo a esplender y a seducir aspira,
como en la noche y en el mar Selene!
Es coqueta en el duelo y en la ira
del supremo rubor... ¡No en vano tiene
curvas y nervios de mujer la lira!

¿Qué mucho, pues? A encono y a quebranto
dejo el primor que les prendí por fuera,
y en la congoja y en la saña el canto
resulte gracia irónica y artera:
el iris en el glóbulo del llanto
y la seda en la piel de la pantera.

EXCÉLSIOR

Conservo de la injuria,
no la ignominia; pero sí la marca.
¡Sentíme sin honor, cegué de furia,
y recogílo de sangrienta charca!

Y hórrido amago suena...
¡Así la racha en el desierto zumba,
cuando en crecientes vórtices de arena
corre a ceñir al árabe la tumba!

¡Infames! Os agravia
que un alma superior aliente y vibre;
y en vuestro miedo, trastrocado en rabia,
vejáis cautivo al que adularais libre.

Cruel fortuna dispensa
favor al odio de que hacéis alardes.
Estoy preso, caído, sin defensa...
¡Podéis herir y escarnecer, cobardes!

Al mal dolos procuren
fuerza y laurel que la razón no alcanza.
¡Aún sé cantar; y en versos que perduren
publicaré a los siglos mi venganza!

Sobre la impura huella
del fraude, la verdad austera y sola
brilla, como el silencio de una estrella
por encima del ruido de una ola.

[Cárcel de Veracruz. Julio de 1892.]

LA GIGANTA

I

Es un monstruo que me turba. Ojo glauco y enemigo
como el vidrio de una rada con hondura que, por poca,
amenaza los bajeles con las uñas de la roca.
La nariz resulta grácil y aseméjase a un gran higo.

La guedeja blonda y cruda y sujeta, como el trigo
en el haz. Fresca y brillante y rojísima la boca,
en su trazo enorme y burdo y en su risa eterna y loca.
Una barba con hoyuelo, como un vientre con ombligo.

Tetas vastas, como frutos del más pródigo papayo;
pero enérgicas y altivas en su mole y en su peso,
aunque inquietas, como gozques escondidos en el sayo.

En la mano, linda en forma, vello rubio y ralo y tieso,
cuyos ápices fulguran como chispas, en el rayo
matinal, que les aplica fuego móvil con un beso.

II

¡Cuáles piernas! Dos columnas de capricho, bien labradas,
que de púas amarillas resplandecen espinosas,
en un pórfido que finge la vergüenza de las rosas,
por estar desnudo a trechos ante lúbricas miradas.

Albos pies, que con eximias apariencias azuladas
tienen corte fino y puro. ¡Merecieran dignas cosas!

¡En la Hélade soberbia las envidias de las diosas,
o a los templos de Afrodita engreír mesas y gradas!

¡Qué primores! Me seducen; y al encéfalo prendidos,
me los llevo en una imagen, con la luz que los proyecta,
y el designio de guardarlos de accidentes y de olvidos.

Y con métrica hipertrofia, no al azar del gusto electa,
marco y fijo en un apunte la impresión de mis sentidos,
a presencia de la torre mujeril que los afecta.

EJEMPLO

En la rama el expuesto cadáver se pudría,
como un horrible fruto colgante junto al tallo,
rindiendo testimonio de inverosímil fallo
y con ritmo de péndola oscilando en la vía.

La desnudez impúdica, la lengua que salía,
y alto mechón en forma de una cresta de gallo,
dábanle aspecto bufo; y al pie de mi caballo
un grupo de arrapiezos holgábase y reía.

Y el fúnebre despojo, con la cabeza gacha,
escandaloso y túmido en el verde patíbulo,
desparramaba hedores en brisa como racha,

mecido con solemnes compases de turíbulo.
Y el sol iba en ascenso por un azul sin tacha,
y el campo era figura de una canción de Tíbulo.

A ELLA

Semejas esculpida en el más fino
hielo de cumbre sonrojado al beso
del sol, y tienes ánimo travieso
y eres embriagadora como el vino.

Y mientes, no imitaste al peregrino
que cruza un monte de penoso acceso
y párase a escuchar con embeleso
un pájaro que canta en el camino.

Obrando tú como rapaz avieso
correspondiste con la trampa el trino
por ver mi pluma y torturarme preso.

No así el viandante que se vuelve a un pino
y párase a escuchar con embeleso
un pájaro que canta en el camino.

LA CANCIÓN DEL PAJE

Tan abierta de brazos como de piernas,
tocas el harpa y ludes madera y oro.
Dejo al mueble la plaza por el decoro,
y contemplo caricias a hurgarme tiernas.

A tu ardor me figuras y subalternas
en la intención del alma que bien exploro,
y en el roce del cuerpo con el sonoro
y opulento artefacto que mal gobiernas.

Y tanto me convidas, que ya me infiernas;
y refrenado y mudo finjo que ignoro,
para que si hay ultraje, no lo disciernas.

Por fiel a un noble amigo pierdo un tesoro...
Tan abierta de brazos como de piernas,
tocas el harpa y ludes madera y oro.

PAQUITO

Cubierto de jiras,
al ábrego hirsutas
al par que las mechas
crecidas y rubias,
el pobre chiquillo
se postra en la tumba;
y en voz de sollozos
revienta y murmura:
"Mamá, soy Paquito;
no haré travesuras".

Y un cielo impasible
despliega su curva.

"¡Qué bien que me acuerdo!
La tarde de lluvia;
las velas grandotas
que olían a curas;
y tú en aquel catre
tan tiesa, tan muda,
tan fría, tan seria,
y así tan rechula.

Mamá, soy Paquito;
no haré travesuras."

Y un cielo impasible
despliega su curva.

"Buscando comida,
revuelvo basura.
Si pido limosna,
la gente me insulta,
me agarra la oreja,
me dice granuja,
y escapo con miedo
de que haya denuncia.
Mamá, soy Paquito;
no haré travesuras."

Y un cielo impasible
despliega su curva.

"Los otros muchachos
se ríen, se burlan,
se meten conmigo,
y a poco me acusan
de pleito al gendarme
que viene a la bulla;
y todo, porque ando
con tiras y sucias.
Mamá, soy Paquito;
no haré travesuras."

Y un cielo impasible
despliega su curva.

"Me acuesto en rincones
solito y a obscuras.
De noche, ya sabes,
los ruidos me asustan.
Los perros divisan
espantos y aúllan.
Las ratas me muerden,
las piedras me punzan...
Mamá, soy Paquito;
no haré travesuras."

Y un cielo impasible
despliega su curva.

"Papá no me quiere.
Está donde juzga

y riñe a los hombres
que tienen la culpa.
Si voy a buscarlo,
él bota la pluma,
se pone furioso,
me ofrece una tunda.
Mamá, soy Paquito;
no haré travesuras."

Y un cielo impasible
despliega su curva.

PAISAJE

...et la lune apparut sanglante,
et dans le cieux, de deuil envelopée
je regardai rouler cette tête coupée.

Victor Hugo, *Les Châtiments*

Viejas encinas clavan
visibles garras
en la riscosa escarpa
de la montaña:
parecen vastas
y desprendidas patas
de inmensas águilas.

Sueño que sobre rasa
mole, tamañas
falcónicas pugnaban
por arrancarla
y al batir alas
perdieron las hincadas
piernas con zarpas.

Un arroyuelo baja
deshecho en plata:
resulta filigrana
que corre y pasa,
que gime y canta,
que semeja que arrastra
risas y lágrimas.

En planicie lejana
gramosa y glauca
reces vacunas pastan
y a trechos braman,
diseminadas
por la gula y enanas
por la distancia.

El crepúsculo acaba
y el cielo guarda
matiz como de gama
de luz en nácar.
¡La luna salta,
como sangrienta y calva
cabeza humana!

A través de las ramas
sube con pausa:
su expresión es bellaca,
burlona y sabia.
¡Oh, que sarcástica
la roja, la macabra
testa cortada!

Al cinto la canana
y al hombro el arma,
cruzo con poca maña
maleza brava,
que me señala
encuentros con uñadas
en las polainas.

La sombra se dilata
parduzca y áurea,
con transparencias de ágata
sutil y extraña;
asume trazas
de humareda que apaga
tintas de llamas.

El ábrego, con ráfaga
fina y helada,
sopla, y una fragancia
mística y agria
cunde; y en marcha
sigo con tumefacta
y urgida planta.

Murmullo de plegarias
confusas vaga,
y una tristeza trágica
me llena el alma.
¡Oh, qué sarcástica
la roja, la macabra
testa cortada!

DENTRO DE UNA ESMERALDA

Junto al plátano sueltas, en congoja
de doncella insegura, el broche al sayo.
La fuente ríe y en el borde gayo
atisbo el tumbo de la veste floja.

Y allá, por cima de tus crenchas, hoja
que de vidrio parece al sol de mayo,
torna verde la luz del vivo rayo
y en una gema colosal te aloja.

Recatos en la virgen son escudos,
y echas en tus encantos, por desnudos,
cauto y rico llover de resplandores.

Despeñas rizos desatando nudos
y melena sin par cubre primores
y acaricia con puntas pies cual flores.

Laura Méndez de Cuenca
(1853-1928)

Nació en la Hacienda de Tamariz, cerca del poblado de Amecameca, en el Estado de México, en 1853, y murió en la ciudad de México en 1928. Fue esposa de Agustín F. Cuenca, también poeta. Colaboró en los periódicos de la capital del país *El Universal*, *El Imparcial* y *El Correo Español*. Cultivó la prosa narrativa y la poesía. En 1926 publicó *Simplezas*. Su obra poética fue recogida en el volumen *Poesía rediviva* en 1977, en Toluca, y fue su compilador Gonzalo Pérez Gómez. Una antología más reciente es la que llevó a cabo Raúl Cáceres Carenzo, para el Gobierno del Estado de México, con el título *La pasión a solas* (1984).

NIEBLAS

En el alma la queja comprimida,
y henchidos corazón y pensamiento
del congojoso tedio de la vida.

Así te espero, humano sufrimiento.
¡Ay!, ni cedes, ni menguas, ni te paras:
¡Alerta siempre y sin cesar hambriento!

Pues ni en flaqueza femenil reparas.
No vaciles, que altiva y arrogante
despreciaré los golpes que preparas.

Yo firme y tú tenaz, sigue adelante;
no temas, no, que en suplicante lloro
surcos de fuego deje en mi semblante.

Ni gracia pido, ni piedad imploro:
Ahogo a solas del dolor los gritos,
como a solas mis lágrimas devoro.

Sé que de la pasión los apetitos
al espíritu austero y sosegado
conturban con anhelos infinitos.

Que nada es la razón, si a nuestro lado
surge con insistencia incontrastable
la tentadora imagen del pecado.

Nada es la voluntad inquebrantable,
pues se aprisiona la grandeza humana
entre carne corrupta y deleznable.

Por imposible perfección se afana
el hombre iluso: y de bregar cansado,
al borde del abismo se amilana.

Deja su fe en las ruinas del pasado;
y por la duda el corazón herido,
busca la puerta del sepulcro ansiado;

mas antes de caer en el olvido,
va apurando la hiel de un dolor nuevo
sin probar un placer desconocido.

Como brota del árbol el renuevo
en las tibias mañanas tropicales
al dulce beso del amante Febo,

así las esperanzas, a raudales
germinan en el alma soñadora
al llegar de la vida a los umbrales.

Viene la juventud como la aurora,
con su cortejo de galanas flores
que el viento mece y que la luz colora;

y cual turba de pájaros cantores,
los sueños, en confusa algarabía
despliegan su plumaje de colores.

En concurso la suelta fantasía
con el inquieto afán de lo ignorado,
forja el amor que el ánimo extasía.

Ya se asoma, ya llega, ya ha pasado;
ya consumió las castas inocencias;
ya evaporó el perfume delicado;

ya ni se inquieta el alma por ausencias,
ni en los labios enjutos y ateridos
palpitan amorosas confidencias;

ya no se agita el pecho por latidos
del corazón, y al organismo activa
la congoja febril de los sentidos.

¡Oh ilusión!, mariposa fugitiva
que surges a la luz de una mirada
más cariñosa cuanto más furtiva:

Pronto tiendes el vuelo a la ignorada
región en que el espíritu confuso
el vértigo presiente de la nada.

Siempre el misterio a la razón se opuso;
el audaz pensamiento el freno tasca
y exánime sucumbe el hombre iluso.

Por fin, del mundo en la áspera borrasca
sólo quedan del árbol de la vida
agrio tronco y escuálida hojarasca.

Voluble amor, desecha la guarida
en que arrullo promesas de ternura,
y busca en otro corazón cabida.

¿Qué deja el hombre al fin? Tedio, amargura,
recuerdos de una sombra pasajera,
quién sabe si de pena o de ventura.

Tal vez necesidad de una quimera;
tal vez necesidad de una esperanza,
del dulce alivio de una fe cualquiera.

Mientras tanto en incierta lontananza
el indeciso término del viaje,
¡ay!, la razón a comprender no alcanza.

¿Y esto es vivir?... En el revuelto oleaje
del mundo, ya no sé ni en lo que creo:
Ven, oh dolor, mi espíritu salvaje
te espera como al buitre Prometeo.

ROSAS DE CHIPRE...

(En el álbum de la señorita doña María Stern)

Rosas de Chipre entretejed, poetas,
en el altar de la mujer altiva;
y ante la niña casta y pensativa
guardad la lira y deshojad violetas.

Manuel José Othón
(1858-1906)

Nació en San Luis Potosí, en 1858, y murió en su ciudad natal en 1906. Hizo estudios en el Seminario Conciliar de San Luis Potosí y en el Instituto Científico y Literario de esa misma ciudad. Colaboró en diversas publicaciones periódicas de la capital potosina y de la ciudad de México, tales como *El Búcaro*, *La Voz de San Luis*, *El Estandarte*, *El Contemporáneo*, *El Renacimiento* y *El Mundo Ilustrado*. Además de poeta fue dramaturgo. Su libro *Poemas rústicos*, el más importante de su producción, se publicó en 1902 (hay una edición facsimilar de 1998); antes había publicado *Poesías* (1880), *Nuevas poesías* (1883) y *Últimas poesías* (1888). Un año después de su muerte vio la luz, en libro, *Noche rústica de Walpurgis*, una de sus mayores composiciones, y en 1908 *El himno de los bosques*. Sus *Poemas escogidos*, seleccionados por Agustín Loera y Chávez, se publicaron en 1917, y sus *Poesías y cuentos*, con selección, estudio y notas de Antonio Castro Leal, en 1963.

NOCHE RÚSTICA DE WALPURGIS

I. INVITACIÓN AL POETA

Coge la lira de oro y abandona
el tabardo, descálzate la espuela,
deja las armas, que para esta vela
no has menester ni daga, ni tizona.

Si tu voz melancólica no entona
ya sus himnos de amor, conmigo vuela
a esta región que asombra y se consuela,
pero antes ciñe la triunfal corona.

Tú que de Pan comprendes el lenguaje,
ven de un drama admirable a ser testigo.
Ya el campo eleva su canción salvaje;

Venus se prende el luminoso broche...
Sube al agrio peñón, y oirás conmigo
lo que dicen las cosas en la noche.

II. INTEMPESTA NOX

Media noche. Se inundan las montañas
en la luz de la luna transparente
que vaga por los valles tristemente
y cobija, a lo lejos, las cabañas.

Lanzas de plata en el maizal las cañas
semejan al templar, nieve el torrente,
y se cuaja el vapor trágicamente
del barranco en las lóbregas entrañas.

Noche profunda, noche de la selva
de quimeras poblada y de rumores,
sumérgenos en ti: que nos envuelva

el rey de tus fantásticos imperios
en la clámide azul de sus vapores
y en el sagrado horror de tus misterios.

III. EL ARPA

Hay en medio del rústico boscaje
un tronco retorcido y corpulento:
enorme roca sírvele de asiento
y frondas opulentas de ropaje.

Cuando, como a través de fino encaje,
el rayo de la luna tremulento
pasa, desde el azul del firmamento,
la verde filigrana del follaje

desbarátase en haz de vibradores
hilos de luz que tiemblan, cual tañidos
por un plectro que el céfiro menea.

¡Arpa inmensa del campo!, no hay cantores
que a tus himnos respondan, ni hay oídos
que comprendan tu estrofa gigantea.

IV. EL BOSQUE

Bajo las frondas trémulas e inquietas
que forman mi basílica sagrada,
ha de escucharse la oración alada,
no el canto celestial de los poetas.

Albergue fui de druidas. Los ascetas,
en mis troncos de crústula rugada,
infligieron su frente macerada
y colgaron sus arpas los profetas.

Y, en tremenda ocasión, el errabundo
viento espantado suspendió su vuelo,
al escuchar de mi interior profundo

brotar, con infinito desconsuelo,
la más grande oración que desde el mundo
se ha alzado hasta las cúpulas del cielo.

V. El ruiseñor

Oíd la campanita, cómo suena,
el toque del clarín, cómo arrebata,
las quejas en que el viento se desata
y del agua el rodar sobre la arena.

Escuchad la amorosa cantilena
de Favonio rendido a Flora ingrata
y la inmensa y divina serenata
que Pan modula en la silvestre avena.

Todo eso hay en mis cantos. Me enamora
la noche: de los hombres soy delicia
y paz, y, entre los árboles cubierto,

sólo yo alcé mi voz consoladora
con una blanda y celestial caricia,
cuando Jesús agonizó en el huerto.

VI. El río

Triscad, ¡oh linfas!, con la grácil onda;
gorgoritas, alzad vuestras canciones
y vosotros, parleros borbollones,
dialogad con el viento y con la fronda.

Chorro garrulador, sobre la honda
cóncava quiebra, rómpete en jirones
y estrella contra riscos y peñones
tus diamantes y perlas de Golconda.

Soy vuestro padre el río. Mis cabellos
son de la luna pálidos destellos,
cristal mis ojos del cerúleo manto.

Es de musgo mi barba transparente,
ópalos desleídos son mi frente
y risas de las Náyades mi canto.

VII. Las estrellas

¿Quién dice que los hombres nos parecen
desde la soledad del firmamento,
átomos agitados por el viento,
gusanos que se arrastran y perecen?

¡No! Sus cráneos que se alzan y estremecen,
son el más grande asombrador portento:
¡fraguas donde se forja el pensamiento
y que más que nosotros resplandecen!

Bajo la estrecha cavidad caliza,
las ideas en ígnea llamarada
fulguran sin cesar, y es, ante ellas,

toda la creación polvo y ceniza...
los astros son materia... ¡casi nada!,
¡y las humanas frentes son estrellas!

VIII. El grillo

¿Dónde hallar, oh mortal, las alegrías
que con mi canto acompañé en tu infancia?
¿Quién mide la enormísima distancia
que éstos separa de tan castos días?...

Luces, flores, perfumes, armonías,
sueños de poderosa exuberancia
que llenaron de albura y de fragancia
la vida ardiente con que tú vivías,

ya nunca volverán; pero cantando
cabe la triste moribunda hoguera
de tu destruida tienda bajo el toldo,

hasta morir te seguiré mostrando
la ilusión, en la llama postrimera,
el recuerdo, en el último rescoldo.

IX. Los fuegos fatuos

Bajo los melancólicos saúces
que sombrean el fétido pantano
y en la desolación del muerto llano
sembrado de cadáveres y cruces,

se nos mira brillar, pálidas luces,
terror del habitante rusticano:
misteriosos engendros de lo arcano
envueltos en fosfóricos capuces.

Mas al beso de amor del aire puro
sobre la infecta corrupción, ileso
fulguró nuestro ser, cual a un conjuro.

Que no existe lo estéril ni lo inerte
si Pan lo toca, y al brotar un beso
siempre estalla la luz, aun de la muerte.

X. Los muertos

¡Piedad!, ¡misericordia!... Fueron vanos
tanto soberbio afán y lucha tanta.
¡Ay! por nosotros vuestra queja santa
levantad al Señor. ¡Orad, hermanos!

Si oyerais el roer de los gusanos
en el hondo silencio cómo espanta,
sintierais oprimida la garganta
por invisibles y asquerosas manos.

Mas no podéis imaginar los otros
tormentos que hay bajo la losa fría:
¡la falta, la carencia de vosotros;

la soledad, la soledad impía!...
¡Ay, que llegue, oh Señor, para nosotros,
de la resurrección el claro día!

XI. Las aves nocturnas

¡Al infundir con el vuelo y los chirridos
más horror en la noche, más negrura
en los antros del monte y más pavura
en las ruinas de sótanos hendidos!

¡A seguir a los pájaros perdidos
de la arbolada entre la sombra obscura
y con la garra ensangrentada y dura
a darles muerte y a asolar sus nidos!

¡A lanzar tan horrísonos acentos,
desde la cruz del viejo campanario,
que el valor más indómito se quiebre!

¡A remedar terríficos lamentos,
de dientes estridor, crujir de osario
y espasmódicos gritos de la fiebre!

XII. Intermezzo

Vamos al aquellarre. En la sombría
cuenca de la montaña, las inertes
osamentas se animan a los fuertes
gritos que arroja la caterva impía.

Van llegando *sin Dios y sin María*,
présagos de catástrofes y muertes...
Pienso que el cielo llora... ¿no lo adviertes?...
Venus es una lágrima muy fría.

Tras nahuales y brujas el coyote
ulula clamoroso, y aletea,
sobre negro peñón, el tecolote.

La lechuza silbando horrorizante
se junta a la fatídica ralea,
¡y el *Vaquero Marcial* llega triunfante!

XIII. Las brujas

–Todas las noches me convierto en cabra
para servir a mi señor el chivo,
pues, vieja ya, del hombre no recibo
ni una muestra de amor, ni una palabra.

–Mientras mi esposo está labra que labra
el terrón, otras artes yo cultivo.
¿Ves?, traigo un niño ensangrentado y vivo
para la cena trágica y macabra.

–Sin ojos, pues así se ve en lo obscuro,
como ven los murciélagos, yo vuelo
hasta escalar del camposanto el muro.

—Trae un cadáver frío como el hielo.
Yo a los hombres daré del vino impuro
que arranca la esperanza y el consuelo.

XIV. LOS NAHUALES

¡Sús, *Vaquero Marcial*! De nuestra boca
los conjuros, oirás: aunque en la brega
quedaste vencedor, siempre a ti llega
de los hombres la voz que te provoca.

¡Por dondequiera el mal! Tu mano toca
las campiñas también. Ya en ronda ciega
el coro de las brujas se despliega
de ti en redor, sobre la abrupta roca.

Hijas sois de la víbora y el sapo:
de vuestro hediondo seno sacad presto
las efigies ridículas de trapo...

¡Oh, representación de los mortales!,
mostrad aquí vuestro asombrado gesto
en la danza infernal de los nahuales.

XV. EL GALLO

Hombre, descansa. De tu hogar ahuyento
el nocturno terror y estoy en vela.
Sombras de muerte cuyo soplo hiela,
con mi agudo clarín os amedrento.

Huya la luz y te descuide el viento
por preludiar su dulce pastorela.
Contra el mal, poderoso centinela,
a su paso espectral estoy atento.

No te inquiete el horrísono alarido
que escuches en tu sueño, por la vana
pesadilla maléfica oprimido.

Ya pondrá fin a su croar la rana,
y yo, con alegrísimo sonido,
entonaré la jubilosa diana.

XVI. La campana

¿Qué te dice mi voz a la primera
luz auroral? "La muerte está vencida,
ya en todo se oye palpitar la vida,
ya el surco abierto la simiente espera."

Y de la tarde en la hora postrimera:
"Descansa ya. La lumbre está encendida
en el hogar..." Y siempre te convida
mi acento a la oración en donde quiera.

Convoco a la plegaria a los vivientes,
plaño a los muertos con el triste y hondo
son de sollozo en que mi duelo explayo.

Y, al tremendo tronar de los torrentes
en pavorosa tempestad, respondo
con férrea voz que despedaza el rayo.

XVII. La montaña

El encinar solloza. La hondonada
que raja el monte, es una boca ingente
por donde grita el bramador torrente
de furiosa melena desgreñada.

La piedra tiene acentos. Vibra cada
roca, como una cuerda, intensamente,
que en sus moles quedó perpetuamente
del Génesis la voz petrificada.

Del hondo seno de granito escucha
las voces, ¡oh poeta! Clama el oro:
¡Vive y goza, mortal! El hierro: *¡Lucha!*

Mas oye, al par, sobre la altura inmensa,
cantar en almo y perdurable coro
a las agudas cumbres: *¡Ora y piensa!*

XVIII. Un tiro

Duda mortal del alma se apodera,
al oír en la noche la lejana
detonación, que turba y que profana
el silencio del bosque y la pradera.

¿Será la bala rápida y certera
que pone fin a la existencia humana,
o golpe salvador que, en lucha insana,
asesta el montañés sobre la fiera?...

Ese ruido mortífero y tonante
hace temblar al alma sorprendida,
cuando está de lo incógnito delante.

Para arrancar o defender la vida,
lo producen lo mismo el caminante
y el guarda, el asesino y el suicida.

XIX. El perro

No temas, mi señor: estoy alerta
mientras tú de la tierra te desligas
y con el sueño tu dolor mitigas,
dejando el alma a la esperanza abierta.

Vendrá la aurora y te diré: Despierta,
huyeron ya las sombras enemigas.
Soy compañero fiel en tus fatigas
y celoso guardián junto a tu puerta.

Te avisaré del rondador nocturno,
del amigo traidor, del lobo fiero
que siempre anhelan encontrarte inerme.

Y, si llega con paso taciturno
la muerte, con mi aullido lastimero
también te avisaré... ¡Descansa y duerme!

XX. La sementera

Escucha el ruido místico y profundo
con que acompaña el alma Primavera
esta labor enorme que se opera
en mi seno fructífero y fecundo.

Oye cuál se hincha el grano rubicundo
que el sol ardiente calentó en la era.
Vendrá Otoño que en mieses exubera
y en él me mostraré gala del mundo.

La madre tierra soy: vives conmigo,
a tu paso doblego mis abrojos,
te doy el alimento y el abrigo.

Y, cuando estén en mi regazo opresos
de tu vencida carne los despojos,
¡con cuánto amor abrigaré tus huesos!

XXI. ¡LUMEN!

Las sombras palidecen. Es la hora
en que fresca y gentil, la madrugada
va a empaparse en el agua sonrosada
que ya muy pronto verterá la aurora.

El cielo vagamente se colora
de virginal blancura inmaculada
y hace en el firmamento su morada
la luz, de las tinieblas vencedora.

Sobre las níveas cumbres del oriente
en ópalos y perlas se deslíe,
que desbarata en su cristal la fuente.

Del vaho matinal se extiende el velo
y todo juguetea, y todo ríe,
en la tierra lo mismo que en el cielo.

XXII. ADIÓS AL POETA

¡Santa Naturaleza, madre mía!,
me has cobijado en tu regazo inmenso
y disipaste con tu soplo intenso
la nube del dolor que me envolvía.

Mas, ¡ay!, vuelve a la vida ingrata y fría;
mi sueño celestial quedó suspenso...
Ya alza la tierra su divino incienso
y en su carro triunfal asoma el día.

Poeta: es fuerza abandonar el monte.
Bajemos, pues ya al ras del horizonte
Venus agonizante parpadea;

tú al teatro, a la clínica, al Senado;
yo a vegetar tranquilo y olvidado
en el rincón obscuro de mi aldea.

FRONDAS Y GLEBAS

A Clearco Meonio

I. ORILLAS DEL PAPALOAPAN

Adivino los fértiles parajes
que baña el río, y la pomposa vega
que con su linfa palpitante riega,
desmenuzado en trémulos encajes;

la basílica inmensa de follajes
que empaña la calina veraniega
y la furiosa inundación anega
en túmidos e hirvientes oleajes.

Cerca de allí, cual fatigado nauta
que cruza sin cesar el océano,
reposo tu alma halló, serena y cauta.

Allí te ven mis ojos, soberano
pastor, firme en tu báculo, y la flauta
que fue de Pan, en tu sagrada mano.

II. UNA ESTEPA DEL NAZAS

¡Ni un verdecido alcor, ni una pradera!
Tan sólo miro, de mi vista enfrente,
la llanura sin fin, seca y ardiente,
donde jamás reinó la primavera.

Rueda el río monótono en la austera
cuenca, sin un cantil, ni una rompiente;
y, al ras del horizonte, el sol poniente,
cual la boca de un horno, reverbera.

Y en esta gama gris que no abrillanta
ningún color, aquí, do el aire azota
con ígneo soplo la reseca planta,

sólo, al romper su cárcel, la bellota
en el pajizo algodonal levanta
de su cándido airón la blanca nota.

IDILIO SALVAJE

A Alfonso Toro

A fuerza de pensar en tus historias
y sentir con tu propio sentimiento,
han venido a agolparse al pensamiento
rancios recuerdos de perdidas glorias.

Y evocando tristísimas memorias,
porque siempre lo ido es triste, siento
amalgamar el oro de tu cuento
de mi viejo román con las escorias.

¿He interpretado tu pasión? Lo ignoro;
que me apropio al narrar, algunas veces,
el goce extraño y el ajeno lloro.

Sólo sé que, si tú los encareces
con tu ardiente pincel, serán de oro
mis versos, y esplendor sus lobregueces.

I

¿Por qué a mi helada soledad viniste
cubierta con el último celaje
de un crepúsculo gris?... Mira el paisaje
árido y triste, inmensamente triste.

Si vienes del dolor y en él nutriste
tu corazón, bien vengas al salvaje
desierto, donde apenas un miraje
de lo que fue mi juventud existe.

Mas si acaso no vienes de tan lejos
y en tu alma aún del placer quedan los dejos,
puedes tornar a tu revuelto mundo.

Si no, ven a lavar tu cyprio manto
en el mar amarguísimo y profundo
de un triste amor, o de un inmenso llanto.

II

Mira el paisaje: inmensidad abajo,
inmensidad, inmensidad arriba;
en el hondo perfil, la sierra altiva
al pie minada por horrendo tajo.

Bloques gigantes que arrancó de cuajo
el terremoto de la roca viva;
y en aquella sabana pensativa
y adusta, ni una senda, ni un atajo.

Asoladora atmósfera candente,
do se incrustan las águilas serenas,
como clavos que se hunden lentamente.

Silencio, lobreguez, pavor tremendos
que viene sólo a interrumpir apenas
el galope triunfal de los berrendos.

III

En la estepa maldita, bajo el peso
de sibilante brisa que asesina,
irgues tu talla escultural y fina,
como un relieve en el confín impreso.

El viento, entre los médanos opreso,
canta cual una música divina,
y finge, bajo la húmeda neblina,
un infinito y solitario beso.

Vibran en el crepúsculo tus ojos
un dardo negro de pasión y enojos
que en mi carne y mi espíritu se clava;

y, destacada contra el sol muriente,
como un airón, flotando inmensamente,
tu bruna cabellera de india brava.

IV

La llanada amarguísima y salobre,
enjuta cuenca de océano muerto
y en la gris lontananza, como puerto,
el peñascal, desamparado y pobre.

Unta la tarde en mi semblante yerto
aterradora lobreguez, y sobre
tu piel, tostada por el sol, el cobre
y el sepia de las rocas del desierto.

Y en el regazo donde sombra eterna,
del peñascal bajo la enorme arruga,
es para nuestro amor nido y caverna,

las lianas de tu cuerpo retorcidas
en el torso viril que te subyuga,
con una gran palpitación de vidas.

v

¡Qué enferma y dolorida lontananza!
¡Qué inexorable y hosca la llanura!
Flota en todo el paisaje tal pavura,
como si fuera un campo de matanza.

Y la sombra que avanza... avanza... avanza,
parece, con su trágica envoltura,
el alma ingente, plena de amargura,
de los que han de morir sin esperanza.

Y allí estamos nosotros, oprimidos
por la angustia de todas las pasiones,
bajo el peso de todos los olvidos.

En un cielo de plomo, el sol ya muerto;
y en nuestros desgarrados corazones
¡el desierto, el desierto... y el desierto!

vi

¡Es mi adiós!... Allá vas, bruna y austera,
por las planicies que el bochorno escalda,
al verberar tu ardiente cabellera,
como una maldición, sobre tu espalda.

En mis desolaciones, ¿qué me espera?...
(ya apenas veo tu arrastrante falda)
una deshojazón de primavera
y una eterna nostalgia de esmeralda.

El terremoto humano ha destruido
mi corazón, y todo en él expira.
¡Mal hayan el recuerdo y el olvido!

Aún te columbro y ya olvidé tu frente;
sólo, ¡ay!, tu espalda miro, cual se mira
lo que huye y se aleja eternamente.

VII. ENVÍO

En tus aras quemé mi último incienso
y deshojé mis postrimeras rosas.
Do se alzaban los templos de mis diosas
ya sólo queda el arenal inmenso.

Quise entrar en tu alma, y ¡qué descenso!
¡Qué andar por entre ruinas y entre fosas!
¡A fuerza de pensar en tales cosas
me duele el pensamiento cuando pienso!

¡Pasó!... ¿Qué resta ya de tanto y tanto
deliquio? En ti ni la moral dolencia,
ni el dejo impuro, ni el sabor del llanto.

Y en mí, ¡qué hondo y tremendo cataclismo!,
¡qué sombra y qué pavor en la conciencia,
y qué horrible disgusto de mí mismo!

REMEMBER

Señor, ¿para qué hiciste la memoria,
la más tremenda de las obras tuyas?...
Mátala por piedad, aunque destruyas
el pasado y la historia!...

Manuel Gutiérrez Nájera
(1859-1895)

Nació en la ciudad de México en 1859 y murió también en la capital de la República, 1895. Sus estudios los realizó con profesores particulares de latín, francés y matemáticas. Fue en gran medida autodidacto. Colaboró, desde muy corta edad, en diversas publicaciones periódicas, entre ellas *El Porvenir*, *El Federalista*, *El Nacional*, *El Renacimiento* (segunda época), *El Universal*, *La República Literaria*, *El Mundo Ilustrado* y la *Revista Azul* de la que fue fundador en 1894. Usó diversos seudónimos, entre ellos "El Duque Job", "Puck", "Perico de los Palotes", "Recamier" y "El Cura de Jalatlaco". Cultivó con éxito la narrativa, la crónica y la poesía, pero no llegó a publicar libro alguno. Sus *Poesías*, con prólogo de Justo Sierra, vieron la luz en 1896, un año después de su muerte. Sus *Poesías completas*, en dos volúmenes y con prólogo de Francisco González Guerrero, se publicaron en 1953. En 1999, Ángel Muñoz Fernández hizo otra edición de la poesía de Gutiérrez Nájera.

MADRE NATURALEZA

Madre, madre, cansado y soñoliento
quiero pronto volver a tu regazo,
besar tu seno, respirar tu aliento
y sentir la indolencia de tu abrazo.

Tú no cambias, ni mudas, ni envejeces;
en ti se encuentra la virtud perdida,
y tentadora y joven apareces
en las grandes tristezas de la vida.

Con ansia inmensa que mi ser consume
quiero apoyar las sienes en tu lecho,
tal como el niño que la nieve entume
busca el calor de su mullido lecho.

¡Aire, más luz! ¡Una planicie verde
y un horizonte azul que la limite,
sombra para llorar cuando recuerde,
cielo para creer cuando medite!

Abre, por fin, hospedadora muda,
tus vastas y tranquilas soledades,
y deja que mi espíritu sacuda
el tedio abrumador de las ciudades.

No más continuo batallar; ya brota
sangre humeante de mi abierta herida,
y quedo inerme, con la espada rota,
en la terrible lucha por la vida.

Acude, madre, y antes que perezca
y bajo el peso del dolor sucumba,
abre tus senos y que el musgo crezca
sobre la humilde tierra de mi tumba.

TO BE

¡Inmenso abismo es el dolor humano!
¡Quién vio jamás su tenebroso fondo?
Aplicad el oído a la abra oscura
de los pasados tiempos...
Dentro cae
lágrima eterna.
A las inermes bocas
que en otra edad movió la vida nuestra
acercaos curiosos...
¡Un gemido
sale temblando de los blancos huesos!
La vida es el dolor. Y es vida oscura,
pero vida también, la del sepulcro.
La materia disyecta se disuelve;
el espíritu eterno, la substancia,
no cesa de sufrir. En vano fuera
esgrimir el acero del suicida,
el suicidio es inútil. ¡Cambia el modo,
el ser indestructible continúa!

¡En ti somos, Dolor, en ti vivimos!
La suprema ambición de cuanto existe
es perderse en la nada, aniquilarse,
dormir sin sueños...
¡Y la vida sigue
tras las heladas lindes de la tumba!
No hay muerte. En vano la llamáis a voces
¡almas sin esperanza! Proveedora
de seres que padezcan, la implacable
a otro mundo nos lleva. ¡No hay descanso!
Queremos reposar un solo instante
y una voz en la sombra dice: ¡Anda!
Sí, ¡la vida es el mal! Pero la vida
no concluye jamás. El dios que crea,
es un esclavo de otro dios terrible
que se llama Dolor.

Y no se harta
el inmortal Saturno. ¡Y el espacio,
el vivero de soles, lo infinito,
son la cárcel inmensa, sin salida,
de almas que sufren y morir no pueden!
¡Oh, Saturno inflexible, al fin acaba,
devora lo creado y rumia luego,
ya que inmortales somos, nuestras vidas.
Somos tuyos, Dolor, tuyos por siempre.
Mas perdona a los seres que no existen
sino en tu mente que estimula el hambre...
¡Perdón, oh Dios, perdón para la nada!
Sáciate ya. ¡Que la matriz eterna,
engendradora del linaje humano,
se torne estéril... que la vida pare...!
¡Y ruede el mundo cual planeta muerto
por los mares sin olas del vacío!

PARA ENTONCES

Quiero morir cuando decline el día,
en alta mar y con la cara al cielo;
donde parezca sueño la agonía,
y el alma, un ave que remonta el vuelo.

No escuchar en los últimos instantes,
ya con el cielo y con el mar a solas,
más voces ni plegarias sollozantes
que el majestuoso tumbo de las olas.

Morir cuando la luz, triste, retira
sus áureas redes de la onda verde,
y ser como ese sol que lento expira:
algo muy luminoso que se pierde.

Morir, y joven: antes que destruya
el tiempo aleve la gentil corona;
cuando la vida dice aún: soy tuya,
aunque sepamos bien que nos traiciona.

EN ALTA NOCHE

¡Señor, Señor! Los mares de la idea
tienen también sus rudas tempestades:
mi espíritu en la sombra titubea
como Pedro en el mar de Tiberiades.

Hierven las aguas en que yo navego,
mi pobre esquife a perecer avanza...
Tú, que la luz le devolviste al ciego,
devuélvela a mi fe y a mi esperanza.

Surge, surge, Jesús, porque la vida
ágil se escapa de mis brazos flojos;
y el alma sin calor, desfallecida,
muy lentamente cierra ya los ojos.

Aparece en la inmensa noche oscura;
las conciencias te llaman... están solas;
y pasa con tu blanca vestidura
serenando el tumulto de las olas.

MIS ENLUTADAS

Descienden taciturnas las tristezas
al fondo de mi alma,
y entumecidas, haraposas brujas,
con uñas negras
mi vida escarban.

De sangre es el color de sus pupilas,
de nieve son sus lágrimas;
hondo pavor infunden... Yo las amo
por ser las solas
que me acompañan.

Aguárdolas ansioso, si el trabajo
de ellas me separa,
y búscolas en medio del bullicio,
y son constantes
y nunca tardan.

En las fiestas, a ratos se me pierden
o se ponen la máscara,
pero luego las hallo, y así dicen:
¡Ven con nosotras!
¡Vamos a casa!

Suelen dejarme cuando sonriendo
mis pobres esperanzas
como enfermitas ya convalecientes,
salen alegres
a la ventana.

Corridas huyen, pero vuelven luego
y por la puerta falsa
entran trayendo como nuevo huésped
alguna triste,
lívida hermana.

Ábrese a recibirlas la infinita
tiniebla de mi alma,
y van perdiendo en ella mis recuerdos
cual tristes cirios
de cera pálida.

Entre esas luces, rígido, tendido,
mi espíritu descansa;
y las tristezas, revolando en torno,
lentas salmodias
rezan y cantan.

Escudriñan del húmedo aposento
rincones y covachas,
el escondrijo do guardé cuitado
todas mis culpas,
todas mis faltas.

Y hurgando mudas, como hambrientas lobas
las encuentran, las sacan,
y volviendo a mi lecho mortuorio
me las enseñan
y dicen: ¡Habla!

En lo profundo de mi ser bucean,
pescadoras de lágrimas,
y vuelven mudas con las negras conchas
en donde brillan
gotas heladas.

A veces me revuelvo contra ellas
y las muerdo con rabia,
como la niña desvalida y mártir
muerde a la harpía
que la maltrata.

Pero en seguida, viéndose impotente,
mi cólera se aplaca.
¿Qué culpa tienen, pobres hijas mías,
si yo las hice
con sangre y alma?

Venid, tristezas de pupila turbia,
venid, mis enlutadas,
las que viajáis por la infinita sombra
donde está todo
lo que se ama.

Vosotras no engañáis: venid, tristezas,
¡oh mis criaturas blancas,
abandonadas por la madre impía
tan embustera
por la esperanza!

Venid y habladme de las cosas idas
de las tumbas que callan,
de muertos buenos y de ingratos vivos.
Voy con vosotras,
vamos a casa.

NON OMNIS MORIAR

¡No moriré del todo, amiga mía!
De mi ondulante espíritu disperso
algo en la urna diáfana del verso,
piadosa guardará la poesía.

¡No moriré del todo! Cuando herido
caiga a los golpes del dolor humano,
ligera tú, del campo entenebrido
levantarás al moribundo-hermano.

Tal vez entonces por la boca inerme
que muda aspira la infinita calma,
oigas la voz de todo lo que duerme
con los ojos abiertos de mi alma.

Hondos recuerdos de fugaces días,
ternezas tristes que suspiran solas;
pálidas, enfermizas alegrías
sollozando al compás de las violas...

Todo lo que medroso oculta el hombre
se escapará, vibrante, del poeta,
en áureo ritmo de oración secreta
que invoque en cada cláusula tu nombre.

Y acaso adviertas que de modo extraño
suenan mis versos en tu oído atento,
y en el cristal, que con mi soplo empaño,
mires aparecer mi pensamiento.

Al ver entonces lo que yo soñaba
dirás de mi errabunda poesía:
era triste, vulgar lo que cantaba...
¡mas qué canción tan bella la que oía!

Y porque alzo en tu recuerdo notas
del coro universal, vívido y almo;
y porque brillan lágrimas ignotas
en el amargo cáliz de mi salmo;

porque existe la Santa Poesía
y en ella irradias tú, mientras disperso
átomo de mi ser esconda el verso
¡no moriré del todo, amiga mía!

Josefa Murillo
(1860-1898)

Nació en Tlacotalpan, Veracruz, en 1860, y murió en su lugar natal en 1898. Autodidacta, demostró desde muy temprana edad sensibilidad e inteligencia superiores. Fue llamada "la Alondra del Papaloapan" y sus versos fueron elogiados por Amado Nervo y Luis G. Urbina, entre otros. Dispersos, sus poemas aparecieron en los periódicos regionales *El Dictamen*, *El Correo de Sotavento*, *La Voz de Sotavento* y *La Voz de Tlacotalpan*. Su *Obra poética*, con prólogo de Georgina Trigos, fue publicada en Xalapa, en 1984.

ÍNTIMAS

Yo valgo más que tú, yo pulo el verso
y sé cantar en la florida aurora
y en la noche callada la sonora
palabra de verdad, el universo.

Me fue la vida cual puñal perverso
que se clavó en mi carne gemidora,
me fue la joven ilusión traidora
y amé tu nada. Y en el espejo terso

del lago del ensueño al resquebrarse
cortó en mi pecho la profunda veta
de la razón, que tarda ya en cerrarse.

¡Oh, vida! Deja que descanse quieta,
que la mujer por la que va a extenuarse
no es digna de los sueños de un poeta.

LA OLA

Recuerda el tiempo que en la playa sola,
 al ver la ola
que alumbraba el sol,
tú me dijiste que la mar un día
 se acabaría
antes que tu amor.

Hoy que te busco por la playa sola,
    no está la ola
    que alumbraba el sol;
las olas mueren y tu amor no existe;
    ¡qué mal supiste
    comparar tu amor!

CONTRASTE

Sobre los troncos de las encinas
paran un punto las golondrinas
y alegres notas al viento dan:
¿Por qué así cantan? ¿Qué gozo tienen?
Es porque saben de dónde vienen
    y a dónde van.

En este viaje que llaman vida,
cansado el pecho y el alma herida,
tristes cantares al viento doy:
¿Por qué así sufro? ¿Qué penas tengo?
Es porque ignoro de dónde vengo
    y a dónde voy.

ASÍ

Elevóse en la orilla del arroyo
blanco jirón de gasa,
y al llegar a lo azul, desvanecióse,
cayendo en gotas de agua.

Mi esperanza de amor se alzó ligera
como esa nube blanca,
flotó un punto en el cielo de la dicha,
y se deshizo en lágrimas.

Francisco González León
(1862-1945)

Nació en Lagos de Moreno, Jalisco, en 1862, y murió en su lugar natal en 1945. En Guadalajara obtuvo el título de profesor en farmacia en el Liceo de Varones. En su pueblo natal fue profesor de literatura, francés y castellano. Se le considera como un antecedente de Ramón López Velarde que lo admiró y que elogió sin reservas su más conocido libro, *Campanas de la tarde* (1922). Antes había publicado *Megalomanías* (1908) y *Maquetas* (1908), ambos en Lagos de Moreno, a los cuales seguirían *De mi libro de horas* (1937) y *Agenda* (1946), que vieron la luz en la ciudad de México. Una edición reciente de sus *Poemas*, con prólogo y edición de Ernesto Flores, se publicó en 1990, bajo el sello del Fondo de Cultura Económica.

ÍNTEGRO

Tardes de beatitud
en que hasta el libro se olvida
porque el alma está diluida
en un vaso de quietud.

Tardes en que están dormidos
todos los ruidos.

Tardes en que parece
que están como anestesiadas
todas las flores del huerto,
y en que la sombra parece más sombría,
y el caserón más desierto.

Tardes en que se diría
que aun el crepitar de un mueble
fuera una profanación
de absurda cacofonía
y herética intromisión.

Tardes en que está la puerta
de la casa bien cerrada,
y la del alma está abierta...

Tardes en que la veleta
quieta en la torre no gira

y en parálisis se entume,
y en que el silencio se aspira
íntegro como un perfume.

DIÁLOGO

Los mismos sitios y las mismas calles.

"Días como tirados a cordel",
tan lisos y tan sin detalles.

Cual el tic-tac de un reloj,
isócrona la vida,
y monótono el latir del corazón.

El propio sol adormilado y yerto
echado como un perro junto al huerto;
las mismas puertas en los mismos quicios;
la campana de hoy que es la de ayer
y ha de ser la campana de mañana;
la eterna catecúmena campana
llamando a los idénticos oficios...

Senectud del monástico mutismo
de una vieja ciudad puesta en catálogo.
Y la lentitud de un diálogo
consigo mismo...

AGUA DORMIDA

Agua dormida de aquel pilón:
agua desierta;
agua contagiada del conventual
silencio de la huerta.

Agua que no te evaporas,
que no te viola la cántara,
y que no cantas, y que no lloras.

Tu oblongo cristal
es como el vidrio de una cámara fotográfica
que retrata un idéntico paisaje
de silencio y de paz.

Tus húmedos helechos,
un cielo siempre azul, y quizás
un celaje...

Tú a la vida, jamás, jamás te asomas,
y te basta de un álamo el follaje,
y en la tardes, un vuelo de palomas...

Agua dormida,
agua que contrastas con mi vida,
agua desierta...

Pegado a la cancela de la huerta,
de sus rejas detrás,
¡qué de veces de lejos te he mirado!,
y con hambre espiritual he suspirado:
¡Si me dieras tu paz!

TECOLOTE

Aire nocturno,
aire de racha,
aire que corre,
aire que zumba en la torre.

Cuando el viento crece o decrece
en intensidad,
y en rítmicas imposturas
de sonoridad.

Rumores en la enramada;
noche medrosa y friolenta,
en que escaso se amedrenta
el fulgor de una luna niquelada.
Como dentro a caña seca
unánime el viento corre
y barítono se ahueca
en las grietas de la torre.
Ráfagas... intermitencias...
rumores en comandita;
ritmo que se pone a flote.

¡Noches en que el aire imita
el canto de un tecolote!

Francisco A. de Icaza
(1863-1925)

Nació en la ciudad de México, en 1863, y murió en Madrid, España, en 1925. Fue diplomático y representó a México en España, Portugal y Alemania. Fue vicepresidente del Ateneo de Madrid y un gran estudioso de la literatura española, sobre todo de la de los Siglos de Oro y en especial de la obra de Cervantes. Fue miembro correspondiente de la Academia Mexicana y de la Española. En México colaboró en *El Universal*, *El Universal Ilustrado* y *El Libro y el Pueblo*. Entre sus libros de poesía destacan *Efímeras*, *Lejanías*, *La canción del camino* y *Cancionero de la vida honda y de la emoción fugitiva*, publicados en Madrid, en 1892, 1899, 1905 y 1922, respectivamente.

PARA EL POBRECITO CIEGO

Dale limosna, mujer,
que no hay en la vida nada
como la pena de ser
ciego en Granada.

LA CANCIÓN DEL CAMINO

Aunque voy por tierra extraña
solitario y peregrino,
no voy solo, me acompaña
mi canción en el camino.

Y si la noche está negra
sus negruras ilumino:
canto, mi canción alegra
la oscuridad del camino.

La fatiga no me importa,
porque el báculo divino
de la canción hace corta
la distancia del camino.

¡Ay, triste y desventurado
quien va solo y peregrino,
y no marcha acompañado
por la canción del camino!

EN LA NOCHE

Los árboles negros,
la vereda blanca,
un pedazo de luna rojiza
con rastros de sangre manchando las aguas.

Los dos, cabizbajos,
prosiguen la marcha
con el mismo paso, en la misma línea,
y siempre en silencio y siempre a distancia.

Pero en la revuelta
de la encrucijada,
frente a la taberna, algunos borrachos
dan voces y cantan.

Ella se le acerca,
sin hablar palabra
se aferra a su brazo,
y en medio del grupo, que los mira, pasan.

Después, como antes,
cae el brazo flojo, y la mano lacia,
y aquellas dos sombras, un instante juntas,
de nuevo se apartan.

Y así entre la noche
prosiguen su marcha
con el mismo ritmo, en la misma línea,
y siempre en silencio y siempre a distancia.

LAS HORAS

¿Para qué contar las horas
de la vida que se fue,
de lo porvenir que ignoras?
¡Para qué contar las horas!
¡Para qué!

¿Cabe en la justa medida
aquel instante de amor
que perdura y no se olvida?
¿Cabe en la justa medida
del dolor?

¿Vivimos del propio modo
en las sombras del dormir
y desligados de todo

que soñando, único modo
de vivir?

Al que enfermo desespera,
¿qué importa el cielo invernal,
el soplo de primavera,
al que enfermo desespera
de su mal?

¿Para qué contar las horas?
No volverá lo que fue,
y lo que ha de ser ignoras.
¡Para qué contar las horas!
¡Para qué!...

MADRIGAL DE LA MUERTE

Tú no fuiste una flor, porque tu cuerpo era
todas las flores juntas en una primavera.
Rojo y fresco clavel fueron tus labios rojos,
azules nomeolvides aquellos claros ojos,

y con venas y tez de lirio y de azucena,
aquella frente pura, aquella frente buena,
y, como respondías a todo ruborosa,
tomaron tus mejillas el color de la rosa.

Hoy que bajo el ciprés cercado de laureles,
rosas y nomeolvides, y lirios y claveles
brotando de la tierra confunden sus colores,
parece que tu cuerpo nos lo devuelve en flores.

Luis G. Urbina
(1864-1934)

152 Nació en la ciudad de México, en 1864, y murió en Madrid, España, en 1934. Estudió en la Escuela Nacional Preparatoria y desde muy joven fue redactor de *El Siglo XIX*. Fue, además, cronista y crítico teatral de *El Mundo Ilustrado* y *El Imparcial*. Sus *Versos* aparecieron en 1890, con prólogo de Justo Sierra. Luego publicó *Ingenuas* (1902), *Puestas de sol* (1910), *Lámparas en agonía* (1914), *El glosario de la vida vulgar* (1916), *El corazón juglar* (1920) y *Los últimos pájaros* (1924). Póstumamente, en 1941, aparecería *El cancionero de la noche serena*. Sus *Poesías completas*, en dos volúmenes y con prólogo de Antonio Castro Leal, vieron la luz en 1946.

ASÍ FUE...

Lo sentí: no fue una
separación sino un desgarramiento:
quedó atónita el alma, y sin ninguna
luz, se durmió en la sombra el pensamiento.

Así fue: como un gran golpe de viento
en la serenidad del aire. Ufano,
en la noche tremenda,
llevaba yo en la mano
una antorcha con qué alumbrar la senda,
y que de pronto se apagó: la oscura
asechanza del mal y del destino,
extinguió así la llama y mi locura.

Vi un árbol a la orilla del camino
y me senté a llorar mi desventura.
Así fue, caminante
que me contemplas con mirada absorta
y curioso semblante.

Yo estoy cansado, sigue tú adelante;
mi pena es muy vulgar y no te importa.
Amé, sufrí, gocé, sentí el divino
soplo de la ilusión y la locura;
tuve una antorcha, la apagó el destino,
y me senté a llorar mi desventura
a la sombra de un arbol del camino.

METAMORFOSIS
(Madrigal romántico)

Era un cautivo beso enamorado
de una mano de nieve que tenía
la apariencia de un lirio desmayado
y el palpitar de un ave en agonía.
Y sucedió que un día,
aquella mano suave
de palidez de cirio,
de languidez de lirio,
de palpitar de ave,
se acercó tanto a la prisión del beso,
que ya no pudo más el pobre preso
y se escapó; mas, con voluble giro,
huyó la mano hasta el confín lejano,
y el beso, que volaba tras la mano,
rompiendo el aire se volvió suspiro.

NOCTURNO SENSUAL

Yo estaba entre tus brazos. Y repentinamente,
no sé cómo, en un ángulo de la alcoba sombría,
el aire se hizo cuerpo, tomó forma doliente,
y era como un callado fantasma que veía.

Veía, entre el desorden del lecho, la blancura
de tu busto marmóreo, descubierto a pedazos;
y tus ojos febriles, y tu fuerte y oscura
cabellera... Y veía que yo estaba en tus brazos.

En el fondo del muro, la humeante bujía,
trazando los perfiles de una estampa dantesca
nimbaba por instantes con su azul agonía
un viejo reloj, como un ancha faz grotesca.

Con un miedo de niño me incorporé. Ninguna
vez sentí más silencio que en esa noche ingrata.
El balcón era un marco de reflejos de luna
que prendía en la sombra sus visiones de plata.

Temblé de ansia, de angustia, de sobrecogimiento;
y el pavor me hizo al punto comprender que salía
y se corporizaba mi propio pensamiento...
y era como un callado fantasma que veía.

Los ojos de mi alma se abrieron de repente
hacia el pasado, lleno de fútiles historias;
y entonces supe cómo tomó forma doliente
la más inmensamente triste de mis memorias.

—¿Qué tienes? —me dijiste mirándome lasciva.
—¿Yo? Nada... —y nos besamos.
Y así, en la noche incierta,
lloré, sobre la carne caliente de la viva,
con la obsesión helada del cuerpo de la muerta.

LA FELICIDAD

Sí, la conozco. Es bella. Una mañana
—maravillosamente— apareció
como una sombra blanca en mi sendero
y me dijo: —Aquí estoy.

—¿Quién eres? —pregunté.
—La que tú esperas:
la tardía ilusión
que una vez sola viene; el prodigioso
sueño de paz un fiel y último amor.
(Y mi alma estaba mustia; mis cabellos
grises; mi corazón helado ya.)

Alcé los ojos; la miré: ¡qué bella
es la felicidad!
—¡Piadosa mía! Llegas tarde; todo
en mí dormido para siempre está.

Lloré un momento; le besé la mano,
le dije ¡adiós!... y la dejé pasar.

LA BALADA DE LA VUELTA DEL JUGLAR

A Rubén M. Campos

—Dolor: ¡qué callado vienes!
¿Serás el mismo que un día
se fue y me dejó en rehenes
un joyel de poesía?
¿Por qué la queja retienes?
¿Por qué tu melancolía
no trae ornadas las sienes
de rosas de Alejandría?
¿Qué te pasa? ¿Ya no tienes
romances de *yoglería*,
trovas de amor y desdenes,
cuentos de milagrería?
Dolor: tan callado vienes
que ya no te conocía...

Y él nada dijo. Callado,
con el jubón empolvado,
y con gesto fosco y duro,
vino a sentarse a mi lado,
en el rincón más oscuro,
frente al fogón apagado.
Y tras lento meditar,
como en éxtasis de olvido,
en aquel mudo penar,
nos pusimos a llorar,
con un llanto sin rüido...

Afuera, sonaba el mar...

LA ELEGÍA DEL RETORNO

A Francisco A. de Icaza

Volveré a la ciudad que yo más quiero
después de tanta desventura; pero
ya seré en mi ciudad un extranjero.

A la ciudad azul y cristalina
volveré; pero ya la golondrina
no encontrará su nido en la ruina.

Volveré tras un año y otro año
de miseria y dolor. Como un extraño
han de verme pasar, solo y huraño.

Volveré por la noche. En la penumbra
miraré la ciudad que arde y deslumbra
como nube de chispas que se encumbra.

Buscaré un pobre lecho en la posada,
y mojaré de llanto la almohada
y me alzaré de prisa a la alborada.

Veré, a las luces de la aurora, inciertas,
las calles blancas, rígidas, desiertas,
los muros grises, las claustrales puertas.

Mis pasos sonarán en las baldosas
con graves resonancias misteriosas
y dulcemente me hablarán las cosas.

Desde el pretil del muro desconchado
los buenos días me dará el granado
y agregará: –¡Por Dios, cómo has cambiado!

Y la ventana de burgués aliño,
dirá: –¡Aquí te esperaba un fiel cariño!
Y el templo: –Aquí rezaste cuando niño.

Dirá la casa: –Verme te consuela!
–¿Nunca piensas en mí? —dirá la escuela,
y –¡Qué travieso fuiste! —la plazuela.

Y en esa soledad, que reverencio,
en la muda tragedia que presencio,
dialogaré con todo en el silencio.

Caminaré; caminaré... Y, serenas,
mis pasos seguirán, mansas y buenas,
como perros solícitos, las penas.

•••

Y tornaré otra vez a la posada,
y esperaré la tarde sonrosada,
y saldré a acariciar con la mirada

la ciudad que yo amé desde pequeño,
la de oro claro, la de azul sedeño,
la de horizonte que parece ensueño.

(¡Cómo en mi amargo exilio me importuna
la visión de mi valle, envuelto en luna,
el brillo de cristal de mi laguna,

el arrabal polvoso y solitario,
la fuente antigua, el tosco campanario,
la roja iglesia, el bosque milenario!

¡Cómo han sido mi angustia y mi desvelo,
el panorama de zafir, el hielo
de los volcanes decorando el cielo!)

Veré las avenidas relucientes,
los parques melancólicos, las gentes
que ante mí pasarán indiferentes.

O tal vez sorprendido, alguien se asombre,
y alguien se esfuerce en recordar mi nombre,
y alguien murmure: ¡Yo conozco a ese hombre!

Iré como un sonámbulo; abstraído
en la contemplación de lo que he sido,
desde la sima en que me hundió el olvido.

Iré sereno, resignado y fuerte,
mirando cómo transformó mi suerte
la ingratitud, más dura que la muerte.

Y en el jardín del beso y de la cita,
me sentaré en mi banca favorita,
por ver el cielo y descansar mi cuita.

Entre la sombra, me dirán las flores:
¿por qué no te acompañan tus amores?
Tú eras feliz; resígnate; no llores.

Y en el jardín que la penumbra viste
podré soñar en lo que ya no existe,
y el corazón se sentirá más triste.

Evocaré los seres y las cosas,
y cantarán, con voces milagrosas,
las almas pensativas de las rosas.

Mas ni un mirar piadoso; ni un humano
acento, ni una amiga, ni un hermano,
ni una trémula mano entre mi mano.

Entonces, pensaré con alegría
en que me ha de cubrir, pesada y fría,
tierra sin flores, pero tierra mía.

Y tornaré de noche a la posada,
y, al pedir blando sueño a la almohada,
sintiendo irá la vida fatigada
dolor, tristeza, paz, olvido, nada...

Rodulfo Figueroa
(1866-1899)

158 Nació en Cintalapa, Chiapas, en 1866, y murió en su lugar natal en 1899, cuando aún no cumplía los treinta y tres años de edad. Se graduó como médico cirujano en la ciudad de Guatemala. Sus primeros versos se publicaron en la revista *Juventud Literaria* de la ciudad de México, en 1888, y, posteriormente, en *El Mundo Ilustrado*. Su libro *Poesías* fue publicado en 1896 en Ciudad Juárez, Chihuahua, y sus *Poesías completas* vieron la luz, póstumamente, en la capital chiapaneca, en 1958.

CLÍNICA NEGRA

I

Sala de un hospital, amplia y sombría,
el doctor ordenaba con imperio,
y de una úlcera, al ver la rebeldía
al practicante le pidió el cauterio.

Enrojecido lo acercó al paciente
sin preocuparse de su suerte aciaga;
el miserable se agitó imponente,
lanzó un rugido, y se extirpó la llaga.

II

Los que cumplís la terrenal condena
de ser mirados con escarnio y mofa,
si halláis a vuestro paso la gangrena
sangrienta y ruda, formulad la estrofa.

Como el doctor, sin escuchar el grito
de rebelión y de dolor que estalla,
quemad con vuestros cantos al maldito
aunque ruja y blasfeme la canalla.

POR EL ARTE

¡Cuán hermosa es la muerta! Exuberante
su desnudez sobre la losa brilla;
yo la contemplo pálido y jadeante
y tiembla entre mis manos la cuchilla.

El profesor, que la ocasión bendice
de poder explicar algo muy bueno,
a mí se acerca y con placer me dice:
–Hágale usted la amputación del seno.

Yo que siempre guardé por la belleza
fanatismos de pobre enamorado,
–Perdonadme —le dije con tristeza—,
pero esa operación se me ha olvidado.

Se burlaron de mí los compañeros;
ganó una falla mi lección concisa,
vi en la faz del maestro surcos fieros
y en la faz de la muerta una sonrisa.

LA ZANDUNGA

Cuando en la calma de la noche quieta
triste y doliente la zandunga gime,
un suspiro en mi pecho se reprime
y siento de llorar ansia secreta.

¡Cómo en notas sentidas interpreta
esta angustia infinita que me oprime!
¡El que escribió esa música sublime
fue un gran compositor y un gran poeta!

Cuando se llegue el suspirado día
en que con dedo compasivo y yerto
cierre por fin mis ojos la agonía,

la zandunga tocad, si no despierto
al quejoso rumor de la armonía,
¡dejadme descansar que estaré muerto!...

Enrique Fernández Granados
(1866-1920)

Nació en la ciudad de México, en 1866, y murió también en la capital del país, en 1920. Hizo estudios en la Escuela Nacional Preparatoria y desde muy joven se inició en el periodismo en *El Liceo Mexicano*. Colaboró, además, en *El Mundo Literario Ilustrado*, *Revista Azul*, *Revista Moderna*, *Revista de Revistas* y *Vida Moderna*. Publicó *Mirtos* en 1889; *Margaritas*, en 1891; y *Mirtos y margaritas*, en 1894. Una *Antología de sus versos* vio la luz en 1898.

EL VINO DE LESBOS

Si queréis de mi lira
oír los sones,
dadme vino de Lesbos
que huele a flores.

Y si queréis que dulces
amores cante,
venga Lelia a mi lado
y el vino escancie.

Pero no en cinceladas
corintias copas,
¡porque el vino de Lesbos
se liba en rosas!

El Amor nos lo brinda,
y el que lo bebe,
¡arder en sacro fuego
feliz se siente!

Es suave como el néctar
que, en los festines
del Olimpo, Ganímedes
alegre sirve.

¡Que venga Lelia hermosa,
y sus hechizos
celebraré en mis cantos
bebiendo vino!

Veréis cómo la niña
si oye mis coplas,
me da vino de Lesbos,
pero en su boca...
¡Porque el vino de Lesbos
se liba en rosas!

DE LIDIA

Gimes, y en vano a la cerrada puerta
llamas de Cloe, que al divino fuego
de amor nunca ha cedido.
Duerme, y no la despierta
ni el más vehemente ruego,
ni el más hondo gemido.

Vete: cual Cloe fría
está la noche; y en la niebla bruna,
ya su disco de plata
tiende a ocultar la luna.

Huye de Cloe dándola al olvido,
y busca otra deidad menos ingrata...

¡Ay!, yo también herido
fui como tú: también de Cloe el daño
lloré; pero va un año
que de Lidia me tiene el talle airoso;
siervo de Lidia soy y soy dichoso.

Fácil Lidia me ama,
fácil al ruego y al amor se inflama;
¡y es, en las frías noches, más ardiente
Lidia, que el oro en el crisol candente!

BALVINO DÁVALOS
(1866-1951)

Nació en la ciudad de Colima, en 1866, y murió en la ciudad de México, en 1951. Fue diplomático y representó a México en Estados Unidos, Portugal, Alemania y Suecia, y fue rector interino de la Universidad Nacional y miembro de la Academia Española. Colaboró en la *Revista Azul* y en *El Mundo Ilustrado.* Tradujo a Gautier, Verlaine, Poe, Longfellow y Whitman. En 1909 publicó *Las ofrendas*, que fue saludado con los elogios de Rubén Darío.

IN MEMORIAM

Arrasados de lágrimas los ojos,
solíame decir: –Cuando me muera
no vayas presto a mi sepulcro, espera
al claro mes de los claveles rojos.

"Entonces habrá pájaros y flores
y brisas olorosas a tomillo,
y esplenderán las lápidas con brillo
de lucientes cristales de colores.

"Entonces, alfombrados de verdura
hallarás a tu paso los senderos,
y la voz de uno o dos sepultureros
entonará canciones de ternura.

"Entonces ven a mi sepulcro: llega
risueño el rostro, alborozada el alma,
como el amante que en serena calma
al dulce afán de amar feliz se entrega.

"Cuando te acerques, alzarán los lirios
su cáliz carmesí, los nomeolvides
serán mis valerosos adalides
que han de vencer tus lúgubres delirios.

"Allí leerás mi nombre entre festones
de espigas frescas y de ramas nuevas,
y sentirás que dentro el pecho llevas
frescas también tus viejas ilusiones.

"Te inundará la vida de mi tumba,
y lejos de creerme entre los muertos,
soñarás un edén tras los inciertos
límites misteriosos de ultratumba.

"Y en tu imaginación contemplativa
verás cruzar mi sombra fascinada
por ensueño inmortal, que tu llegada
espera sonriente y rediviva."

Atenógenes Segale
(1868-1903)

Nació en Zamora, Michoacán, en 1868, y murió en Toluca, Estado de México, en 1903. Realizó estudios teológicos en el Seminario Conciliar de México. Fue capellán del Colegio de las Vizcaínas y del Santuario de Nuestra Señora de los Remedios. Además de la poesía cultivó la prosa narrativa y el teatro. Su libro de poemas *Preludios* fue publicado el mismo año de su muerte. Póstumamente aparecerían *Del fondo del alma* (1895), *Miniaturas* (1896), *Versos perdidos* (1897) y *Marinas* (1898). Sus *Obras completas* vieron la luz en 1901.

CAMÉCUARO

Salve, la alberca azul, nido de fuentes
que en medio de antiquísimos sabinos
dilata de sus aguas transparentes
la soñolencia y el color divinos.

Las raíces lamiendo con molicie
de los troncos tan altos como viejos,
extiendes tu serena superficie,
que forma aquí y allá rotos espejos.

Cien y cien escondidos manantiales
tu seno rasgan con pausado giro,
y atesoran en tu álveo sus cristales
de líquida esmeralda y de zafiro;

pero tan lentos en manar se esmeran
que la arena brillante mal revuelven
en espirales, que tu paz no alteran
y en tu seno muy pronto se disuelven.

Sólo turba tu plácido sosiego
una gota, que suele deslizarse,
en círculos concéntricos que luego
en tu eterna quietud van a borrarse.

Como naves de templos comenzados,
como bosques de cimbras y pilares
se elevan, por tus aguas retratados,
en filas los sabinos seculares.

Y enseñan en los rudos filamentos,
de sus troncos los siglos, que han vivido,
y cuelgan desceñidos a los vientos
sus mechones de musgo encanecido.

¡Cómo es encantador, cuando en la tarde
abraza al rojo sol para morirse,
ver el incendio, que a lo lejos arde,
en tu inmenso cristal reproducirse!

¡Cómo crece la hermosa perspectiva
mirada contra el sol! Forman las ramas
aquí y allá las curvas de la ojiva,
dejando penetrar vívidas llamas.

Los rayos en fantástica aureola
a tus ancianos árboles circuyen,
y su luz el ramaje tornasola
de tus enebros, que su luz obstruyen.

Cuando la luna con su fuego blando
los dorsos de los árboles platea,
sus gigantescas sombras recortando
sobre tu linfa, a trechos cabrillea.

Claridad y tinieblas en lo hondo
alguna forma caprichosa abultan;
y con la luz cien iris en el fondo
de tus veneros límpidos resultan,

que al remover la arena en borbollones,
debajo de tus aguas cristalinas,
hacen pensar en tales ocasiones
en el mito de Náyades y Ondinas.

Arropada en translúcidos vapores
viene a verte la luz de la mañana:
no le das ni suspiros, ni rumores,
que eres muda, mi plácida fontana.

Tú no sabes parlar, cual si vivieras
en un eterno amor embebecida
o como si por siempre padecieras
la tristeza más honda de la vida.

Amado Nervo
(1870-1919)

Nació en la ciudad de Tepic, Nayarit, en 1870, y murió en Buenos Aires, Argentina, en 1919. Estudió ciencias y filosofía en el Seminario de Zamora, Michoacán, y desde muy temprana edad se dedicó al periodismo y con los seudónimos "Román" y "El Duque Juan" escribió crónicas para *El Correo de la Tarde*, diario del puerto de Mazatlán, en Sinaloa. En la capital del país colaboró en la *Revista Azul*, *El Universal*, *El Nacional* y *El Mundo*. Fue diplomático y representó a México en Argentina y Uruguay. Además de poeta, fue narrador y cronista. Entre sus muchos libros de poesía destacan *Perlas negras* (1898), *Místicas* (1898), *El éxodo y las flores del camino* (1902), *Los jardines interiores* (1905), *Elevación* (1917) y *El estanque de los lotos* (1919). Póstumamente, en 1922, vería la luz *La amada inmóvil*. Sus *Poesías completas*, con prólogo de Genaro Estrada, se publicaron en Madrid, en 1935. Sus *Obras completas* en treinta volúmenes y al cuidado de Alfonso Reyes vieron la luz en España entre 1920 y 1922 (Madrid). Posteriormente serían agrupadas en dos tomos (Madrid), con prólogos de Alfonso Méndez Plancarte y Francisco González Guerrero.

OREMUS

Para Bernardo Couto Castillo

Oremos por las nuevas generaciones,
abrumadas de tedios y decepciones;
con ellas en la noche nos hundiremos.
Oremos por los seres desventurados,
de mortal impotencia contaminados...
¡Oremos!

Oremos por la turba que a cruel prueba
sometida, se abate sobre la gleba;
galeote que agita siempre los remos
en el mar de la vida revuelto y hondo,
danaide que sustenta tonel sin fondo...
¡Oremos!

Oremos por los místicos, por los neuróticos,
nostálgicos de sombra, de templos góticos
y de cristos llagados, que con supremos

desconsuelos recorren su ruta fiera,
levantando sus cruces como bandera.
¡Oremos!

Oremos por los que odian los ideales,
por los que van cegando los manantiales
de amor y de esperanza de que bebemos,
y derrocan al Cristo con saña impía,
y después lloran, viendo el ara vacía...
¡Oremos!

Oremos por los sabios, por el enjambre
de artistas exquisitos que mueren de hambre.
¡Ay!, el pan del espíritu les debemos,
aprendimos por ellos a alzar las frentes,
y helos pobres, escuálidos, tristes, dolientes...
¡Oremos!

Oremos por las células de donde brotan
ideas-resplandores, y que se agotan
prodigando su savia: no las burlemos.
¿Qué fuera de nosotros sin su energía?
¡Oremos por el siglo, por su agonía,
del Suicidio en las negras fauces!
¡Oremos!

PERLAS NEGRAS (XXIII)

Cuando me vaya para siempre, entierra
con mis despojos tu pasión ferviente;
a mi recuerdo tu memoria cierra;
es ley común que a quien cubrió la tierra
el olvido lo cubra eternamente.

A nueva vida de pasión despierta
y sé dichosa; si un amor perdiste,
otro cariño tocará tu puerta...
¿Por qué impedir que la esperanza muerta
resurja ufana para bien del triste?

Ya ves... todo renace... hasta la pálida
tarde revive en la mañana hermosa;
vuelven las hojas a la rama escuálida,
y la cripta que forma la crisálida
es cuna de pintada mariposa.

Tornan las flores al jardín ufano
que arropó con sus nieves el invierno;
hasta el Polo disfruta del verano...

¿Por qué nomás el corazón humano
ha de sufrir el desencanto eterno?

Ama de nuevo y sé feliz. Sofoca
hasta el perfume de mi amor, si existe;
¡sólo te pido que no borres, loca,
al sellar otros labios con tu boca,
la huella de aquel beso que me diste!

A FELIPE II

Para Rafael Delgado

Ignoro qué corriente de ascetismo,
qué relación, qué afinidad obscura
enlazó tu tristura y mi tristura
y adunó tu idealismo y mi idealismo;

mas sé por intuición que un astro mismo
surgió de nuestra noche en la pavura,
y que en mí como en ti riñe la altura
un combate mortal con el abismo.

¡Oh rey, eres mi rey! Hosco y sañudo
también soy; en un mar de arcano duelo
mi luminoso espíritu se pierde,

y escondo como tú, soberbio y mudo,
bajo el negro jubón de terciopelo,
el cáncer implacable que me muerde.

Y EL BUDHA DE BASALTO SONREÍA

Aquella tarde, en la Alameda, loca
de amor la dulce idolatrada mía,
me ofreció los claveles de su boca.

Y el Budha de basalto sonreía...

Otro vino después y sus hechizos
me robó... Le di cita, y en la umbría
nos trocamos epístolas y rizos.

Y el Budha de basalto sonreía...

Hoy hace un año del amor perdido;
al sitio vuelvo, y como estoy rendido
tras largo caminar, trepo a lo alto
del zócalo en que el símbolo reposa.

Derrotado y sangriento muere el día,
y en los brazos del Budha de basalto
me sorprende la luna misteriosa.

Y el Budha de basalto sonreía...

GRATIA PLENA

Todo en ella encantaba, todo en ella atraía:
su mirada, su gesto, su sonrisa, su andar...
El ingenio de Francia de su boca fluía.
Era *llena de gracia*, como el Avemaría;
¡quien la vio no la pudo ya jamás olvidar!

Ingenua como el agua, diáfana como el día,
rubia y nevada como Margarita sin par,
al influjo de su alma celeste, amanecía...
Era llena de gracia, como el Avemaría:
¡quien la vio no la pudo ya jamás olvidar!

Cierta dulce y amable dignidad la investía
de no sé qué prestigio lejano y singular.
Más que muchas princesas, princesa parecía;
era llena de gracia como el Avemaría;
¡quien la vio no la pudo ya jamás olvidar!

Yo gocé el privilegio de encontrarla en mi vía
dolorosa; por ella tuvo fin mi anhelar,
y cadencias arcanas halló mi poesía.
Era llena de gracia como el Avemaría;
¡quien la vio no la pudo ya jamás olvidar!

¡Cuánto, cuánto la quise! ¡Por diez años fue mía,
pero flores tan bellas nunca pueden durar!
Era llena de gracia, como el Avemaría,
y a la fuente de gracia, de donde procedía
se volvió... ¡como gota que se vuelve a la mar!

EN PAZ

Artifex vitae, artifex sui

Muy cerca de mi ocaso, yo te bendigo, Vida,
porque nunca me diste ni esperanza fallida
ni trabajos injustos, ni pena inmerecida;

porque veo al final de mi rudo camino
que yo fui el arquitecto de mi propio destino;

que si extraje las mieles o la hiel de las cosas,
fue porque en ellas puse hiel o mieles sabrosas:
cuando planté rosales coseché siempre rosas...

Cierto, a mis lozanías va a seguir el invierno:
¡mas tú no me dijiste que mayo fuese eterno!
Hallé sin duda largas las noches de mis penas;
mas no me prometiste tú sólo noches buenas;
y en cambio tuve algunas santamente serenas...

Amé, fui amado, el sol acarició mi faz.
¡Vida, nada me debes! ¡Vida, estamos en paz!

LA SED

Inútil la fiebre que aviva tu paso;
no hay fuente que pueda saciar tu ansiedad,
por mucho que bebas...
El alma es un vaso
que sólo se llena con eternidad.

¡Qué mísero eres! Basta un soplo frío
para helarte... Cabes en un ataúd:
¡y en cambio, a tus vuelos es corto el vacío,
y la luz muy tarda para tu inquietud!

¿Quién pudo esconderte, misteriosa esencia,
entre las paredes de un vil cráneo? ¿Quién
es el carcelero que con la existencia
te cortó las alas? ¿Por qué tu conciencia,
si es luz de una hora, quiere el sumo Bien?

Displicente marchas del orto al ocaso;
no hay fuente que pueda saciar tu ansiedad
por mucho que bebas... ¡El alma es un vaso
que sólo se llena con eternidad!

A KEMPIS

Sicut nubes, quasi naves, velut umbra...

Ha muchos años que busco el yermo,
ha muchos años que vivo triste,
ha muchos años que estoy enfermo,
¡y es por el libro que tú escribiste!

¡Oh Kempis, antes de leerte, amaba
la luz, las vegas, el mar Océano;

mas tú dijiste que todo acaba,
que todo muere, que todo es vano!

Antes, llevado de mis antojos,
besé los labios que al beso invitan,
las rubias trenzas, los grandes ojos,
¡sin acordarme que se marchitan!

Mas como afirman doctores graves,
que tú, maestro, citas y nombras,
que el hombre pasa *como las naves,*
como las nubes, como las sombras...

huyo de todo terreno lazo,
ningún cariño mi mente alegra,
y con tu libro bajo del brazo
voy recorriendo la noche negra...

¡Oh Kempis, Kempis, asceta yermo,
pálido asceta, qué mal me hiciste!
Ha muchos años que estoy enfermo,
¡y es por el libro que tú escribiste!

JOSÉ JUAN TABLADA
(1871-1945)

172 Nació en la ciudad de México, en 1871, y murió en Nueva York, Estados Unidos, en 1945. Hizo estudios en escuelas particulares y en el Colegio Militar. Desde los diecinueve años de edad comenzó a colaborar en *El Universal*. Además fue colaborador de *El Imparcial*, *El Mundo Ilustrado*, *Revista de Revistas*, *Excélsior* y *El Maestro*. Fue diplomático y representó a México en Colombia, Venezuela y Estados Unidos. Además de poeta fue cronista y crítico. *El florilegio*, su primer volumen de poemas, apareció en 1899. Luego vendrían *Al sol y bajo la luna* (1918), *Un día* (1919), *Li-Po y otros poemas* (1920), *Retablo a la memoria de Ramón López Velarde* (1921), *El jarro de flores* (1922) y *La feria* (1928). Una *Antología general de sus poemas*, realizada por Enrique González Martínez, se publicó en 1920. Dos años antes de su muerte, en 1943, vería la luz el volumen *Los mejores poemas de José Juan Tablada*, con selección y prólogo de J. M. González de Mendoza.

MISA NEGRA

¡Noche de sábado! Callada
está la tierra y negro el cielo;
late en mi pecho una balada
de doloroso ritornelo.

El corazón desangra herido
bajo el cilicio de las penas
y corre el plomo derretido
de la neurosis de mis venas.

¡Amada, ven!... ¡Dale a mi frente
el edredón de tu regazo
y a mi locura, dulcemente,
lleva a la cárcel de tu abrazo!

¡Noche de sábado! En tu alcoba
hay un perfume de incensario,
el oro brilla y la caoba
tiene penumbras de sagrario.

Y allá en el lecho do reposa
tu cuerpo blanco, reverbera
como custodia esplendorosa
tu desatada cabellera.

Toma el aspecto triste y frío
de la enlutada religiosa
y con el traje más sombrío
viste tu carne voluptuosa.

Con el murmullo de los rezos
quiero la voz de tu ternura,
y con el óleo de mis besos
ungir de diosa tu hermosura;

quiero cambiar el grito ardiente
de mis estrofas de otros días,
por la salmodia reverente
de las unciosas letanías;

quiero en las gradas de tu lecho
doblar temblando la rodilla
y hacer el ara de tu pecho
y de tu alcoba la capilla...

Y celebrar, ferviente y mudo,
sobre tu cuerpo seductor,
lleno de esencias y desnudo,
¡la Misa Negra de mi amor!

ÓNIX

A Luis G. Urbina

Torvo fraile del templo solitario
que al fulgor de nocturno lampadario
o a la pálida luz de las auroras
desgranas de tus culpas el rosario...
–¡Yo quisiera llorar como tú lloras!

Porque la fe en mi pecho solitario
se extinguió, como el turbio lampadario
entre la roja luz de las auroras,
y mi vida es un fúnebre rosario
más triste que las lágrimas que lloras.

Casto amador de pálida hermosura
o enamorado de sensual impura
que vas —novio feliz o amante ciego—
llena el alma de amor o de amargura...
–¡Yo quisiera abrasarme con tu fuego!

Porque no me seduce la hermosura,
ni el casto amor, ni la pasión impura;

porque en mi corazón dormido y ciego
ha caído un gran soplo de amargura,
que también pudo ser lluvia de fuego.

¡Oh guerrero de lírica memoria
que al asir el laurel de la victoria
caíste herido con el pecho abierto...
para vivir la vida de la gloria!
–¡Yo quisiera morir como tú has muerto!

Porque al templo sin luz de mi memoria,
sus escudos triunfales la victoria
no ha llegado a colgar; porque no ha abierto
el relámpago de oro de la gloria
mi corazón obscurecido y muerto.

¡Fraile, amante, guerrero, yo quisiera
saber qué obscuro advenimiento espera
el anhelo infinito de mi alma,
si de mi vida en la tediosa calma
no hay un Dios, ni un amor, ni una bandera!

QUINTA AVENIDA

¡Mujeres que pasáis por la Quinta Avenida
tan cerca de mis ojos, tan lejos de mi vida!...

¿Soñáis desnudas que en el baño os cae
áureo Jove pluvial, como a Danae,
o por ser impregnadas de un tesoro,
al asalto de un toro de oro
tendéis las ancas como Pasifae?

¿Sobáis con perversiones de cornac
de broncíneo elefante la trompa metálica
o transmutáis, urentes, de Karkak
la sala hipóstila, en fálica?

¡Mujeres *fire-proof* a la pasión inertes,
hijas de la mecánica Venus *made in America*;
de vuestra fortaleza, la de las cajas fuertes,
es el secreto... idéntica combinación numérica!

LA BAILADORA

¡Ardores, aromas y ritmos mantienes
en plural encanto y en prestigio vario,
y ardes y perfumas, en lentos vaivenes,
como un incensario!

LOS PIJIJES

Visten hábitos carmelitas
los ánades veracruzanos;
y como dos frailes hermanos,
en actitudes estilitas,
sueñan lagunas y pantanos...

Así parados en un pie,
con el rojo pico escondido
bajo el ala negra y café,
y con el cuello retorcido
como el tubo de un narguillé,

dejan pasar las noches tétricas
y los días primaverales,
en ensimismamientos iguales,
en sendas posturas simétricas,
inmóviles y ornamentales...

En la noche su instinto vela;
y a un ruido insólito en el folio,
el ánade grita y revela
ser tan eficaz centinela
como un ganso del Capitolio.

Mas desdeñando esa tarea
doméstica, de janitor,
nada a los ánades recrea
aunque su ojo que parpadea
distinga todo en derredor...

glauca sombra de la tortuga
entre dos aguas, en el lago;
de los saúces temblor vago;
leve retracción de la oruga
en la hoja del jaramago...

Eléctrica luz que en la bruna
sombra, difunde en el vergel
romancesco claro de luna,
y a cuyo ampo no hay flor alguna
que no parezca de papel...

Pobres ánades vigilantes
que contemplan y sienten todo...
fulgor de estrellas rutilantes,
roncar de sapos en el lodo,
o vuelo de aves emigrantes.

¡Sólo entonces, si el firmamento
crepuscular se torna gris
y el cielo cruza un bando lento,
el ánade con ojo atento
sigue el vuelo libre y feliz!

Los dos ánades en un mismo
murmullo tenue y doloroso,
desde su forzado reposo
dicen nostálgico atavismo
del hondo cielo luminoso...

Y —símbolo de estéril vida,
de inútil ilusión fallida—
mueven en vano el ala trunca,
¡el ala inválida y herida
que ya no habrá de volar nunca!

EL SAÚZ

Tierno saúz
casi oro, casi ámbar,
casi luz...

LOS SAPOS

Trozos de barro,
por la senda en penumbra
saltan los sapos...

EL RUISEÑOR

Bajo el celeste pavor
delira por la única estrella
el cántico del ruiseñor.

LA ARAÑA

Recorriendo su tela
esta luna clarísima
tiene a la araña en vela.

LA LUNA

Es mar la noche negra,
la nube es una concha,
la luna es una perla.

UN MONO

El pequeño mono me mira...
¡Quisiera decirme
algo que se le olvida!

PECES VOLADORES

Al golpe del oro solar
estalla en astillas
el vidrio del mar.

SANDÍA

Del verano, roja y fría
carcajada,
rebanada
de sandía.

NOCTURNO ALTERNO

Neoyorquina noche dorada

Fríos muros de cal moruna

Rector's champaña fox-trot

Casas mudas y fuertes rejas

Y volviendo la mirada

Sobre las silenciosas tejas

El alma petrificada

Los gatos blancos de la luna

Como la mujer de Loth

Y sin embargo

es una

misma

en New York

y en Bogotá

la Luna!...

Enrique González Martínez
(1871-1952)

Nació en Guadalajara, Jalisco, en 1871, y murió en la ciudad de México, en 1952. Hizo estudios de médico cirujano y desempeñó su profesión. Colaboró en *El Imparcial* y fundó la revista *Argos*, y junto con Ramón López Velarde y Efrén Rebolledo dirigió la revista *Pegaso*. Fue diplomático y representó a México en Chile, España y Portugal. Fue miembro fundador de El Colegio Nacional. Además de su vasta obra poética, dejó su autobiografía en dos volúmenes. En su obra lírica destacan los siguientes títulos: *Preludios* (1903), *Lirismos* (1907), *Silenter* (1909), *Los senderos ocultos* (1911), *La muerte del cisne* (1915), *Las señales furtivas* (1925), *Bajo el signo mortal* (1942), *Segundo despertar y otros poemas* (1945), *Vilano al viento* (1948), *Babel* (1949) y *El nuevo Narciso y otros poemas* (1952). Una edición de sus *Poesías completas* apareció en 1944. En 1995, El Colegio Nacional reeditó las *Obras* de González Martínez, con edición y prólogo de Armando Cámara R., teniendo como antecedente las editadas y prologadas por Antonio Castro Leal en 1971, también para El Colegio Nacional.

IRÁS SOBRE LA VIDA DE LAS COSAS...

Irás sobre la vida de las cosas
con noble lentitud; que todo lleve
a tu sensorio luz: blancor de nieve,
azul de linfas o rubor de rosas.

Que todo deje en ti como una huella
misteriosa grabada intensamente;
lo mismo el soliloquio de la fuente
que el flébil parpadeo de la estrella.

Que asciendas a las cumbres solitarias
y allí, como arpa eólica, te azoten
los borrascosos vientos, y que broten
de tus cuerdas rugidos y plegarias.

Que esquives lo que ofusca y lo que asombra
al humano redil que abajo queda,
y que afines tu alma hasta que pueda
escuchar el silencio y ver la sombra.

Que te ames en ti mismo, de tal modo
compendiando tu ser cielo y abismo,

que sin desviar los ojos de ti mismo
puedan tus ojos contemplarlo todo.

Y que llegues, por fin, a la escondida
playa con tu minúsculo universo,
y que logres oír tu propio verso
en que palpita el alma de la vida.

180 CUANDO SEPAS HALLAR UNA SONRISA

A Ricardo Arenales

Cuando sepas hallar una sonrisa
en la gota sutil que se rezuma
de las porosas piedras, en la bruma,
en el sol, en el ave y en la brisa;

cuando nada a tus ojos quede inerte,
ni informe, ni incoloro, ni lejano,
y penetres la vida y el arcano
del silencio, las sombras y la muerte;

cuando tiendas la vista a los diversos
rumbos del cosmos, y tu esfuerzo propio
sea como potente microscopio
que va hallando invisibles universos,

entonces en las flamas de la hoguera
de un amor infinito y sobrehumano,
como el santo de Asís, dirás hermano
al árbol, al celaje y a la fiera.

Sentirás en la inmensa muchedumbre
de seres y de cosas tu ser mismo;
serás todo pavor con el abismo
y serás todo orgullo con la cumbre.

Sacudirá tu amor el polvo infecto
que macula el blancor de la azucena,
bendecirás las márgenes de arena
y adorarás el vuelo del insecto;

y besarás el garfio del espino
y el sedeño ropaje de las dalias...
Y quitarás piadoso tus sandalias
por no herir a las piedras del camino.

ME ABRAZARÉ A LA VIDA

Me abrazaré a la vida, y en la llama encendida
de su amor infinito me envolverá la Vida:

seré nube que asciende, mirra que se consume,
todo calor y lumbre, todo vuelo y perfume;

en el santo abandono de un éxtasis profundo,
palpitaré al unísono con la euritmia del mundo;

seré el ojo vidente eternamente abierto
y el oído que escucha las voces del desierto;

mano que todo palpa, acaricia u oprime,
boca que ora salmodia, ora impreca, ora gime;

me invadirá el encanto de las cosas pequeñas,
del musgo que tapiza las abras de las peñas,

del minúsculo cosmos que se agita o reposa
bajo el dombo de un ala azul de mariposa,

del paso de un insecto en la vislumbre extraña
de una chispa de sol sobre un hilo de araña...

Odiaré las abstractas locuras de mi mente
y anhelaré tan sólo vivir intensamente;

y una tarde de tantas, mientras caigan los rojos
cendales de un crepúsculo, se cerrarán mis ojos.

Y me hundiré en el sueño inefable y profundo,
para los hombres muerto, y vivo para el mundo.

TUÉRCELE EL CUELLO AL CISNE...

Tuércele el cuello al cisne de engañoso plumaje
que da su nota blanca al azul de la fuente;
él pasea su gracia no más, pero no siente
el alma de las cosas ni la voz del paisaje.

Huye de toda forma y de todo lenguaje
que no vayan acordes con el ritmo latente
de la vida profunda... y adora intensamente
la vida, y que la vida comprenda tu homenaje.

Mira al sapiente búho cómo tiende las alas
desde el Olimpo, deja el regazo de Palas
y posa en aquel árbol el vuelo taciturno...

Él no tiene la gracia del cisne, mas su inquieta
pupila, que se clava en la sombra, interpreta
el misterioso libro del silencio nocturno.

PARA UN LIBRO

Quiero con mano firme y con aliento puro
escribir estos versos para un libro futuro:

Este libro es mi vida... No teme la mirada
aviesa de los hombres; no hay en sus hojas nada
que no sea la frágil urdimbre de otras vidas:
ímpetus y fervores, flaquezas y caídas.
La frase salta a veces palpitante y desnuda;
otras, con el ropaje del símbolo se escuda.
Aquel a quien extrañe
este pudor del símbolo, que no lo desentrañe.
Este libro no enseña, ni conforta, ni guía,
y la inquietud que esconde es solamente mía;
mas en mis versos flota, diafanidad o arcano,
la vida, que es de todos. Quien lea, no se asombre
de hallar en mis poemas la integridad de un hombre,
sin nada que no sea profundamente humano.

T. S. H.

Telegrafía
sin hilos...

¿Qué va a ser de los pájaros
que anotan la música de los caminos?

EL ÁSPID

Nos visitó la muerte y se ha quedado
entre las azucenas escondida...

En el pie de mi banca jardinera
dejó la doble marca purpurina...

Mordió después el seno que volcaba
leche de amor en rosas de la vida;

plegó sus garfios, se enroscó de nuevo;
acecha inmóvil, en silencio atisba...

No pases por allí, tú la que corres
tras de la mariposa fugitiva...

¡No pases por allí, que está la muerte
entre las azucenas escondida!...

el hijo muerto

La voluntad inclino
y en mi sangriento corazón sepulto
tu mirar azorado y diamantino.
(¿Lámpara en vela?... ¿Llamamiento oculto?...)

¡Laurel de mi camino,
del alba flor, frescura meridiana,
bordón en el cansancio vespertino!...

¿Qué arquero de traición en la mañana
te hizo caer, a punta de saeta,
ala sin vuelo, víctima temprana?

Soñé con tu palabra de poeta
para forjar en luminoso día
la estrofa presentida o incompleta.

Prendí tu antorcha... Pero boca impía,
soplando con aliento de pavura,
mató su llama sin tomar la mía...

Como pájaro ciego en la espesura
que a golpes busca al prófugo del nido,
se estrella en tu silencio mi locura.

¿A qué reino de sombras has huido?
¿Qué lengua aprenderé para llamarte?
¿Qué viento me dirá que me has oído?...

Brújula de dolor para buscarte,
se queda mi lamento suspendido
en el misterio trágico del mundo...

¡Oh, qué callar profundo!...
¿Contra quién me rebelo... o a quién pido?...

María Enriqueta
(1872-1968)

Nació en Coatepec, Veracruz, en 1872, y murió en la ciudad de México en 1968. Estudió en el Conservatorio de Música de la capital del país y se recibió como maestra de piano. Colaboró en *El Universal*, la *Revista Azul* y *El Mundo Ilustrado*. Además de la poesía, cultivó la narrativa. Fue recopiladora y editora de los libros de lectura *Rosas de la infancia* y *Nuevas rosas de la infancia*. Su poesía original comprende los título *Las consecuencias de un sueño* (1902), *Rumores de mi huerto* (1908), *Álbum sentimental* (1926), *Recordando dulcemente* (1946) y *Hojas dispersas* (1950). En 1990 se reeditaron, en un solo volumen, *Rumores de mi huerto* y *Rincones románticos*.

VANA INVITACIÓN

–Hallarás en el bosque mansa fuente
que, al apagar tu sed, copie tu frente.

Dijo, y le respondí: –No tengo antojos
de ver más fuente que tus dulces ojos;

sacian ellos mi sed; son un espejo
donde recojo luz y el alma dejo...

–Escucharás, entonces, los latidos
del gran bosque en los troncos retorcidos;

o el rumor de la brisa vagarosa
que huye y vuela cual tarda mariposa...

–Bástame oír tu voz; tiene su acento
gritos de mar y susurrar de viento.

–Hay allí flores, como el sol, doradas,
y otras níveas cual puras alboradas.

–En tu mejilla rosa está el poniente
y la blanca alborada está en tu frente.

–Hay allí noches profundas y tranquilas...
–Esas noches están en tus pupilas.

–Hay sombra en la maleza enmarañada...
–Hay sombra en tu cabeza alborotada...

–Lo que se siente allí, no lo has sentido.
–A tu lado el amor he presentido.

–¡Ven! Ese bosque misterioso y quieto
va a decirte al oído su secreto...

–¡Es en vano el afán con que me llamas!,
¡si tú ya me dijiste que me amas!...

–Hay un árbol inmenso, majestuoso,
de altísimo follaje rumoroso;

en él, como serpiente, está enredada
una gigante yedra enamorada...

–Tú eres ese árbol majestuoso y fuerte:
¡deja que en ti me apoye hasta la muerte!...

ABRE EL LIBRO...

Abre el libro en la página que reza:
"Donde se ve que Amor sólo es tristeza",
y con tu voz de oro
que tiene sortilegios peregrinos,
¡ahuyenta, como pájaro canoro,
la sombra de esa frase, con tus trinos!...
Porque es tu voz tan dulce y lisonjera,
que si dices que Amor tiene dolores,
el dolor se resuelve en primavera,
y todas sus espinas echan flores...
¡Deja escapar tu voz, oh, dueño mío!,
y haz de esa frase triste sólo un canto:
tú puedes, con las lágrimas y el llanto,
hacer notas y perlas de rocío.
Es tu voz el crisol en que se funde
la invencible tristeza;
tan pronto como empieza
su acento a levantarse, luz de aurora
en el viento sus ráfagas difunde,
y en los abismos el dolor se hunde...
¡Es tu palabra eterna triunfadora!
Abre ya el tomo, y con tu voz suave,
destruye ese sofisma peregrino.
Seremos, mientras hablas, tú, cual ave,
y yo, como viajero absorto y grave
¡que se para a escucharte en el camino!...

Alfredo R. Placencia
(1873-1930)

Nació en Jalostotitlán, Jalisco, en 1873, y murió en Guadalajara, capital de su estado natal, en 1930. Realizó estudios en el Seminario de Guadalajara en donde se ordenó sacerdote y cumplió su ministerio en pequeños poblados de Jalisco. Poeta místico por excelencia, dejó su obra lírica en los volúmenes *El paso del dolor*, *Del cuartel y del claustro* y, sobre todo, *El libro de Dios*, que vieron la luz en 1924, en Barcelona, España. Sus *Poesías* fueron recopiladas por Luis Vázquez Correa, y publicadas en Guadalajara en 1959. En 1990 se reeditó *El libro de Dios*, con una nota introductoria de Javier Sicilia.

CIEGO DIOS

Así te ves mejor, crucificado.
Bien quisieras herir, pero no puedes.
Quien acertó a ponerte en ese estado
no hizo cosa mejor. Que así te quedes.

Dices que quien tal hizo estaba ciego.
No lo digas; eso es un desatino.
¿Cómo es que dio con el camino luego,
si los ciegos no dan con el camino?...

Convén mejor en que ni ciego era,
ni fue la causa de tu afrenta suya.
¡Qué maldad, ni qué error, ni qué ceguera!...
Tu amor lo quiso y la ceguera es tuya.

¡Cuánto tiempo hace ya, Ciego adorado,
que me llamas, y corro y nunca llego!...
Si es tan sólo el amor quien te ha cegado,
ciégueme a mí también, quiero estar ciego.

EL CRISTO DE TEMACA

I

Hay en la peña de Temaca un Cristo.
Yo, que su rara perfección he visto,
jurar puedo
que lo pintó Dios mismo con su dedo.

En vano corre la impiedad maldita
y ante el portento la contienda entabla.
El Cristo aquel parece que medita
y parece que habla.

¡Oh!... ¡Qué Cristo
éste que amándome en la peña he visto!...
Cuando se ve, sin ser un visionario,
¿por qué luego se piensa en el Calvario?...

Se le advierte la sangre que destila,
se le pueden contar todas las venas;
y en la apagada luz de su pupila
se traduce lo enorme de sus penas.

En la espinada frente,
en el costado abierto
y en sus heridas todas, ¿quién no siente
que allí está un Dios agonizante o muerto?

¡Oh, qué Cristo, Dios santo! Sus pupilas
miran con tal piedad y de tal modo,
que las horas más negras son tranquilas
y es mentira el dolor. Se puede todo.

II

Mira al norte la peña en que hemos visto
que la bendita imagen se destaca.
Si al norte de la peña está Temaca,
¿qué le mira a Temaca tanto el Cristo?

Sus ojos tienen la expresión sublime
de esa piedad tan dulce como inmensa
con que a los muertos bulle y los redime.
¿Qué tendrá en esos ojos? ¿En qué piensa?

Cuando el último rayo del crepúsculo
la roca apenas acaricia y dora,
retuerce el Cristo músculo por músculo
y parece que llora.

Para que así se turbe o se conmueva,
¿verá, acaso, algún crimen no llorado
con que Temaca lleva
tibia la fe y el corazón cansado?

¿O será el poco pan de sus cabañas
o el llanto y el dolor con que lo moja

lo que así le conturba las entrañas
y le sacude el alma de congoja?...

Quién sabe, yo no sé. Lo que sí he visto,
y hasta jurarlo con mi sangre puedo,
es que Dios mismo, con su propio dedo,
pintó su amor por dibujar su Cristo.

III

¡Oh, mi roca!...
¡La que me pone con la mente inquieta,
la que alumbró mis sueños de poeta,
la que, al tocar mi Cristo, el cielo toca!

Si tantas veces te canté de bruces,
premia mi fe de soñador, que has visto,
alumbrándome el alma con las luces
que salen de las llagas de tu Cristo.

Oh dulces ojos, ojos celestiales
que amor provocan y piedad respiran;
ojos que, muertos y sin luz, son tales
que hacen beber el cielo cuando miran.

Como desde la roca en que os he visto,
de esa suerte,
en la suprema angustia de la muerte
sobre el bardo alumbrad, Ojos de Cristo.

BIENVENIDO SEA

I

¿Eres Tú la Sunamitis pura y blanca
que soñaron los patriarcas y entrevieron los profetas?
Aunque atruene tierra y cielos el acorde que se arranca
de los astros y las plumas de los santos y poetas,
para darte el parabién,
no despiertes, Niña blanca;
duerme bien.

Las mujeres que tenidas son por fuertes;
los patriarcas, los profetas;
los que, ciegos de llorar, van extraviados;
los poetas...
todos juntos volverán, cuando despiertes,
para darte el parabién,

con las ansias de los justos y el amor de los collados.
Duerme bien.

Puede ser que estés cansada;
bien pudiera ser.
Fue tan larga la jornada...
¡Sobre todo para una mujer!...

Porque vienes de muy lejos. Sé que nada
antes del tiempo existía, y ya estaba tu beldad
graciosamente jugando ante Dios. Esa verdad
lo declara y dice todo: ¡Vienes de la eternidad!...

II

La tibia luz de la luna
la está besando en la sien.
No os acerquéis a su cuna,
idos yendo, leves auras, una a una;
dejadla que duerma bien.
Dejad que no más la luna
la esté besando en la sien.

Que no canten las palomas.
Que la cerquen con aromas
las manzanas y las pomas
de Salén.
Que se rieguen los sonidos
por el monte y por las lomas.
Que no canten las palomas,
que se estén en paz los nidos,
que la Amada duerma bien.

III

Verán los siglos un drama...
un sangriento panorama
que a Dios mismo asombrará.

En la cima del Calvario
la hostia blanca de un lirio
de sangre se manchará...

Sobre un monte funerario
se consumará un martirio,
y una virgen llorará...

¡Oh, cuán triste panorama!...
¡Cuánta sangre tiene el drama
que ni el tiempo borrará!...

Pero duerme Tú, entretanto.
Tiempo sobra para el llanto.
Ya se llorará.

IV

¿Eres Tú la Sunamitis, cuyo dulce imperio abarca
los eternos siglos?... ¿Eres
la escogida entre millares de mujeres?...
¿La que sueñan los poetas,
la que amó cada patriarca,
la que llaman los profetas
Primogénita, Deífica, Vellocino y Trono y Arca?...

¿Eres Tú la siempre Pura
que en el seno llevaras, siendo criatura,
al Rey sumo que en los cielos de los cielos no cabría?
¿Eres Tú María?...
Si tal eres,
¡oh escogida entre millares de mujeres!,
llega, Luz del Día.

Bienvenida sea
quien con tales timbres viene,
y en las sacras venas tiene
lo más limpio de la sangre de los reyes de Judea.
¡Bienvenida sea!...

RAFAEL LÓPEZ
(1873-1943)

Nació en la ciudad de Guanajuato, en 1873, y murió en la ciudad de México en 1943. Fue en gran medida autodidacto, aunque siguió algunos estudios con maestros particulares. En la capital del país colaboró en *El Mundo Ilustrado*, *Savia Moderna*, *Argos*, *Revista de Revistas*, *Revista Moderna*, *El Imparcial*, *El Independiente* y *El Universal*. Además de poeta fue destacado cronista. Su obra lírica se encuentra en los libros *Con los ojos abiertos* (1912), *Poemas* (1941) y *La bestia de oro y otros poemas* (1941). Su *Obra poética* vio la luz en 1957, con prólogo y edición de Alfonso Reyes, misma que se reeditó en 1990.

NOCTURNO

Seda oscura sobre tus piernas,
qué paradójico ataúd;
veo surgir de hondas cisternas
los mástiles de la inquietud.

Rueda en el lánguido sulfato
de sus miradas de candor,
el puñal del asesinato
entre los juegos del amor.

Cuando los labios sitibundos
bebeb en su boca feliz,
se le adelgaza la nariz
como la de los moribundos.

En el ritmo de su cadera
palpitan los flancos del mar,
la sangre de la primavera
y el dulce veneno lunar.

Aunque limpia de desengaños
la joven frente alza marchita;
parece que tiene mil años
como nuestra madre Afrodita.

venus suspensa

Tu presencia en mi sombra se divulga
como el vuelo de un pájaro escarlata
con el que un pardo atardecer comulga.

Y tu alegría matinal desata
un sonoro esplendor sobre mi vida;
es una esquila de cristal y plata

que, en silencio de muerte sacudida,
me lleva del pavor del Viernes Santo
al júbilo de la Pascua florida.

Absuelto el corazón de su quebranto,
con el hechizo de tu primavera,
se agita en rosicler y en amaranto.

Así pinta la nube —pasajera
en el navío ardiente de la aurora—
la habitual palidez de su bandera.

El instante de nuevo se avalora
con la esperanza nómada, que el día
pugna en fijar el ancla de la hora.

Vuelve el halago de la melodía
que la ilusión maravillada canta
en un crepuscular violín de Hungría.

Un conjuro se gesta en la garganta
a las pupilas de inquietud de onda
que abrió el Maligno en tu perfil de santa.

A la audacia le grito que se esconda
y a la emoción que siga en su retiro,
pues sólo tengo en tu belleza blonda

un sepulcro de oro a mi suspiro
y un sudario de nieve a mi deseo
—roto avión en escollos de zafiro.

En un milagro estoy: cuando te veo,
se deshace la hora en su segundo,
como el relámpago en su centelleo.

Me da la vida su ritmo profundo,
la pavesa interior sustenta llama
y un insólito abril me embruja el mundo.

Juventud, gracia, amor, es tu anagrama
claro, pero insoluble a mis delirios;
quisiera, para descifrar su trama,

ser jardinero, entre dulces martirios,
tras cómplice cortina de sonrojos
en tu regazo de rosas y lirios,

sobre tu boca de jacintos rojos,
y tardo sol de veraniego alarde,
demorado en las hiedras de tus ojos.

Y en un palmo de azul, sola tu huella,
alivia mi crepúsculo cobarde,
cual la paloma de Venus la bella,
suspensa en las cornisas de la tarde.

LA ALAMEDA

En los veranos rojos, cuando a los mediodías
desata los bozales de sus perros el sol,
¿quién no gozó tu abrigo, quién ignoró las pías
frescuras que derrama tu inmenso parasol?

¿Quién, en el sueño rosa del minuto romántico,
no, tembloroso y pálido, se detuvo al pasar
bajo tu fronda amiga, para esparcir el cántico
del beso en el propicio sortilegio lunar?

¿Qué anhelo, mozo y fuerte, no se prendió a una falda
errante por tus claros senderos de esmeralda?
¿O qué infantiles pasos no fueron por tu alfombra

tras el fugaz insecto de alas de rosicler?
El grande y el pequeño ven brillar en tu sombra
la mentira dorada, mariposa o mujer.

Efrén Rebolledo
(1877-1929)

Nació en Actopan, Hidalgo, en 1877, y murió en Madrid, España, en 1929. En la ciudad de México hizo estudios de derecho y se recibió de abogado. Fue fundador de la *Revista Moderna.* Ingresó a la diplomacia y representó a México en Francia, Japón, Noruega y España. Fue traductor de Wilde y Kipling. Además de poeta, fue narrador. Su obra lírica más importante es, sin duda, *Caro victrix*, publicada en 1916. Le habían antecedido *Cuarzos* (1902), *Hilo de corales* (1904), *Joyeles* (1907), *Rimas japonesas* (1915) y *Libro de loco amor* (1916). Sus *Poemas escogidos*, con prólogo de Xavier Villaurrutia, se publicaron en 1939, diez años después de su fallecimiento. En 1997 se reeditó, en un solo volumen, *Salamandra* y *Caro victrix*, con prólogo de Luis Mario Schneider.

LOS BESOS

Dame tus manos puras; una gema
pondrá en cada falange transparente
mi labio tembloroso, y en tu frente
cincelará una fúlgida diadema.

Tus ojos soñadores, donde trema
la ilusión, besaré amorosamente,
y con tu boca rimará mi ardiente
boca un anacreóntico poema.

Y en tu cuello escondido entre las gasas
encenderé un collar, que con sus brasas
queme tus hombros tibios y morenos,

y cuando al desvestirse lo desates
caiga como una lluvia de granates
calcinando los lirios de tus senos.

CARO VICTRIX

POSESIÓN

Se nublaron los cielos de tus ojos,
y como una paloma agonizante,
abatiste en mi pecho tu semblante
que tiñó el rosicler de los sonrojos.

Jardín de nardos y de mirtos rojos
era tu seno mórbido y fragante,
y al sucumbir, abriste palpitante
las puertas de marfil de tus hinojos.

Me diste generosa tus ardientes
labios, tu aguda lengua que cual fino
dardo vibraba en medio de tus dientes.

Y dócil, mustia, como débil hoja
que gime cuando pasa el torbellino,
gemiste de delicia y de congoja.

EL BESO DE SAFO

Más pulidos que el mármol transparente,
más blancos que los blancos vellocinos,
se anudan los dos cuerpos femeninos
en un grupo escultórico y ardiente.

Ancas de cebra, escorzos de serpiente,
combas rotundas, senos colombinos,
una lumbre los labios purpurinos,
y las dos cabelleras un torrente.

En el vivo combate, los pezones
que se embisten, parecen dos pitones
trabados en eróticas pendencias,

y en medio de los muslos enlazados,
dos rosas de capullos inviolados
destilan y confunden sus esencias.

ANTE EL ARA

Te brindas voluptuosa e impudente,
y se antoja tu cuerpo soberano
intacta nieve de crestón lejano,
nítida perla de sedoso oriente.

Ebúrneos brazos, nuca transparente,
aromático busto beso ufano,
y de tu breve y satinada mano
escurren las caricias lentamente.

Tu seno se hincha como láctea ola,
el albo armiño de mullida estola
no iguala de tus muslos la blancura,

mientras tu vientre al que mi labio inclino,
es un vergel de lóbrega espesura,
un edén en un páramo de lino.

TRISTÁN E ISOLDA

Vivir encadenados es su suerte,
se aman con un anhelo que no mata
la posesión, y el lazo que los ata
desafía a la ausencia y a la muerte.

Tristán es como el bronce, oscuro y fuerte,
busca el regazo de pulida plata;
Isolda chupa el cáliz escarlata
que en crespo matorral esencias vierte.

Porque se ven a hurto, el adulterio
le da un sutil y criminal resabio
a su pasión que crece en el misterio.

Y atormentados de ansia abrasadora,
beben y beben con goloso labio
sin aplacar la sed que los devora.

SALOMÉ

Son cual dos mariposas sus ligeros
pies, y arrojando el velo que la escuda,
aparece magnífica y desnuda
al fulgor de los rojos reverberos.

Sobre su oscura tez lucen regueros
de extrañas gemas, se abre su menuda
boca, y prodigan su fragancia cruda
frescas flores y raros pebeteros.

Todavía anhelante y sudorosa
de la danza sensual, la abierta rosa
de su virginidad brinda al tetrarca,

y contemplando el lívido trofeo
de Yokanán, el núbil cuerpo enarca
sacudida de horror y de deseo.

EL VAMPIRO

Ruedan tus rizos lóbregos y gruesos
por tus cándidas formas como un río,
y esparzo en su raudal crespo y sombrío
las rosas encendidas de mis besos.

En tanto que descojo los espesos
anillos, siento el roce leve y frío
de tu mano, y un largo calosfrío
me recorre y penetra hasta los huesos.

Tus pupilas caóticas y hurañas
destellan cuando escuchan el suspiro
que sale desgarrando mis entrañas,

y mientras yo agonizo, tú, sedienta,
finges un negro y pertinaz vampiro
que de mi ardiente sangre se sustenta.

LA TENTACIÓN DE SAN ANTONIO

Es en vano que more en el desierto
el demacrado y hosco cenobita,
porque no se ha calmado la infinita
ansia de amar ni el apetito ha muerto.

Del oscuro capuz surge un incierto
perfil que tiene albor de margarita,
una boca encarnada y exquisita,
una crencha olorosa como un huerto.

Ante la aparición blanca y risueña,
se estremece su carne con ardores
febriles bajo el sayo de estameña,

y piensa con el alma dolorida,
que en lugar de un edén de aves y flores,
es un inmenso páramo la vida.

LETEO

Saturados de bíblica fragancia
se abaten tus cabellos en racimo
de negros bucles, y con dulce mimo
en mi boca tu boca fuego escancia.

Se yerguen con indómita fragancia
tus senos que con lenta mano oprimo,
y tu cuerpo süave, blanco, opimo,
se refleja en las lunas de la estancia.

En la molicie de tu rico lecho,
quebrantando la horrible tiranía
del dolor y la muerte exulta el pecho,

y el fastidio letal y la sombría
desesperanza y el feroz despecho
se funden en tu himen de ambrosía.

en las tinieblas

El crespón de la sombra más profunda
arrebuja mi lecho afortunado,
y ciñendo tus formas a mi lado
de pasión te estremeces moribunda.

Tu cabello balsámico circunda
los lirios de tu rostro delicado,
y al flotar por mis dedos destrenzado
de más capuz el tálamo se inunda.

Vibra el alma en mi mano palpitante
al palpar tu melena lujuriante,
surca sedosos piélagos de aromas,

busca ocultos jardines de delicias,
y cubriendo las flores y las pomas
nievan calladamente mis caricias.

claro de luna

Como un cisne espectral, la luna blanca
en el espacio transparente riela,
y en el follaje espeso, Filomela
melifluas notas de su buche arranca.

Brilla en el fondo oscuro de la banca
tu peinador de vaporosa tela,
y por las frondas de satín se cuela
o en los claros la nívea luz se estanca.

Después de recorrer el mármol frío
de tu pulida tez, toco una rosa
que se abre mojada de rocío;

todo enmudece, y al sentir el grato
calor de tus caricias, mi ardorosa
virilidad se enarca como un gato.

EL DUQUE DE AUMALE

Bajo la oscura red de la pestaña
destella su pupila de deseo
al ver la grupa de esplendor sabeo
y el albo dorso que la nieve empaña.

Embiste el sexo con la enhiesta caña
igual que si campara en un torneo,
y con mano feliz ase el trofeo
de la trenza odorífera y castaña.

El garrido soldado de Lutecia
se ríe de sus triunfos, mas se precia
de haber abierto en el amor un rastro,

y gallardo, magnífico, impaciente,
como un corcel se agita cuando siente
la presión de su carga de alabastro.

INSOMNIO

Jidé, clamo, y tu forma idolatrada
no viene a poner fin a mi agonía;
Jidé, imploro, durante la sombría
noche y cuando despunta la alborada.

Te desea mi carne torturada,
Jidé, Jidé, y recuerdo con porfía
frescuras de tus brazos de ambrosía
y esencias de tu boca de granada.

Ven a aplacar las ansias de mi pecho,
Jidé, Jidé, sin ti como un maldito
me debato en la lumbre de mi lecho;

Jidé, sacia mi sed, amiga tierna,
Jidé, Jidé, Jidé, y el vano grito
rasga la noche lóbrega y eterna.

Guillermo Aguirre y Fierro
(1887-1949)

Nació en la ciudad de San Luis Potosí, en 1887, donde también murió, en 1949. Poco se sabe de él, por lo mismo que no perteneció al establishment literario y más bien aparece como una figura popular de la lírica mexicana, al margen de los poderes del ámbito literario. Su único libro, *Sonrisas y lágrimas*, que contiene "El brindis del bohemio", fue publicado en Aguascalientes en 1942. Salvo por este poema, Aguirre y Fierro sería un poeta desconocido, porque, en general, ha sido excluido de prácticamente todas las antologías cultas, hasta que Gabriel Zaid vino a llamar la atención al respecto, lo mismo a través de un conocido ensayo de vindicación del poema al incluirlo en su *Ómnibus de poesía mexicana* (1971)

EL BRINDIS DEL BOHEMIO

En torno de una mesa de cantina,
una noche de invierno,
regocijadamente departían
seis alegres bohemios.

Los ecos de sus risas escapaban
y de aquel barrio quieto
iban a interrumpir el imponente
y profundo silencio.

El humo de olorosos cigarrillos
en espirales se elevaba al cielo,
simbolizando, al resolverse en nada,
la vida de los sueños.

Pero en todos los labios había risas,
inspiración en todos los cerebros,
y, repartidas en la mesa, copas
pletóricas de ron, whisky o ajenjo.

Era curioso ver aquel conjunto,
aquel grupo bohemio,
del que brotaba la palabra chusca,
la que vierte veneno,
lo mismo que, melosa y delicada,
la música de un verso.

A cada nueva libación, las penas
hallábanse más lejos
del grupo, y nueva inspiración llegaba
a todos los cerebros,
con el idilio roto que venía
en alas del recuerdo.

Olvidaba decir que aquella noche,
aquel grupo bohemio
celebraba entre risas, libaciones,
chascarrillos y versos,
la gonía de un año que amarguras
dejó en todos los pechos,
y la llegada, consecuencia lógica,
del "feliz año nuevo"...

Una voz varonil dijo de pronto:
–Las doce, compañeros.
Digamos el "requiéscat" por el año
que ha pasado a formar entre los muertos.
¡Brindemos por el año que comienza!
porque nos traiga ensueños;
porque no sea su equipaje un cúmulo
de amargos desconsuelos...

–Brindo —dijo otra voz— por la esperanza
que a la vida nos lanza,
de vencer los rigores del destino,
por la esperanza, nuestra dulce amiga,
que las penas mitiga
y convierte en vergel nuestro camino.

Brindo porque ya hubiese a mi existencia
puesto fin con violencia
esgrimiendo en mi frente mi venganza;
si en mi cielo de tul limpio y divino
no alumbrara mi sino
una pálida estrella: Mi esperanza.

–¡Bravo! —dijeron todos—, inspirado
esta noche has estado
y hablaste bueno, breve y sustancioso.
El turno es de Raúl; alce su copa
y brinde por... Europa,
ya que su extranjerismo es delicioso...

–Bebo y brindo —clamó el interpelado—;
brindo por mi pasado,
que fue de luz, de amor y de alegría,
y en el que hubo mujeres seductoras

y frentes soñadoras
que se juntaron con la frente mía...

Brindo por el ayer que en la amargura
que hoy cubre de negrura
mi corazón, esparce sus consuelos
trayendo hasta mi mente las dulzuras
de goces, de ternuras,
de dichas, de deliquios, de desvelos.

–Yo brindo —dijo Juan— porque en mi mente
brote un torrente
de inspiración divina y seductora,
porque vibre en las cuerdas de mi lira
el verso que suspira,
que sonríe, que canta y que enamora.

Brindo porque mis versos cual saetas
lleguen hasta las grietas,
formadas de metal y de granito,
del corazón de la mujer ingrata
que a desdenes me mata...
¡pero que tiene un cuerpo muy bonito!

Porque a su corazón llegue mi canto,
porque enjuguen mi llanto
sus manos que me causan embelesos;
porque con creces mi pasión me pague...
¡Vamos!, porque me embriague
con el divino néctar de sus besos.

Siguió la tempestad de frases vanas,
de aquellas tan humanas
que hallan en todas partes acomodo,
y en cada frase de entusiasmo ardiente,
hubo ovación creciente,
y libaciones, y reír, y todo.

Se brindó por la Patria, por las flores,
por los castos amores
que hacen un valladar de una ventana,
y por esas pasiones voluptuosas
que el fango del placer llena de rosas
y hacen de la mujer la cortesana.

Sólo faltaba un brindis, el de Arturo,
el del bohemio puro
de noble corazón y gran cabeza;
aquel que sin ambages declaraba
que sólo ambicionaba
robarle inspiración a la tristeza.

Por todos estrechado, alzó la copa
frente a la alegre tropa
desbordante de risa y de contento;
los inundó en la luz de una mirada,
sacudió su melena alborotada
y dijo así, con inspirado acento:

–Brindo por la mujer, mas no por ésa
en la que halláis consuelo en la tristeza,
rescoldo del placer, ¡desventurados!;
no por ésa que os brinda sus hechizos
cuando besáis sus rizos
artificiosamente perfumados.

Yo no brindo por ella, compañeros,
siento por esta vez no complaceros.
Brindo por la mujer, pero por una,
por la que me brindó sus embelesos
y me envolvió en sus besos:
por la mujer que me arrulló en la cuna.

Por la mujer que me enseñó de niño
lo que vale el cariño
exquisito, profundo y verdadero;
por la mujer que me arrulló en sus brazos
y que me dio en pedazos,
uno por uno, el corazón entero.

¡Por mi Madre!, bohemios, por la anciana
que piensa en el mañana
como en algo muy dulce y muy deseado,
porque sueña tal vez que mi destino
me señala el camino
por el que volveré pronto a su lado.

Por la anciana adorada y bendecida,
por la que con su sangre me dio vida,
y ternura y cariño;
por la que fue la luz del alma mía,
y lloró de alegría,
sintiendo mi cabeza en su corpiño.

Por ésa brindo yo, dejad que llore,
que en lágrimas desflore
esta pena letal que me asesina;
dejad que brinde por mi madre ausente,
por la que llora y siente
que mi ausencia es un fuego que calcina.

Por la anciana infeliz que sufre y llora
y que del cielo implora
que vuelva yo muy pronto a estar con ella;
por mi Madre, bohemios, que es dulzura
vertida en mi amargura
y en esta noche de mi vida, estrella...

El bohemio calló; ningún acento
profanó el sentimiento
nacido del dolor y la ternura,
y pareció que sobre aquel ambiente
flotaba inmensamente
un poema de amor y de amargura.

Margarito Ledesma
(1887-1974)

Margarito Ledesma, seudónimo de Leobino Zavala, nació en Uriangato, Guanajuato, en 1887, y murió en San Miguel de Allende, del mismo estado, en 1974. Poco se conoce de este "humorista involuntario" que cultivó una de las vertientes menos socorridas de la poesía mexicana: precisamente la del humorismo, en una heterodoxia que también lo ha excluido de las valoraciones, las historias y las antologías cultas. Es autor de un único volumen, *Poesías*, con prólogo de Leobino Zavala, que supuestamente se publicó por vez primera en 1920 y cuya undécima edición vio la luz en 1971. El juego de Leobino Zavala es tan actual que Margarito Ledesma es uno de nuestros poetas que anuncia el más desaforado coloquialismo lírico en la plenitud de la parodia, la burla y el relajo. Una *Antología mínima* de su obra se publicó en 1999 (Universidad de Guanajuato) con selección y prólogo de Óscar Cortés Tapia.

ORILLEJOS

¿Quién me llama la atención?
 –El Estación.
¿Quién hay que mis pesares calme?
 –El Empalme.
¿Y quién sofoca mis males?
 –De González.

Por eso mi pobre corazón
tiene unas ganas fatales
de pasiarse por el Estación
del Empalme de González.

¿Qué como cuando hago rimas?
 –Unas limas.
¿Qué pueblo es el que más quiero?
 –Chamacuero.
¿Y quién murió alrededor?
 –Comonfort.

Por eso con gran sabrosor
seguiré haciendo mis rimas
y gustando de las limas
de Chamacuero de Comonfort.

¿En dónde se ahogó mi tío?
  –En el río.
¿Dónde tu amor te pedí?
  –También allí.
¿Dónde juego a la baraja?
  –En La Laja.

Por eso, si no hace frío
en días que no se trabaja,

luego lloro y luego me río
junto al río de La Laja.

HIMNO LOCAL

CORO

Ciudadanos: Al grito de alarmas,
que a ninguno le falte valor,
y que todos agarren sus armas
al sonar la campana mayor.

I

Ciña, ¡oh pueblo!, tu frente bendita
con coronas de mirtos y rosas,
y que todas las gentes valiosas
se recuerden del gran Comonfort.
Mas si alguno se atreve arbitrioso
a meterse en tus centros poblados,
que toditos se vengan armados
para echar para afuera al traidor.

II

Por si al caso llegara a ofrecerse,
nadien debe negar su presencia.
Que se junten en la Presidencia
y trayendo sus armas los más.
Pues la seña será la campana
o cualquier otra cosa sonora,
y que todos, a lora de lora,
no se vayan a hacer para atrás.

III

Ya lo saben: cuando oigan la seña,
nadien se ha de quedar escondido,
pues es bueno formar mucho ruido
y echar gritos, si al caso los ven.
Y que todos avienten pedradas
y les griten muy recio y violento,
y que avienten balazos al viento
y, si hay modo, a pegarles también.

IV

¡Chamacuero! Tus hijos te ofrecen
defenderte con todo y su vida
cuando alguna gavilla o partida
venga al son de quererte ofender.
Pues si quieren echársete encima
al pretesto que train muchas gentes,
ya verá ese confín de valientes
cómo aquí los hacemos correr.

CORO

Ciudadanos: Al grito de alarmas,
que a ninguno le falte el valor,
y que todos agarren sus armas
al sonar la campana mayor.

NOTA. Compuse este Himno para que lo canten todos los vecinos en unión cuando quieran cairnos los revoltosos y amolarnos, y así de ese modo les entre el valor. El Director de la Banda de Neutla se compromisó muy formalmente a componerle su música; pero como se está tardando mucho y parece que se anda haciendo del rogar, y el tiempo se está pasando y hasta es fácil que se acabe antes la revolución, les advierto que no es necesario esperarlo, pues este himno puede cantarse con la misma tonada del Himno Nacional, pues intencionalmente le busqué el modo y lo compuse apegado a que se pudiera cantar con esa misma tonada. Y si no, ensáyenlo y verán.

Ya ven, pues, que hasta bien salió y que hasta parece que adiviné lo que iba a suceder.

¿POR QUÉ TE TAPAS?

Al pasar junto a mi lado,
te tapas con el rebozo.
¿Pues qué crees estoy sarnoso
o que estoy descomulgado?

Pues no tengo nada de eso,
pues mi defecto mayor
es el tenerte este amor
que sin miedo te confieso.

Si no tienes voluntad
siquiera de contestarme,
yo creo que no hay necesidad
ni menos de avergonzarme.

Mucho menos todavía
de enredarte en el rebozo,
pues ya desde el otro día
te dije no estoy sarnoso.

La gente se entiende hablando
y aunque digas no me quieres,
yo he de seguir batallando,
porque así son las mujeres.

nota. Fíjense y verán cómo Tula ha agarrado la mala imposición de taparse con el rebozo cuando me encuentra, y por eso se lo digo aquí tan clarito, pues es una falta muy grande de educación. Eso sólo se queda para la gente sin ninguna crianza; pero se me afigura que sólo lo hace por quedar bien con los demás y por hacerse grande, pues cómo no le iba a gustar que yo la mire bonito.

LOS LIMPIONES

Le dije a don Epitacio:
Si la cara va a limpiarse,
hágalo sin apurarse,
con cuidado y muy despacio.

Saque el paño poco a poco,
o como quiera sacarlo,
pero, cuando vaya a usarlo,
no lo haga usted a lo loco.

Revíselo cuidadoso
antes de ir a proceder,
para que así pueda ver
si no hay algo sospechoso.

No vaya a hacerlo violento
y nomás al aventón
ni vaya a darse el limpión
como quien limpia un jumento.

Pues le puede suceder
lo que a Luis le sucedió,
que la sangre se sacó
y él ni lo echaba de ver.

O puede pasarle a usté
lo que a don Juan le pasó,
que todo se tasajió
y no supo ni por qué.

Y por más que le buscaba
el motivo y la razón,
se hacía pura confusión
y nadita que le hallaba.

Por eso les digo a todos:
"Límpiense con mucho tiento,
despacio y con buenos modos,
no nomás al ai te aviento".

NOTA. Acontece muy seguido que gentes poco cuidadosas y de poca reflexión se suenan las narices y, sin más ni más, sin tomar ninguna precaución, se guardan el paño en la bolsa y no vuelven a acordarse del negocio.

Y acontece que, después de algún tiempo, se les ofrece limpiarse la cara, ya porque estén sudando, o porque les haya caído una gotera del techo en tiempo de aguas, o porque se hayan sentado a descansar sin sombrero debajo de un árbol con pajaritos o por cualquier otro motivo semejante, y, sin acordarse de nada ni tener en cuenta nada, sacan el paño a lo atarantado y se dan el limpión.

Y entonces viene lo bueno, pues se dan unos rayones y unas tasajiadas en la cara, en los cachetes y en la calva que hasta se sacan la sangre y se ven muy adoloridos y apenados.

Y todo porque, como es natural, las materias y las sustancias escurridizas y los humores narizales se resecan en el paño después de que uno se suena y se ponen tan duros y resistentes como pedazos de vidrio, y de allí vienen los rayones y las tasajiadas y las sacadas de sangre. Y, como la misma fuerza y la rapidez del limpión hace que se desprendan y se caigan las susodichas sustancias endurecidas, pues las gentes no saben con qué se rayaron y ofendieron y, por más que buscan, no encuentran nada en el paño, y andan adivinando y haciéndose cruces y suposiciones de una cosa tan natural y sencilla.

Por eso les pongo esta adversativa poesía, para que no se anden limpiando a la carrera y sin advertencia ni fijeza; sino para que, antes de hacerlo, tienten y sopesen el paño y vean si no hay peligro de garabatearse la cara con el filo de las vidrificadas sustancias o de sufrir algún otro perjurio serio, pues hasta puede darse el caso de que se saquen un ojo o cuando menos se lo rasguñen.

SEGUNDA PARTE

EL SIGLO XX Y EL FIN DEL MILENIO

Ramón López Velarde
(1888-1921)

Nació en Jerez, Zacatecas, en 1888, y murió en la ciudad de México, en 1921. Hizo estudios de humanidades en el Seminario Conciliar de Zacatecas y el Seminario Conciliar de Santa María de Guadalupe, en Aguascalientes. Posteriormente ingresó a la Escuela de Leyes del Instituto Científico y Literario de San Luis Potosí en donde obtuvo su título de abogado en 1911. En 1914 se estableció en la capital del país. Fue profesor de literatura en la Escuela Nacional Preparatoria. Colaboró en diversos periódicos y revistas regionales, entre ellos *El Debate*, *El Regional* y *El Eco de San Luis*. En la ciudad de México colaboró en *La Nación*, *El Nacional*, *Pegaso*, *Vida Moderna*, *México Moderno* y *Revista de Revistas*. Cultivó la poesía en verso y en prosa, así como la crónica y el ensayo político. En 1916 publicó su libro de poemas *La sangre devota*, al cual seguiría, en 1919, *Zozobra*. Póstumamente aparecerá *El son del corazón* (1932), en verso, y *El minutero* (1923) y *Don de febrero* (1952), en prosa. En 1935, se publicaron sus *Poemas escogidos*, con un estudio de Xavier Villaurrutia, los cuales se reeditarían, aumentados, en 1940, y luego, en 1942, en su edición definitva, con el título *El león y la virgen*. Sus *Obras* en un tomo, compiladas y prologadas por José Luis Martínez, vieron la luz en 1971, y se reeditaron, aumentadas, en 1990.

SER UNA CASTA PEQUEÑEZ...

A Alfonso Cravioto

Fuérame dado remontar el río
de los años, y en una reconquista
feliz de mi ignorancia, ser de nuevo
la frente limpia y bárbara del niño...

Volver a ser el arrebol, y el húmedo
pétalo, y la llorosa y pulcra infancia
que deja el baño por secarse al sol...

Entonces, con instinto maternal,
me subirías al regazo, para
interrogarme, Amor, si eras querida
hasta el agua inmanente de tu pozo
o hasta el penacho tornadizo y frágil
de tu naranjo en flor.

Yo, sintiéndome bien en la aromática
vecindad de tus hombros y en la limpia
fragancia de tus brazos,
te diría quererte más allá
de las torres gemelas.

Dejarías entonces en la bárbara
novedad de mi frente
el beso inaccesible
a mi experiencia licenciosa y fúnebre.

¿Por qué en la tarde inválida,
cuando los niños pasan por tu reja,
yo no soy una casta pequeñez
en tus manos adictas
y junto a la eficacia de tu boca?

HERMANA, HAZME LLORAR...

Fuensanta:
dame todas las lágrimas del mar.
Mis ojos están secos y yo sufro
unas inmensas ganas de llorar.

Yo no sé si estoy triste por el alma
de mis fieles difuntos
o porque nuestros mustios corazones
nunca estarán sobre la tierra juntos.

Hazme llorar, hermana,
y la piedad cristiana
de tu mano inconsútil
enjúgueme los llantos con que llore
el tiempo amargo de mi vida inútil.

Fuensanta:
¿tú conoces el mar?
Dicen que es menos grande y menos hondo
que el pesar.
Yo no sé ni por qué quiero llorar:
será tal vez por el pesar que escondo,
tal vez por mi infinita sed de amar.

Hermana:
dame todas las lágrimas del mar...

A SARA

A J. de J. Núñez y Domínguez

A mi paso y al azar te desprendiste
como el fruto más profano
que pudiera concederme la benévola
actitud de este verano.

(Blonda Sara, uva en sazón: mi apego franco
a tu persona, hoy me incita
a burlarme de mi ayer, por la inaudita
buena fe con que creí mi sospechosa
vocación, la de un levita.)

Sara, Sara: eres flexible cual la honda
de David y contundente
como el lírico guijarro del mancebo;
y das, paralelamente,
una tortura de hielo y una combustión de pira;
y si en vértigo de abismo tu pelo se desmadeja,
todavía, con brazo heroico
y en caída acelerada, sostienes a tu pareja.

Sara, Sara, golosina de horas muelles;
racimo copioso y magno de promisión, que fatigas
el dorso de dos hebreos:
siempre te sean amigas
la llamarada del sol y del clavel; si tu brava
arquitectura se rompe como un hilo inconsistente,
que bajo la tierra lóbrega
esté incólume tu frente;
y que refulja tu blonda melena, como tesoro
escondido; y que se guarden indemnes como real sello
tus brazos y la columna
de tu cuello.

Y PENSAR QUE PUDIMOS...

Y pensar que extraviamos
la senda milagrosa
en que se hubiera abierto
nuestra ilusión, como perenne rosa...

Y pensar que pudimos
enlazar nuestras manos
y apurar en un beso
la comunión de fértiles veranos...

Y pensar que pudimos
en una onda secreta
de embriaguez, deslizarnos,
valsando un vals sin fin, por el planeta...

Y pensar que pudimos,
al rendir la jornada,
desde la sosegada
sombra de tu portal y en una suave
conjunción de existencias,
ver las cintilaciones del Zodíaco
sobre la sombra de nuestras conciencias...

NO ME CONDENES...

Yo tuve, en tierra adentro, una novia muy pobre:
ojos inusitados de sulfato de cobre.
Llamábase María; vivía en un suburbio,
y no hubo entre nosotros ni sombra de disturbio.
Acabamos de golpe: su domicilio estaba
contiguo a la estación de los ferrocarriles,
y ¿qué noviazgo puede ser duradero entre
campanadas centrífugas y silbatos febriles?

El reloj de su sala desgajaba las ocho;
era diciembre, y yo departía con ella
bajo la limpidez glacial de cada estrella.
El gendarme, remiso a mi intriga inocente,
hubo de ser, al fin, forzoso confidente.

María se mostraba incrédula y tristona:
yo no tenía traza de una buena persona.
¿Olvidarás acaso, corazón forastero,
el acierto nativo de aquella señorita
que oía y desoía tu pregón embustero?

Su desconfiar ingénito era ratificado
por los perros noctívagos, en cuya algarabía
reforzábase el duro presagio de María.

¡Perdón, María! Novia triste, no me condenes:
cuando oscile el quinqué y se abatan las ocho,
cuando el sillón te mezca, cuando ululen los trenes,
cuando trabes los dedos por detrás de tu nuca,
no me juzgues más pérfido que uno de los silbatos
que turban tu faena y tus recatos.

TIERRA MOJADA...

Tierra mojada de las tardes líquidas
en que la lluvia cuchichea
y en que se reblandecen las señoritas, bajo
el redoble del agua en la azotea...

Tierra mojada de las tardes olfativas
en que un afán misántropo remonta las lascivas
soledades del éter, y en ellas se desposa
con la ulterior paloma de Noé;
mientras se obstina el tableteo
del rayo, por la nube cenagosa...

Tarde mojada, de hálitos labriegos,
en la cual reconozco estar hecho de barro,
porque en sus llantos veraniegos,
bajo el auspicio de la media luz,
el alma se licúa sobre los clavos
de su cruz...

Tardes en que el teléfono pregunta
por consabidas náyades arteras,
que salen del baño al amor
a volcar en el lecho las fatuas cabelleras
y a balbucir, con alevosía y con ventaja,
húmedos y anhelantes monosílabos,
según que la llovizna acosa las vidrieras...

Tardes como una alcoba submarina
con su lecho y su tina;
tardes en que envejece una doncella
ante el brasero exhausto de su casa,
esperando a un galán que le lleve una brasa;
tardes en que descienden
los ángeles, a arar surcos derechos
en edificantes barbechos;
tardes de rogativa y de cirio pascual;
tardes en que el chubasco
me induce a enardecer a cada una
de las doncellas frígidas con la brasa oportuna;
tardes en que, oxidada
la voluntad, me siento
acólito del alcanfor,
un poco pez espada
y un poco San Isidro Labrador...

EL RETORNO MALÉFICO

A D. Ignacio I. Gastélum

Mejor será no regresar al pueblo,
al edén subvertido que se calla
en la mutilación de la metralla.

Hasta los fresnos mancos,
los dignatarios de cúpula oronda,
han de rodar las quejas de la torre
acribillada en los vientos de fronda.

Y la fusilería grabó en la cal
de todas las paredes
de la aldea espectral,
negros y aciagos mapas,
porque en ellos leyese el hijo pródigo
al volver a su umbral
en un anochecer de maleficio,
a la luz de petróleo de una mecha
su esperanza deshecha.

Cuando la tosca llave enmohecida
tuerza la chirriante cerradura,
en la añeja clausura
del zaguán, los dos púdicos
medallones de yeso,
entornando los párpados narcóticos,
se mirarán y se dirán: "¿Qué es eso?".

Y yo entraré con pies advenedizos
hasta el patio agorero
en que hay un brocal ensimismado,
con un cubo de cuero
goteando su gota categórica
como un estribillo plañidero.

Si el sol inexorable, alegre y tónico,
hace hervir a las fuentes catecúmenas
en que bañábase mi sueño crónico;
si se afana la hormiga;
si en los techos resuena y se fatiga
de los buches de tórtola el reclamo
que entre las telarañas zumba y zumba;
mi sed de amar será como una argolla
empotrada en la losa de una tumba.

Las golondrinas nuevas, renovando
con sus noveles picos alfareros

los nidos tempraneros;
bajo el ópalo insigne
de los atardeceres monacales,
el lloro de recientes recentales
por la ubérrima ubre prohibida
de la vaca, rumiante y faraónica,
que al párvulo intimida;
campanario de timbre novedoso;
remozados altares;
el amor amoroso
de las parejas pares;
noviazgos de muchachas
frescas y humildes, como humildes coles,
y que la mano dan por el postigo
a la luz de dramáticos faroles;
alguna señorita
que canta en algún piano
alguna vieja aria;
el gendarme que pita...
...Y una íntima tristeza reaccionaria.

HORMIGAS

A la cálida vida que transcurre canora
con garbo de mujer sin letras ni antifaces,
a la invicta belleza que salva y que enamora,
responde, en la embriaguez de la encantada hora,
un encono de hormigas en mis venas voraces.

Fustigan el desmán del perenne hormigueo
el pozo del silencio y el enjambre del ruido,
la harina rebanada como doble trofeo
en los fértiles bustos, el Infierno en que creo,
el estertor final y el preludio del nido.

Mas luego mis hormigas me negarán su abrazo
y han de huir de mis pobres y trabajados dedos
cual se olvida en la arena un gélido bagazo;
y tu boca, que es cifra de eróticos denuedos,
tu boca, que es mi rúbrica, mi manjar y mi adorno,
tu boca, en que la lengua vibra asomada al mundo
como réproba llama saliéndose de un horno,
en una turbia fecha de cierzo gemebundo
en que ronde la luna porque robarte quiera,
ha de oler a sudario y a hierba machacada,
a droga y a responso, a pábilo y a cera.

Antes de que deserten mis hormigas, Amada,
déjalas caminar camino de tu boca

a que apuren los viáticos del sanguinario fruto
que desde sarracenos oasis me provoca.

Antes de que tus labios mueran, para mi luto,
dámelos en el crítico umbral del cementerio
como perfume y pan y tósigo y cauterio.

TODO...

A José D. Frías

Sonámbula y picante,
mi voz es la gemela
de la canela.

Canela ultramontana
e islamita,
por ella mi experiencia
sigue de señorita.

Criado con ella,
mi alma tomó la forma
de su botella.

Si digo carne o espíritu,
paréceme que el diablo
se ríe del vocablo;
mas nunca vaciló
mi fe si dije "yo".

Yo, varón integral,
nutrido en el panal
de Mahoma
y en el que cuida Roma
en la Mesa Central.

Uno es mi fruto:
vivir en el cogollo
de cada minuto.

Que el milagro se haga,
dejándome aureola
o trayéndome llaga.

No porto insignias
de masón
ni de Caballero
de Colón.

A pesar del moralista
que la asedia
y sobre la comedia
que la traiciona,
es santa mi persona,
santa en el fuego lento
con que dora el altar
y en el remordimiento
del día que se me fue
sin oficiar.

En mis andanzas callejeras
del jeroglífico nocturno,
cuando cada muchacha
entorna sus maderas,
me deja atribulado
su enigma de no ser
ni carne ni pescado.

Aunque toca al poeta
roerse los codos,
vivo la formidable
vida de todas y de todos;
en mí late un pontífice
que todo lo posee
y todo lo bendice;
la dolorosa Naturaleza
sus tres reinos ampara
debajo de mi tiara;
y mi papal instinto
se conmueve
con la ignorancia de la nieve
y la sabiduría del jacinto.

EL PERRO DE SAN ROQUE

Yo sólo soy un hombre débil, un espontáneo
que nunca tomó en serio los sesos de su cráneo.

A medida que vivo ignoro más las cosas;
no sé ni por qué encantan las hembras y las rosas.

Sólo estuve sereno, como en un trampolín,
para asaltar las nuevas cinturas de las Martas
y con dedos maniáticos de sastre, medir cuartas
a un talle de caricias ideado por Merlín.

Admiro el universo como un azul candado,
gusto del cristianismo porque el Rabí es poeta,

veo arriba el misterio de un único cometa
y adoro en la Mujer el misterio encarnado.

Quiero a mi siglo; gozo de haber nacido en él;
los siglos son en mi alma rombos de una pelota
para la dicha varia y el calosfrío cruel
en que cesa la media y lo crudo se anota.

He oído la rechifla de los demonios sobre
mis bancarrotas chuscas de pecador vulgar,
y he mirado a los ángeles y arcángeles mojar
con sus lágrimas de oro mi vajilla de cobre.

Mi carne es combustible y mi conciencia parda;
efímeras y agudas refulgen mis pasiones
cual vidrios de botella que erizaron la barda
del gallinero, contra los gatos y ladrones.

¡Oh, Rabí, si te dignas, está bien que me orientes:
he besado mil bocas, pero besé diez frentes!

Mi voluntad es labio y mi beso es el rito...
¡Oh, Rabí, si te dignas, bien está que me encauces;
como el can de San Roque, ha estado mi apetito
con la vista en el cielo y la antorcha en las fauces!

EL SUEÑO DE LOS GUANTES NEGROS

Soñé que la ciudad estaba dentro
del más bien muerto de los mares muertos.
Era una madrugada de invierno
y lloviznaban gotas de silencio.

No más señal viviente, que los ecos
de una llamada a misa, en el misterio
de una capilla oceánica, a lo lejos.

De súbito me sales al encuentro,
resucitada y con tus guantes negros.

Para volar a ti, le dio su vuelo
el Espíritu Santo a mi esqueleto.

Al sujetarme con tus guantes negros
me atrajiste al océano de tu seno,
y nuestras cuatro manos se reunieron
en medio de tu pecho y de mi pecho,
como si fueran los cuatro cimientos
de la fábrica de los universos.

¿Conservabas tu carne en cada hueso?
El enigma de amor se veló entero
en la prudencia de tus guantes negros.

¡Oh, prisionera del valle de Méjico!
Mi carne [urna]* de tu ser perfecto;
quedarán ya tus huesos en mis huesos;
y el traje, el traje aquel, con que tu cuerpo
fue sepultado en el valle de Méjico;
y el figurín aquel, de pardo género
que compraste en un viaje de recreo.

Pero en la madrugada de mi sueño,
nuestras manos, en un circuito eterno
la vida apocalíptica vivieron.

Un fuerte [ventarrón] como en un sueño,
libre como cometa, y en su vuelo
la ceniza y [la hez] del cementerio
gusté cual rosa [entre tus guantes negros].

LA SUAVE PATRIA

PROEMIO

Yo que sólo canté de la exquisita
partitura del íntimo decoro,
alzo hoy la voz a la mitad del foro,
a la manera del tenor que imita
la gutural modulación del bajo,
para cortar a la epopeya un gajo.

Navegaré por las olas civiles
con remos que no pesan, porque van
como los brazos del correo chuan
que remaba la Mancha con fusiles.

Diré con una épica sordina:
la Patria es impecable y diamantina.

Suave Patria: permite que te envuelva
en la más honda música de selva
con que me modelaste por entero

* "En lugar de los puntos suspensivos que indicaban palabras ilegibles en el original, se añaden, entre corchetes, posibles complementos de un colaborador anónimo." Nota de José Luis Martínez a la segunda edición, aumentada (1990), de las *Obras* de Ramón López Velarde publicadas por el Fondo de Cultura Económica.

al golpe cadencioso de las hachas,
entre risas y gritos de muchachas
y pájaros de oficio carpintero.

PRIMER ACTO

Patria: tu superficie es el maíz,
tus minas el palacio del Rey de Oros,
y tu cielo, las garzas en desliz
y el relámpago verde de los loros.

El Niño Dios te escrituró un establo
y los veneros de petróleo el diablo.

Sobre tu Capital, cada hora vuela
ojerosa y pintada, en carretela;
y en tu provincia, del reloj en vela
que rondan los palomos colipavos,
las campanadas caen como centavos.

Patria: tu mutilado territorio
se viste de percal y de abalorio.

Suave Patria: tu casa todavía
es tan grande, que el tren va por la vía
como aguinaldo de juguetería.

Y en el barullo de las estaciones,
con tu mirada de mestiza, pones
la inmensidad sobre los corazones.

¿Quién, en la noche que asusta a la rana,
no miró, antes de saber del vicio,
del brazo de su novia, la galana
pólvora de los fuegos de artificio?

Suave Patria: en tu tórrido festín
luces policromías de delfín,
y con tu pelo rubio se desposa
el alma, equilibrista chuparrosa,
y a tus dos trenzas de tabaco sabe
ofrendar aguamiel toda mi briosa
raza de bailadores de jarabe.

Tu barro suena a plata, y en tu puño
su sonora miseria es alcancía;
y por las madrugadas del terruño,
en calles como espejos, se vacía
el santo olor de la panadería.

Cuando nacemos, nos regalas notas,
después, un paraíso de compotas,
y luego te regalas toda entera,
suave Patria, alacena y pajarera.

Al triste y al feliz dices que sí,
que en tu lengua de amor prueben de ti
la picadura del ajonjolí.

¡Y tu cielo nupcial, que cuando truena
de deleites frenéticos nos llena!
Trueno de nuestras nubes, que nos baña
de locura, enloquece a la montaña,
requiebra a la mujer, sana al lunático,
incorpora a los muertos, pide el Viático,
y al fin derrumba las madererías
de Dios, sobre las tierras labrantías.
Trueno del temporal: oigo en tus quejas
crujir los esqueletos en parejas,
oigo lo que se fue, lo que aún no toco
y la hora actual con su vientre de coco,
y oigo en el brinco de tu ida y venida,
oh trueno, la ruleta de mi vida.

INTERMEDIO
Cuauhtémoc

Joven abuelo: escúchame loarte,
único héroe a la altura del arte.

Anacrónicamente, absurdamente,
a tu nopal inclínase el rosal;
al idioma del blanco, tú lo imantas
y es surtidor de católica fuente
que de responsos llena el victorial
zócalo de ceniza de tus plantas.

No como a César el rubor patricio
te cubre el rostro en medio del suplicio:
tu cabeza desnuda se nos queda,
hemisféricamente, de moneda.

Moneda espiritual en que se fragua
todo lo que sufriste: la piragua
prisionera, el azoro de tus crías,
el sollozar de tus mitologías,
la Malinche, los ídolos a nado,
y por encima, haberte desatado
del pecho curvo de la emperatriz
como del pecho de una codorniz.

SEGUNDO ACTO

Suave Patria: tú vales por el río
de las virtudes de tu mujerío;
tus hijas atraviesan como hadas,
o destilando un invisible alcohol,
vestidas con las redes de tu sol,
cruzan como botellas alambradas.

Suave Patria: te amo no cual mito,
sino por tu verdad de pan bendito,
como a niña que asoma por la reja
con la blusa corrida hasta la oreja
y la falda bajada hasta el huesito.

Inaccesible al deshonor, floreces;
creeré en ti, mientras una mejicana
en su tápalo lleve los dobleces
de la tienda, a las seis de la mañana,
y al estrenar su lujo, quede lleno
el país, del aroma del estreno.

Como la sota moza, Patria mía,
en piso de metal, vives al día,
de milagro, como la lotería.

Tu imagen, el Palacio Nacional,
con tu misma grandeza y con tu igual
estatura de niño y de dedal.

Te dará, frente al hambre y al obús,
un higo San Felipe de Jesús.

Suave Patria, vendedora de chía:
quiero raptarte en la cuaresma opaca,
sobre un garañón, y con matraca,
y entre los tiros de la policía.

Tus entrañas no niegan un asilo
para el ave que el párvulo sepulta
en una caja de carretes de hilo,
y nuestra juventud, llorando, oculta
dentro de ti el cadáver hecho poma
de aves que hablan nuestro mismo idioma.

Si me ahogo en tus julios, a mí baja
desde el vergel de tu peinado denso
frescura de rebozo y de tinaja,
y si tirito, dejas que me arrope
en tu respiración azul de incienso
y en tus carnosos labios de rompope.

Por tu balcón de palmas bendecidas
el Domingo de Ramos, yo desfilo
lleno de sombra, porque tú trepidas.

Quieren morir tu ánima y tu estilo,
cual muriéndose van las cantadoras
que en las ferias, con el bravío pecho
empitonando la camisa, han hecho
la lujuria y el ritmo de las horas.

Patria, te doy de tu dicha la clave:
sé siempre igual, fiel a tu espejo diario;
cincuenta veces es igual el AVE
taladrada en el hilo del rosario,
y es más feliz que tú, Patria suave.

Sé igual y fiel; pupilas de abandono;
sedienta voz, la trigarante faja
en tus pechugas al vapor; y un trono
a la intemperie, cual una sonaja:
la carreta alegórica de paja.

24
abril
1921

ALFONSO REYES
(1889-1959)

Nació en Monterrey, Nuevo León, en 1889, y murió en la ciudad de México en 1959. Fue fundador del Ateneo de la Juventud. Como diplomático representó a México en España, Francia, Argentina y Brasil. Fue miembro de número y presidente de la Academia Mexicana de la Lengua, así como miembro fundador de El Colegio Nacional. En su obra amplia y variada cultivó prácticamente todos los géneros, pero se reveló como uno de los ensayistas y prosistas más extraordinarios de la lengua española. Entre sus obras más importantes están *Visión de Anáhuac* (1917), *El deslinde* (1944) y *La experiencia literaria* (1942). Su poesía está recogida en el volumen *Obra poética* (1952). Sus *Obras completas* abarcan veintiséis tomos y vieron la luz entre 1955 y 1993; en ellas su producción lírica está reunida en el tomo décimo con el título *Constancia poética* (1959).

SOL DE MONTERREY

No cabe duda: de niño,
a mí me seguía el sol.

Andaba detrás de mí
como perrito faldero;
    despeinado y dulce,
    claro y amarillo:
    ese sol con sueño
    que sigue a los niños.

Saltaba de patio en patio,
se revolcaba en mi alcoba.
Aun creo que algunas veces
lo espantaban con la escoba.
Y a la mañana siguiente,
ya estaba otra vez conmigo,
    despeinado y dulce,
    claro y amarillo:
    ese sol con sueño
    que sigue a los niños.

(El fuego de mayo
me armó caballero:
yo era el Niño Andante,
y el sol, mi escudero.)

Todo el cielo era de añil;
toda la casa, de oro.
¡Cuánto sol se me metía
por los ojos!
Mar adentro de la frente,
a donde quiera que voy,
aunque haya nubes cerradas,
¡oh cuánto me pesa el sol!
¡Oh cuánto me duele, adentro,
esa cisterna de sol
que viaja conmigo!

Yo no conocí en mi infancia
sombra, sino resolana.
Cada ventana era sol,
cada cuarto era ventana.

Los corredores tendían
arcos de luz por la casa.
En los árboles ardían
las ascuas de las naranjas,
y la huerta en lumbre viva
se doraba.
Los pavos reales eran
parientes del sol. La garza
empezaba a llamear
a cada paso que daba.

Y a mí el sol me desvestía
para pegarse conmigo,
despeinado y dulce,
claro y amarillo:
ese sol con sueño
que sigue a los niños.

Cuando salí de mi casa
con mi bastón y mi hato,
le dije a mi corazón:
–¡Ya llevas sol para rato!
Es tesoro —y no se acaba:
No se me acaba —y lo gasto.
Traigo tanto sol adentro
que ya tanto sol me cansa—.
Yo no conocí en mi infancia
sombra, sino resolana.

YERBAS DEL TARAHUMARA

Han bajado los indios tarahumaras,
que es señal de mal año
y de cosecha pobre en la montaña.

Desnudos y curtidos,
duros en la lustrosa piel manchada,
denegridos de viento y sol, animan
las calles de Chihuahua,
lentos y recelosos,
con todos los resortes del miedo contraídos,
como panteras mansas.

Desnudos y curtidos,
bravos habitadores de la nieve
—como hablan de tú—,
contestan siempre así la pregunta obligada:
–"Y tú ¿no tienes frío en la cara?"

Mal año en la montaña,
cuando el grave deshielo de las cumbres
escurre hasta los pueblos la manada
de animales humanos con el hato a la espalda.

La gente, al verlos, gusta
aquella desazón tan generosa
de otra belleza que la acostumbrada.

Los hicieron católicos
los misioneros de la Nueva España
—esos corderos de corazón de león.
Y, sin pan y sin vino,
ellos celebran la función cristiana
con su cerveza-chicha y su pinole,
que es un polvo de todos los sabores.

Beben tesgüino de maíz y peyote,
yerba de los portentos,
sinfonía lograda
que convierte los ruidos en colores;
y larga borrachera metafísica
los compensa de andar sobre la tierra,
que es, al fin y a la postre,
la dolencia común de las razas de hombres.
Campeones del Maratón del mundo,
nutridos en la carne ácida del venado,
llegarán los primeros con el triunfo
el día que saltemos la muralla
de los cinco sentidos.

A veces, traen oro de sus ocultas minas,
y todo el día rompen los terrones,
sentados en la calle,
entre la envidia culta de los blancos.
Hoy sólo traen hierbas en el hato,
las yerbas de salud que cambian por centavos:
yerbaniz, limoncillo, simonillo,
que alivian las difíciles entrañas,
junto con la orejuela de ratón
para el mal que la gente llama "bilis";
la yerba del venado, el chuchupaste
y la yerba del indio, que restauran la sangre;
el pasto de ocotillo de los golpes contusos,
contrayerba para las fiebres pantanosas,
la yerba de la víbora que cura los resfríos;
collares de semillas de ojo de venado,
tan eficaces para el sortilegio;
y la sangre de grado, que aprieta las encías
y agarra en la raíz los dientes flojos.

(Nuestro Francisco Hernández
—el Plinio Mexicano de los Mil y Quinientos—
logró hasta mil doscientas plantas mágicas
de la farmacopea de los indios.
Sin ser un gran botánico,
don Felipe Segundo
supo gastar setenta mil ducados,
¡para que luego aquel herbario único
se perdiera en la incuria y en el polvo!
Porque el padre Moxó nos asegura
que no fue culpa del incendio
que en el siglo décimo séptimo
acontenció en el Escorial.)

Con la paciencia muda de la hormiga,
los indios van juntando sobre el suelo
la yerbecita en haces
—perfectos en su ciencia natural.

VISITACIÓN

–Soy la Muerte —me dijo. No sabía
que tan estrechamente me cercara,
al punto de volcarme por la cara
su turbadora vaharada fría.

Ya no intento eludir su compañía:
mis pasos sigue, transparente y clara,
y desde entonces no me desampara
ni me deja de noche ni de día.

¡Y pensar —confesé— que de mil modos
quise disimularte con apodos,
entre miedo y errores confundida!

"Más tienes de caricia que de pena."
Eras alivio y te llamé cadena.
Eras la muerte y te llamé la vida.

† 9 de febrero de 1913

¿En qué rincón del tiempo nos aguardas,
desde qué pliegue de la luz nos miras?
¿Adónde estás, varón de siete llagas,
sangre manando en la mitad del día?

Febrero de Caín y de metralla:
humean los cadáveres en pila.
Los estribos y riendas olvidabas
y, Cristo militar, te nos morías...

Desde entonces mi noche tiene voces,
huésped mi soledad, gusto mi llanto.
Y si seguí viviendo desde entonces

es porque en mí te llevo, en mí te salvo,
y me hago adelantar como a empellones
en el afán de poseerte tanto.

[Río de Janeiro, 24 de diciembre de 1932.]

Julio Torri
(1889-1970)

Nació en Saltillo, Coahuila, en 1889, y murió en la ciudad de México, en 1970. Formó parte del Ateneo de la Juventud. Junto con Agustín Loera y Chávez dirigió la Editorial Cultura. Fue miembro de la Academia Mexicana de la Lengua. De obra breve y más bien parca, su prosa es una de las mejores de la lengua castellana. Publicó *Ensayos y poemas* (1917), *De fusilamientos* (1940) y *Tres libros* (Fondo de Cultura Económica, México, 1964) donde reúne prácticamente toda su obra.

A CIRCE

¡Circe, diosa venerable! He seguido puntualmente tus avisos. Mas no me hice amarrar al mástil cuando divisamos la isla de las sirenas, porque iba resuelto a perderme. En medio del mar silencioso estaba la pradera fatal. Parecía un cargamento de violetas errantes por las aguas.

¡Circe, noble diosa de los hermosos cabellos! Mi destino es cruel. Como iba resuelto a perderme, las sirenas no cantaron para mí.

LA BALADA DE LAS HOJAS MÁS ALTAS

A Enrique González Martínez

Nos mecemos suavemente en lo alto de los tilos de la carretera blanca. Nos mecemos levemente por sobre la caravana de los que parten y los que retornan. Unos van riendo y festejando, otros caminan en silencio. Peregrinos y mercaderes, juglares y leprosos, judíos y hombres de guerra: pasan con presura y hasta nosotros llega a veces su canción.

Hablan de sus cuitas de todos los días, y sus cuitas podrían acabarse con sólo un puñado de doblones o un milagro de Nuestra Señora de Rocamador. No son bellas sus desventuras. Nada saben, los afanosos, de las matinales sinfonías en rosa y perla; del sedante añil del cielo, en el mediodía; de las tonalidades sorprendentes de las puestas del sol, cuando los lujuriosos carmesíes y los cinabrios opulentos se disuelven en cobaltos desvaídos y en el verde ultraterrestre en que se hastían los monstruos marinos de Böcklin.

En la región superior, por sobre sus trabajos y anhelos, el viento de la tarde nos mece levemente.

oración por un niño que juega en el parque

¡Infantilidad, secreto de la vida, no le abandones nunca! ¡Tú que viertes el olvido y el descuido, no le abandones nunca! ¡Ten piedad de sus futuros cuidados!

¡Fantasía, suma benevolencia! que transformas el sórdido jardincillo de arrabal en selva encantada: ¡encanta su camino!

¡Paz interior, la de sonrisas puras y ojos lucientes y asombrados, mana siempre para él asombro y luz!

¡Infantilidad, embriaguez de almas claras! ¡Apártalo del fastidio, del análisis que conduce a las riberas de la nada, del desfallecimiento y del recuerdo!

Carlos Pellicer
(1897-1977)

Nació en San Juan Bautista, hoy Villahermosa, Tabasco, en 1897, y murió en la ciudad de México en 1977. Perteneció al grupo Contemporáneos y fue miembro de la Academia Mexicana de la Lengua. Su amplia y variada obra poética incluye títulos como *Colores en el mar* (1921), *Hora y 20* (1927), *Hora de junio* (1937), *Exágonos* (1941), *Subordinaciones* (1949), *Práctica de vuelo* (1956) y *Cuerdas, percusión y alientos* (1976). Sus *Obras*, editadas por Luis Mario Schneider, vieron la luz en 1981; su *Poesía completa*, en tres volúmenes, editada por Luis Mario Schneider y Carlos Pellicer López, se publicó en 1996, en vísperas del centenario natal del poeta.

ESTUDIO

A Pedro Henríquez Ureña

Jugaré con las casas de Curazao,
pondré el mar a la izquierda
y haré más puentes movedizos.
¡Lo que diga el poeta!
Estamos en Holanda y en América
y es una isla de juguetería,
con decretos de Reina
y ventanas y puertas de alegría.
Con las cuerdas de la lira
y los pañuelos del viaje,
haremos velas para los botes
que no van a ninguna parte.
La casa de Gobierno es demasiado pequeña
para una familia holandesa.
Por la tarde vendrá Claude Monet
a comer cosas azules y eléctricas.
Y por esa callejuela sospechosa
haremos pasar la Ronda de Rembrandt.
...pásame el puerto de Curazao!
isla de juguetería,
con decretos de Reina
y ventanas y puertas de alegría.

RECUERDOS DE IZA, UN PUEBLECITO DE LOS ANDES

1

Creeríase que la población,
después de recorrer el valle,
perdió la razón
y se trazó una sola calle.

2

Y así bajo la cordillera
se apostó febrilmente como la primavera.

3

En sus ventas el alcohol
está mezclado con sol.

4

Sus mujeres y sus flores
hablan el dialecto de los colores.

5

Y el riachuelo que corre como un caballo,
arrastra las gallinas en febrero y en mayo.

6

Pasan por la acera
lo mismo el cura, que la vaca y que la luz postrera.

7

Aquí no suceden cosas
de mayor trascendencia que las rosas.

8

Como amenaza lluvia,
se ha vuelto morena la tarde que era rubia.

9

Parece que la brisa
estrena un perfume y un nuevo giro.

10

Un cantar me despliega una sonrisa
y me hunde un suspiro.

DESEOS

A Salvador Novo

Trópico, para qué me diste
las manos llenas de color.
Todo lo que yo toque
se llenará de sol.
En las tardes sutiles de otras tierras
pasaré con mis ruidos de vidrio tornasol.
Déjame un solo instante
dejar de ser grito y color.
Déjame un solo instante
cambiar de clima el corazón,
beber la penumbra de una cosa desierta,
inclinarme en silencio sobre un remoto balcón,
ahondarme en el manto de pliegues finos,
dispersarme en la orilla de una suave devoción,
acariciar dulcemente las cabelleras lacias
y escribir con un lápiz muy fino mi meditación.
¡Oh, dejar de ser un solo instante
el Ayudante de Campo del sol!
¡Trópico, para qué me diste
las manos llenas de color!

NOCTURNO

No tengo tiempo de mirar las cosas
como yo lo deseo.
Se me escurren sobre la mirada
y todo lo que veo
son esquinas profundas rotuladas con radio
donde leo la ciudad para no perder tiempo.
Esta obligada prisa que inexorablemente
quiere entregarme el mundo con un dato pequeño.
¡Este mirar urgente y esta voz en sonrisa
para un joven que sabe morir por cada sueño!
No tengo tiempo de mirar las cosas,
casi las adivino.

Una sabiduría ingénita y celosa
me da miradas previas y repentinos trinos.
Vivo en doradas márgenes; ignoro el central gozo
de las cosas. Desdoblo siglos de oro en mi ser.
Y acelerando rachas —quilla o ala de oro—,
repongo el dulce tiempo que nunca he de tener.

GRUPOS DE PALOMAS

A la señora Lupe Medina de Ortega

1

Los grupos de palomas,
notas, claves, silencios, alteraciones,
modifican el ritmo de la loma.
La que se sabe tornasol afina
las ruedas luminosas de su cuello
con mirar hacia atrás a su vecina.
Le da al sol la mirada
y escurre en una sola pincelada
plan de vuelos a nubes campesinas.

2

La gris es una joven extranjera
cuyas ropas de viaje
dan aire de sorpresas al paisaje
sin compradoras y sin primaveras.

3

Hay una casi negra
que bebe astillas de agua en una piedra.
Después se pule el pico,
mira sus uñas, ve las de las otras,
abre un ala y la cierra, tira un brinco
y se para debajo de las rosas.
El fotógrafo dice:
para el jueves, señora.
Un palomo amontona sus *erres* cabeceadas,
y ella busca alfileres
en el suelo que brilla por nada.
Los grupos de palomas
—notas, claves, silencios, alteraciones—
modifican lugares de la loma.

4

La inevitablemente blanca
sabe su perfección. Bebe en la fuente
y se bebe a sí misma y se adelgaza
cual un poco de brisa en una lente
que recoge el paisaje.
Es una simpleza
cerca del agua. Inclina la cabeza
con tal dulzura,
que la escritura desfallece
en una serie de sílabas maduras.

5

Corre un automóvil y las palomas vuelan.
En la aritmética del vuelo,
los *ochos* árabes desdóblanse
y la suma es impar. Se mueve el cielo
y la casa se vuelve redonda.
Un viraje profundo.
Regresan las palomas.
Notas. Claves. Silencios. Alteraciones.
El lápiz se descubre, se inclinan las lomas,
y por 20 centavos se cantan las canciones.

HORAS DE JUNIO

Vuelvo a ti, soledad, agua vacía,
agua de mis imágenes, tan muerta,
nube de mis palabras, tan desierta,
noche de la indecible poesía.

Por ti la misma sangre —tuya y mía—
corre al alma de nadie siempre abierta.
Por ti la angustia es sombra de la puerta
que no se abre de noche ni de día.

Sigo la infancia en tu prisión, y el juego
que alterna muertes y resurrecciones
de una imagen a otra vive ciego.

Claman el viento, el sol y el mar del viaje.
Yo devoro mis propios corazones
y juego con los ojos del paisaje.

•••

Junio me dio la voz, la silenciosa
música de callar un sentimiento.
Junio se lleva ahora como el viento
la esperanza más dulce y espaciosa.

Yo saqué de mi voz la limpia rosa,
única rosa eterna del momento.
No la tomó el amor, la llevó el viento
y el alma inúltilmente fue gozosa.

Al año de morir todos los días
los frutos de mi voz dijeron tanto
y tan calladamente, que unos días

vivieron a la sombra de aquel canto.
(Aquí la voz se quiebra y el espanto
de tanta soledad llena los días.)

•••

Hoy hace un año, Junio, que nos viste,
desconocidos, juntos, un instante.
Llévame a ese momento de diamante
que tú en un año has vuelto perla triste.

Álzame hasta la nube que ya existe,
líbrame de las nubes, adelante.
Haz que la nube sea el buen instante
que hoy cumple un año, Junio, que me diste.

Yo pasaré la noche junto al cielo
para escoger la nube, la primera
nube que salga del sueño, del cielo,

del mar, del pensamiento, de la hora,
de la única hora que me espera.
¡Nube de mis palabras, protectora!

VUELO DE VOCES

Mariposa, flor de aire,
peina el área de la rosa.
Todo es así, mariposa,
cuando se vive en el aire.
Y las horas de aire son
las que de las voces vuelan.
Sólo en las voces que vuelan
lleva alas el corazón.
Llévalas de aquí que son
únicas voces que vuelan.

CEDRO Y CAOBA

A Ramón Galguera Noverola

Cedro y caoba
la tarde baja
de garza en garza
y ahonda el río,
ligeramente,
lo que se canta.

Cedro y caoba
viven pareja del paraíso
cuya manzana mi sangre moja.

Al pie del cedro,
húmedo aroma.
Por su paloma
torcaz y cielo, subió una rama
sonoramente dodecaedro.

Franjas tardías
queman el cielo de una caoba.
Aire jilguero, y entre sus brazos,
la tarde toma.

¡Ay tarde sola
que te desgajas
cedro y caoba!

Sin que se quiera,
vuela una garza,
con tal belleza,
que tal semeja que así volara
por vez primera.

Restira el cielo
mantas azules
para la garza que sigue el vuelo.

Tanto su tiempo la tarde extiende,
que en dos azules
uno despide y el otro vuelve.

Azul en sombra
lucero tiene.

Azul en luces
sus luces vence.

Hora del mundo
que el alma toma,
en soledades
cedro y caoba.

Cedro y caoba,
¡pareja sola!

En mi garganta,
collar recuerdos
junta sus perlas para cerrarla.

(Si hay una queja
no hay una lágrima.)

La tarde cae
ya entre un reguero
de estrella-tardes.

De alguna herida
se oye la sangre.

Tengo las manos sobre mi pecho.
Cruza una garza,
y el viento sale.

¿Salió de un cedro?
¿De una caoba?

Viento que rozas:
¿Por qué rosales llenos de espinas
pasaste ahora?
No aspirarte sería
talar el bosque-cedro y caoba.

Tálamo solo
—caoba y cedro—.
Un rumor de silencio
brota del pecho.

Y un olor de caobas
bajo los cedros
abre noches fluviales
habitadas de luces y de luceros.

NOCHE EN EL AGUA

A Francisco Serrano Méndez

Noche en el agua.
Yo te lo dije,
noche en el agua.

Cuatro luceros
clavan el aire,
cuatro luceros.
Por cuatro cielos
la noche vale.

Tiempo y alhaja
se lleva el río,
noche en el agua.

Noche que lleva su enorme cielo;
por lo que tiembla sobre sus senos
brilla en el río
con la caída de algún lucero.

Cayó un lucero.
Toda la noche puse los codos
en barandales iluminados.

Cundió la brisa sus nomeolvides
y el dulce vaho
cimbrea el aire que el viento roba
como sustrae
los colibríes sin una mano.

Noche que sacas
las cuentas claras de tus estrellas
en los papeles que el río cala.
Por los sauzales
pasó la onda que sabe cifras
y se equivoca con las estrellas que surgen tarde.

Con qué mirada
busco a la noche que se me pierde
tras la cosecha
de las estrellas
y a espaldas negras brilla ocultada.

Noche en la orilla de mi presencia
que me diluyes en liquidámbar.

Tiempo que suelta
y luego enlaza.

El aire brilla tiempo y alhaja.

A los rincones de las luciérnagas
la noche baja.

Y hay una mano de rayos X
que entra en mis ojos y se los lleva
para ocultarles otra mirada.
Noche en el agua.

Yo te lo dije:
Noche en el agua.

HE OLVIDADO MI NOMBRE

He olvidado mi nombre.
Todo será posible menos llamarse Carlos.
¿Y dónde habrá quedado?
¿En manos de qué algo habrá quedado?
Estoy entre la noche desnudo como un baño
listo y que nadie usa por no ser el primero
en revolver el mármol de un agua tan estricta
que fuera uno a parar en estatua de aseo.

Al olvidar mi nombre siento comodidades
de lluvia en un paraje donde nunca ha llovido.
Una presencia lluvia con paisaje
y un profundo entonar el olvido.

¿Qué hará mi nombre,
en dónde habrá quedado?

Siento que un territorio parecido a Tabasco
me lleva entre sus ríos inaugurando bosques,
unos bosques tan jóvenes que dan pena escucharlos
deletreando los nombres de los pájaros.

Son ríos que se bañan cuando lo anochecido
de todas las palabras siembra la confusión
y la desnudez del sueño está dormida
sobre los nombres íntimos de lo que fue una flor.

Y yo sin nombre y solo con mi cuerpo sin nombre
llamándole amarillo al azul y amarillo
a lo que nunca puede jamás ser amarillo;
feliz, desconocido de todos los colores.

¿A qué fruto sin árbol le habré dado mi nombre
con este olvido lívido de tan feliz memoria?
En el Tabasco nuevo de un jaguar despertado
por los antiguos pájaros que enseñaron al día
a ponerse la voz igual que una sortija
de frente y de canto.

Jaguar que está en Tabasco y estrena desnudez
y se queda mirando los trajes de la selva,
con una gran penumbra de pereza y desdén.

Por nacer en Tabasco cubro de cercanías
húmedas y vitales el olvido a mi nombre
y otra vez terrenal y nuevo paraíso
mi cuerpo bien herido toda mi sangre corre.

Correr y ya sin nombre y estrenando hojarasca
de siglos.
Correr feliz, feliz de no reconocerse
al invadir las islas de un viaje arena y tibio.

He perdido mi nombre.
¿En qué jirón de bosque habrá quedado?
¿Qué corazón del río lo tendrá como un pez,
sano y salvo?

Me matarán de hambre la aurora y el crepúsculo.
Un pan caliente —el Sol— me dará al mediodía.

Yo era siete y setenta y ahora sólo uno,
uno que vale uno de cerca y lejanía.

El bien bañado río todo desnudo y fuerte,
sin nombre de colores ni de cantos.
Defendido del Sol con la hoja de toh.
Todo será posible menos llamarse Carlos.

Renato Leduc
(1897-1986)

Nació en la ciudad de México en 1897 y murió también en la capital de la República en 1986. Como periodista cultivó una prosa irónica y a veces humorística, lo cual trasladó también a la poesía. Entre sus libros de poesía destacan *El aula, etcétera...* (1924), *Breve glosa del Libro de Buen Amor* (1939) y *Catorce poemas burocráticos y un corrido reaccionario para solaz y esparcimiento de las clases económicamente débiles* (1963). Una *Antología poética* suya, con selección y presentación de Max Rojas, fue publicada en 1991; y en 2000 vio la luz el volumen *Obra literaria*, con prólogo de Carlos Monsiváis y compilación e introducción de Edith Negrín.

EL AULA

El maestro de griego nos decía: Las palabras
macularon su antigua pureza. Las palabras
fueron antes más bellas... Las palabras...

Y la voz del maestro se quedaba prendida
de una tela de araña.
Y un muchacho con cara de Hamlet repetía:
Palabras... Palabras... Palabras...

Pequeños refranes: El que calla otorga.
Oh amada,
que calzas tus frases con chanclos de goma,
pero nunca otorgas.

¿Conoces la nueva?
El silencio es oro, la palabra es plata.
Ergo, pignorables.
Y existen palabras que sólo se dicen
en casos fortuitos,
como la palabra del Abracadabra...

El maestro sigue diciendo palabras.
El arte... La ciencia...
Algunas abstrusas, algunas preclaras.

El muchacho con cara de Hamlet, bosteza;
y fuera del aula,

un pájaro canta
silencios de oro
en campo de plata...

temas

No haremos obra perdurable. No
tenemos de la mosca la voluntad tenaz.

Mientras haya vigor
pasaremos revista
a cuanta niña vista
y calce regular...

Como Nerón, emperador
y mártir de moralistas cursis,
coronados de rosas
o cualquier otra flor de estación,
miraremos las cosas
detrás de una esmeralda de ilusión...

Va pasando de moda meditar.
Oh, sabios, aprended un oficio.
Los temas trascendentes han quedado,
como Dios, retirados de servicio.
La ciencia... los salarios...
el arte... la mujer...
Problemas didascálidos, se tratan
cuando más a la hora del cocktail.

¿Y el dolor?, ¿y la muerte ineluctable?...
Asuntos de farmacia y notaría.
Una noche —la noche es más propicia—
vendrán con aspavientos de pariente,
pero ya nuestra trémula vejez
encogeráse de hombros y, si acaso,
murmurará cristianamente...

Pues...

inútil divagación sobre el retorno

Más adoradas cuanto más nos hieren
van rodando las horas,
van rodando las horas porque quieren.

Yo vivo de lo poco que aún me queda de usted,
su perfume, su acento,
una lágrima suya que mitigó mi sed.

El oro del presente cambié por el de ayer,
la espuma... el humo... el viento...
Angustia de las cosas que son para no ser.

Vivo de una sonrisa que usted no supo cuándo
me donó. Vivo de su presencia
que ya se va borrando.

Ahora tiendo los brazos al invisible azar;
ahora buscan mis ojos con áspera vehemencia
un prófugo contorno que nunca he de alcanzar.

Su perfume, su acento,
una lágrima suya que mitigó mi sed.
¡Oh, si el humo fincara, si retornara el viento,
si usted, una vez más, volviera a ser usted!

PEQUEÑA CANCIÓN DEL OPTIMISTA

Llovía desesperada el agua turbia del cielo,
desesperada llovía, poniendo un áspero velo
entre te quiero y me quieres, entre tu anhelo y mi anhelo.

Amor que disuelve el agua en una simple inmersión;
amor que se desgañita invocando a la razón;
amor que piensa en mañana, no es amor de corazón.

Tal vez la quise mucho, pero tal vez la quiero.
Esta frase te ofrezco, cuyo único pero
es que la dijo antes un autor extranjero.

Ay de mí, ay de ti. De tus desdenes en vista,
yo te ofrezco mi cabeza como el señor Juan Bautista.
No hay mal que dure cien años ni enfermo que los resista.

La penuria de mis penas, el dolor de mis dolores.
Puedo ofrecerte inclusive duelos de todos colores,
y aun cosas inusitadas, por ejemplo, sinsabores.

Un amor se pierde ahora, otro amor ahora se gana;
la mañana será noche y la noche será mañana,
y se abrirá en el silencio —breve y única ventana—
como voz de la esperanza, la verde voz de una rana:
Quien gana en amor se pierde, en amor quien pierde, gana.

AQUÍ SE HABLA DE LOS PLANETAS Y DEL SINO FELICE O ADVERSO DE LOS HOMBRES

Decía el astrólogo Baldomero Guillén
que el humor de los astros hace mal o hace bien
y que todo es cuestión del plano en donde estén.

Del rojizo Mercurio vienen grandes haberes;
quien nace bajo el signo de Vésper o Citeres
espoleado ha de ser por las malas mujeres.

Peor destino el del hombre regido por Saturno;
destino asaz sombrío y asaz taciturno:
de varón y de hembra hace veces por turno.

Su mefítica influencia envenena la Tierra;
hay gran copia de efebos cuya impudicia aterra,
mas dicen que son males que trajo la posguerra.

No siempre puede el hombre escoger su camino,
bien porque tiene el ánimo raez, torpe o mezquino
o bien porque no sabe cómo ni cuándo vino.

El papá y la mamá se pusieron en suerte
y nos dieron un cuerpo y un espíritu inerte
y el amar al planeta y el temor a la muerte.

Y muchachos, queremos que transcurra la vida
por tener automóvil y dinero y querida
y los ácimos zumos de la fruta prohibida.

Pero viejos, lloramos por las cosas que fueron
y las dueñas que amamos y que no nos quisieron.
Tal rezaba una copla... mis oídos la oyeron.

AQUÍ SE HABLA DEL TIEMPO PERDIDO QUE, COMO DICE EL DICHO, LOS SANTOS LO LLORAN

Sabia virtud de conocer el tiempo;
a tiempo amar y desatarse a tiempo;
como dice el refrán: dar tiempo al tiempo...
que de amor y dolor alivia el tiempo.

Aquel amor a quien amé a destiempo
martirizóme tanto y tanto tiempo
que no sentí jamás correr el tiempo,
tan acremente como en ese tiempo.

Amar queriendo como en otro tiempo
—ignoraba yo aún que el tiempo es oro—
cuánto tiempo perdí —ay—, cuánto tiempo.

Y hoy que de amores ya no tengo tiempo,
amor de aquellos tiempos, cómo añoro
la dicha inicua de perder el tiempo...

EUCLIDIANA

Por el vértice unidos, con ardor incidente
sobre el rombo impasible de un tapete de Persia,
cuatro muslos albeantes, epilépticamente,
sufren raptos de fiebre y colapsos de inercia.

Cuatro senos que quieren devenir dos esferas
en el límite absurdo de un espasmo carnal;
y el isócrono ritmo de las cuatro caderas
engendrando los ejes de una blanda espiral...

Lasitud nacarada, la penumbra estiliza
dos mujeres yacentes: coordenada y abcisa
con los cuerpos formando pitagórica cruz,

y en la suma inexacta de las hembras en celo
las pupilas resultan cuatro flechas de anhelo,
cuatro hipérbolas rubias saturadas de luz...

Manuel Maples Arce
(1898-1981)

Nació en Papantla, Veracruz, en 1898, y murió en la ciudad de México, en 1981. Llegó a la capital del país en 1920 en cuya Universidad Nacional se graduó de abogado. Fue secretario general del gobierno de Veracruz y diputado al Congreso de la Unión. Como diplomático representó a México en Japón y Líbano. Inició el movimiento por él denominado estridentismo. Poeta y ensayista, publicó los libros de poesía *Andamios interiores* (1922); *Urbe* (1924), el cual fue traducido al inglés por John Dos Passos, y publicado en Nueva York en 1929; *Poemas interdictos* (1927) y *Memorial de la sangre* (1947). En 1981 su obra poética, de 1919 a 1980, fue reunida en el volumen *Las semillas del tiempo* con un estudio preliminar de Rubén Bonifaz Nuño.

PRISMA

Yo soy un punto muerto en medio de la hora,
equidistante al grito náufrago de una estrella.
Un parque de manubrio se engarrota en la sombra,
y la luna sin cuerda
me oprime en las vidrieras.

Margaritas de oro
deshojadas al viento.

La ciudad insurrecta de anuncios luminosos
flota en los almanaques,
y allá de tarde en tarde,
por la calle planchada se desangra un eléctrico.

El insomnio, lo mismo que una enredadera,
se abraza a los andamios sinoples del telégrafo,
y mientras que los ruidos descerrajan las puertas,
la noche ha enflaquecido lamiendo su recuerdo.

El silencio amarillo suena sobre mis ojos.
¡Prismal, diáfana mía, para sentirlo todo!

Yo departí sus manos,
pero en aquella hora
gris de las estaciones,
sus palabras mojadas se me echaron al cuello,

y una locomotora
sedienta de kilómetros la arrancó de mis brazos.

Hoy suenan sus palabras más heladas que nunca.
¡Y la locura de Edison a manos de la lluvia!

El cielo es un obstáculo para el hotel inverso
refractado en las lunas sombrías de los espejos;
los violines se suben como la champaña,
y mientras las ojeras sondean la madrugada,
el invierno huesoso tirita en los percheros.

Mis nervios se derraman.
La estrella del recuerdo
naufraga en el agua
del silencio.
Tú y yo
coincidimos
en la noche terrible,
meditación temática
deshojada en jardines.

Locomotoras, gritos,
arsenales, telégrafos.

El amor y la vida
son hoy sindicalistas,

y todo se dilata en círculos concéntricos.

CANCIÓN DESDE UN AEROPLANO

Estoy a la intemperie
de todas las estéticas;
operador siniestro
de los grandes sistemas,
tengo las manos
llenas
de azules continentes.

Aquí, desde esta borda,
esperaré la caída de las hojas.
La aviación
anticipa sus despojos,
y un puñado de pájaros
defiende su memoria.

Canción
florecida

de las rosas aéreas,
propulsión
entusiasta
de las hélices nuevas,
metáfora inefable despejada de alas.

Cantar.
                    Cantar.
Todo es desde arriba
equilibrado y superior,
y la vida
es el aplauso que resuena
en el hondo latido del avión.

Súbitamente
el corazón
voltea los panoramas inminentes;
todas las calles salen hacia la soledad de los horarios;
subversión
de las perspectivas evidentes;
looping the loop
en el trampolín romántico del cielo,
ejercicio moderno
en el ambiente ingenuo del poema;
la Naturaleza subiendo
el color del firmamento.

Al llegar te entregaré este viaje de sorpresas,
equilibrio perfecto de mi vuelo astronómico;
tú estarás esperándome en el manicomio de la tarde,
así, desvanecida de distancias,
acaso lloras sobre la palabra otoño.

Ciudades del norte
                    de la América nuestra,
tuya y mía;
          New-York,
          Chicago,
          Baltimore.

Reglamenta el gobierno los colores del día,
puertos tropicales
del Atlántico,
azules litorales
del jardín oceanográfico,
donde se hacen señales
los vapores mercantes;
palmeras emigrantes,
río caníbal de la moda,
primavera, siempre tú, tan esbelta de flores.

País donde los pájaros hicieron sus columpios.
Hojeando tu perfume se marchitan las cosas,
y tú lejanamente sonríes y destellas,
¡oh novia electoral, carrousel de miradas!
lanzaré la candidatura de tu amor
hoy que todo se apoya en tu garganta,
la orquesta del viento y los colores desnudos.
Algo está aconteciendo allá en el corazón.

Las estaciones girando
mientras capitalizo tu nostalgia,
y todo equivocado de sueños y de imágenes;
la victoria alumbra mis sentidos
y laten los signos del zodíaco.

Soledad apretada contra el pecho infinito.
De este lado del tiempo,
sostengo el pulso de mi canto;
tu recuerdo se agranda como un remordimiento,
y el paisaje entreabierto se me cae de las manos.

Elías Nandino
(1900-1993)

Nació en Cocula, Jalisco, en 1900, y murió en la ciudad de México en 1993. Fue médico cirujano de profesión y dirigió las revistas *Estaciones* (1956-1960) y *Cuadernos de Bellas Artes* (1960-1964). Perteneció a la generación de Contemporáneos. Entre otros libros de poesía, publicó *Río de sombra* (1935), *Espejo de mi muerte* (1945), *Naufragio de la duda* (1950), *Triángulo de silencios* (1953), *Nocturna summa* (1955), *Nocturna palabra* (1960), *Eternidad del polvo* (1970), *Cerca de lo lejos* (1979) y *Erotismo al rojo blanco* (1983). En 1991 se reeditó, en un volumen, *Noctura palabra* y *Eternidad del polvo*.

SI HUBIERAS SIDO TÚ

A Xavier Villaurrutia

Si hubieras sido tú, lo que en las sombras, anoche,
bajó por la escalera del silencio
y se posó a mi lado,
para crear el cauce de acentos en vacío
que, me imagino, será el lenguaje de los muertos.
Si hubieras sido tú, de verdad, la nube sola
que detuvo su viaje debajo de mis párpados
y se adentró en mi sangre,
amoldándose a mi dolor reciente
de una manera leve, brisa, aroma,
casi contacto angelical soñado...
Si hubieras sido tú,
lo que apartando la quietud oscura
se traslució, tal como si fuera tu dibujo
espiritual, que ansiaba convencerme
de que sigues, sin cuerpo, viviendo en la otra vida.
Si hubieras sido tú la voz callada
que se infiltró en la voz de mi conciencia,
buscando incorporarte en la palabra
que tu muerte expresaba con mis labios.
Si hubieras sido tú, lo que al dormirme
descendió como bruma, poco a poco,
y me fue encarcelando
en una vaga túnica de vuelo fallecido...

Si hubieras sido tú la llama llama
que inquemante creó, sin despertarme
ni conmover el lago del azoro:
tu inmaterial presencia,
igual que en el espejo se aparece
la imagen, sin herirle
el límpido frescor de su epidermis.
Si hubieras sido tú...

Pero nuestros sentidos corporales
no pueden identificar las ánimas.
Los muertos, cuando vuelven,
tal vez ya no posean
los peculiares rasgos
que nos pudieran dar
la inmensa dicha de reconocerlos.

¿Quién más pudo venir a visitarme?
Recuerdo que, contigo solamente,
platicaba del amoroso asedio
con que la muerte sigue a nuestra vida.
Y hablábamos los dos adivinando,
haciendo conjeturas,
ajustando preguntas, inventando respuestas,
para quedar al fin
sumidos en derrota,
muriendo en vida por pensar la muerte.

Ahora tú ya sabes descifrar el misterio
porque estás en su seno, pero yo...

En esta incertidumbre secretamente pienso
que si no fuiste tú, lo que en las sombras, anoche,
bajó por la escalera del silencio
y se posó a mi lado,
entonces quizá fue
una visita de mi propia muerte.

José Gorostiza
(1901-1973)

Nació en Villahermosa, Tabasco, en 1901, y murió en la ciudad de México en 1973. Estudió literatura, y desde muy joven ingresó al servicio diplomático y representó a México en Holanda, Roma, Guatemala, Cuba, Brasil, Italia y Francia. Perteneció a la generación de Contemporáneos. Fue jefe del Departamento de Bellas Artes y secretario de Relaciones Exteriores. Fue miembro de la Academia Mexicana de la Lengua. Poeta de obra breve pero fundamental en el desarrollo de la lírica mexicana, publicó *Canciones para cantar en las barcas* (1925) y *Muerte sin fin* (1939). Su obra poética está recogida en el volumen *Poesía* (1964), que incluye también su valioso ensayo "Notas sobre poesía". Una edición crítica de su obra, bajo el título *Poesía y poética*, se publicó en 1988, coordinada por Edelmira Ramírez. La edición de su *Poesía completa* vio la luz en 1996, con recopilación y nota introductoria de Guillermo Sheridan.

CANCIONES PARA CANTAR EN LAS BARCAS

I. ¿QUIÉN ME COMPRA UNA NARANJA?

A Carlos Pellicer

¿Quién me compra una naranja
para mi consolación?
Una naranja madura
en forma de corazón.

La sal del mar en los labios
¡ay de mí!
La sal del mar en las venas
y en los labios recogí.

Nadie me diera los suyos
para besar.
La blanda espiga de un beso
yo no la puedo segar.

Nadie pidiera mi sangre
para beber.
Yo mismo no sé si corre
o si deja de correr.

Como se pierden las barcas
¡ay de mí!
como se pierden las nubes
y las barcas, me perdí.

Y pues nadie me lo pide,
ya no tengo corazón.
¿Quién me compra una naranja
para mi consolación?

2. LA ORILLA DEL MAR

No es agua ni arena
la orilla del mar.

El agua sonora
de espuma sencilla,
el agua no puede
formarse la orilla.

Y porque descanse
en muelle lugar,
no es agua ni arena
la orilla del mar.

Las cosas discretas,
amables, sencillas;
las cosas se juntan
como las orillas.

Lo mismo los labios,
si quieren besar.
No es agua ni arena
la orilla del mar.

Yo sólo me miro
por cosa de muerto;
solo, desolado,
como en un desierto.

A mí venga el lloro,
pues debo pensar.
No es agua ni arena
la orilla del mar.

y 3. se alegra el mar

A Carlos Pellicer

Iremos a buscar
hojas de plátano al platanar.

Se alegra el mar.

Iremos a buscarlas en el camino,
padre de las madejas de lino.

Se alegra el mar.

Porque la luna (cumple quince años a pena)
se pone blanca, azul, roja, morena.

Se alegra el mar.

Porque la luna aprende consejo del mar,
en perfume de nardo se quiere mudar.

Se alegra el mar.

Siete varas de nardo desprenderé
para mi novia de lindo pie.

Se alegra el mar.

Siete varas de nardo; sólo un aroma,
una sola blancura de pluma de paloma.

Se alegra el mar.

Vida —le digo—, blancas las desprendí, yo bien lo sé,
para mi novia de lindo pie.

Se alegra el mar.

Vida —le digo—, blancas las desprendí.
¡No se vuelvan oscuras por ser de mí!

Se alegra el mar.

PAUSAS I

¡El mar, el mar!
Dentro de mí lo siento.
Ya sólo de pensar
en él, tan mío,
tiene un sabor de sal mi pensamiento.

PAUSAS II

No canta el grillo. Ritma
la música
de una estrella.

Mide
las pausas luminosas
con su reloj de arena.

Traza
sus órbitas de oro
en la desolación etérea.

La buena gente piensa
—sin embargo—
que canta una cajita
de música en la hierba.

DIBUJOS SOBRE UN PUERTO

A Roberto Montenegro

1. EL ALBA

El paisaje marino
en pesados colores se dibuja.
Duermen las cosas. Al salir, el alba
parece sobre el mar una burbuja.
Y la vida es apenas
un milagroso reposar de barcas
en la blanda quietud de las arenas.

2. LA TARDE

Ruedan las olas frágiles
de los atardeceres
como limpias canciones de mujeres.

3. nocturno

El silencio por nadie se quebranta,
y nadie lo deplora.
Sólo se canta
la puesta del sol, desde la aurora.
Mas la luna, con ser
de luz a nuestro simple parecer,
nos parece sonora
cuando derraman sus manos ligeras
las ágiles sombras de las palmeras.

4. elegía

A veces me dan ganas de llorar,
pero las suple el mar.

5. cantarcillo

Salen las barcas al amanecer.
No se dejan amar,
pues suelen no volver
o sólo regresan a descansar.

6. el faro

Rubio pastor de barcas pescadoras.

y 7. oración

La barca morena de un pescador,
cansada de bogar,
sobre la playa se puso a rezar:
¡Hazme, Señor,
un puerto en las orillas de este mar!

MUERTE SIN FIN

Conmigo está el consejo y el ser; yo soy la inteligencia; mía es la fortaleza.

Proverbios, 8, 14

Con él estaba yo ordenándolo todo; y fui su delicia todos los días, teniendo solaz delante de él en todo tiempo.

Proverbios, 8, 30

Mas el que peca contra mí, defrauda su alma; todos los que me aborrecen aman la muerte.

Proverbios, 8, 3

Lleno de mí, sitiado en mi epidermis
por un dios inasible que me ahoga,
mentido acaso
por su radiante atmósfera de luces
que oculta mi conciencia derramada,
mis alas rotas en esquirlas de aire,
mi torpe andar a tientas por el lodo;
lleno de mí —ahíto— me descubro
en la imagen atónita del agua,
que tan sólo es un tumbo inmarcesible,
un desplome de ángeles caídos
a la delicia intacta de su peso,
que nada tiene
sino la cara en blanco
hundida a medias, ya, como una risa agónica,
en las tenues holandas de la nube
y en los funestos cánticos del mar
—más resabio de sal o albor de cúmulo
que sola prisa de acosada espuma.
No obstante —oh paradoja— constreñida
por el rigor del vaso que la aclara,
el agua toma forma.
En él se asienta, ahonda y edifica,
cumple una edad amarga de silencios
y un reposo gentil de muerte niña,
sonriente, que desflora
un más allá de pájaros
en desbandada.
En la red de cristal que la estrangula,
allí, como en el agua de un espejo,
se reconoce;
atada allí, gota con gota,
marchito el tropo de espuma en la garganta
¡qué desnudez de agua tan intensa,
qué agua tan agua,
está en su orbe tornasol soñando,

cantando ya una sed de hielo justo!
¡Más qué vaso —también— más providente
éste que así se hinche
como una estrella en grano,
que así, en heroica promisión, se enciende
como un seno habitado por la dicha,
y rinde así, puntual,
una rotunda flor
de transparencia al agua,
un ojo proyectil que cobra alturas
y una ventana a gritos luminosos
sobre esa libertad enardecida
que se agobia de cándidas prisiones!

¡Más qué vaso —también— más providente!
Tal vez esta oquedad que nos estrecha
en islas de monólogos sin eco,
aunque se llama Dios,
no sea sino un vaso
que nos amolda el alma perdidiza,
pero que acaso el alma sólo advierte
en una transparencia acumulada
que tiñe la noción de Él, de azul.
Él mismo Dios,
en sus presencias tímidas,
ha de gastar la tez azul
y una clara inocencia imponderable,
oculta al ojo, pero fresca al tacto,
como este mar fantasma en que respiran
—peces del aire altísimo—
los hombres.
¡Sí, es azul! ¡Tiene que ser azul!
Un coagulado azul de lontananza,
un circundante amor de la criatura,
en donde el ojo de agua de su cuerpo
que mana en lentas ondas de estatura
entre fiebres y llagas;
en donde el río hostil de su conciencia
¡agua fofa, mordiente, que se tira,
ay, incapaz de cohesión al suelo!
en donde el brusco andar de la criatura
amortigua su enojo,
se redondea
como una cifra generosa,
se pone en pie, veraz, como una estatua.
¿Qué puede ser —si no— si un vaso no?
Un minuto quizá que se enardece
hasta la incandescencia,
que alarga el arrebato de su brasa,

ay, tanto más hacia lo eterno mínimo
cuanto es más hondo el tiempo que lo colma.
Un cóncavo minuto del espíritu
que una noche impensada,
al azar
y en cualquier escenario irrelevante
—en el terco repaso de la acera,
en el bar, entre dos amargas copas
o en las cumbres peladas del insomnio—
ocurre, nada más, madura, cae
sencillamente,
como la edad, el fruto y la catástrofe.
¿También —mejor que un lecho— para el agua
no es un vaso el minuto incandescente
de su maduración?
Es el tiempo de Dios que aflora un día,
que cae, nada más, madura, ocurre,
para tornar mañana por sorpresa
en un estéril repetirse inédito,
como el de esas eléctricas palabras
—nunca aprehendidas,
siempre nuestras—
que eluden el amor de la memoria,
pero que a cada instante nos sonríen
desde sus claros huecos
en nuestras propias frases despobladas.
Es un vaso de tiempo que nos iza
en sus azules botareles de aire
y nos pone su máscara grandiosa,
ay, tan perfecta,
que no difiere un rasgo de nosotros.
Pero en las zonas ínfimas del ojo,
en su nimio saber,
no ocurre nada, no, sólo esta luz,
esta febril diafanidad tirante,
hecha toda de pura exaltación,
que a través de su nítida substancia
nos permite mirar,
sin verlo a Él, a Dios,
lo que detrás de Él anda escondido:
el tintero, la silla, el calendario
—¡todo a voces azules el secreto
de su infantil mecánica!—
en el instante mismo que se empeñan
en el tortuoso afán del universo.

Pero en las zonas ínfimas del ojo
no ocurre nada, no, sólo esta luz
—ay, hermano Francisco,

esta alegría,
única, riente claridad del alma.
Un disfrutar en corro de presencias,
de todos los pronombres —antes turbios
por la gruesa efusión de su egoísmo—
de mí y de Él y de nosotros tres
¡siempre tres!
mientras nos recreamos hondamente
en este buen candor que todo ignora,
en esta aguda ingenuidad del ánimo
que se pone a soñar a pleno sol
y sueña los pretéritos de moho,
la antigua rosa ausente
y el prometido fruto de mañana,
como un espejo del revés, opaco,
que al consultar la hondura de la imagen
le arrancara otro espejo por respuesta.
Mirad con qué pueril austeridad graciosa
distribuye los mundos en el caos,
los echa a andar acordes como autómatas;
al impulso didáctico del índice
oscuramente
¡hop!
los apostrofa
y saca de ellos cintas de sorpresas
que en un juego sinfónico articula,
mezclando en la insistencia de los ritmos
¡planta-semilla-planta!
¡planta-semilla-planta!
su tierna brisa, sus follajes tiernos,
su luna azul, descalza, entre la nieve,
sus mares plácidos de cobre
y mil y un encantadores gorgoritos.
Después, en un crescendo insostenible,
mirad cómo dispara cielo arriba,
desde el mar,
el tiro prodigioso de la carne
que aun a la alta nube menoscaba
con el vuelo del pájaro,
estalla en él como un cohete herido
y en sonoras estrellas precipita
su desbandada pólvora de plumas.

Mas en la médula de esta alegría,
no ocurre nada, no;
sólo un cándido sueño que recorre
las estaciones todas de su ruta
tan amorosamente
que no elude seguirla a sus infiernos,

ay, y con qué miradas de atropina,
tumefactas e inmóviles, escruta
el curso de la luz, su instante fúlgido,
en la piel de una gota de rocío;
concibe el ojo
y el intangible aceite
que nutre de esbeltez a la mirada;
gobierna el crecimiento de las uñas
y en la raíz de la palabra esconde
el frondoso discurso de ancha copa
y el poema de diáfanas espigas.
Pero aún más —porque en su cielo impío
nada es tan cruel como este puro goce—
somete sus imágenes al fuego
de especiosas torturas que imagina
—las infla de pasión,
en el prisma del llanto las deshace,
las ciega con el lustre de un barniz,
las satura de odios purulentos,
rencores zánganos,
como una mala costra,
angustias secas como la sed del yeso.
Pero aún más —porque, inmune a la mácula,
tan perfecta crueldad no cede a límites—
perfora la substancia de su gozo
con rudos alfileres;
piensa el tumor, la úlcera y el chancro
que habrán de festonar la tez pulida,
toma en su mano etérea a la criatura
y la enjuta, la hincha o la demacra,
como a un copo de cera sudorosa,
y en un ilustre hallazgo de ironía
la estrecha enternecido
con los brazos glaciales de la fiebre.

Mas nada ocurre, no, sólo este sueño
desorbitado
que se mira a sí mismo en plena marcha;
presume, pues, su término inminente
y adereza en el acto
el plan de su fatiga,
su justa vacación,
su domingo de gracia allá en el campo,
al fresco albor de las camisas flojas.
¡Qué trebolar mullido, qué parasol de niebla,
se regala en el ánimo
para gustar la miel de sus vigilias!
Pero el ritmo es su norma, el solo paso,
la sola marcha en círculo, sin ojos;

así, aun de su cansancio, extrae
¡hop!
largas cintas de cintas de sorpresas
que en un constante perecer enérgico,
en un morir absorto,
arrasan sin cesar su bella fábrica
hasta que —hijo de su misma muerte,
gestado en la aridez de sus escombros—
siente que su fatiga se fatiga,
se erige a descansar de su descanso
y sueña que su sueño se repite,
irresponsable, eterno,
muerte sin fin de una obstinada muerte,
sueño de garza anochecido a plomo
que cambia sí de pie, mas no de sueño,
que cambia sí la imagen,
mas no la doncellez de su osadía
¡oh inteligencia, soledad en llamas!
que lo consume todo hasta el silencio,
sí, como una semilla enamorada
que pudiera soñarse germinando,
probar en el rencor de la molécula
el salto de las ramas que aprisiona
y el gusto de su fruta prohibida,
ay, sin hollar, semilla casta,
sus propios impasibles tegumentos.

¡Oh inteligencia, soledad en llamas,
que todo lo concibe sin crearlo!
Finge el calor del lodo,
su emoción de substancia adolorida,
el iracundo amor que lo embellece
y lo encumbra más allá de las alas
a donde sólo el ritmo
de los luceros llora,
mas no le infunde el soplo que ló pone en pie
y permanece recreándose en sí misma,
única en Él, inmaculada, sola en Él,
reticencia indecible,
amoroso temor de la materia,
angélico egoísmo que se escapa
como un grito de júbilo sobre la muerte
—¡oh inteligencia, páramo de espejos!
helada emanación de rosas pétreas
en la cumbre de un tiempo paralítico;
pulso sellado;
como una red de arterias temblorosas,
hermético sistema de eslabones
que apenas se apresura o se retarda

según la intensidad de su deleite;
abstinencia angustiosa
que presume el dolor y no lo crea,
que escucha ya en la estepa de sus tímpanos
retumbar el gemido del lenguaje
y no lo emite;
que nada más absorbe las esencias
y se mantiene así, rencor sañudo,
una, exquisita, con su dios estéril,
sin alzar entre ambos
la sorda pesadumbre de la carne,
sin admitir en su unidad perfecta
el escarnio brutal de esa discordia
que nutren vida y muerte inconciliables,
siguiéndose una a otra
como el día y la noche,
una y otra acampadas en la célula
como en un tardo tiempo de crepúsculo,
ay, una nada más, estéril, agria,
con Él, conmigo, con nosotros tres;
como el vaso y el agua, sólo una
que reconcentra su silencio blanco
en la orilla letal de la palabra
y en la inminencia misma de la sangre.
¡ALELUYA, ALELUYA!

Iza la flor su enseña,
agua, en el prado.
¡Oh, qué mercadería
de olor alado!

¡Oh, qué mercadería
de tenue olor!
¡cómo inflama los aires
con su rubor!

¡Qué anegado de gritos
está el jardín!
"¡Yo, el heliotropo, yo!"
"¿Yo? El jazmín."

Ay, pero el agua,
ay, si no huele a nada.

Tiene la noche un árbol
con frutos de ámbar;
tiene una tez la tierra,
ay, de esmeraldas.

El tesón de la sangre
anda de rojo;
anda de añil el sueño;
la dicha, de oro.

Tiene el amor feroces
galgos morados;
pero también sus mieses,
también sus pájaros.

Ay, pero el agua,
ay, si no luce a nada.

Sabe a luz, a luz fría,
sí, la manzana.
¡Qué amanecida fruta
tan de mañana!

¡Qué anochecido sabes,
tú, sinsabor!
¡cómo pica en la entraña
tu picaflor!

Sabe la muerte a tierra,
la angustia a hiel.
Este morir a gotas
me sabe a miel.

Ay, pero el agua,
ay, si no sabe a nada.

[BAILE]

Pobrecilla del agua,
ay, que no tiene nada,
ay, amor, que se ahoga,
ay, en un vaso de agua.

En el rigor del vaso que la aclara,
el agua toma forma
—ciertamente.
Trae una sed de siglos en los belfos,
una sed fría, en punta, que ara cauces
en el sueño moroso de la tierra,
que perfora sus miembros florecidos,
como una sangre cáustica,
incendiándolos, ay, abriendo en ellos
desapacibles úlceras de insomnio.

Más amor que sed; más que amor, idolatría,
dispersión de criatura estupefacta
ante el fulgor que blande
—germen del trueno olímpico— la forma
en sus netos contornos fascinados.
¡Idolatría, sí, idolatría!
Mas no le basta el ser un puro salmo,
un ardoroso incienso de sonido;
quiere, además, oírse.
Ni le basta tener sólo reflejos
—briznas de espuma
para el ala de luz que en ella anida;
quiere, además, un tálamo de sombra,
un ojo,
para mirar el ojo que la mira.
En el lago, en la charca, en el estanque,
en la entumida cuenca de la mano,
se consuma este rito de eslabones,
este enlace diabólico
que encadena el amor a su pecado.
Es el nítido rostro sin facciones
el agua, poseída,
siente cuajar la máscara de espejos
que el dibujo del vaso le procura.
Ha encontrado, por fin,
en su correr sonámbulo,
una bella, puntual fisonomía.
Ya puede estar de pie frente a las cosas.
Ya es, ella también, aunque por arte
de estas limpias metáforas cruzadas,
un encendido vaso de figuras.
El camino, la barda, los castaños,
para durar el tiempo de una muerte
gratuita y prematura, pero bella,
ingresan por su impulso
en el suplicio de la imagen propia
y en medio del jardín, bajo las nubes,
descarnada lección de poesía,
instalan un infierno alucinante.

Pero el vaso en sí mismo no se cumple.
Imagen de una deserción nefasta
¿qué esconde en su rigor inhabitado,
sino esta triste claridad a ciegas,
sino esta tentaleante lucidez?
Tenedlo ahí, sobre la mesa, inútil.
Epigrama de espuma que se espiga
ante un auditorio anestesiado,
incisivo clamor que la sordera

tenaz de los objetos amordaza,
flor mineral que se abre para adentro
hacia su propia luz,
espejo ególatra
que se absorbe a sí mismo contemplándose.
Hay algo en él, no obstante, acaso un alma,
el instinto augural de las arenas,
una llaga tal vez que debe al fuego,
en donde le atosiga su vacío.
Desde este erial aspira a ser colmado.
En el agua, en el vino, en el aceite,
articula el guión de su deseo;
se ablanda, se adelgaza;
ya su sobrio dibujo se le nubla,
ya, embozado en el giro de un reflejo,
en un llanto de luces se liquida.

Mas la forma en sí misma no se cumple.
Desde su insigne trono faraónico,
magnánima,
deífica,
constelada de epítetos esdrújulos,
rige con hosca mano de diamante.
Está orgullosa de su orondo imperio.
¿En las augustas pituitarias de ónice
no juega, acaso, el encendido aroma
con que arde a sus pies la poesía?
¡Ilusión, nada más, gentil narcótico
que puebla de fantasmas los sentidos!
Pues desde ahí donde el dolor emite
¡oh turbio sol de podre!
el esmerado brillo que lo embosca,
ay, desde ahí, presume la materia
que apenas cuaja su dibujo estricto
y ya es un jardín de huellas fósiles,
estruendoso fanal,
rojo timbre de alarma en los cruceros
que gobierna la ruta hacia otras formas.
La rosa edad que esmalta su epidermis
—senil recién nacida—
envejece por dentro a grandes siglos.
Trajo puesta la proa a lo amarillo.
El aire se coagula entre sus poros
como un sudor profuso
que se anticipa a destilar en ellos
una esencia de rosas subterráneas.
Los crudos garfios de su muerte suben,
como musgo, por grietas inasibles,
ay, la hostigan con tenues mordeduras

y abren hueco por fin a aquel minuto
—¡miradlo en la lenteja del reloj,
neto, puntual, exacto,
correrse un eslabón cada minuto!—
cuando al soplo infantil de un parpadeo,
la egregia masa de ademán ilustre
podrá caer de golpe hecha cenizas.

No obstante —¿por qué no?— también en ella
tiene un rincón el sueño,
árido paraíso sin manzana
donde suele escaparse de su rostro,
por el rostro marchito del espectro
que engendra, aletargada, su costilla.
El vaso de agua es el momento justo.
En su audaz evasión se transfigura,
tuerce la órbita de su destino
y se arrastra en secreto hacia lo informe.
La rapiña del tacto no se ceba
—aquí, en el sueño inhóspito—
sobre el templado nácar de su vientre,
ni la flauta Don Juan que la requiebra
musita su cachonda serenata.
El sueño es cruel,
ay, punza, roe, quema, sangra, duele.
Tanto ignora infusiones como ungüentos.
En los sordos martillos que la afligen
la forma da en el gozo de la llaga
y el oscuro deleite del colapso.
Temprana madre de esa muerte niña
que nutre en sus escombros paulatinos,
anhela que se hundan sus cimientos
bajo sus plantas, ay, entorpecidas
por una espesa lentitud de lodo;
oye nacer el trueno del derrumbe;
siente que su materia se derrama
en un prurito de ácidas hormigas;
que, ya sin peso, flota
y en un claro silencio se deslíe.
Por un aire de espejos inminentes
¡oh impalpables derrotas del delirio!
cruza entonces, a velas desgarradas,
la airosa teoría de una nube.

En la red de cristal que la estrangula,
el agua toma forma,
la bebe, sí, en el módulo del vaso,
para que éste también se transfigure

con el temblor del agua estrangulada
que sigue allí, sin voz, marcando el pulso
glacial de la corriente.
Pero el vaso
—a su vez—
cede a la informe condición del agua
a fin de que —a su vez— la forma misma,
la forma en sí, que está en el duro vaso
sosteniendo el rencor de su dureza
y está en el agua de aguijada espuma
como presagio cierto de reposo,
se pueda sustraer al vaso de agua;
un instante, no más,
no más que el mínimo
perpetuo instante del quebranto,
cuando la forma en sí, la pura forma,
se abandona al designio de su muerte
y se deja arrastrar, nubes arriba,
por ese atormentado remolino
en que los seres todos se repliegan
hacia el sopor primero,
a construir el escenario de la nada.
Las estrellas entonces ennegrecen.
Han vuelto el dardo insomne
a la noche perfecta de su aljaba.

Porque en el lento instante del quebranto,
cuando los seres todos se repliegan
hacia el sopor primero
y en la pira arrogante de la forma
se abrasan, consumidos por su muerte
—¡ay, ojos, dedos, labios,
etéreas llamas del atroz incendio!—
el hombre ahoga con sus manos mismas,
en un negro sabor de tierra amarga,
los himnos claros y los roncos trenos
con que cantaba la belleza,
entre tambores de gangoso idioma
y esbeltos címbalos que dan al aire
sus golondrinas de latón agudo;
ay, los trenos e himnos que loaban
la rosa marinera
que consuma el periplo del jardín
con sus velas henchidas de fragancia;
y el malsano crepúsculo de herrumbre,
amapola del aire lacerado
que se pincha en las púas de un gorjeo;
y la febril estrella, lis de calosfrío,
punto sobre las *íes*

de las tinieblas;
y el rojo cáliz del pezón macizo,
sola flor de granado
en la cima angustiosa del deseo,
y la mandrágora del sueño amigo
que crece en los escombros cotidianos
—ay, todo el esplendor de la belleza
y el bello amor que la concierta toda
en un orbe de imanes arrobados.

Porque el tambor rotundo
y las ricas bengalas que los címbalos
tremolan en la altura de los cantos,
se anegan, ay, en un sabor de tierra amarga,
cuando el hombre descubre en sus silencios
que su hermoso lenguaje se le agosta,
se le quema —confuso— en la garganta,
exhausto de sentido;
ay, su aéreo lenguaje de colores,
que así se jacta del matiz estricto
en el humo aterrado de sus sienas
o en el sol de sus tibios bermellones;
él, que discurre en la ansiedad del labio
como una lenta rosa enamorada;
él, que cincela sus celos de paloma
y modula sus látigos feroces;
que salta en sus caídas
con un ruidoso síncope de espumas;
que prolonga el insomnio de su brasa
en las mustias cenizas del oído;
que oscuramente repta
e hinca enfurecido la palabra
de hiel, la tuerta frase de ponzoña;
él, que labra el amor del sacrificio
en columnas de ritmos espirales;
sí, todo él, lenguaje audaz del hombre,
se le ahoga —confuso— en la garganta
y de su gracia original no queda
sino el horror de un pozo desecado
que sostiene su mueca de agonía.

Porque el hombre descubre en sus silencios
que su hermoso lenguaje se le agosta
en el minuto mismo del quebranto,
cuando los peces todos
que en cautelosas órbitas discurren
como estrellas de escamas, diminutas,
por la entumida noche submarina,

cuando los peces todos
y el ulises salmón de los regresos
y el delfín apolíneo, pez de dioses,
deshacen su camino hacia las algas;
cuando el tigre que huella
la castidad del musgo
con secretas pisadas de resorte
y el bóreas de los ciervos presurosos
y el cordero Luis XV, gemebundo,
y el león babilónico
que añora el alabastro de los frisos
—¡flores de sangre, eternas,
en el racimo inmemorial de las especies!—
cuando todos inician el regreso
a sus mudos letargos vegetales;
cuando la aguda alondra se deslíe
en el agua del alba,
mientras las aves todas
y el solitario búho que medita
con su antifaz de fósforo en la sombra,
la golondrina de escritura hebrea
y el pequeño gorrión, hambre en la nieve,
mientras todas las aves se disipan
en la noche enroscada del reptil;
cuando todo —por fin— lo que anda o repta
y todo lo que vuela o nada, todo,
se encoge en un crujir de mariposas,
regresa a sus orígenes
y al origen fatal de sus orígenes,
hasta que su eco mismo se reinstala
en el primer silencio tenebroso.

Porque los bellos seres que transitan
por el sopor añoso de la tierra
—¡trasgos de sangre, libres,
en la pantalla de su sueño impuro!—
todos se dan a un frenesí de muerte,
ay, cuando el sauce
acumula su llanto
para urdir la substancia de un delirio
en que —¡tú! ¡yo! ¡nosotros!— de repente,
a fuerza de atar nombres destemplados,
ay, no le queda sino el tronco prieto,
desnudo de oración ante su estrella;
cuando con él, desnudos, se sonrojan
el álamo temblón de encanecida barba
y el eucalipto rumoroso,
témpano de follaje
y tornillo sin fin de la estatura

que se pierde en las nubes, persiguiéndose;
y también el cerezo y el durazno
en su loca efusión de adolescentes
y la angustia espantosa de la ceiba
y todo cuanto nace de raíces,
desde el heroico roble
hasta la impúbera
menta de boca helada;
cuando las plantas de sumisas plantas
retiran el ramaje presuntuoso,
se esconden en sus ásperas raíces
y presas de un absurdo crecimiento
se desarrollan hacia la semilla,
hasta quedar inmóviles
¡oh cementerios de talladas rosas!
en los duros jardines de la piedra.

Porque desde el anciano roble heroico
hasta la impúbera
menta de boca helada,
ay, todo cuanto nace de raíces
establece sus tallos paralíticos
en los duros jardines de la piedra,
cuando el rubí de angélicos melindres
y el diamante iracundo
que fulmina a la luz con un reflejo,
más el ario zafir de ojos azules
y la geórgica esmeralda que se anega
en el abril de su robusta clorofila,
una a una, las piedras delirantes,
con sus lindas hermanas cenicientas,
turquesa, lapislázuli, alabastro,
pero también el oro prisionero
y la plata de lengua fidedigna,
ingenuo ruiseñor de los metales
que se ahoga en el agua de su canto;
cuando las piedras finas
y los metales exquisitos, todos,
regresan a sus nidos subterráneos
por las rutas candentes de la llama,
ay, ciegos de su lustre,
ay, ciegos de su ojo,
que el ojo mismo,
como un siniestro pájaro de humo,
en su aterida combustión se arranca.

Porque raro metal o piedra rara,
así como la roca escueta, lisa,

que figura castillos
con sólo naipes de aridez y escarcha,
y así la arena de arrugados pechos
y el humus maternal de entraña tibia,
ay, todo se consume
con un mohíno crepitar de gozo,
cuando la forma en sí, la forma pura,
se entrega a la delicia de su muerte
y en su sed de agotarla a grandes luces
apura en una llama
el aceite ritual de los sentidos,
que sin labios, sin dedos, sin retinas,
sí, paso a paso, muerte a muerte, locos,
se acogen a sus túmidas matrices,
mientras unos a otros se devoran
al animal, la planta
a la planta, la piedra
a la piedra, el fuego
al fuego, el mar
al mar, la nube
a la nube, el sol
hasta que todo este fecundo río
de enamorado semen se conjuga,
inaccesible al tedio,
el suntuoso caudal de su apetito,
no desemboca en sus entrañas mismas,
en el acre silencio de sus fuentes,
entre un fulgor de soles emboscados,
en donde nada es ni nada está,
donde el sueño no duele,
donde nada ni nadie, nunca, está muriendo
y solo ya, sobre las grandes aguas,
flota el Espíritu de Dios que gime
con un llanto más llanto aún que el llanto,
como si herido —¡ay, Él también!— por un cabello,
por el ojo en almendra de esa muerte
que emana de su boca,
hubiese al fin ahogado su palabra sangrienta.
¡ALELUYA, ALELUYA!

¡Tan-tan! ¿Quién es? Es el Diablo,
es una espesa fatiga,
un ansia de trasponer
estas lindes enemigas,
este morir incesante,
tenaz, esta muerte viva,
¡oh Dios! que te está matando
en tus hechuras estrictas,
en las rosas y en las piedras,

en las estrellas ariscas
y en la carne que se gasta
como una hoguera encendida,
por el canto, por el sueño,
por el color de la vista.

¡Tan-tan! ¿Quién es? Es el Diablo,
ay, una ciega alegría,
un hambre de consumir
el aire que se respira,
la boca, el ojo, la mano;
estas pungentes cosquillas
de disfrutarnos enteros
en sólo un golpe de risa,
ay, esta muerte insultante,
procaz, que nos asesina
a distancia, desde el gusto
que tomamos en morirla,
por una taza de té,
por una apenas caricia.

¡Tan-tan! ¿Quién es? Es el Diablo,
es una muerte de hormigas
incansables, que pululan
¡oh Dios! sobre tus astillas,
que acaso te han muerto allá,
siglos de edades arriba,
sin advertirlo nosotros,
migajas, borra, cenizas
de ti, que sigues presente
como una estrella mentida
por su sola luz, por una
luz sin estrella, vacía,
que llega al mundo escondiendo
su catástrofe infinita.

[BAILE]

Desde mis ojos insomnes
mi muerte me está acechando,
me acecha, sí, me enamora
con su ojo lánguido.
¡Anda, putilla del rubor helado,
anda, vámonos al diablo!

Xavier Villaurrutia
(1903-1950)

Nació en la ciudad de México, en 1903, y murió también en la capital de la República, en 1950. Hizo estudios de leyes pero los abandonó para dedicarse de lleno a la literatura. Con Salvador Novo dirigió la revista *Ulises* (1927-1928) y fue uno de los responsables de la revista *Contemporáneos* (1928-1931), editada precisamente por la generación que le dio nombre a esta importante publicación periódica. Además, colaboró en las revistas *Letras de México* y *El Hijo Pródigo*. Poeta, dramaturgo y narrador, su poesía comprende los títulos *Reflejos* (1926), *Nocturnos* (1933), *Décima muerte y otros poemas no coleccionados* (1941) y *Canto a la primavera y otros poemas* (1948). El volumen de sus *Obras*, que incluye poesía, teatro, prosas varias y crítica, se publicó en 1953 y se reeditó, aumentado, en 1966, con prólogo de Alí Chumacero y recopilación de Miguel Capistrán, Luis Mario Schneider y el propio Chumacero.

POESÍA

Eres la compañía con quien hablo
de pronto, a solas.
Te forman las palabras
que salen del silencio
y del tanque de sueño en que me ahogo
libre hasta despertar.

Tu mano metálica
endurece la prisa de mi mano
y conduce la pluma
que traza en el papel su litoral.

Tu voz, hoz de eco,
es el rebote de mi voz en el muro,
y en tu piel de espejo
me estoy mirando mirarme por mil Argos,
por mí largos segundos.

Pero el menor ruido te ahuyenta
y te veo salir
por la puerta del libro
o por el atlas del techo,
por el tablero del piso,
o la página del espejo,

y me dejas
sin más pulso ni voz y sin más cara,
sin máscara como un hombre desnudo
en medio de una calle de miradas.

NOCTURNO DE LA ESTATUA

A Agustín Lazo

Soñar, soñar la noche, la calle, la escalera
y el grito de la estatua desdoblando la esquina.

Correr hacia la estatua y encontrar sólo el grito,
querer tocar el grito y sólo hallar el eco,
querer asir el eco y encontrar sólo el muro
y correr hacia el muro y tocar un espejo.
Hallar en el espejo la estatua asesinada,
sacarla de la sangre de su sombra,
vestirla en un cerrar de ojos,
acariciarla como a una hermana imprevista
y jugar con las fichas de sus dedos
y contar a su oreja cien veces cien cien veces
hasta oírla decir: "estoy muerta de sueño".

NOCTURNO EN QUE NADA SE OYE

En medio de un silencio desierto como la calle antes del crimen
sin respirar siquiera para que nada turbe mi muerte
en esta soledad sin paredes
al tiempo que huyeron los ángulos
en la tumba del lecho dejo mi estatua sin sangre
para salir en un momento tan lento
en un interminable descenso
sin brazos que tender
sin dedos para alcanzar la escala que cae de un piano invisible
sin más que una mirada y una voz
que no recuerdan haber salido de ojos y labios
¿qué son labios? ¿qué son miradas que son labios?
y mi voz ya no es mía
dentro del agua que no moja
dentro del aire de vidrio
dentro del fuego lívido que corta como el grito
Y en el juego angustioso de un espejo frente a otro
cae mi voz
y mi voz que madura
y mi voz quemadura
y mi bosque madura
y mi voz quema dura

como el hielo de vidrio
como el grito de hielo
aquí en el caracol de la oreja
el latido de un mar en el que no sé nada
en el que no se nada
porque he dejado pies y brazos en la orilla
siento caer fuera de mí la red de mis nervios
mas huye todo el pez que se da cuenta
hasta ciento en el pulso de mis sienes
muda telegrafía a la que nadie responde
porque el sueño y la muerte nada tienen ya que decirse.

NOCTURNO MUERTO

Primero un aire tibio y lento que me ciña
como la venda al brazo enfermo de un enfermo
y que me invada luego como el silencio frío
al cuerpo desvalido y muerto de algún muerto.

Después un ruido sordo, azul y numeroso,
preso en el caracol de mi oreja dormida
y mi voz que se ahogue en ese mar de miedo
cada vez más delgada y más enardecida.

¿Quién medirá el espacio, quién me dirá el momento
en que se funda el hielo de mi cuerpo y consuma
el corazón inmóvil como la llama fría?

La tierra hecha impalpable silencioso silencio,
la soledad opaca y la sombra ceniza
caerán sobre mis ojos y afrentarán mi frente.

NOCTURNO EN QUE HABLA LA MUERTE

Si la muerte hubiera venido aquí, a New Haven,
escondida en un hueco de mi ropa en la maleta,
en el bolsillo de uno de mis trajes,
entre las páginas de un libro
como la señal que ya no me recuerda nada;
si mi muerte particular estuviera esperando
una fecha, un instante que sólo ella conoce
para decirme: "Aquí estoy.
Te he seguido como la sombra
que no es posible dejar así nomás en casa;
como un poco de aire cálido e invisible
mezclado al aire duro y frío que respiras;
como el recuerdo de lo que más quieres;
como el olvido, sí, como el olvido
que has dejado caer sobre las cosas

que no quisieras recordar ahora.
Y es inútil que vuelvas la cabeza en mi busca:
estoy tan cerca que no puedes verme,
estoy fuera de ti y a un tiempo dentro.
Nada es el mar que como un dios quisiste
poner entre los dos;
nada es la tierra que los hombres miden
y por la que matan y mueren;
ni el sueño en que quisieras creer que vives
sin mí, cuando yo misma lo dibujo y lo borro;
ni los días que cuentas
una vez y otra vez a todas horas,
ni las horas que matas con orgullo
sin pensar que renacen fuera de ti.
Nada son estas cosas ni los innumerables
lazos que me tendiste,
ni las infantiles argucias con que has querido dejarme
engañada, olvidada.
Aquí estoy, ¿no me sientes?
Abre los ojos; ciérralos, si quieres."

Y me pregunto ahora,
si nadie entró en la pieza contigua,
¿quién cerró cautelosamente la puerta?
¿Qué misteriosa fuerza de gravedad
hizo caer la hoja de papel que estaba en la mesa?
¿Por qué se instala aquí, de pronto, y sin que yo la invite,
la voz de una mujer que habla en la calle?

Y al oprimir la pluma,
algo como la sangre late y circula en ella,
y siento que las letras desiguales
que escribo ahora,
más pequeñas, más trémulas, más débiles,
ya no son de mi mano solamente.

NOCTURNO ROSA

A José Gorostiza

Yo también hablo de la rosa.
Pero mi rosa no es la rosa fría
ni la de piel de niño,
ni la rosa que gira
tan lentamente que su movimiento
es una misteriosa forma de la quietud.

No es la rosa sedienta,
ni la sangrante llaga,
ni la rosa coronada de espinas,
ni la rosa de la resurrección.

No es la rosa de pétalos desnudos,
ni la rosa encerada,
ni la llama de seda,
ni tampoco la rosa llamarada.

No es la rosa veleta,
ni la úlcera secreta,
ni la rosa puntual que da la hora,
ni la brújula rosa marinera.

No, no es la rosa rosa
sino la rosa increada,
la sumergida rosa,
la nocturna,
la rosa inmaterial,
la rosa hueca.

Es la rosa del tacto en las tinieblas,
es la rosa que avanza enardecida,
la rosa de rosadas uñas,
la rosa yema de los dedos ávidos,
la rosa digital,
la rosa ciega.

Es la rosa moldura del oído,
la rosa oreja,
la espiral del ruido,
la rosa concha siempre abandonada
en la más alta espuma de la almohada.

Es la rosa encarnada de la boca,
la rosa que habla despierta
como si estuviera dormida.
Es la rosa entreabierta
de la que mana sombra,
la rosa entraña
que se pliega y expande
evocada, invocada, abocada,
es la rosa labial,
la rosa herida.

Es la rosa que abre los párpados,
la rosa vigilante, desvelada,
la rosa del insomnio desojada.

Es la rosa del humo,
la rosa de ceniza,
la negra rosa de carbón diamante
que silenciosa horada las tinieblas
y no ocupa lugar en el espacio.

DÉCIMA MUERTE

A Ricardo de Alcázar

I

¡Qué prueba de la existencia
habrá mayor que la suerte
de estar viviendo sin verte
y muriendo en tu presencia!
Esta lúcida conciencia
de amar a lo nunca visto
y de esperar lo imprevisto;
este caer sin llegar
es la angustia de pensar
que puesto que muero existo.

II

Si en todas partes estás,
en el agua y en la tierra,
en el aire que me encierra
y en el incendio voraz;
y si a todas partes vas
conmigo en el pensamiento,
en el soplo de mi aliento
y en mi sangre confundida,
¿no serás, Muerte, en mi vida,
agua, fuego, polvo y viento?

III

Si tienes manos, que sean
de un tacto sutil y blando,
apenas sensible cuando
anestesiado me crean;
y que tus ojos me vean
sin mirarme, de tal suerte
que nada me desconcierte
ni tu vista ni tu roce,
para no sentir un goce
ni un dolor contigo, Muerte.

IV

Por caminos ignorados,
por hendiduras secretas,
por las misteriosas vetas
de troncos recién cortados,
te ven mis ojos cerrados
entrar en mi alcoba oscura
a convertir mi envoltura
opaca, febril, cambiante,
en materia de diamante
luminosa, eterna y pura.

V

No duermo para que al verte
llegar lenta y apagada,
para que al oír pausada
tu voz que silencios vierte,
para que al tocar la nada
que envuelve tu cuerpo yerto,
para que a tu olor desierto
pueda, sin sombra de sueño,
saber que de ti me adueño,
sentir que muero despierto.

VI

La aguja del instantero
recorrerá su cuadrante,
todo cabrá en un instante
del espacio verdadero
que, ancho, profundo y señero,
será elástico a tu paso
de modo que el tiempo cierto
prolongará nuestro abrazo
y será posible, acaso,
vivir después de haber muerto.

VII

En el roce, en el contacto,
en la inefable delicia
de la suprema caricia
que desemboca en el acto,
hay un misterioso pacto
del espasmo delirante

en que un cielo alucinante
y un infierno de agonía
se funden cuando eres mía
y soy tuyo en un instante.

VIII

¡Hasta en la ausencia estás viva!
Porque te encuentro en el hueco
de una forma y en el eco
de una nota fugitiva;
porque en mi propia saliva
fundes tu sabor sombrío,
y a cambio de lo que es mío
me dejas sólo el temor
de hallar hasta en el sabor
la presencia del vacío.

IX

Si te llevo en mí prendida
y te acaricio y escondo;
si te alimento en el fondo
de mi más secreta herida;
si mi muerte te da vida
y goce mi frenesí,
¿qué será, Muerte, de ti
cuando al salir yo del mundo,
deshecho el nudo profundo,
tengas que salir de mí?

X

En vano amenazas, Muerte,
cerrar la boca a mi herida
y poner fin a mi vida
con una palabra inerte.
¡Qué puedo pensar al verte,
si en mi angustia verdadera
tuve que violar la espera;
si en vista de tu tardanza
para llenar mi esperanza
no hay hora en que yo no muera!

AMOR CONDUSSE NOI AD UNA MORTE

Amar es un angustia, una pregunta,
una suspensa y luminosa duda;
es un querer saber todo lo tuyo
y a la vez un temor de al fin saberlo.

Amar es reconstruir, cuando te alejas,
tus pasos, tus silencios, tus palabras,
y pretender seguir tu pensamiento
cuando a mi lado, al fin inmóvil, callas.

Amar es una cólera secreta,
una helada y diabólica soberbia.

Amar es no dormir cuando en mi lecho
sueñas entre mis brazos que te ciñen,
y odiar el sueño en que, bajo tu frente,
acaso en otros brazos te abandonas.

Amar es escuchar sobre tu pecho,
hasta colmar la oreja codiciosa,
el rumor de tu sangre y la marea
de tu respiración acompasada.

Amar es absorber tu joven savia
y juntar nuestras bocas en un cauce
hasta que de la brisa de tu aliento
se impregnen para siempre mis entrañas.

Amar es una envidia verde y muda,
una sutil y lúcida avaricia.

Amar es provocar el dulce instante
en que tu piel busca mi piel despierta;
saciar a un tiempo la avidez nocturna
y morir otra vez la misma muerte
provisional, desgarradora, oscura.

Amar es una sed, la de la llaga
que arde sin consumirse ni cerrarse,
y el hambre de una boca atormentada
que pide más y más y no se sacia.

Amar es una insólita lujuria
y una gula voraz, siempre desierta.

Pero amar es también cerrar los ojos,
dejar que el sueño invada nuestro cuerpo

como un río de olvido y de tinieblas,
y navegar sin rumbo, a la deriva:
porque amar es, al fin, una indolencia.

EPITAFIOS

I

(J. C.)

Agucé la razón
tanto, que oscura
fue para los demás
mi vida, mi pasión
y mi locura.
Dicen que he muerto.
No moriré jamás:
¡estoy despierto!

II

Duerme aquí, silencioso e ignorado,
el que que en vida vivió mil y una muertes.
Nada quieras saber de mi pasado.
Despertar es morir. ¡No me despiertes!

Salvador Novo
(1904-1974)

Nació en la ciudad de México, en 1904, y murió también en la capital del país, en 1974. Cursó la carrera de abogado, pero no la concluyó y se dedicó enteramente a las letras y al periodismo. Perteneció a la generación de Contemporáneos y junto con Xavier Villaurrutia dirigió la revista *Ulises*. Fue jefe del Departamento Editorial de la Secretaría de Educación Pública, jefe del Departamento de Teatro del Instituto Nacional de Bellas Artes, y director de la Escuela de Arte Dramático del mismo instituto. Además, fue miembro de la Academia Mexicana de la Lengua. Colaboró en diversas revistas, entre ellas *México Moderno*, *Prisma*, *Falange*, y, por supuesto, *Contemporáneos* de la que fue uno de sus animadores. Además de importante poeta y notable dramaturgo, fue excelente prosista; cronista de la ciudad de México durante mucho tiempo. Destacan, entre sus libros de poesía, *XX poemas* (1925), *Espejo* (1933), *Nuevo amor* (1933), *Poemas proletarios* (1934), *Dieciocho sonetos* (1955) y *Sátira* (1955). Su *Antología personal. Poesía, 1915-1974* se publicó en 1991.

RETRATO DE NIÑO

En este retrato
hay un niño mirándome con ojos grandes;
este niño soy yo
y hay la fecha: 1906.

Es la primera vez que me miré atentamente.
Por supuesto que yo hubiera querido
que ese niño hubiera sido más serio,
con esa mano más serena,
con esa sonrisa más fotográfica.

Esta retrospección no remedia, empero,
lo que el fotógrafo, el cumpleaños,
mi mamá, yo y hasta tal vez la fisiología
dimos por resultado en 1906.

BREVE ROMANCE DE AUSENCIA

Único amor, ya tan mío
que va sazonando el tiempo;
¡qué bien nos sabe la ausencia
cuando nos estorba el cuerpo!

Mis manos te han olvidado
pero mis ojos te vieron
y cuando es amargo el mundo
para mirarte los cierro.

No quiero encontrarte nunca,
que estás conmigo y no quiero
que despedace tu vida
lo que fabrica mi sueño.

Como un día me la diste
viva tu imagen poseo,
que a diario lavan mis ojos
con lágrimas tu recuerdo.

Otro se fue, que no tú,
amor que clama el silencio
si mis brazos y tu boca
con las palabras partieron.

Otro es éste, que no yo,
mudo, conforme y eterno
como este amor, ya tan mío
que irá conmigo muriendo.

ELEGÍA

Los que tenemos unas manos que no nos pertenecen,
grotescas para la caricia, inútiles para el taller o la azada,
largas y fláccidas como una flor privada de simiente
o como un reptil que entrega su veneno
porque no tiene nada más que ofrecer.

Los que tenemos una mirada culpable y amarga
por donde mira la muerte no lograda del mundo
y fulge una sonrisa que se congela frente a las estatuas desnudas
porque no podrá nunca cerrarse sobre los anillos de oro
ni entregarse como una antorcha sobre los horizontes del tiempo
en una noche cuya aurora es solamente este mediodía
que nos flagela la carne por instantes arrancados a la eternidad.

Los que hemos rodado por los siglos como una roca desprendida del Génesis
sobre la hierba o entre la maleza en desenfrenada carrera
para no detenernos nunca ni volver a ser lo que fuimos
mientras los hombres van trabajosamente ascendiendo
y brotan otras manos de sus manos para torcer el rumbo de los vientos
o para tiernamente enlazarse.

Los que vestimos cuerpos como trajes envejecidos,
a quienes basta el hurto o la limosna de una migaja que es todo el pan y la única
hostia,
hemos llegado al litoral de los siglos que pesan sobre nuestros corazones
angustiados
y no veremos nunca con nuestros ojos limpios
otro día que este día en que toda la música del universo
se cifra en una voz que no escucha nadie entre las palabras vacías
y en el sueño sin agua ni palabras en la lengua de la arcilla y del humo.

ROMANCE DE ANGELILLO Y ADELA

A Federico García Lorca

Ella venía de México
—quietos lagos, altas sierras—,
cruzaba mares sonoros
bajo de nubes inciertas:
por las noches encendía
su mirada en las estrellas.
Iba de nostalgia pálida,
iba de nostalgia enferma,
que en su tierra se dejaba
amores para quererla
y en su corazón latía
amarga y sorda la ausencia.

Él se llamaba Angelillo
—ella se llamaba Adela—,
él andaluz y torero
—ella de carne morena—,
él escapó de su casa
por seguir vida torera;
mancebo que huye de España,
mozo que a sus padres deja,
sufre penas y trabajos
y se halla solo en América.
Tenía veintidós años
contados en primaveras.

Porque la virgen lo quiso,
Adela y Ángel se encuentran
en una ciudad de plata
para sus almas desiertas.
Porque la virgen dispuso
que se juntaran sus penas
para que de nuevo el mundo
entre sus bocas naciera,
palabra de malagueño

—canción de mujer morena—,
torso grácil, muslos blancos
—boca de sangre sedienta.

Porque la virgen dispuso
que sus soledades fueran
como dos trémulos ríos
perdidos entre la selva
sobre las rutas del mundo
para juntarse en la arena,
cielo de México oscuro,
tierra de Málaga en fiesta.
¡Ya nunca podrá Angelillo
salir del alma de Adela!

ESTA FLOR

Esta flor en mis manos, repentina
alba en mi noche, estrella
de mi sueño nacida
¿me atreveré a tocarla?,
¿mereceré siquiera profanar con mis ojos
la luz que la revela?

El aire desolado de la espera vacía,
el aire en que no estaba ¡respiré tantos años!
El agua que era muerta y clara y muda,
el agua quieta y dócil, resignada,
humedece su imagen luminosa.
A su labio asomada
—¿por qué milagro?— el agua se quema en su homenaje.

Estatua derruida
en cenizas la brasa consumida,
con la arcilla de ayer formó su vida.

¿Qué sino a su fulgor puede mi noche
atesorar, atónita, el sueño redivivo?
¿Qué voz hallar, qué grito,
qué jubiloso y asombrado canto
saludará su aurora?

Tiendo hacia ti mis manos de mendigo.

POEMA

Cierto: a veces
—muy raras veces ya, ya poco intensas,
fugaces, inhibidas—
suele aún atreverse
una imagen, un silencio,
a darme la añoranza,
la no cumplida sed de la poesía.

Mas ¡cuán difícilmente
alcanza a penetrar esta corteza,
este encallecimiento,
esta losa fraguada
de tiempo sometido!
¡Este apremio, esta fuga, este cerrar los ojos,
acatar
y convertir en cera la flor y su perfume!

Gusanos de palabras
carcomen por millares esta carroña mía.
La abruman y la expresan,
la ocultan, la disfrazan.

Son su lujosa cárcel ambulante,
son el trueque del fruto en el guijarro.
Son su escudo: el espejo
que finge soles, que precave sombras.
La mano vuelta garra,
la sangre ennegrecida y congelada.

Y sin embargo, a veces
—muy raras veces ya, ya poco intensas—
un efluvio, una voz, una sonrisa
perforan como un rayo mi bosque de palabras,
el aturdido muro maniatado;
y pueblan con un grito silencioso
la no cumplida sed de la poesía.

BIBLIOTECA

Estos hombres ¿pusieron lo mejor de sí mismos
en el papel?
Envueltos en silencio; alejados del mundo,
incapaces de hacerlo con azada ni espada,
empuñaron la pluma.
Era su forma resignada
de llenar el minuto vacío de sus vidas;
de sangrar las palabras atadas en su lengua;

de mirarse sin asco en el espejo
que su tinta opacaba;
desesperado intento de perdurar, clavados
cadáveres de insectos;
de no sentirse inútiles ni solos
una tarde, una noche, una hora como ésta;
de aguardar, de entregarse, de florecer sin fruto;
de confiar el fracaso de su muerte
al azar de otra vida

que en soledad, tendiera ¡alguna vez! las manos y los ojos
a sorber su veneno y a entregarles el suyo.

SONETO

Escribir porque sí, por ver si acaso
se hace un soneto más que nada valga;
para matar el tiempo, y porque salga
una obligada consonante al paso.

Porque yo fui escritor, y éste es el caso
que era tan flaco como perra galga;
crecióme la papada como nalga,
vasto de carne y de talento escaso.

¡Qué le vamos a hacer! Ganar dinero
y que la gente nunca se entrometa
en ver si se lo cedes a tu cuero.

Un escritor genial, un gran poeta...
Desde los tiempos del señor Madero,
es tanto como hacerse la puñeta.

SONETO

Este fácil soneto cotidiano
que mis insomnios nutre y desvanece,
sin objeto ni dádiva, se ofrece
al nocturno sopor del sueño vano.

¡Inanimado lápiz, que en mi mano
mis odios graba o mis ensueños mece!
En tus concisas líneas, aparece
la vida fácil, el camino llano.

Extinguiré la luz. Y amanecida,
el diamante de ayer será al leerte
una hoguera en cenizas consumida.

Y he de concluir, soneto, y contenerte
como contiene el jugo de la vida
la perfección serena de la muerte.

A ANTONIO CASTRO LEAL
(Excusándose de dar una conferencia sobre dos pendejos)

Antonio, me he metido en la memoria
los viajes de Fidel, la Callejera
Musa deste señor cuya sesera
unge en laurel la mexicana gloria.

Tantos sopitos, tanta pepitoria:
¿cómo condimentara y los sirviera
en una conferencia que no fuera
digna más del figón que de la historia?

En léxico vernáculo, me rajo.
Si con el Nigromántico me meto,
sospecho que será del mismo hatajo.

Mandemos, pues, henchidos de respeto,
don Ignacio Ramírez al carajo
y a la chingada a don Guillermo Prieto.

REDONDILLAS A ERMILO ABREU GÓMEZ
(En que felicita, y aconseja, al doctor Ermilo, pluma ingeniosa, con ocasión del nuevo estampamiento de sus elegantes, sutiles, claros, ingeniosos, útiles versos)

Que intentas, dícenme, Fabio
—diré Fabio por Ermilo,
que es tropo muy de mi estilo
el decir burro por sabio—,

los reporteros del cielo
—que aquí hay también Dalevueltas,
magazines, hojas sueltas
y alguno que otro libelo—

publicar —no me propase
con incidentales nuevos,
que en metáfora de huevos
son cáscaras de la frase—

las obras que en el convento
entretuvieron mis ocios
y que con otros negocios
me ganaron el sustento.

Grata ha sido la noticia,
y te digo verdadera
que aplaudírtela quisiera
si hallara ocasión propicia.

Mas llegada a revestir
el seráfico abolengo
ni con qué sentarme tengo
ni tengo con qué aplaudir.

En mi estado duradero
soy sólo cabeza, y alas,
y ando, en las etéreas salas,
con alas, y sin sombrero.

Mas para que no presumas
soberbia altiva en mi parte,
voy a arrancarme, y a enviarte,
de mis alas cuatro plumas.

Mójalas en los torrentes
de tu erudición sin par
y así las podrás usar
como cuatro plumas fuentes.

A tus discípulos dalas;
escribirán ellas solas,
y allí donde yerren olas
corregirán solas alas.

Y allá te van, si las quieres,
las póstumas instrucciones
para que mis ediciones
purifiques y moderes.

No tomes gato por liebre.
Fue imperdonable desliz
darle mis autos a Ortiz
viendo garage en pesebre.

Cálate bien los quevedos
cuando mis versos translades;
no pongas por jodes jades
ni saques por podos pedos.

¿Te parece bien, a fe?
¿No te parece un insulto
que donde yo puse el culto
tú le suprimas la t?

Y en aquella linda glosa
"qué importa cegar o ver"
hiciste cosa de oler
la que era visible cosa.

Cegaste, y en vez del e
una a me colocaste,
con que no diré cegaste,
sí que cagaste diré.

Y mis partos repartidos
son espectáculo triste,
puesto que los dividiste
como si fueran ejidos.

Y si una errata me pierde
cuida de mi romancero;
pues saber dél más no quiero
si ese Monterde es Tonmerde.

No eches a perder papel
y haz que por vida de Urano
ya no monte Montellano,
sí que lo monten a él.

Y que mi teatro me espanta
haga persona tan leda,
pues Julio Jiménez, Rueda,
pero su suegra no yanta.

Y desespera, desola,
anonada y contrapincha
un cuñado que relincha
y una suegra que habla sola.

Ya me asegura mi instinto
que el tal tiene en la cabeza
maleza tal, que en certeza
ni "amor es más laberinto".

¿Cómo, Fabio, se acompasa
que un reprobado en idiomas
les ponga puntos y comas
sin empeños de una casa?

Ya termino, por mi mal.
Veremos a ver si puedes.
La condesa de Paredes
quiere echar un nixtamal.

GILBERTO OWEN
(1905-1952)

Nació en El Rosario, Sinaloa, en 1905, y murió en Filadelfia, Estados Unidos, en 1952. Estudió en la Escuela Nacional Preparatoria, en la ciudad de México, donde conoció a Jorge Cuesta y gracias a esta amistad se integró a la generación de Contemporáneos. Perteneció al servicio diplomático y representó a nuestro país en Estados Unidos, Ecuador, Perú y Colombia. Colaboró en las revistas *Ulises* y *Contemporáneos*. Además de poeta fue narrador; entre sus títulos de poesía destacan *Desvelo* (1925), *Línea* (1930), *Libro de Ruth* (1944) y *Perseo vencido* (1948). Una recopilación más reciente de su obra es la que llevó a cabo Juan Coronado (selección y prólogo) en el volumen *De la poesía a la prosa en el mismo viaje* (1990).

RASGOS

I. CAMINO

Aquel camino, desde la montaña,
con la hemorragia larga
de su barro,
baja,
poquito a poco,
hasta la botica aldeana.

El camino, después —¿o el río?—,
ya detrás de las casas
y ya envuelto
en blancas
vendas lúcidas.

El caminito, en la mañana.

II. PINAR

Apuntamos aquel cielo
que se nos desplomaba, verdinegro.
Los que pasaban a lo lejos eran
—sombras chinescas
en la pantalla del crepúsculo—
nuestras sombras en otros mundos.

El cielo verdadero
estaba, afuera, preso,
y se asomaba entre los troncos, viéndonos
con su ojo de luna, huero.
Una estrella, la única, temblaba
sin luz en nuestras almas.

Y, si cerrábamos los ojos
oíamos, platónicos,
como un zumbar de abejas
la música de las esferas.

III. CAMINO

¿Y aquel otro
caminito del cielo
por donde anoche fueron
nuestros ojos?

Cuatro príncipes iban sobre él;
cuatro pilares de aquel puente
que soñamos tender
del hoy al siempre.

¡Oh dolor, sin tu vino acedo
ni la píldora de opio de la luna,
ya estaríamos en lo eterno!

–...Y soñar en la fácil aventura.

ESPERA, OCTUBRE...

Espera, octubre.
No hables, voz. Abril disuelve apenas
la piel de las estatuas en espuma,
aún canta en flor el árbol de las venas,
y ya tu augurio a ras del mar, tu bruma
que sobre el gozo cuelga sus cadenas,
y tu clima de menta, en que se esfuma
el pensamiento por su laberinto
y se ahonda el laberinto del instinto.

No quemes, cal. No raye las paredes
de aire de abril de mi festín tu aviso.
Si ya me sabes presa de tus redes,
si a mi soñar vivir nací sumiso,
vuelve al sueño real de que procedes,
déjame roca el humo infiel que piso,

deja a mi sed el fruto, el vino, el seno,
y a mi rencor su diente de veneno.

Espejo, no me mires todavía.
Abril nunca es abril en el desierto,
y me espía tu noche todo el día
para que al verte yo me mire muerto;
Narciso no murió de egolatría,
sí cuando le enseñé que eres incierto,

que eres igual al hombre que te mira
y que al mirarse en ti ya no se mira.

ALLÁ EN MIS AÑOS...

Allá en mis años Poesía usaba por cifra una equis,
y su conciencia se llamaba quince.
¿Qué van a hacer las rosas
sin quien les fije el límite exacto de la rosa?

¿Qué van a hacer los pájaros (hasta los de cuenta)
sin quien les mida el número exacto de su trino?
Ahora pájaros y rosas tendrán que pensar por sí mismos
y la vida será muchísimo más sin sentido.
Como la esclava que perdió a su dueño
(y tú eras su amo y él tu esclavo),
así irás Poesía por las calles de México.

EL INFIERNO PERDIDO

Por el amor de una nube
de blanda piel me perdí
duermo encadenado al cielo
sin voz sin nombre sin ser
sin ser voz suena mi nombre
mas donde sueña no sé
que se me enredó la oreja
descifrando un caracol
tras una reja de olas
lo hará burbujas un pez
mas mi boca ya no sabe
la sílaba sal del mar
sílaba de sal que salta
del mar a mis ojos sin
lágrimas que la desposen
y el frío mal traductor
mal traidor ángel del frío
roba mi nombre de ayer
y me lo vuelve sin fiebre

sin tacto sin paladar
contacto bobo del cero
grados que era su inicial
con su tardes de ceniza
en mi lengua de alcohol
en su verde voz de llama
de menta ahoga en mi voz
con su blando amor de nube
que el orden me encadenó.

Concha Urquiza
(1910-1945)

Nació en Morelia, Michoacán, en 1910, y murió en Ensenada, Baja California, en 1945. Estudió en la Facultad de Filosofía y Letras de la Universidad Nacional. Vivió en su ciudad natal, en la ciudad de México y en San Luis Potosí. En Morelia perteneció a la congregación de las Hijas del Espíritu Santo. Publicó sus primeros poemas en la *Revista de Yucatán* y en *Revista de Revistas*. Sus *Obras* (poemas y prosas), fueron recopiladas y prologadas por Gabriel Méndez Plancarte y vieron la luz en 1946. Una edición más reciente, con recopilación de poemas dispersos y presentación de José Vicente Anaya, lleva por título *El corazón preso* y se publicó en 1990.

SONETOS BÍBLICOS

I. JOB

Y vino y puso cerco a mi morada y abrió por medio della gran carrera.

Fray Luis de León
(traducción del Libro de Job)

Él fue quien vino en soledad callada,
y moviendo sus huestes al acecho
puso lazo a mis pies, fuego a mi techo
y cerco a mi ciudad amurallada.

Como lluvia en el monte desatada
sus saetas bajaron a mi pecho;
Él mató los amores en mi lecho
y cubrió de tinieblas mi morada.

Trocó la blanda risa en triste duelo,
convirtió los deleites en despojos,
ensordeció mi voz, ligó mi vuelo,

hirió la tierra, la ciñó de abrojos,
y no dejó encendida bajo el cielo
más que la obscura lumbre de sus ojos.

II. SULAMITA

Pues ya si en el exilio
de hoy más no fuere vista ni hallada,
diréis que me he perdido,
que andando enamorada...

San Juan de la Cruz,
Cántico espiritual

Atraída al olor de tus aromas
y embriagada del vino de tus pechos,
olvidé mi ganado en los barbechos
y perdí mi canción entre las pomas.

Como buscan volando las palomas
las corrientes mecidas en sus lechos,
por el monte de cíngulos estrechos
buscaré los parajes donde asomas.

Ya por toda la tierra iré perdida,
dejando la canción abandonada,
sin guarda la manada desvalida,

desque olvidé mi amor y mi morada,
al olor de tus huertos atraída,
del vino de tus pechos embriagada.

III. RUTH

Ego dormio el cor meum vigilat.

Cant., v. 2

La quieta soledad, el lecho obscuro
de inmortales tinieblas coronado,
el silencio en la noche derramado,
y el cerco de la paz, ardiente y puro.

Ruth detiene el aliento mal seguro,
descubre el rostro de dolor turbado,
y por largos anhelos agitado
con dura mano oprime el seno duro.

Duerme Booz en tanto; su sentido,
en misterioso sueño sumergido,
la presencia tenaz de Ruth ignora.

Mas su despierto corazón medita...
y la noche fugaz se precipita
hacia los claros lechos de la aurora.

IV. DAVID

¡Oh Betsabé, simbólica y vehemente!
Con doble sed mi corazón heriste
cuando la llama de tu cuerpo hiciste
duplicarse en la onda transparente.

Cerca el terrado y el marido ausente,
¿quién a la dicha de tu amor resiste?
No en vano fue la imagen que me diste
acicate a los flancos y a la mente.

¡Ay de mí, Betsabé, tu brazo tierno,
traspasado de luz como las ondas,
ligó mis carnes a dolor eterno!

¡Qué horrenda sangre salpicó mis frondas!
¡En qué negrura y qué pavor de infierno
se ahogó la luz de tus pupilas blondas!

V. JEZABEL

Palidez consumada en el deseo,
suma de carne transparente y fina,
ya sellada, en profética rutina,
para el soldado y para el can hebreo.

¡Oh desahuciada fiebre, oh devaneo
que oscila como péndulo en rüina,
de un viñedo que el sol nimba y fulmina
a cruenta gloria y militar trofeo!

Horror de pausa y de silencio, acaso
para no conocer turbias carreras
del corazón, hacia el fatal ocaso,

ni sentir que en sus válvulas arteras
se endulza ya la sangre paso a paso
para halagar las fauces de las fieras.

Manuel Ponce
(1913-1993)

Nació en Tanhuato, Michoacán, en 1913, y murió en la ciudad de México, en 1993. Estudió filosofía, latín y literatura en el Seminario de Morelia y, a los veintitrés años, se ordenó sacerdote. Poeta religioso por excelencia, revitalizó en México, en pleno siglo XX, esta vertiente lírica. Colaboró en las revistas *El Hijo Pródigo*, *Letras de México* y *Ábside*. Entre sus libros destacan *Ciclo de vírgenes* (1940), *Quadragenario y segunda pasión* (1942), *Misterios para cantar bajo los álamos* (1947), *El jardín increíble* (1950), *Cristo-María* (1962) y *Elegías y teofanías* (1968). Gabriel Zaid seleccionó y prologó una *Antología poética* del padre Ponce que vio la luz en 1980 y se reeditó en 1991. El volumen que recoge su *Poesía, 1940-1984*, con prólogo de Javer Sicilia y Jorge González de León, se publicó en 1988.

LAS VÍRGENES CAÍDAS

A su primer suspiro,
nadie tendió la mano;
sólo el abismo.

Después mil brazos
corrieron al auxilio,
pero ya entonces
ella no quiso.

Corría ya.
Se deslizaba por el ventisco
glaciar abajo,
lanzada,
pero guardando el equilibrio.
Siempre reflujo abajo,
más aprisa, siempre en vuelo, casi en vilo.

Tú acelerabas, vértigo;
acelerabas tú, racha de siglos.
¡Dios mío!
¿Acelerabas
tú mismo?

Quillas contra el viento
sus mellizos,
cabellera de relámpago asido.

¡Miradla!

La miraban. Un solo guiño
de los obscuros lobos
le despojó el vestido.
Allá quedó,
jirones, el armiño.

Lo demás,
siguió, se fue en un grito.
No el suyo.
Más no digo.

MISTERIOS GLORIOSOS

LA RESURRECCIÓN

Vuelva la muerte a su fosa
después que en la sombra inerte,
luchando en lid silenciosa,
rompió capullos de muerte
invencible mariposa.

LA ASCENSIÓN

¿Por qué, domador de azares,
vuelves a tus patrios lares
y a la paz donde te subes,
siendo pescador de mares,
te haces pescador de nubes?

LA VENIDA DEL ESPÍRITU SANTO

Amor, no te conocía,
ni tampoco te creía,
hasta que tu fuego, amén,
me ha consumido recién,
¡y quién sabe todavía!

LA ASUNCIÓN DE LA VIRGEN

La rosa que tiene imán
en el más alto desvelo
gira entornada hacia el suelo
buscando, si se lo dan,
lo que le faltaba al cielo.

Manuel Ponce

la coronación de maría

El mar, un difuso toro,
el aire, una cuerda fría,
la tierra un libro de oro,
y todo junto es un coro
para cantar a María.

¡ay, muerte más florida!

1

Nos ha traído una lengua lejana
a este puro silencio de bosque partido,
en el canto de ayer que se delata en nido,
en el silente nido que cantará mañana.

Callamos por la luz que se rebana,
por la hoja que se ha distraído
y cae. Yo estoy herido
de muerte, una muerte venial y liviana.

Cuelga en la luz, cuelga en la rama vencida,
en cuevas perfumadas se despeña,
y en dondequiera pienso y amo, me provoca.

¡Ay, ninfa descarnada! ¡Ay, muerte más florida!
Se prende una rosa, se prende una tarde pequeña
en el risueño plantel de su boca.

2

Entre dos continentes amarillos
y una marcha de perlas hacia dentro,
asomaba su prístina palabra
como semilla de su limpio mundo.

De sus labios colgaban los jardines,
gozosos de su alegre despedida,
y envueltos en su túnica sonora,
desflecaba los iris de su lengua.

¡Oh muerte, paraíso doloroso,
en tu mercadería de perfumes
anda luzbel de simple mariposa!

Pero en tus sienes, que las horas hacen
urna depositaria de sus mieles,
no tejeré ni una sola frase.

3

Después, cuando la sangre se gloríe
de haber ensortijado fieramente
millares de kilómetros febriles
en el pequeño huso de la estatua

y, rito silencioso el olvido,
trace por último su atenta firma,
para la identidad de la materia,
botín de pajarillos seculares:

reducirás a polvo el argumento
que tuve para hollar con pies altivos
los dorados insectos de la tierra.

Pero mientras ocurren los narcisos
a cegarme la fuente de los sueños,
tu enigma es floreciente margarita.

LA RESULTANTE DE UN PAISAJE

Voy a gusto
—descuidadme, señores—
en la rueda del mundo.

Y sin remordimientos
y con mucha esperanza
a bajo precio.

Lo mismo voy mecido
en el verde columpio,
que muerto por el río.

Los árboles a una,
lanzaban con agrado
sus fumarolas verdes.

Pero allí se quedaban
—oh, qué tiernos—
dormidas en los brazos.

La sombra de mi cuerpo,
los hombres todos eran
dibujos caprichosos.

¡Qué torre disparada;
seguro que me iría
si el arco disparara!

Los ojos de agua, ledos,
tienen liras pulsadas
por ángeles secretos.

Y los ojos —¡creedme!—
y los ojos dormidos,
cerrados para siempre.

Yo me voy a los árboles
del alba
donde labro mis cárceles.

La verdad no es amor,
ni te amo,
pena mía y de todos.

La verdad es decirla
a sabiendas
del punto de partida.

Efraín Huerta
(1914-1982)

Nació en Silao, Guanajuato, en 1914, y murió en la ciudad de México, en 1982. Hizo estudios inconclusos de leyes, y se dedicó de lleno a la literatura y el periodismo. Junto con Octavio Paz, Rafael Solana y Neftalí Beltrán, entre otros, perteneció a la generación que animó la revista *Taller* (1938-1941). Colaboró en la mayoría de los periódicos de la capital del país, con reseñas, poemas y críticas cinematográficas. Entre sus más significativos libros de poesía están *Absoluto amor* (1935), *Línea del alba* (1936), *La rosa primitiva* (1950), *Estrella en alto* (1956), *Poemas prohibidos y de amor* (1973), *Los eróticos y otros poemas* (1974), *Circuito interior* (1977), *50 poemínimos* (1978), *Amor, patria mía* (1980) y *Dispersión total* (1986). Su *Poesía, 1935-1968*, se publicó en 1968; su *Poesía completa* compilada por Martí Soler y prologada por David Huerta, vio la luz en 1988 y se reeditó, corregida, en 1995.

BREVE ELEGÍA A BLANCA ESTELA PAVÓN

Ahora y en la hora de nuestra muerte, amor, ahora y siempre,
bajo la consigna de la angustia y a la sombra del sueño,
te espero, te esperamos, paloma de nostalgia, suave alondra.

Un sueño es una perla que se deshace al vuelo.
La angustia es un misterio detenido en su muerte.
Decir: una paloma, es ver que una esperanza se nos va, gota a gota.

Estoy entre tu muerte y estoy entre tu vida.
Bajo tu clara sombra, al pie de la agonía.
Soy el pequeño árbol que no seca su llanto,
soy sombra de mí mismo, alcohol martirizado.

Soy frágil, varonil, soy maltrecha nostalgia.
Soy sombra de tu muerte y perfil de tu vida,
el vaso de tu sangre, rosa de tus cenizas,
estatua de tu polvo, violencia de tu seda.
Soy tu sollozo y soy la herida de tu vuelo.

Ahora y en la hora de nuestra muerte, amor,
soy mármol en tu lecho, clavel entre tu tierra,
el oro en tu ataúd y el ciprés en tu tumba.

Ahora soy un hombre con el luto en los hombros.
Soy tu luto, tu negro, enronquecido y ciego
ir y venir, morir, nacer y estar muriendo.

Tú fuiste la paloma del más perfecto vuelo.
Yo invento la tristeza e invento la agonía.
Estoy junto a tu muerte, que es mi propio veneno.
Estás junto a mi muerte y yo soy tu elegía.

BUENOS DÍAS A DIANA CAZADORA

Muy buenos días, laurel, muy buenos días, metal, bruma y silencio.
Desde el alba te veo, grandiosa espiga, persiguiendo a la niebla,
y eres, en mi memoria, esencia de horizonte, frágil sueño.
Olaguíbel te dio la perfección del vuelo y el inefable encanto de estar quieta,
serena, rodilla al aire y senos hacia siempre, como pétalos
que se hubiesen caído, mansamente, de la espléndida rosa de toda adolescencia.

Muy buenos días, oh selva, laguna de lujuria, helénica y ansiosa.
Buenos días en tu bronce de violetas broncíneas, y buenos días, amiga,
para tu vientre o playa donde nacen deseos de espinosa violencia.
¡Buenos días, cazadora, flechadora del alba, diosa de los crepúsculos!
Dejo a tus pies un poco de anhelo juvenil y en tus hombros, apenas,
abandono las alas rotas de este poema.

ÓRDENES DE AMOR

¡Ten piedad de nuestro amor
y cuídalo, oh Vida!

CARLOS PELLICER

I

Amor mío, embellécete.
Perfecto, bajo el cielo, lámpara
de mil sueños, ilumíname.
Orquídea de mil nubes,
desnúdate, vuelve a tu origen,
agua de mis vigilias,
lluvia mía, amor mío.
Hermoso seas por siempre
en el eterno sueño
de nuestro cielo,
amor.

2

Amor mío, ampárame.
Una piedad sin sombra
de piedad es la vida. Sombra
de mi deseo, rosa de fuego.
Voy a tu lado, amor,
como un desconocido.
Y tú me das la dicha
y tú me das el pan,
la claridad del alba
y el frutal alimento,
dulce amor.

3

Amor mío, obedéceme:
ven despacio, así, lento,
sereno y persuasivo:
Sé dueño de mi alma,
cuando en todo momento
mi alma vive en tu piel.
Vive despacio, amor,
y déjame beber,
muerto de ansia,
dolorido y ardiente,
el dulce vino, el vino
de tu joven imperio,
dueño mío.

4

Amor mío, justifícame,
lléname de razón y de dolor.
Río de nardos, lléname
con tus aguas: ardor de ola,
mátame...
        Amor mío.
Ahora sí, bendíceme
con tus dedos ligeros,
con tus labios de ala,
con tus ojos de aire,
con tu cuerpo invisible,
oh tú, dulce recinto
de cristal y de espuma,
verso mío tembloroso,
amor definitivo.

5

Amor mío, encuéntrame.
Aislado estoy, sediento
de tu virgen presencia,
de tus dientes de hielo.
Hállame, dócil fiera,
bajo la breve sombra de tu pecho,
y mírame morir,
contémplame desnudo
acechando tu danza,
el vuelo de tu pie,
y vuélveme a decir
las sílabas antiguas del alba:
Amor, amor-ternura,
amor-infierno,
desesperado amor.

6

Amor mío, despiértame
a la hora bendita, alucinada,
en que un hombre solloza
víctima de sí mismo y ábreme
las puertas de la vida.
Yo entraré silencioso
hasta tu corazón, manzana de oro,
en busca de la paz
para mi duelo. Entonces
amor mío, joven mía,
en ráfagas la dicha placentera
será nuestro universo.
Despiértame y espérame,
amoroso amor mío.

EL TAJÍN

A David Huerta
A Pepe Gelada

...el nombre de El Tajín le fue dado por los indígenas totonacas de la región por la frecuencia con que caían rayos sobre la pirámide...

I

Andar así es andar a ciegas,
andar inmóvil en el aire inmóvil,
andar pasos de arena, ardiente césped.

Dar pasos sobre agua, sobre nada
—el agua que no existe, la nada de una astilla—,
dar pasos sobre muertes,
sobre un suelo de cráneos calcinados.

Andar así no es andar sino quedarse
sordo, ser ala fatigada o fruto sin aroma;
porque el andar es lento y apagado,
porque nada está vivo
en esta soledad de tibios ataúdes.
Muertos estamos, muertos
en el instante, en la hora canicular,
cuando el ave es vencida
y una dulce serpiente se desploma.

Ni un aura fugitiva habita este recinto
despiadado. Nadie aquí, nadie en ninguna sombra.
Nada en la seca estela, nada en lo alto.
Todo se ha detenido, ciegamente,
como un fiero puñal de sacrificio.
Parece un mar de sangre
petrificada
a la mitad de su ascensión.
Sangre de mil heridas, sangre turbia,
sangre y cenizas en el aire inmóvil.

2

Todo es andar a ciegas, en la
fatiga del silencio, cuando ya nada nace
y nada vive y ya los muertos
dieron vida a sus muertos
y los vivos sepultura a los vivos.
Entonces cae una espada de este cielo metálico
y el paisaje se dora y endurece
o bien se ablanda como la miel
bajo un espeso sol de mariposas.

No hay origen. Sólo los anchos y labrados ojos
y las columnas rotas y las plumas agónicas.
Todo aquí tiene rumores de aire prisionero,
algo de asesinato en el ámbito de todo silencio.
Todo aquí tiene la piel
de los silencios, la húmeda soledad
del tiempo disecado; todo es dolor.
No hay un imperio, no hay un reino.
Tan sólo el caminar sobre su propia sombra,
sobre el cadáver de uno mismo,

al tiempo que el tiempo se suspende
y una orquesta de fuego y aire herido
irrumpe en esta casa de los muertos
—y un ave solitaria y un puñal resucitan.

3

Entonces ellos —son mi hijo y mi amigo—
ascienden la colina
como en busca del trueno y el relámpago.
Yo descanso a la orilla del abismo,
al pie de un mar de vértigos, ahogado
en un inmenso río de helechos doloridos.
Puedo cortar el pensamiento con una espiga,
la voz con un sollozo, o una lágrima,
dormir un infinito dolor, pensar
un amor infinito, una tristeza divina;
mientras ellos, en la suave colina,
sólo encuentran
la dormida raíz de una columna rota
y el eco de un relámpago.

Oh Tajín, oh naufragio,
tormenta demolida,
piedra bajo la piedra;
cuando nadie sea nada y todo quede
mutilado, cuando ya nada sea
y sólo quedes tú, impuro templo desolado,
cuando el país-serpiente sea la ruina y el polvo,
la pequeña pirámide podrá cerrar los ojos
para siempre, asfixiada,
muerta en todas las muertes,
ciega en todas las vidas,
bajo todo el silencio universal
y en todos los abismos.

Tajín, el trueno, el mito, el sacrificio.
Y después, nada.

RESPONSO POR UN POETA DESCUARTIZADO

Claro está que murió —como deben morir los poetas,
maldiciendo, blasfemando, mentando madres,
viendo apariciones, cobijado por las pesadillas.
Claro que así murió y su muerte resuena en las malditas habitaciones
donde perros, orgías, vino griego, prostitutas francesas, donceles y príncipes
se rinden
y le besan los benditos pies;

porque todo en él era bendito como el mármol de La Piedad
y el agua de los lagos, el agua de los ríos y los ríos de alcohol bebidos a pleno pulmón,
así deben beber los poetas: Hasta lo infinito, hasta la negra noche y las agrias albas
y las ceremonias civiles y las plumas heridas del artículo a que te obligan,
la crónica que nunca hubieras querido escribir
y los poemas rubíes, los poemas diamantes, los poemas huesolabrado,
los poemas floridos, los poemas toros, los poemas posesión,
los poemas rubenes, los poemas daríos, los poemas madres,
los poemas padres, tus poemas...

Y así le besaban los pies, la planta del pie que recorrió los cielos y tropezó mil y un infiernos
al sonido siringa de los ángeles locos y los demonios trasegando absintio
(*El chorro de agua de Verlaine estaba mudo*), ante el azoro y la soberbia estupidez de los cónsules y los dictadores, la chirlería envidiosa y la espesa idiotez de las gallinas municipales.
Maldiciendo, claro, porque en la agonía estaba en su derecho
y porque qué jodidos (*¡Jure, jodido!*,
dijo Rubén al niño triste que oyó su testamento), ¿por qué no morir de alcoholes de todo el mundo si todo el mundo es alcohol y la llama lírica es la mirada de un niño con la cara de un lirio?
Resollaba y gemía como un coloso crisoelefantino
hecho de luces y tinieblas, pulido por el aire de los Andes, la neblina
de los puertos, el ahogo de Nueva York, la palabra española,
el duelo de Machado, Europa sin su pan.
Rugía impuramente como deben rugir todos los poetas que mueren (*¡Qué horror, mi cuerpo destrozado!*)
y los médicos: *Aquí hay pus, aquí hay pus* —y nunca le hallaron nada
sino dolor en la piel,
limpios los riñones heroicos, limpio el hígado, limpio y soberbio el corazón
y limpiamente formidable el cerebro que nunca se detuvo, como un sol escarlata,
como un sol de esmeraldas, como la mansión de los dioses,
como el penacho de un emperador azteca, de un emperador inca,
de un guerrero taíno;
cerebro de un amante embriagado a la orilla de un dulcísimo cuerpo, ay, de mieles y nardos
(su peso: *mil ochocientos cincuenta gramos*: tonelaje de poeta divino,
anchura de navío),
el cerebro donde estallaron los veintiún cañonazos de la fortaleza de Acosasco
y que luego...

Claramente, turbiamente hablando, hubo necesidad de destrozarlo,
enteramente destazarlo como a una fiera selvática, como al toro americano
porque fue mucho hombre, mucho poeta, mucho vida, muchísimo universo
necesariamente sus vísceras tenían que ser universales, polvo a los cuatro vientos,
circunvoluciones repletas de piedad, henchidas de amor y de ternura.
Aquí el hígado y allá los riñones.

¡Dame el corazón de Rubén! Y el cerebro peleado, de garra en garra
como un puñado de perlas.
Aquel cerebro (¡salud!) que contó hechicerías y fue sacado a la luz antes del alba;
y por él disputaron y por él hubo sangre en las calles y la policía dijo, chilló,
bramó:
¡A la cárcel! Y el cerebro de Rubén Darío *—mil ochocientos cincuenta gramos—*
fue a dar a la cárcel
y fue el primer cerebro encarcelado, el primer cerebro entre rejas,
el primer cerebro en una celda,
la primera rosa blanca encarcelada, el primer cisne degollado.

Lo veo y no lo creo: ardido por esa leña verde, por esa agonía
de pirámide arrasada,
el poeta que todo lo amó
cubría su pecho con el crucifijo, el crucifijo, el suave crucifijo,
el Cristo de marfil que otro poeta agónico le regalara —Amado Nervo—,
y me parece oír cómo los dientes le quemaban y de qué manera
se mordía la lengua y la piel se le ponía violácea
nada más porque empezaba a morir,
nada más porque empezaba a santificarnos con su muerte y su delirio,
sus blasfemias, sus maldiciones, su testamento,
y nada más porque su cerebro tuvo que andar de garra en mano y de mano en
garra
hasta parecer el ala de un ángel,
la solar sonrisa de un efebo,
la sombra de recinto de todos los poetas vivos,
de todos los poetas agonizantes,
de todos los poetas.

BARBAS PARA DESATAR LA LUJURIA

Un día de marzo de 1962. Por los desnudos clandestinos de Cecilia Montero; por la barba de Ricardo Salazar, fotógrafo; por mis amigos Jesús Arellano, Jaime Sabines, Antonio Galván Corona, A. Silva Villalobos y Rubén Salazar Mallén.

So espléndido chilló Ricardo
(Bloom) y se afeitó la negra y mulliganosa barba de cinco meses
alors cayeron catedrales de moscas piando misericordia
y fotos de Cecilia enseñándolo todo la muy cínica;
la expulsaron y después la dejaron entrar
mientras Ricardo (Bloom bum bum van a filmar Ulises)
se ahoga en un buche de agua en la Casa del Lago
y su barba de alquitrán va y viene
y el rector papá Chávez protesta cuando esa maldita barba
de no sé qué coño me recuerda
y la estatua del gran pirata apestaban a pólvora.

Porque ya hemos llegado, so hermanos
oh hermanos en el páramo de dólares de Joarez Avenue,
vamos a ver, queridos, que cada quien se la saque y orine sobre su propia tumba
(tum tum tumba Politécnico Politécnico ra ra ra)
porque ha sonado la hora divina del trasero de Cecilia
y todo lo demás
Y después ya podremos hablar de todo lo que usted guste
y por ende hasta de Paz
paz paz paz para las palomas de La Habana

paz para las palomas del Louvre paz para las palomas de Moscú y Nueva York
paz para los palomos pentágonos de Washington
pido paz para el crepúsculo de las dulces doncellas
para la atareada vagina de Cecilia
para la muerta barba de Ricardo bloom bloom Ricardo vámonos a Dédalus
a ver qué te echas
Ahora me toca sangre de cordero
la santa sangre de cordero sabe a miel y a lo que te conté
nada más que aquí se rompió una granada y cada uno
de nosotros se va mucho a Chihuahua a un baile
¿No lo crees?

Adiós oh so espléndida barba de Ricardo
adiós me deprimen me debilitan las camisas de Chucho
los pantalones ajustados y
las botas de Silva Villalobos
oh recontrasagrados mensos precoces asaz procaces
oh amigos llenos de barbas amigos lampiños
pero antes voy a leer mi epitafio
y dar el visto bueno a mi consigna personal y estúpidamente apasionada:

Sabed que un día bajo techo en lo negro y hostil
una paloma con cara y nalgas de Cecilia
se recostó hecha cristal auroras pelos
gozó durmió bañóse durmió gozó
cosa lógica golosa axila empedernida
fruta soez espesa miel durazno
brutal con dormidas toallas sábanas martirio
luminosa fornicación mieles arriba mieles abajo
dedos rocío pegajosos huelen los nardos
noche jade jadeante jodidamente sudorosa
alas sobre debajo dame dámelo
so espléndida
Entonces oh cordero sacrificio leña de barbas
bas bas bas Universidad Universidad ra ra ra
adorado cordero pájaro de arena
costillar de melancolía
pata de cabra conejo del alma
noche teotihuacana paz octaviana pas pas pas
Atlante Atlante ra ra ra
voy sigo aúllo tras trasero tras tras
por el adormecido culo del alma ra ra ra

Vengo a ser la tortuga bicicleta copulosa
fúnebre funeral (RIP Riparto tam tam)
muérete vívete escálala adelaida
cuando Silva se embriaga en los volcanes
soñador *baby* a bailar *twist*
pies de fósforo rebeliones
Ahora corresponde
saber de qué mueren los ardidos
los mentejotos los solapípedos
alors el gran desfile con adolescentes
cogiéndose de las azules manos
camino al Centro Mecsicano de Escritores
ponme al pie de la beca
vaca vaca vaca sagrada Margaret
danza de seda con sabrosos calzones humeantes
humareda danzón (¿ya cerraron *El Tranvía*?)
¿qué carajos hacemos aquí tragando barbas
de petróleo barbas de cuarto oscuro?
Orita vengo solemne ubérrima morena
yo soy tu colibrí pero
pásame la torre de la rectoría
pásamela grandísimo hijo de Ayo el chiquito
uberrímate uberrimeando
pásamela con todo y cuernos en cueros
encuerada te espero el 10 de mayo
anda ándale putilla
cara de colofón de metáfora
vámonos Uruchurtu permite periféricamente
absurdamente andar arando pasos a desnivel
pies llenos de barbas

Sabed que piso pisoteo la verdad
la libertad de expresión (bla bla bla)
toco (a sus pies señor presidente
el que a hierro mata filomeno muere)
aspiro (¿usted gusta un cachito de Texas?)
soy turista señor procurador licenciado
mi querer ver Siqueiros penitenciarrrria
Oh no existen pobres presos políticos pudriéndose
túpele túpele túpele
rojas rejas rojos
¿subvertimos el orden madre?

Sabed sabed
esperad ahora písame la verdad de dios
porque dios es grande y
ahora llega Jaime con ojos de tigre
ojos de dios en celo tumba tarumba tum
dios tzotzil jaimebundo
pérezjoloteando ginebra ron poemas

para cantar contar a la orilla
de sórdidos lechos sórdidas barbas
(Hasta mañana, si yo quiero, y dios-Jaime
se echó a dormir ¿Recuerdas Jaime?
¡Puto cura! dijeron las alondras del valle)
Rubén dijo la Jija
¡me estrello!
la otra noche me rompí tres costillas oh tres
costillas nada más
Ésas son tontejadas
pa traducir a Baudelaire aquí estoy yo
musitó José Emilio
Negra me cae la nueva ola
que muy negra le caiga
oh camaradas
no hagan olas
ái vienen los azules
ayayayayayay cuánto me gusta el gusto
lacrimógeno estoy
Cecilia mía
(papión habemus grandísimos cabrones)
y la estatua del gran pirata turista
fue dinamitada y el procurador
proclamó la ley marcial
Pues mueran
las doctrinas exóticas
muera Cuba (Gringas sí Kennedy no)
viva el pentágono (*White trash* FBI)
mulas mestizos guarachudos judiciales
polizontes abstractos granaderos surrealistas
críticos chatarreros paz paz paz
paz para los tamayos de todos los tamaños
sin tamaños tamañitos abstrusos
paz para el paraíso de Lecumberri
paz para *mister* Mann y *mister* Tello
¿no será usted un marxista-leninista?

Oh maligno incorruptible demócrata representativo
escupidera tapadera de mister Rusk
por las barbas disolutas
por las barbas lujuriosas
pásame aquella dama
pásamela con todo y todo
capataza cantárida
cántale Toñito
mujer perjura hip hip hurra
damn yanquis cultura rocanrol
twist rockefeller el que la descocalizare
pinche y abyecto descococacolizador será.

Olvidé mi epitafio pri pri pritafio
prio prio prio cardenal pajarraco
pájaro cardenal (¿bailamos madre?)
juntos arrejuntados revueltos
nuncios cristeros miramones
cómo quieres tu dogma ¿frío o al tiempo?
militarazgo sotanazgo
y ardientes monjas de abismal trasero.

Oh Cecilia oh Ricardo
oh dolorosas barbas en remojo
pásame a Lolita Justine la rata sabia
confabúlame confabulario

Introito ad altare Dei
cierra el pico y ámame mujer de espeso sueño
senos maduros trigo dura entrepierna
axilas adivinanza nerviosos hombros
refulge lengua oh trasero sucumbe
lléname de barbas escándalo soy el cadáver
la entraña cementerio semen municipal
arrójame abúsame con hielo brazos
te esculpo besos brasas dorado vientre
te digo alba deshielo primavera
en sueños canto despertar lluvia primera
infancia dolorida juventud irredenta
dame redonda estrepitosa realidad
esbelto palomar húmeda herida
suena resuena clarinada
cobíjame oh caderas oh saliva
silenciosa vencida resucitada muerta
bien muerta bajo labios bajo dientes
bajo la piel guitarra
ay amada así sea

Sabed sabed
la libertad tiene cara de perro
voy a mear en la punta del este
en consejeros senadores
(Cuba territorio libre de América, Argelia libre)
pásame *alors* las barbas oh locura
oh demonio fiebre ¿quién carajos escribe
cornos unicornios cocodrilos?

Traguemos sí traguemos miseria muladar
vientres vacíos rameras ramilletes de asco
vomitemos hasta morir de frío
de barbas duelo espuma gayoso rabia
mujeres maricones lesbianas
oh Cecilia

oh Cecilia
arrúllame
        Hay un niño dormido
al otro lado del mundo

Puro final marasmo encrucijada deténme
átame tricolor bochornoso país
digo patria digo revolución digo amor
pronuncio Jesucristo Lenin Gandhi
cruces vienen hoces martillos van
ladran infantes de marina
en Acapulco Veracruz Guantánamo
voy a meterme en cintura voy a
ser obsidiana tezontle estela
                                        nada

Circúndame noche de barbas cuervos buitres
barras estrellas dólares águilas calvas
hay que ser macho
quémense ardan sanlorenzos
acribíllense sansebastianes
ya voy vuelvo
No lo despierten niño manzana azúcar
paz femenina masculina
pásame el trasero de Cecilia
pásame ron
Ataúlfo
bebamos como asnos
bebamos so espléndidos amigos
arrodíllense
catedrales impías góticos coños
salud
    y paz
            misericordia
                            ¡Vamonos al carajo!

PUERTO ÁNGEL

Una gringuita así de bella y fresca y mariguana
pedía a los suyos un raid un aventón a Puerto Ángel.
Ceñía sus todavía bien duras nalgas con una mezclilla vieja de muchos amaneceres
y la rotundez de su pecho, eso sí, doraba la mañana de los laureles oaxaqueños.
El café me supo a cerveza agria porque, pensaba yo,
con dos o tres mil pesos cash, cashondamente,
con semejante preciosidad chulonamente amorosa y originaria
de alguna paupérrima pero diabólica Sexoville, Texas,
yo jalaría de inmediato hacia y hasta un Puerto
        Ángel
                que no conozco

que francamente no me interesa conocer
porque me duele la desnudez en las playas
(y en las camas)
y entonces ella
que se llama Alice, Mary, Betunia, Patricia,
Oropéndola,
me diría que no que siempre no que nunca no
que eternamente no
Because 'cause...
Al día siguiente, martes, frustrado hasta
la más febricitante náusea antimperialista
subiría a pie —lo juro— hasta los adoratorios
de nuestro Monte Albán, David,
a pedir a los dioses perdón
por todas
mis altísimas bajezas.

Octavio Paz
(1914-1998)

Nació en la ciudad de México, en 1914, y murió también en la capital del país, en 1998. Hizo estudios inconclusos de leyes y se entregó plenamente a la literatura; en especial al cultivo de la poesía y el ensayo, ámbitos donde muy pronto destacó. Es, sin duda, el poeta más sobresaliente del grupo que impulsó la revista *Taller* y, con el tiempo, se convertiría en el poeta y el intelectual más importante de México en el siglo XX. Fue director de la revista *Taller* y redactor de *El Hijo Pródigo*. Asimismo, fundó y dirigió las revistas *Barandal* (1931-1932), *Cuadernos del Valle de México* (1933-1934), *Plural* (1971-1976) y *Vuelta* (1976-1998). Perteneció al servicio diplomático pero renunció a éste a raíz de la represión, por parte del gobierno de Gustavo Díaz Ordaz, contra los estudiantes, en 1968. Poeta extraordinario y ensayista no menos espléndido, en 1990 le fue concedido el premio Nobel de literatura. Entre sus abundantes libros de poesía destacan *Luna silvestre* (1933), *Libertad bajo palabra* (1949), *¿Águila o sol?* (1951), *Semillas para un himno* (1954), *Piedra de sol* (1957), *La estación violenta* (1958), *Salamandra* (1962), *Blanco* (1967), *Ladera Este* (1969), *El mono gramático* (1974), *Pasado en claro* (1975), *Vuelta* (1976) y *Árbol adentro* (1987). Sus *Poemas (1935-1975)* vieron la luz en 1979, y sus *Obras completas*, revisadas y ordenadas por él, se comenzaron a publicar en 1991. Su *Obra poética* abarca los tomos 11 y 12, así como parte del 13.

TU NOMBRE

Nace de mí, de mi sombra,
amanece por mi piel,
alba de luz somnolienta.

Paloma brava tu nombre,
tímida sobre mi hombro.

DESTINO DE POETA

¿Palabras? Sí, de aire,
y en el aire perdidas.
Déjame que me pierda entre palabras,
déjame ser el aire en unos labios,

un soplo vagabundo sin contornos
que el aire desvanece.

También la luz en sí misma se pierde.

LA RAMA

Canta en la punta del pino
un pájaro detenido,
trémulo, sobre su trino.

Se yergue, flecha, en la rama,
se desvanece entre alas
y en música se derrama.

El pájaro es una astilla
que canta y se quema viva
en una nota amarilla.

Alzo los ojos: no hay nada.
Silencio sobre la rama,
sobre la rama quebrada.

LA CALLE

Es una calle larga y silenciosa.
Ando en tinieblas y tropiezo y caigo
y me levanto y piso con pies ciegos
las piedras mudas y las hojas secas
y alguien detrás de mí también las pisa:
si me detengo, se detiene;
si corro, corre. Vuelvo el rostro: nadie.
Todo está obscuro y sin salida,
y doy vueltas y vueltas en esquinas
que dan siempre a la calle
donde nadie me espera ni me sigue,
donde yo sigo a un hombre que tropieza
y se levanta y dice al verme: nadie.

PIEDRA NATIVA

A Roger Munier

La luz devasta las alturas
Manadas de imperios en derrota
El ojo retrocede cercado de reflejos

Países vastos como el insomnio
Pedregales de hueso

Otoño sin confines
Alza la sed sus invisibles surtidores
Un último pirú predica en el desierto

Cierra los ojos y oye cantar la luz:
El mediodía anida en tu tímpano

Cierra los ojos y ábrelos:
No hay nadie ni siquiera tú mismo
Lo que no es piedra es luz

DAMA HUASTECA

Ronda por las orillas, desnuda, saludable, recién salida del baño, recién nacida de la noche. En su pecho arden joyas arrancadas al verano. Cubre su sexo la yerba lacia, la yerba azul, casi negra, que crece en los bordes del volcán. En su vientre un águila despliega sus alas, dos banderas enemigas se enlazan, reposa el agua. Viene de lejos, del país húmedo. Pocos la han visto. Diré su secreto: de día, es una piedra al lado del camino; de noche, un río que fluye al costado del hombre.

VALLE DE MÉXICO

El día despliega su cuerpo transparente. Atado a la piedra solar, la luz me golpea con sus grandes martillos invisibles. Sólo soy una pausa entre una vibración y otra: el punto vivo, el afilado, quieto punto fijo de intersección de dos miradas que se ignoran y se encuentran en mí. ¿Pactan? Soy el espacio puro, el campo, la batalla. Veo a través de mi cuerpo mi otro cuerpo. La piedra centellea. El sol me arranca los ojos. En mis órbitas vacías dos astros alisan sus plumas rojas. Esplendor, espiral de alas y un pico feroz. Y ahora, mis ojos cantan. Asómate a su canto, arrójate a la hoguera.

INTERMITENCIAS DEL OESTE (3)

(México: Olimpiada de 1968)

A Dore y Adja Yunkers

La limpidez
(quizá valga la pena
escribirlo sobre la limpieza
de esta hoja)
no es límpida:
es una rabia
(amarilla y negra
acumulación de bilis en español)
extendida sobre la página.

¿Por qué?
La vergüenza es ira
vuelta contra uno mismo:
si
una nación entera se avergüenza
es león que se agazapa
para saltar.
(Los empleados
municipales lavan la sangre
en la Plaza de los Sacrificios.)
Mira ahora,
manchada
antes de haber dicho algo
que valga la pena,
la limpidez.

PRÓJIMO LEJANO

Anoche un fresno
a punto de decirme
algo —callóse.

JUVENTUD

El salto de la ola
más blanca
cada hora
más verde
cada día
más joven
la muerte

CUENTO DE DOS JARDINES

Una casa, un jardín,
no son lugares:
giran, van y vienen.
Sus apariciones
abren en el espacio
otro espacio,
otro tiempo en el tiempo.
Sus eclipses
no son abdicaciones:
nos quemaría
la vivacidad de uno de esos instantes
si durase otro instante.

Estamos condenados
a matar al tiempo:
así morimos,
poco a poco.
Un jardín no es un lugar.
Por un sendero de arena rojiza
entramos en una gota de agua,
bebemos en su centro verdes claridades,
por la espiral de las horas
ascendemos
hasta la punta del día
descendemos
hasta la consumación de su brasa.
Fluye el jardín en la noche,
río de rumores.
Aquel de Mixcoac, abandonado,
cubierto de cicatrices,
era un cuerpo
a punto de desplomarse.
Yo era niño
y el jardín se parecía a mi abuelo.
Trepaba por sus rodillas vegetales
sin saber que lo habían condenado.
El jardín lo sabía:
esperaba su destrucción
como el sentenciado el hacha.
La higuera era la diosa,
la Madre.
Zumbar de insectos coléricos,
los sordos tambores de la sangre,
el sol y su martillo,
el verde abrazo de innumerables brazos.
La incisión del tronco:
el mundo se entreabrió.
Yo creí que había visto a la muerte:
vi
la otra cara del ser,
la vacía,
el fijo resplandor sin atributos.

Se agolpan, en la frente del Ajusco,
las blancas confederaciones.
Ennegrecen,
son ya una masa cárdena,
una protuberancia enorme que se desgarra:
el galope del aguacero cubre todo el llano.
Llueve sobre lavas:
danza el agua
sobre la piedra ensangrentada.
Luz, luz:
substancia del tiempo y sus inventos.

Meses como espejos,
uno en el otro reflejado y anulado.
Días en que no pasa nada,
contemplación de un hormiguero,
sus trabajos subterráneos,
sus ritos feroces.
Inmerso en la luz cruel,
expiaba mi cuerpo-hormiguero,
espiaba
la febril construcción de mi ruina.
Élitros:
el afilado canto del insecto
corta las yerbas secas.
Cactos minerales,
lagartijas de azogue en los muros de adobe,
el pájaro que perfora el espacio,
sed, tedio, tolvaneras,
impalpables epifanías del viento.
Los pinos me enseñaron a hablar solo.
En aquel jardín aprendí a despedirme.

Después no hubo jardines.
Un día,
como si regresara,
no a mi casa,
al comienzo del Comienzo,
llegué a una claridad.
Espacio hecho de aire
para los juegos pasionales
del agua y de la luz.
Diáfanas convergencias:
del gorjeo del verde
al azul más húmedo
al gris entre brasas
al más llagado rosa
al oro desenterrado.
Oí un rumor verdinegro
brotar del centro de la noche: el *nim*.
El cielo,
con todas sus joyas bárbaras,
sobre sus hombros.
El calor era una mano inmensa que se cerraba,
se oía el jadeo de las raíces,
la dilatación del espacio,
el desmoronamiento del año.
El árbol no cedía.
Grande como el monumento a la paciencia,
justo como la balanza que pesa
la gota de rocío,
el grano de luz,
el instante.

Entre sus brazos cabían muchas lunas.
Casa de las ardillas,
mesón de los mirlos.

La fuerza es fidelidad,
el poder acatamiento:
nadie acaba en sí mismo,
un todo es cada uno
en otro todo,
en otro uno.
El otro está en el uno,
el uno es otro:
somos constelaciones.
El *nim*, enorme,
sabía ser pequeño.
A sus pies
supe que estaba vivo,
supe
que morir es ensancharse,
negarse es crecer.
Aprendí,
en la fraternidad de los árboles,
a reconciliarme,
no conmigo:
con lo que me levanta, me sostiene, me deja caer.

Me crucé con una muchacha.
Sus ojos:
el pacto del sol de verano con el sol de otoño.
Partidaria de acróbatas, astrónomos, camelleros.
Yo de fareros, lógicos, *sadhúes*.
Nuestros cuerpos
se hablaron, se juntaron y se fueron.
Nosotros nos fuimos con ellos.
Era el monzón.
Cielos de yerba machacada
y el viento en armas
por las encrucijadas.
Por la niña del cuento,
marinera de un estanque en borrasca,
la llamé Almendrita.
No un nombre:
un velero intrépido.
Llovía,
la tierra se vestía y así se desnudaba,
las serpientes salían de sus hoyos,
la luna era de agua,
el sol era de agua,
el cielo se destrenzaba,
sus trenzas eran ríos desatados,
los ríos tragaban pueblos,

muerte y vida se confundían,
amasijo de lodo y de sol,
estación de lujuria y pestilencia,
estación del rayo sobre el árbol de sándalo,
tronchados astros genitales
pudriéndose
resucitando en tu vagina,
madre India,
India niña,
empapada de savia, semen, jugos, venenos.

A la casa le brotaron escamas.
Almendrita:
llama intacta entre el culebreo y el ventarrón,
en la noche de hojas de banano
ascua verde,
hamadríada,
yakshi:
risas en el matorral,
manojo de albores en la espesura,
más música
que cuerpo,
más fuga de pájaro que música,
más mujer que pájaro:
sol tu vientre,
sol en el agua,
agua de sol en la jarra,
grano de girasol que yo planté en mi pecho,
ágata,
mazorca de llamas en el jardín de huesos.
Chuang-tsé le pidió al cielo sus luminarias,
sus címbalos al viento,
para sus funerales.
Nosotros le pedimos al *nim* que nos casara.

Un jardín no es un lugar:
es un tránsito,
una pasión.
No sabemos hacia dónde vamos,
transcurrir es suficiente,
transcurrir es quedarse:
una vertiginosa inmovilidad.
Las estaciones,
oleaje de los meses.
Cada invierno
una terraza sobre el año.
Luz bien templada,
resonancias, transparencias,
esculturas de aire
disipadas apenas pronunciadas:
¡sílabas,

islas afortunadas!
Engastado en la yerba
el gato Demóstenes es un carbón luminoso,
la gata Semíramis persigue quimeras,
acecha
reflejos, sombras, ecos.
Arriba,
sarcasmos de cuervos;
el urogallo y su hembra,
príncipes desterrados;
la upupa,
pico y penacho, un alfiler engalanado;
la verde artillería de los pericos;
los murciélagos color de anochecer.
En el cielo
liso, fijo, vacío,
el milano
dibuja y borra círculos.

Ahora,
quieto
sobre la arista de una ola:
un albatros,
peñasco de espuma.
Instantáneo,
se dispersa en alas.
No estamos lejos de Durban
(allí estudió Pessoa).
Cruzamos un petrolero.
Iba a Mombasa,
ese puerto con nombre de fruta.
(En mi sangre:
Camoens, Vasco de Gama y los otros...)
El jardín se ha quedado atrás.
¿Atrás o adelante?
No hay más jardines que los que llevamos dentro.
¿Qué nos espera en la otra orilla?
Pasión es tránsito:
la otra orilla está aquí,
luz en el aire sin orillas,
Prajñaparamita,
Nuestra Señora de la Otra Orilla,
tú misma,
la muchacha del cuento,
la alumna del jardín.
Olvidé a Nagarjuna y a Dharmakirti
en tus pechos,
en tu grito los encontré,
Maithuna,
dos en uno,

uno en todo,
todo en nada,
¡*súnyata*,
plenitud vacía,
vacuidad redonda como tu grupa!

Los cormoranes:
sobre un charco de luz
pescan sus sombras.

La visión se disipa en torbellinos,
hélice de diecisiete sílabas
dibujada en el mar
no por Basho:
por mis ojos, el sol y los pájaros,
hoy, hacia las cuatro,
a la altura de Mauritania.
Una ola estalla:
mariposas de sal.
Metamorfosis de lo idéntico.
A esta misma hora
Delhi y sus piedras rojas,
su río turbio,
sus domos blancos,
sus siglos en añicos,
se transfiguran:
arquitecturas sin peso,
cristalizaciones casi mentales.
Desvanecimientos,
alto vértigo sobre un espejo.
El jardín se abisma.
Ya es un nombre sin substancia.

Los signos se borran:
yo miro la claridad.

VIENTO, AGUA, PIEDRA

A Roger Caillois

El agua horada la piedra,
el viento dispersa el agua,
la piedra detiene al viento.
Agua, viento, piedra.

El viento esculpe la piedra,
la piedra es copa del agua,
el agua escapa y es viento.
Piedra, viento, agua.

El viento en sus giros canta,
el agua al andar murmura,
la piedra inmóvil se calla.
Viento, agua, piedra.

Uno es otro y es ninguno:
entre sus nombres vacíos
pasan y se desvanecen
agua, piedra, viento.

HERMANDAD

(Homenaje a Claudio Ptolomeo)

Soy hombre: duro poco
y es enorme la noche.
Pero miro hacia arriba:
las estrellas escriben.
Sin entender comprendo:
también soy escritura
y en este mismo instante
alguien me deletrea.

ÁRBOL ADENTRO

Creció en mi frente un árbol.
Creció hacia dentro.
Sus raíces son venas,
nervios sus ramas,
sus confusos follajes pensamientos.
Tus miradas lo encienden
y sus frutos de sombras
son naranjas de sangre,
son granadas de lumbre.
                    Amanece
en la noche del cuerpo.
Allá adentro, en mi frente,
el árbol habla.
                    Acércate, ¿lo oyes?

ANTES DEL COMIENZO

Ruidos confusos, claridad incierta.
Otro día comienza.
Es un cuarto en penumbra
y dos cuerpos tendidos.
En mi frente me pierdo
por un llano sin nadie.

Ya las horas afilan sus navajas.
Pero a mi lado tú respiras;
entrañable y remota
fluyes y no te mueves.
Inaccesible si te pienso,
con los ojos te palpo,
te miro con las manos.
Los sueños nos separan
y la sangre nos junta:
somos un río de latidos.
Bajo tus párpados madura
la semilla del sol.
El mundo
no es real todavía,
el tiempo duda:
sólo es cierto
el calor de tu piel.
En tu respiración escucho
la marea del ser,
la sílaba olvidada del Comienzo.

COMO QUIEN OYE LLOVER

Óyeme como quien oye llover,
ni atenta ni distraída,
pasos leves, llovizna,
agua que es aire, aire que es tiempo,
el día no acaba de irse,
la noche no llega todavía,
figuraciones de la niebla
al doblar la esquina,
figuraciones del tiempo
en el recodo de esta pausa,
óyeme como quien oye llover,
sin oírme, oyendo lo que digo
con los ojos abiertos hacia adentro,
dormida con los cinco sentidos despiertos,
llueve, pasos leves, rumor de sílabas,
aire y agua, palabras que no pesan:
lo que fuimos y somos,
los días y los años, este instante,
tiempo sin peso, pesadumbre enorme,
óyeme como quien oye llover,
relumbra el asfalto húmedo,
el vaho se levanta y camina,
la noche se abre y me mira,
eres tú y tu talle de vaho,
tú y tu cara de noche,
tú y tu pelo, lento relámpago,

cruzas la calle y entras en mi frente,
pasos de agua sobre mis párpados,
óyeme como quien oye llover,
el asfalto relumbra, tú cruzas la calle,
es la niebla errante en la noche,
es la noche dormida en tu cama,
es el oleaje de tu respiración,
tus dedos de agua mojan mi frente,
tus dedos de llama queman mis ojos,
tus dedos de aire abren los párpados del tiempo,
manar de apariciones y resurrecciones,
óyeme como quien oye llover,
pasan los años, regresan los instantes,
¿oyes tus pasos en el cuarto vecino?
No aquí ni allá: los oyes
en otro tiempo que es ahora mismo,
oye los pasos del tiempo
inventor de lugares sin peso ni sitio,
oye la lluvia correr por la terraza,
la noche ya es más noche en la arboleda,
en los follajes ha anidado el rayo,
vago jardín a la deriva
—entra, tu sombra cubre esta página.

Margarita Michelena
(1917-1998)

Nació en Pachuca, Hidalgo, en 1917, y murió en la ciudad de México en 1998. Estudió en la Facultad de Filosofía y Letras de la Universidad Nacional. Poeta y periodista, publicó sus primeros textos en la revista *América*, dirigida por Efrén Hernández. Su obra poética, breve y sólida, consta de los libros *Paraíso y nostalgia* (1945), *Laurel del ángel* (1948), *La tristeza terrestre* (1954) y *El país más allá de la niebla* (1968). Estos cuatro libros fueron recogidos en el volumen *Reunión de imágenes* publicado en 1969 y reeditado en 1990.

LAUREL DEL ÁNGEL

Oh cima de la noche en que el amante
cautiva entre sus brazos al amado
y al abrazarlo así tiene a su origen
y a su angustia y su muerte entrelazados.

Oh cima de la noche en que esos cuerpos
que se buscaban ciegos, separados,
son como un ángel de agitada espuma
en medio de los aires libertado.

Largo camino del amor los brazos.
Subiendo están desde la tierra oscura,
con remotas, dulcísimas edades,
con su vida y su muerte coronados.

Altos vientos de amor van gobernando
los céfiros del habla, las ciudades
de los pechos despiertos.
Se derrumba
la música habitual de la garganta.
Por encima de todo sólo queda
el elevado alcázar del silencio.

Palabras no: palacios ya inventados
destruyéndose al aire de esta noche
en que el amante encuentra al que es su amado,
en que lo estrecha como a dulce origen
de delicia y espanto,
tendido ya a la orilla de lo eterno,

cual columna purísima de llanto,
acorde misterioso en que contempla
el caudal de sus venas ya alojado,
su morirse corriendo por la sangre,
su sollozante rostro aniquilado,
su recobrada estrella, el hondo espejo
en que se halla a sí mismo ya acabado.

No más la barca se encontrara unida
a los dedos del agua
y a la corona de invisibles vientos
sus velas gobernando
que el ser entero se halla del amante
al océano de amor en que respira,
al sueño de sí mismo en que se hunde
y al viento del amor que lo aniquila.

Del desgarrado puerto de su pulso
y de las playas de su piel desnuda
y el laurel de su polvo rescatado
entra como a la muerte, con las alas
de un ángel desatado.

El claro cuerpo dulce y entregado
es mitad de un misterio perseguido
y en angustia y deleite revelado,
y el desastre de amor al que se rinden,
muriendo ya su muerte, nuestros brazos.

Lo que fue roto espejo ya es estrella.
Lo que era voz impar es como el coro
donde posibles primaveras cantan.
Y así el amante, cerca del amado,
sube a tal perfección, que ya está solo.

Tan alto es el amor que ya el encuentro
es pura soledad. Cima celeste
del ángel al encuentro convocado,
donde los brazos, al hallar destino,
anudan su victoria y se levantan
encima de su vuelo fracasado.

ENIGMA DE LA ROSA

Aria celeste, fábula de espuma,
espejo de la nube o llama quieta,
golpes de vida oscura levantaron
tu infalible palacio de silencio,

tu orden luminoso, tu diadema
de hielo y hermosura.

En soledad te inventas y te eriges
—estatua centelleante de ti misma—
mientras el grillo, en las dormidas hierbas,
toca su verde flauta de rocío.

Y eres —bajel anclado entre tus hojas,
dinástica belleza moribunda—
ese sueño que en largas noches ciegas
tus raíces soñaron,
el angélico paso que corona
una escalera de tinieblas.

De una mina de sombras ascendiste
por la lenta clausura de tu tallo,
bebiendo en negra copa misteriosos licores.
Y en tu rostro de luces congeladas
un gran secreto se desnuda y mira
y la oculta raíz conoce al astro.

¿Qué lúcida potencia te conduce
a los reinos del sol y quién te guía
por mudos laberintos tenebrosos
hasta tu cima de mortal estrella?
¿Quién eleva
tu ordenada presencia prodigiosa?
¿En qué nocturna veta cristalizas
tu radiante sistema?
¿Dónde aprendes
tu oficio de existir, si naces vuelo?
¿Qué manos alquimistas te decretan?
¿Qué ángel enigmático te toma entre los dedos,
te sube de las sombras terrenales
y te deja flotando, perla mágica,
entre tu patria original y el cielo?

Golfo donde la inmóvil marea de la tierra
empieza a ser océanicas espumas,
mar contenido en el sonoro hueco
de las manos del aire.
Irisado reinar, rostro del fuego,
por tu alcázar flamígero
o tu tiara de hielo cincelado,
sabe el hombre que bajan sobre el mundo
las selladas sonrisas del misterio.

Juan José Arreola
(1918)

 Nació en Zapotlán el Grande, hoy Ciudad Guzmán, Jalisco, en 1918. Autodidacto, publicó en Guadalajara su primer cuento conocido ("Hizo el bien mientras vivió"), en 1943. También en la capital jalisciense editó con Arturo Rivas Sainz la revista *Eos*, y con Antonio Alatorre la revista *Pan*. En la ciudad de México fue actor y trabajó bajo la dirección de Rodolfo Usigli y Xavier Villaurrutia. Ha colaborado en las principales revistas y suplementos literarios de la capital del país. Fue el iniciador de los programas teatrales Poesía en Voz Alta, y fundó y dirigió las colecciones literarias Los Presentes y Cuadernos y Libros del Unicornio, así como la revista *Mester*. Durante muchos años impartió un taller literario en el que formó a importantes generaciones de narradores y poetas. Prosista ejemplar y destacado narrador, en su obra la frontera de los géneros se borra. Entre sus libros destacan *Varia invención* (1949), *Confabulario* (1952), *Bestiario* (1958), *La feria* (1963) y *Palindroma* (1971). Su poesía en verso está recogida en el breve volumen *Antiguas primicias*, publicado en 1996.

HOMENAJE A OTTO WEININGER
(Con una referencia biológica del barón Jacob von Uexküll)

Al rayo del sol, la sarna es insoportable. Me quedaré aquí en la sombra, al pie de este muro que amenaza derrumbarse.

Como a buen romántico, la vida se me fue detrás de una perra. La seguí con celo entrañable. A ella, la que tejió laberintos que no llevaron a ninguna parte. Ni siquiera al callejón sin salida donde soñaba atraparla. Todavía hoy, con la nariz carcomida, reconstruí uno de esos itinerarios absurdos en los que ella iba dejando, aquí y allá, sus perfumadas tarjetas de visita.

No he vuelto a verla. Estoy casi ciego por la pitaña. Pero de vez en cuando vienen los malintencionados a decirme que en éste o en aquel arrabal anda volcando embelesada los tachos de basura, pegándose con perros grandes, desproporcionados.

Siento entonces la ilusión de una rabia y quiero morder al primero que pase y entregarme a las brigadas sanitarias. O arrojarme en mitad de la calle a cualquier fuerza aplastante. (Algunas noches, por cumplir, ladro a la luna.)

Y me quedo siempre aquí, roñoso. Con mi lomo de lija. Al pie de este muro cuya frescura socavo lentamente. Rascándome, rascándome...

gravitación

Los abismos atraen. Yo vivo a la orilla de tu alma. Inclinado hacia ti, sondeo tus pensamientos, indago el germen de tus actos. Vagos deseos se remueven en el fondo, confusos y ondulantes en su lecho de reptiles.

¿De qué se nutre mi contemplación voraz? Veo el abismo y tú yaces en lo profundo de ti misma. Ninguna revelación. Nada que se parezca al brusco despertar de la conciencia. Nada sino el ojo que me devuelve implacable mi descubierta mirada.

Narciso repulsivo, me contemplo el alma en el fondo de un pozo. A veces el vértigo desvía los ojos de ti. Pero siempre vuelvo a escrutar en la sima. Otros, felices, miran un momento tu alma y se van.

Yo sigo a la orilla, ensimismado. Muchos seres se despeñan a lo lejos. Sus restos yacen borrosos, disueltos en la satisfacción. Atraído por el abismo, vivo la melancólica certeza de que no voy a caer nunca.

a don julián calvo, enviándole mis cuentos

Éstas que ves aquí, vanas ficciones
que dio a la luz el intelecto mío,
hijas de soledad y desvarío
huérfanas van a ti de perfecciones.

Anuncia al porvenir mejores dones
brote primaveral aunque tardío;
ya que en el nombre de amistad lo fío
bien estará Julián que lo perdones.

Para igualar la oferta a los deseos
imagino la próbida cosecha
que aguarda los resoles del verano.

Acepta en esta vez mis devaneos;
si llega de sazón la dulce fecha
fruto de perfección pondré en tu mano.

ALÍ CHUMACERO
(1918)

Nació en Acaponeta, Nayarit, en 1918. Estudió la primaria, la secundaria y la preparatoria en Guadalajara, Jalisco, y posteriormente se trasladó a la ciudad de México en donde realizó sus estudios profesionales en la Facultad de Filosofía y Letras de la Universidad Nacional. Junto con Jorge González Durán, José Luis Martínez y Leopoldo Zea fundó la revista *Tierra Nueva* (1940-1942). Fue también colaborador importante de las revistas *Letras de México* y *El Hijo Pródigo*, así como de los suplementos del diario *Novedades* y la revista *Siempre!*: *México en la Cultura* y *La Cultura en México*, dirigidos ambos por Fernando Benítez. Es miembro de la Academia Mexicana de la Lengua. Autor de una obra poética breve y concentrada, ha publicado tres libros: *Páramo de sueños* (1944), *Imágenes desterradas* (1948) y *Palabras en reposo* (1956). Éstos fueron recogidos en el volumen *Poesía completa* (1980), con prólogo de Marco Antonio Campos. Su *Poesía reunida*, con una presentación de Mónica Mansour, vio la luz en 1991.

POEMA DE AMOROSA RAÍZ

Antes que el viento fuera mar volcado,
que la noche se unciera su vestido de luto
y que estrellas y luna fincaran sobre el cielo
la albura de sus cuerpos.

Antes que luz, que sombra y que montaña
miraran levantarse las almas de sus cúspides;
primero que algo fuera flotando bajo el aire;
tiempo antes que el principio.

Cuando aún no nacía la esperanza
ni vagaban los ángeles en su firme blancura;
cuando el agua no estaba ni en la ciencia de Dios;
antes, antes, muy antes.

Cuando aún no había flores en las sendas
porque las sendas no eran ni las flores estaban;
cuando azul no era el cielo ni rojas las hormigas,
ya éramos tú y yo.

RESPONSO DEL PEREGRINO

I

Yo, pecador, a orillas de tus ojos
miro nacer la tempestad.

Sumiso dardo, voz en la espesura,
incrédulo desciendo al manantial de gracia;
en tu solar olvida el corazón
su falso testimonio, la serpiente
de luz, y aciago fallecer, relámpago vencido
en la límpida zona de laúdes
que a mi maldad despliega tu ternura.

Elegida entre todas las mujeres,
al ángelus te anuncias pastora de esplendores
y la alondra de Heráclito se agosta
cuando a tu piel acerca su denuedo.

Oh, cítara del alma, armónica al pesar,
del luto hermana: aíslas en tu efigie
el vértigo camino de Damasco
y sobre el aire dejas la orla del perdón,
como si ungida de piedad sintieras
el aura de mi paso desolado.

María te designo, paloma que insinúa
páramos amorosos y esperanzas,
reina de erguidas arpas y de soberbios nardos;
te miro y el silencio atónito presiente
pudor y languidez, la corona de mirto
llevada a la ribera donde mis pies reposan,
donde te nombro y en la voz flameas
como viento imprevisto que incendiara
la melodía de tu nombre y fuese,
sílaba a sílaba, erigiendo en olas
el muro de mi salvación.

Hablo y en la palabra permaneces.
No turbo, si te invoco,
el tranquilo fluir de tu mirada;
bajo la insomne nave tornas el cuerpo emblema
del ser incomparable, la obediencia fugaz
al eco de tu infancia milagrosa,
cuando, juntas las manos sobre el pecho,
limpia de infamia y destrucción
de ti ascendía al mundo la imagen del laurel.

Petrificada estrella, temerosa
frente a la virgen tempestad.

II

Aunque a cuchillo caigan nuestros hijos
e impávida del rostro airado baje a ellos
la furia del escarnio; aunque la ira
en signo de expiación señale el fiel de la balanza
y encima de su voz suspenda
el filo de la espada incandescente,
prolonga de tu barro mi linaje
—contrita descendencia secuestrada
en la fúnebre Pathmos, isla mía—
mientras mi lengua en su aflicción te nombra
la primogénita del alma.

Ofensa y bienestar serán la compañía
de nuestro persistir sentados a la mesa,
plática y plática en los labios niños.
Mas un día el murmullo cederá
al arcángel que todo inmoviliza;
un hálito de sueño llenará las alcobas
y cerca del café la espumeante sábana
dirá con su oleaje: "Aquí reposa
en paz quien bien moría".

(Bajo la inerme noche, nada
dominará el turbio fragor
de las beatas, como acordes:
"Ruega por él, ruega por él...")

En ti mis ojos dejarán su mundo,
a tu llorar confiados:
llamas, ceniza, música y un mar embravecido
al fin recobrarán su aureola,
y con tu mano arrojarás la tierra,
polvo eres triunfal sobre el despojo ciego,
júbilo ni penumbra, mudo frente al amor.

Óleo en los labios, llevarás mi angustia
como a Edipo su báculo filial lo conducía
por la invencible noche;
hermosa cruzarás mi derrotado himno
y no podré invocarte, no podré
ni contemplar el duelo de tu rostro,
purísima y transida, arca, paloma, lápida y laurel.

Regresarás a casa y, si alguien te pregunta,
nada responderás: sólo tus ojos
reflejarán la tempestad.

III

Ruega por mí y mi impía estirpe, ruega
a la hora solemne de la hora
el día de estupor en Josafat,
cuando el juicio de Dios levante su dominio
sobre el gélido valle y lo ilumine
de soledad y mármoles aullantes.

Tiempo de recordar las noches y los días,
la distensión del alma: todo petrificado
en su orfandad, cordero fidelísimo
e inmóvil en su cima, transcurriendo
por un inerte imperio de sollozos,
lejos de vanidad de vanidades.

Acaso entonces alce la nostalgia
horror y olvidos, porque acaso
el reino de la dicha sólo sea
tocar, oír, oler, gustar y ver
el despeño de la esperanza.

Sola, comprenderás mi fe desvanecida,
el pavor de mirar siempre el vacío
y gemirás amarga cuando sientas que eres
cristiana sepultura de mi desolación.

Fiesta de Pascua, en el desierto inmenso
añorarás la tempestad.

MONÓLOGO DEL VIUDO

Abro la puerta, vuelvo a la misericordia
de mi casa donde el rumor defiende
la penumbra y el hijo que no fue
sabe a naufragio, a ola o fervoroso lienzo
que en ácidos estíos
el rostro desvanece. Arcaico reposar
de dioses muertos llena las estancias,
y bajo el aire aspira la conciencia
la ráfaga que ayer mi frente aún buscaba
en el descenso turbio.

No podría nombrar sábanas, cirios, humo
ni la humildad y compasión y calma
a orillas de la tarde, no podría
decir "sus manos", "mi tristeza", "nuestra tierra"
porque todo en su nombre
de heridas se ilumina. Como señal de espuma

o epitafio, cortinas, lecho, alfombras
y destrucción hacia el desdén transcurren,
mientras vence la cal que a su desnudo niega
la sombra del espacio.

Ahora empieza el tiempo, el agrio sonreír
del huésped que en su insomnio, al desvelar
su ira, canta en la ciudad impura
el calcinado són y al labio purifican

fuegos de incertidumbre
que fluyen sin respuesta. Astro o delfín, allá
bajo la onda el pie desaparece,
y túnicas tornadas en emblemas
hunden su ardiente procesión y con ceniza
la frente me señalan.

AL MONUMENTO DE UN POETA

Sobre el mármol unánime, el presente
su juventud prolonga. No recuerda
elegías del bien ni vaticina
el fin de la catástrofe. Indeciso
ante el vuelo del pájaro y la bruma,
a la simple materia condenado,
deja que el sol lo bañe y su ademán
apenas interrumpe la distancia.

Dormita la ciudad y de su orilla
apártanse hartos de salud los hombres,
plumas desordenadas por el viento.
El desvelado en busca de la puerta,
el mendigo y sus alucinaciones,
la adúltera que vuelve temerosa
a la hora del bronce desbordado
en huerto sobre el día: hermanos míos
semejantes al ruido que se vuelve
para mostrar el dorso iluminado,
lleno de escamas frías que organizan
la huella de la sierpe que esperaba.

Indiferentes pasan los ciclistas
moviendo la hojarasca, y el poeta
vigila allá en lo alto, testimonio
en exilio que no participara,
luna insensible a honores, implacable
a placeres ahora interrumpidos
mientras alguien devora una manzana
ignorante del mal que lo consume.

Dejó al morir unos cuantos papeles
caídos de la mano. Hoy su inocencia
afluye a quienes juran o se alegran
llamando vida a esto que es la vida.
A veces al leerlos una frase
desencadena ecos sucesivos,
yesca para el cortejo que camina
paso a paso, de rastro a albor, detrás
de la cercana imagen precedente.

Vestigio de la paz, su canto ordena
la trágica armonía y niega el mundo
que a solas levantó con la palabra.

Jorge Hernández Campos
(1921)

Nació en Guadalajara, Jalisco, en 1921. En la ciudad de México estudió literatura, en la Facultad de Filosofía y Letras de la Universidad Nacional, así como pintura en la Academia de San Carlos. Perteneció al servicio diplomático y representó a México en Italia y España. Fue director de Artes Plásticas del Instituto Nacional de Bellas Artes. Ha colaborado en las más importantes publicaciones periódicas de la capital del país, entre ellas *Plural*, *Excélsior*, *unomásuno* y *Proceso*. Su muy breve pero intensa obra literaria (poesía, narrativa y traducción) está recogida en el volumen *La experiencia* (1986).

VUELVE FLECHA DE AMOR...

Vuelve flecha de amor
a la tímida fiera que te huía,
y en la boca tú, llaga,
apetecida
posa de nuevo
tu elocuencia.

Como vino derramado muchas veces
en la memoria,
que tu púrpura una vez más
me inunde.

Y si no con amor
al menos por la gracia
de haber amado un día
certero vuelve
poema,
vuela,
infortuno,
numeroso,
infinito
tú mismo
tú que aquí te me escapaste
dejándome de nuevo
desprovisto.

EL PRESIDENTE

[...] fuit magna vi et animi et corporis, sed ingenio malo pravoque. Huic ad adulescentia bella intestina, caedes, rapinae, discordia civilis grata fuere, ibique iuventutem sueam exercuit. Corpus patiens inediae, algoris, vigiliae supra quam cuiquam credibile est. Animus audax, subdolus, varius, cuius rei lubet simulator ac dissimulator, alieni adpetens, sui profusus, ardens in cupiditatibus; satis eloquentiae, sapientiae parum. Vastus animus inmoderata, incredibilia, nimis alta semper cupiebat.

Salustio, *La conjuración de Catilina*

...tengo frío tengo frío
¿este frío?
el revólver
la cacha del revólver
¡quién!
¡quién!
¿Quién vive?
En la tiniebla
las manos temblorosas
la boca amarga
fuera, los centinelas
la noche la ciudad
y el uuuiiuuuiiuuuiii doloroso de un tren lejano
...allá cuando nosotros, junto al fuego del campamento
con la silla de montar por almohada
el hedor a fatiga, el aguardiente
en las entrañas
congelado
en Culiacán y Monterrey
en Zacatecas y Torreón
caballo bayo cuaco alazán
amigo tú amigo yo
huíamos por el desierto y las bestias
se roían las crines y relinchaban sed.
Pero aquél era otro tiempo
y ahora tú te pudres
mientras que yo
¡yo soy quien soy!
lo que tú nunca fuiste
¡lo soy yo por ser quien soy!
¡Yo!

Me arde el pecho
Y es tan larga la noche
Año de mil novecientos
el veinticuatro de junio
los cogieron los rurales
Tú y yo éramos niños

–Padrino, ¿qué les hacen?
En el atrio de la iglesia "por ladrones de ganado"
¡cras! ¡cras! ¡cras! ¡cras!
mi padre, tu tío, Francisco, Nicolás y Pedro
que tenía catorce años.
Después
huimos
el monte
la primera sangre
los primeros caballos
con lomo de sangre.
Y cuando decías: la muerte, amigo,
la de verdad
la que uno elige
sólo una vez
y no se repite
como el dinero
está mal repartida ¿no?
quién tiene más quién menos
y aquí mi amigo y un servidor
tenemos para dar y prestar
y Madero tenía muy poca
Huerta algo más Zapata mucha
Doroteo Arango tenía casi toda
y cuando decías: mi general,
hay que ser dadivosos,
cómo lloraba de risa
y a Fierro:
qué hombre eh, qué hombre
y bebías de su botella sudorosa.

El pecho me quema

Es tan tarde

Y la noche no acaba

Si pudiera dormir

Si pudiera dormir sin que tú
hijo de puta
amigo mío
si pudiera dormir
libre de ti el pensamiento
¡acabaras de morirte!

Tú
el más hombre
tú capitán
de los corridos
el de la risa desencajada

en el incendio en el combate
Ah. Sí
Tú, el héroe

Para ti la plata
para ti confidencias
a ti el silencio deferente
en el Estado Mayor
En Aguascalientes
y en Querétaro
cómo brillabas
cuero kaki pomada
con Pancho Álvaro
Leobardo Roque
Antonio y Eulalio
Siempre tú
...y yo, en el rincón
fuera del grupo
con tu sombrero en las rodillas
y con tu alcohólica insolencia
a cuestas por las escaleras
desmañanadas del hotel
Y bien
¿ahora?
¿Ahora dónde estás?
¡Responde!
¿Dónde estás
dónde están
los grandes
los redentores
los mortíferos
los intocables?
¿En qué acabaron?
Aquellos generales
tan gloriosos
¿qué se hicieron?
Con toda su potencia
¿por qué murieron
mientras que yo
sombra de mi amigo
el guerrillero
de burdel
el que hizo la Revolución
en las cantinas
tengo en sus huesos
pedestal y discurso?
¿Quién fue el más fuerte?

Pero no se trata de ti
con todo y todo

lo de nosotros
fue otra cosa
    te lo repito
        te lo he dicho mil veces
y te lo dije a ti, cara a cara
    que tu ambición
    que lo pensaras
    que por qué habías cambiado
    que sobre los afectos
    está siempre la causa
Y luego la Constitución
todavía fresca
habíamos jurado
    tú cambiaste partido
    y a mí una noche
    me insistieron
usted, es el único que puede acercársele
usted, es el único que puede salvar a la patria
si usted no se mueve quedará traicionada
    por siempre la causa del pueblo
y habrá sido inútil la lucha la muerte
    y el sacrificio
    de tantos hermanos
Por eso lo hice ¿comprendes?
y porque yo no era yo en aquel instante
sino la mano armada de la nación
    ¡cras! ¡cras! ¡cras! ¡cras!
te hice justicia cuando vuelto de espaldas
    encendiendo el cigarro
    reías
        indefenso

Ves pues
que ni tú mismo
podrías llamarme
    traidor
No te maté por interés
    por envidia
ni por granjearme la voluntad
del Caudillo
    Y si después seguí adelante
    con el llanto en el alma
    si fui a las Cámaras
    a la gubernatura
    a la Secretaría
    y llegué luego aquí
    fue porque alguien
    tenía que hacerlo
Este pueblo no sabe
México está ciego sordo y tiene hambre
la gente es ignorante pobre y estúpida

necesita obispos diputados toreros
y cantantes que le digan:
canta vota reza grita,
necesita
un hombre fuerte
un presidente enérgico
que le lleve la rienda
le ponga el maíz en la boca
la letra en el ojo.
Yo soy ese
          Solitario
                    Odiado
                    Temido
Pero amado
Yo hago brotar las cosechas
          caer la lluvia
          callar el trueno
          sano a los enfermos
          y engendro toros bravos
Yo soy el Excelentísimo Señor Presidente
de la República General y Licenciado Don Fulano de Tal.
Y cuando la tierra trepida
y la muchedumbre muge
agolpada en el Zócalo
y grito ¡Viva México!
por gritar ¡Viva yo!
y pongo la mano
sobre mis testículos
siento que un torrente beodo
          de vida
inunda montañas y selvas y bocas
rugen los cañones
en el horizonte
y hasta la misma muerte
sube al cielo y estalla
como un sol de cañas
sobre el vientre pasivo
y rencoroso
          de la patria

          Basta ya, déjame que raya el alba
Por una calle profunda baja un tranvía
exasperante como el insomnio
          ¿Aquellos disparos?
          cras cras
                    ¿Quién no muere?
Vuelve el sueño...
          No No No
          Hermano
                    dame a comer de ese rojo...

padre, poder

A Octavio Paz y a la memoria de Pasolini

Un tiempo creí que mi padre era el poder.
Cuánto le odiaba mi corazón de niño
por el pan, por la casa, por su paciencia,
por sus amantes,
por el odio revuelto de lujuria

que le dividía de mi madre;
pero sobre todo cómo le odiaba
por su certidumbre, por el peso
de cada su palabra, por el gesto
definitivo de su mano robusta, por el desprecio
de su sonrisa difícil.

A veces, yo corriendo, él en bicicleta
le miraba alejarse, pie izquierdo pie derecho
triunfando sobre el empedrado,
en perfecto equilibrio
de intenciones y fines
y yo quedaba cierto que él era el poder.

Más tarde, preocupado por lo que yo creía política
pensé que el poder era mi casa y que
el Presidente, pie izquierdo pie derecho,
en perfecto equilibrio de reales medios y ficticios fines,
era nuestro padre, glorioso ciclista
que se iba, mientras nosotros, yo,
quedábamos atrás, jadeantes, en el polvo del fútil idealismo.
Cuánto le odié, entonces, al Presidente, por el pan,
por la sal, por sus amantes,
por la paciente injusticia
con que podía matarnos en aras
de nuestro propio bien.

Cuántos años maduros quemé clamando
en poemas, artículos, acres vituperios,
por una más limpia convivencia con
el dador de la vida, el
principio del verbo, el pilar de la casa, Él.

Hoy, mi padre tiene ochenta y cinco años y
casi ciego va por entre los muebles, las manos
por delante,
arrastrando los pies con pasitos de títere,
los pantalones, los mismos de hace treinta años,
flojos, como de pulchinela, en torno
a las zancas raquíticas, y
ya no más seguro, ni vencedor, antes bien

temeroso de la muerte que le hará tropezar
con un palo de escoba,
cuando voy a verle ahora dice ¡hijo,
qué bueno que llegaste, anoche soñé que vendrías!
y me explora la cara con sus dedos de guante.

Y yo me conmuevo porque
ya estoy en la edad que él tenía
en ese entonces, y porque
hace ya mucho tiempo le perdoné
como espero que un día me perdonen mis hijos
cuando ellos descubran, a su vez, que no soy
que no he sido
el poder.

Porque el poder es ese pétreo mascarón
que resurge
cada seis años
siempre igual a sí mismo, siempre
reiterativo, ambiguo, obtuso, laberíntico,
siempre equivocado
e incapaz, que para eso es el poder, de enmendar
y aprender,
y nada es posible perdonarle, como tampoco
hay nada por qué odiarle.

No le habitamos. Nos habita
como un mal innecesario, o como un vicio
del espíritu;
es nuestra larva, nuestro parásito, nos horada
como a carne, nos acosa como a cuadrúpedos, reprochándonos,
mientras nos desgarra,
que seamos ingratos, impacientes, hostiles:
esta bala, nos dice, me duele más
en el pensamiento
que a ti en los sesos.

No lo vivamos más, pacientes, como pasión,
sino como un problema de virtud.
Neguémosle el prestigio que atribuye
a sus propias hazañas, echémosle de la conciencia
como a una mala yerba, pensemos
que la historia, la de verdad, es la mía
o la tuya, la de nuestra muerte,
y no esos embustes con que
él traza su legitimidad;
probemos que la república podría
ser la revulsión o el entusiasmo
con que leíste estas líneas,

y no, para acabar, todo eso que no es,
todo eso que no fue, todo eso que no seguirá siendo,
oh, el revés de ese amor, de ese perdón tardío, ese silencio entre
mi padre, yo, mis hijos, los hijos de mis hijos,
y este país, mi fiebre, mi pesadilla,
mi crimen cotidiano, mi
estupidez.

Rubén Bonifaz Nuño
(1923)

Nació en Córdoba, Veracruz, en 1923. Ya en la ciudad de México, en la Universidad Nacional hizo estudios de leyes y, posteriormente, llevó a cabo la maestría y el doctorado en letras clásicas. Es miembro de la Academia Mexicana de la Lengua. Poeta, ensayista y traductor, ha dedicado una buena parte de su tiempo a la divulgación de las tradiciones culturales náhuatl y grecolatina. Es traductor de Virgilio, Catulo, Propercio, Ovidio, Lucrecio y Homero. Entre 1996 y 1997 apareció su muy significativa traducción en verso de la *Ilíada*. En su vasta obra poética destacan los libros *Los demonios y los días* (1956), *El manto y la corona* (1958), *El dolorido sentir* (1959), *Fuego de pobres* (1961), *Siete de espadas* (1966), *El ala del tigre* (1969), *La flama en el espejo* (1971), *As de oros* (1980), *Albur de amor* (1987) y *Del templo de su cuerpo* (1992). En 1979 recogió su obra poética (1945-1971) en el volumen *De otro modo lo mismo*, y en 1996, toda su producción posterior (1978-1994) en el tomo *Versos*.

CANCIONES PARA VELAR SU SUEÑO

1

Por no quebrar tu escondida
paz, la voz con que te llamo
va de silencios vestida;
yo velo, porque te amo,
y tú, amada, estás dormida.

2

No la despiertes, canción
que por mis labios asomas;
no levantes las palomas
que abriga su corazón.
Que tu acaso dulce son
pueda ser la flor ligera
que deje la enredadera
de mi sueño en su balcón.
Ya por mis labios asomas.
No la despiertes, canción.

3

Cantar, que tu ritmo suave
la levante y la detenga;
que en tu ritmo vaya y venga
con dulce vaivén de nave.
Lleva en tu compás la llave
de su recinto cerrado,
y en su anhelo sosegado
hallándola en paz y a solas,
mécela como las olas
cuando el mar está calmado.

4

Que sea de luz dormida
mi canto, como su sueño,
para que alcance el pequeño
cielo de su oculta vida.
Y que al recordar, perdida
en el alba descubierta;
flotando en la linde incierta
de la sonrisa y del llanto,
ignore si de mi canto
o de su sueño despierta.

5

Ah, canción, si tu sonido
ser su silencio pudiera.
Si de su pecho viviera
tu acento en cada latido.
Para que en el santo olvido
del sueño, tu sombra fuera
la paz de la primavera
vertida en su corazón.
Si tu sonido, canción,
ser su silencio pudiera...

6

Déjala dormir, cantar,
que en el cristal de la luna
sus sueños hallaron una
senda que la lleva al mar.
Acalla tu respirar,
corazón; tú, noche bruna,

de sus brazos en la cuna
descansa, sin terminar.
Es su sueño rumbo al mar
pastor de rayos de luna.

7

Mientras duerme, canto mío,
llévale tus ruiseñores,
antes que sientan las flores
las pisadas del rocío.
En la sombra, el arte frío
—alma de la noche oscura—
envolverá la ternura
nostálgica de tu acento.
A su tranquila ventura,
canción, que te lleve el viento.

8

Se irá la noche desierta,
y al través de su ventana
la tocará la mañana
con mano de luz incierta.
Canción, cuando esté despierta
en la tierna claridad,
haz que en su alma se vierta
un rumor de inmensidad:
cércala de soledad,
canción, cuando esté despierta.

9

Ve, cantar, a donde duerme
ausente, triste, lejana;
no importa que en la mañana
de nuevo el pensar la enferme.
Cuéntale mi amor inerme
del que no quiere saber,
que sólo pretende ser
la ajena luz de un espejo;
no más que un breve reflejo
solitario de su ser.

10

Dile, canción, en voz baja
la esperanza y el dolor,
en tanto duerme su amor
y mi corazón trabaja.
Pájaro leve, que viaja
de su frente en el espacio,
sé tú, canción, y despacio
al caracol de su oído
llega con mi amor dolido
a decírselo en voz baja.

11

Repose el sueño apacible
sobre sus ojos dormidos,
canción, y que tus sonidos
toquen su mundo invisible.
Y un temblor de luz tangible
sus párpados humedezca,
no, canción, porque padezca;
sí porque en su placidez
te reciba. Y ya después
que amanezca.

AMIGA A LA QUE AMO...

Amiga a la que amo: no envejezcas.
Que se detenga el tiempo sin tocarte;
que no te quite el manto
de la perfecta juventud. Inmóvil
junto a tu cuerpo de muchacha dulce
quede, al hallarte, el tiempo.

Si tu hermosura ha sido
la llave del amor, si tu hermosura
con el amor me ha dado
la certidumbre de la dicha,
la compañía sin dolor, el vuelo,
guárdate hermosa, joven siempre.

No quiero ni pensar lo que tendría
de soledad mi corazón necesitado,
si la vejez dañina, perjuiciosa
cargara en ti la mano,
y mordiera tu piel, desvencijara
tus dientes, y la música
que mueves, al moverte, deshiciera.

Guárdame siempre en la delicia
de tus dientes parejos, de tus ojos,
de tus olores buenos,
de tus abrazos que me enseñas
cuando a solas conmigo te has quedado
desnuda toda, en sombras,
sin más luz que la tuya,
porque tu cuerpo alumbra cuando amas,
más tierna tú que las pequeñas flores
con que te adorno a veces.

Guárdame en la alegría de mirarte
ir y venir en ritmo, caminando
y, al caminar, meciéndote
como si regresaras de la llave del agua
llevando un cántaro en el hombro.

Y cuando me haga viejo,
y engorde y quede calvo, no te apiades
de mis ojos hinchados, de mis dientes
postizos, de las canas que me salgan
por la nariz. Aléjame,
no te apiades, destiérrame, te pido;
hermosa entonces, joven como ahora,
no me ames; recuérdame
tal como fui al cantarte, cuando era
yo tu voz y tu escudo,
y estabas sola, y te sirvió mi mano.

Rosario Castellanos
(1925-1974)

Nació en la ciudad de México en 1925, y murió en Tel Aviv, Israel, en 1974. Desde muy pequeña fue llevada a Comitán, Chiapas, y allí realizó sus estudios primarios y secundarios. A partir de la adolescencia volvió a la capital del país y realizó estudios de filosofía en la Universidad Nacional donde se graduó de maestra. Perteneció al servicio diplomático y representó a México en Israel. Destacada lo mismo como narradora (novelista y cuentista) que como poeta y ensayista, su importante obra lírica incluye entre sus títulos más significativos *Trayectoria del polvo* (1948), *De la vigilia estéril* (1950), *El rescate del mundo* (1952), *Al pie de la letra* (1959), *Lívida luz* (1960) y *Materia memorable* (1968). En 1972 reunió su obra poética (1948-1971) en el volumen *Poesía no eres tú*, reeditado en múltiples ocasiones. Sus *Obras*, en dos volúmenes, con compilación, notas y textos de presentación de Eduardo Mejía, se publicaron en 1989 (*Narrativa*) y en 1998 (*Poesía, teatro y ensayo*).

DIÁLOGO CON LOS OFICIOS ALDEANOS

LAVANDERAS DEL GRIJALVA

Pañuelo del adiós,
camisa de la boda,
en el río, entre peces
jugando con las olas.

Como un recién nacido
bautizado, esta ropa
ostenta su blancura
total y milagrosa.

Mujeres de la espuma
y el ademán que limpia,
halladme un río hermoso
para lavar mis días.

ESCOGEDORAS DE CAFÉ EN EL SOCONUSCO

En el patio qué lujo,
qué riqueza tendida.
(Cafeto despojado
mire el suelo y sonría.)

Con una mano apartan
los granos más felices,
con la otra desechan
y sopesan y miden.

Sabiduría andando
en toscas vestiduras.
Escoja yo mis pasos
como vosotras, justas.

Tejedoras de Zinacanta

Al valle de las nubes
y los delgados pinos,
al de grandes rebaños
—Zinacanta— he venido.

Vengo como quien soy,
sin casa y sin amigo,
a ver a unas mujeres
de labor y sigilo.

Qué misteriosa y hábil
su mano entre los hilos;
mezcla extraños colores,
dibuja raros signos.

No sé lo que trabajan
en el telar que es mío.
Tejedoras, mostradme
mi destino.

La oración del indio

El indio sube al templo tambaleándose,
ebrio de sus sollozos como de un alcohol fuerte.
Se para frente a Dios a exprimir su miseria
y grita con un grito de animal acosado
y golpea entre sus puños su cabeza.

El borbotón de sangre que sale por su boca
deja su cuerpo quieto.
Se tiende, se abandona, duerme en el mismo suelo
con la juncia y respira
el aire de la cera y del incienso.

Repose largamente
tu inocencia de manos que no crucificaron.

Repose tu confianza
reclinada en el brazo del Amor
como un pequeño pueblo en una cordillera.

una palmera

Señora de los vientos,
garza de la llanura,

cuando te meces canta
tu cintura.

Gesto de la oración
o preludio del vuelo,
en tu copa se vierten uno a uno
los cielos.

Desde el país oscuro de los hombres
he venido, a mirarte, de rodillas.
Alta, desnuda, única.
Poesía.

lamentación de dido

Guardiana de las tumbas; botín para mi hermano, el de la corva garra de gavilán;
nave de airosas velas, nave graciosa, sacrificada al rayo de las tempestades;
mujer que asienta por primera vez la planta del pie en tierras desoladas
y es más tarde nodriza de naciones, nodriza que amamanta con leche de sabiduría y de consejo;
mujer siempre, y hasta el fin, que con el mismo pie de la sagrada peregrinación
sube —arrastrando la oscura cauda de su memoria—
hasta la pira alzada del suicidio.

Tal es el relato de mis hechos. Dido mi nombre. Destinos
como el mío se han pronunciado desde la antigüedad con palabras hermosas y nobilísimas.
Mi cifra se grabó en la corteza del árbol enorme de las tradiciones.
Y cada primavera, cuando el árbol retoña,
es mi espíritu, no el viento sin historia, es mi espíritu el que estremece y el que hace cantar su follaje.

Y para renacer, año con año,
escojo entre los apóstrofes que me coronan, para que resplandezca con un resplandor único,
éste que me da cierto parentesco con las playas:
Dido, la abandonada, la que puso su corazón bajo el hachazo de un adiós tremendo.

Yo era lo que fui: mujer de investidura desproporcionada con la flaqueza de su ánimo.
Y, sentada a la sombra de un solio inmerecido,
temblé bajo la púrpura igual que el agua tiembla bajo el légamo.
Y para obedecer mandatos cuya incomprensibilidad me sobrepasa recorrí las baldosas de los pórticos con la balanza de la justicia entre mis manos
y pesé las acciones y declaré mi consentimiento para algunas —las más graves.

Esto era en el día. Durante la noche no la copa del festín, no la alegría de la serenata, no el sueño deleitoso.
Sino los ojos acechando en la oscuridad, la inteligencia batiendo la selva intrincada de los textos
para cobrar la presa que huye entre las páginas.
Y mis oídos, habituados a la ardua polémica de los mentores,
llegaron a ser hábiles para distinguir el robusto sonido del oro
del estrépito estéril con que entrechocan los guijarros.

De mi madre, que no desdeñó mis manos y que me las ungió desde el amanecer con la destreza,
heredé oficios varios: cardadora de lana, escogedora del fruto que ilustra la estación y su clima,
despabiladora de lámparas.

Así pues tomé la rienda de mis días: potros domados, conocedores del camino, reconocedores de la querencia.
Así pues ocupé mi sitio en la asamblea de los mayores.
Y a la hora de la partición comí apaciblemente el pan que habían amasado mis deudos.
Y con frecuencia sentí deshacerse entre mi boca el grano de sal de un acontecimiento dichoso.

Pero no dilapidé mi lealtad. La atesoraba para el tiempo de las lamentaciones, para cuando los cuervos aletean encima de los tejados y mancillan la transparencia del cielo con su graznido fúnebre;
para cuando la desgracia entra por la puerta principal de las mansiones
y se la recibe con el mismo respeto que a una reina.

De este modo transcurrió mi mocedad: en el cumplimiento de las menudas tareas domésticas; en la celebración de los ritos cotidianos; en la asistencia a los solemnes acontecimientos civiles.
Y yo dormía, reclinando mi cabeza sobre una almohada de confianza.
Así la llanura, dilatándose, puede creer en la benevolencia de su sino,
porque ignora que la extensión no es más que la pista donde corre, como un atleta vencedor,
enrojecido por el heroísmo supremo de su esfuerzo, la llama del incendio.
Y el incendio vino a mí, la predación, la ruina, el exterminio
¡y no he dicho el amor!, en figura de náufrago.

Esto que el mar rechaza, dije, es mío.
Y ante él me adorné de la misericordia como del brazalete de más precio.

Yo te conjuro, si oyes, a que respondas: ¿quién esquivó la adversidad alguna vez? ¿Y quién tuvo a desdoro llamarle huésped suya y preparar la sala del convite?
Quien lo hizo no es mi igual. Mi lenguaje se entronca con el de los inmoladores de sí mismos.

El cuchillo bajo el que se quebró mi cerviz era un hombre llamado Eneas.
Aquel Eneas, aquel, piadoso con los suyos solamente;
acogido a la fortaleza de muros extranjeros; astuto, con astucias de bestia perseguida;

invocador de númenes favorables; hermoso narrador de infortunios y hombre de paso; hombre con el corazón puesto en el futuro.

—La mujer es la que permanece; rama de sauce que llora en las orillas de los ríos.

Y yo amé a aquel Eneas, a aquel hombre de promesa jurada ante otros dioses.

Lo amé con mi ceguera de raíz, con mi soterramiento de raíz, con mi lenta fidelidad de raíz.
No, no era la juventud. Era su mirada lo que así me cubría de florecimientos repentinos. Entonces yo fui capaz de poner la palma de mi mano, en signo de alianza, sobre la frente de la tierra. Y vi acercarse a mí, amistadas, las especies hostiles. Y vi también reducirse a número los astros. Y oí que el mundo tocaba su flauta de pastor.

Pero esto no era suficiente. Y yo cubrí mi rostro con la máscara nocturna del amante.
Ah, los que aman apuran tósigos mortales. Y el veneno enardeciendo su sangre, nublando sus ojos, trastornando su juicio, los conduce a cometer actos desatentados; a menospreciar aquello que tuvieron en más estima; a hacer escarnio de su túnica y a arrojar su fama como pasto para que hocen los cerdos.
Así, aconsejada de mis enemigos, di pábulo al deseo y maquiné satisfacciones ilícitas y tejí un espeso manto de hipocresía para cubrirlas.

Pero nada permanece oculto a la venganza. La tempestad presidió nuestro ayuntamiento; la reprobación fue el eco de nuestras decisiones.

Mirad, aquí y allá, esparcidos, los instrumentos de la labor. Mirad el ceño del deber defraudado. Porque la molicie nos había reblandecido los tuétanos.
Y convertida en antorcha yo no supe iluminar más que el desastre.

Pero el hombre está sujeto durante un plazo menor a la embriaguez.
Lúcido nuevamente, apenas salpicado por la sangre de la víctima, Eneas partió.

Nada detiene al viento. ¡Cómo iba a detenerlo la rama de sauce que llora en las orillas de los ríos!
En vano, en vano fue correr, destrenzada y frenética, sobre las arenas humeantes de la playa.

Rasgué mi corazón y echó a volar una bandada de palomas negras. Y hasta el anochecer permanecí, incólume como un acantilado, bajo el brutal abalanzamiento de las olas.

He aquí que al volver ya no me reconozco. Llego a mi casa y la encuentro arrasada por las furias. Ando por los caminos sin más vestidura para cubrirme que el velo arrebatado a la vergüenza; sin otro cíngulo que el de la desesperación para apretar mis sienes. Y, monótona zumbadora, la demencia me persigue con su aguijón de tábano.

Mis amigos me miran al través de sus lágrimas; mis deudos vuelven el rostro hacia otra parte. Porque la desgracia es espectáculo que algunos no deben contemplar.

Ah, sería preferible morir. Pero yo sé que para mí no hay muerte.
Porque el dolor —¿y qué otra cosa soy más que dolor?— me ha hecho eterna.

AL PIE DE LA LETRA

Desde hace años, lectura,
tu lento arado se hunde en mis entrañas,
remueve la escondida fertilidad, penetra
hasta donde lo oscuro —esto es lo oscuro: roca—
rechaza los metales con un chispazo lívido.

Plantel de la palabra me volviste.
No sabe la semilla de qué mano ha caído.
Allá donde se pudre
nada recuerda y no presiente nada.

La humedad germinal se escribe, sin embargo,
en la celeste página de las constelaciones.
Pero el que nace ignora, pues nacer es difícil
y no es ciencia, es dolor, la vida a los vivientes.

Lo que soñó la tierra
es visible en el árbol.
La armazón bien trabada del tronco, la hermosura
sostenida en la rama
y el rumor del espíritu en libertad: la hoja.

He aquí la obra, el libro.

Duerma mi día último a su sombra.

LA VELADA DEL SAPO

Sentadito en la sombra
—solemne con tu bocio exoftálmico; cruel
(en apariencia, al menos, debido a la hinchazón
de los párpados); frío,
frío de repulsiva sangre fría.

Sentadito en la sombra miras arder la lámpara.

En torno de la luz hablamos y quizá
uno dice tu nombre.

(Es septiembre. Ha llovido.)

Como por el resorte de la sorpresa, saltas
y aquí estás ya, en medio de la conversación,
en el centro del grito.
¡Con qué miedo sentimos palpitar
el corazón desnudo
de la noche en el campo!

CANCIÓN

Yo conocí una paloma
con las dos alas cortadas; andaba torpe, sin cielo,
en la tierra, desterrada.

La tenía en mi regazo
y no supe darle nada.
Ni amor, ni piedad, ni el nudo
que pudiera estrangularla.

ENCARGO

Cuando yo muera dadme la muerte que me falta
y no me recordéis.
No repitáis mi nombre hasta que el aire sea
transparente otra vez.

No erijáis monumentos que el espacio que tuve
entero lo devuelvo a su dueño y señor
para que advenga el otro, el esperado
y resplandezca el signo del favor.

BELLA DAMA SIN PIEDAD

Se deslizaba por las galerías.

No la vi. Llegué tarde, como todos,
y alcancé nada más la lentitud
púrpura de la cauda; la atmósfera vibrante
de aria recién cantada.

Ella no. Y era más
que plenitud su ausencia
y era más que esponsales
y era más que semilla en que madura el tiempo:
esperanza o nostalgia.

Sueña, no está. Imagina, no es. Recuerda,
se sustituye, inventa, se anticipa,
dice adiós o mañana.

Si sonríe, sonríe desde lejos,
desde lo que será su memoria, y saluda
desde su antepasado pálido por la muerte.

Porque no es el cisne. Porque si la señalas
señalas una sombra en la pupila
profunda de los lagos
y del esquife sólo la estela y de la nube
el testimonio del poder del viento.

Presencia prometida, evocada. Presencia
posible del instante
en que cuaja el cristal, en que se manifiesta
el corazón del fuego.

El vacío que habita se llama eternidad.

MEMORIAL DE TLATELOLCO

La oscuridad engendra la violencia
y la violencia pide oscuridad
para cuajar el crimen.

Por eso el dos de octubre aguardó hasta la noche
para que nadie viera la mano que empuñaba
el arma, sino sólo su efecto de relámpago.

Y a esa luz, breve y lívida, ¿quién? ¿Quién es el que mata?
¿Quiénes los que agonizan, los que mueren?
¿Los que huyen sin zapatos?

¿Los que van a caer al pozo de una cárcel?
¿Los que se pudren en el hospital?
¿Los que se quedan mudos, para siempre, de espanto?

¿Quién? ¿Quiénes? Nadie. Al día siguiente, nadie.

La plaza amaneció barrida; los periódicos
dieron como noticia principal
el estado del tiempo.

Y en la televisión, en la radio, en el cine
no hubo ningún cambio de programa,
ningún anuncio intercalado ni un
minuto de silencio en el banquete.
(Pues prosiguió el banquete.)

No busques lo que no hay: huellas, cadáveres,
que todo se le ha dado como ofrenda a una diosa:
a la Devoradora de Excrementos.

No hurgues en los archivos pues nada consta en actas.

Ay, la violencia pide oscuridad
porque la oscuridad engendra el sueño
y podemos dormir soñando que soñamos.

Mas he aquí que toco una llaga: es mi memoria.
Duele, luego es verdad. Sangra con sangre.
Y si la llamo mía traiciono a todos.

Recuerdo, recordamos.

Ésta es nuestra manera de ayudar a que amanezca
sobre tantas conciencias mancilladas,
sobre un texto iracundo, sobre una reja abierta,
sobre el rostro amparado tras la máscara.

Recuerdo, recordemos
hasta que la justicia se siente entre nosotros.

Jaime Sabines
(1925-1999)

Nació en Tuxtla Gutiérrez, Chiapas, en 1925, y murió en la ciudad de México, en 1999. En la capital del país, hizo estudios de medicina y literatura en la Universidad Nacional. Dio a conocer sus primeros poemas en diarios de su ciudad natal y en algunas publicaciones periódicas de la ciudad de México. Ha sido uno de los últimos poetas mexicanos realmente populares. Su obra abarca los libros *Horal* (1950), *La señal* (1951), *Tarumba* (1956), *Diario semanario y poemas en prosa* (1961), *Yuria* (1967), *Maltiempo* (1972) y *Algo sobre la muerte del mayor Sabines* (1973). Estos libros, más varios poemas sueltos, constituyeron, en diversas ediciones, los volúmenes *Recuento de poemas* (1962), *Nuevo recuento de poemas* (1977) y *Otro recuento de poemas* (1991).

LENTO, AMARGO ANIMAL...

Lento, amargo animal
que soy, que he sido,
amargo desde el nudo de polvo y agua y viento
que en la primera generación del hombre pedía a Dios.

Amargo como esos minerales amargos
que en las noches de exacta soledad
—maldita y arruinada soledad
sin uno mismo—
trepan a la garganta
y, costras de silencio,
asfixian, matan, resucitan.

Amargo como esa voz amarga
prenatal, presubstancial, que dijo
nuestra palabra, que anduvo nuestro camino,
que murió nuestra muerte,
y que en todo momento descubrimos.
Amargo desde dentro,
desde lo que no soy
—mi piel como mi lengua—
desde el primer viviente,
anuncio y profecía.

Lento desde hace siglos,
remoto —nada hay detrás—,
lejano, lejos, desconocido.

Lento, amargo animal
que soy, que he sido.

yo no lo sé de cierto...

Yo no lo sé de cierto, pero supongo
que una mujer y un hombre
algún día se quieren,
se van quedando solos poco a poco,
algo en su corazón les dice que están solos,
solos sobre la tierra se penetran,
se van matando el uno al otro.

Todo se hace en silencio. Como
se hace la luz dentro del ojo.
El amor une cuerpos.
En silencio se van llenando el uno al otro.

Cualquier día despiertan, sobre brazos;
piensan entonces que lo saben todo.
Se ven desnudos y lo saben todo.

(Yo no lo sé de cierto. Lo supongo.)

uno es el hombre...

Uno es el hombre.
Uno no sabe nada de esas cosas
que los poetas, los ciegos, las rameras,
llaman "misterio", temen y lamentan.
Uno nació desnudo, sucio,
en la humedad directa,
y no bebió metáforas de leche,
y no vivió sino en la tierra.
(La tierra que es la tierra y es el cielo
como la rosa rosa pero piedra.)

Uno apenas es una cosa cierta
que se deja vivir, morir apenas,
y olvida cada instante, de tal modo
que cada instante, nuevo, lo sorprenda.

Uno es algo que vive,
algo que busca pero encuentra,
algo como hombre o como Dios o yerba

que en el duro saber lo de este mundo
halla el milagro en actitud primera.

Fácil el tiempo ya, fácil la muerte,
fácil y rigurosa y verdadera
toda intención de amor que nos habita
y toda soledad que nos perpetra.
Aquí está todo, aquí. Y el corazón aprende
—alegría y dolor— toda presencia;
el corazón constante, equilibrado y bueno,
se vacía y se llena.

Uno es el hombre que anda por la tierra
y descubre la luz y dice: es buena,
la realiza en los ojos y la entrega
a la rama del árbol, al río, a la ciudad,
al sueño, a la esperanza y a la espera.

Uno es ese destino que penetra
la piel de Dios a veces,
y se confunde en todo y se dispersa.

Uno es el agua de la sed que tiene,
el silencio que calla nuestra lengua,
el pan, la sal, y la amorosa urgencia
de aire movido en cada célula.

Uno es el hombre —lo han llamado hombre—
que lo ve todo abierto, y calla, y entra.

LOS AMOROSOS

Los amorosos callan.
El amor es el silencio más fino,
el más tembloroso, el más insoportable.
Los amorosos buscan,
los amorosos son los que abandonan,
son los que cambian, los que olvidan.
Su corazón les dice que nunca han de encontrar,
no encuentran, buscan.

Los amorosos andan como locos
porque están solos, solos, solos,
entregándose, dándose a cada rato,
llorando porque no salvan al amor.
Les preocupa el amor. Los amorosos
viven al día, no pueden hacer más, no saben.
Siempre se están yendo,
siempre, hacia alguna parte.

Esperan,
no esperan nada, pero esperan.
Saben que nunca han de encontrar.
El amor es la prórroga perpetua,
siempre el paso siguiente, el otro, el otro.
Los amorosos son los insaciables,
los que siempre —¡qué bueno!— han de estar solos.

Los amorosos son la hidra del cuento.
Tienen serpientes en lugar de brazos.
Las venas del cuello se les hinchan
también como serpientes para asfixiarlos.
Los amorosos no pueden dormir
porque si se duermen se los comen los gusanos.

En la obscuridad abren los ojos
y les cae en ellos el espanto.

Encuentran alacranes bajo la sábana
y su cama flota como sobre un lago.

Los amorosos son locos, sólo locos,
sin Dios y sin diablo.

Los amorosos salen de sus cuevas
temblorosos, hambrientos,
a cazar fantasmas.
Se ríen de las gentes que lo saben todo,
de las que aman a perpetuidad, verídicamente,
de las que creen en el amor como en una lámpara de inagotable aceite.

Los amorosos juegan a coger el agua,
a tatuar el humo, a no irse.
Juegan el largo, el triste juego el amor.
Nadie ha de resignarse.
Dicen que nadie ha de resignarse.
Los amorosos se avergüenzan de toda conformación.

Vacíos, pero vacíos de una a otra costilla,
la muerte les fermenta detrás de los ojos,
y ellos caminan, lloran hasta la madrugada
en que trenes y gallos se despiden dolorosamente.

Les llega a veces un olor a tierra recién nacida,
a mujeres que duermen con la mano en el sexo, complacidas,
a arroyos de agua tierna y a cocinas.
Los amorosos se ponen a cantar entre labios
una canción no aprendida.
Y se van llorando, llorando
la hermosa vida.

¿QUÉ PUTAS PUEDO HACER?...

¿Qué putas puedo hacer con mi rodilla,
con mi pierna tan larga y tan flaca,
con mis brazos, con mi lengua,
con mis flacos ojos?
¿Qué puedo hacer en este remolino
de imbéciles de buena voluntad?
¿Qué puedo con inteligentes podridos
y con dulces niñas que no quieren hombre sino poesía?
¿Qué puedo entre los poetas uniformados
por la academia o por el comunismo?
¿Qué, entre vendedores o políticos
o pastores de almas?
¿Qué putas puedo hacer, Tarumba,
si no soy santo, ni héroe, ni bandido,
ni adorador del arte,
ni boticario,
ni rebelde?
¿Qué puedo hacer si puedo hacerlo todo
y no tengo ganas sino de mirar y mirar?

DENTRO DE POCO...

Dentro de poco vas a ofrecer estas páginas a los desconocidos como si extendieras en la mano un manojo de yerbas que tú cortaste.

Ufano y acongojado de tu proeza, regresarás a echarte al rincón preferido.

Dices que eres poeta porque no tienes el pudor necesario del silencio.

¡Bien te vaya, ladrón, con lo que le robas a tu dolor y a tus amores! ¡A ver qué imagen haces de ti mismo con los pedazos que recoges de tu sombra!

TU CUERPO ESTÁ A MI LADO...

Tu cuerpo está a mi lado
fácil, dulce, callado.
Tu cabeza en mi pecho se arrepiente
con los ojos cerrados
y yo te miro y fumo
y acaricio tu pelo enamorado.
Esta mortal ternura con que callo
te está abrazando a ti mientras yo tengo
inmóviles mis brazos.
Miro mi cuerpo, el muslo
en que descansa tu cansancio,
tu blando seno oculto y apretado

y el bajo y suave respirar de tu vientre
sin mis labios.
Te digo a media voz
cosas que invento a cada rato
y me pongo de veras triste y solo
y te beso como si fueras tu retrato.
Tú, sin hablar, me miras
y te aprietas a mí y haces tu llanto
sin lágrimas, sin ojos, sin espanto.
Y yo vuelvo a fumar, mientras las cosas
se ponen a escuchar lo que no hablamos.

ALGO SOBRE LA MUERTE DEL MAYOR SABINES

PRIMERA PARTE

I

Déjame reposar,
aflojar los músculos del corazón
y poner a dormitar el alma
para poder hablar,
para poder recordar estos días,
los más largos del tiempo.

Convalecemos de la angustia apenas
y estamos débiles, asustadizos,
despertando dos o tres veces de nuestro escaso sueño
para verte en la noche y saber que respiras.
Necesitamos despertar para estar más despiertos
en esta pesadilla llena de gentes y de ruidos.

Tú eres el tronco invulnerable y nosotros las ramas,
por eso es que este hachazo nos sacude.
Nunca frente a tu muerte nos paramos
a pensar en la muerte,
ni te hemos visto nunca sino como la fuerza y la alegría.
No lo sabemos bien, pero de pronto llega
un incesante aviso,
una escapada espada de la boca de Dios
que cae y cae y cae lentamente.
Y he aquí que temblamos de miedo,
que nos ahoga el llanto contenido,
que nos aprieta la garganta el miedo.
Nos echamos a andar y no paramos
de andar jamás, después de medianoche,
en ese pasillo del sanatorio silencioso
donde hay una enfermera despierta de ángel.
Esperar que murieras era morir despacio,

estar goteando del tubo de la muerte,
morir poco, a pedazos.

No ha habido hora más larga que cuando no dormías,
ni túnel más espeso de horror y de miseria
que el que llenaban tus lamentos,
tu pobre cuerpo herido.

II

Del mar, también del mar,
de la tela del mar que nos envuelve,
de los golpes del mar y de su boca,
de su vagina obscura,
de su vómito,
de su pureza tétrica y profunda,
vienen la muerte, Dios, el aguacero
golpeando las persianas,
la noche, el viento.

De la tierra también,
de las raíces agudas de las casas,
del pie desnudo y sangrante de los árboles,
de algunas rocas viejas que no pueden moverse,
de lamentables charcos, ataúdes del agua,
de troncos derribados en que ahora duerme el rayo,
y de la yerba, que es la sombra de las ramas del cielo
viene Dios, el manco de cien manos,
ciego de tantos ojos,
dulcísimo, impotente.
(omniausente, lleno de amor,
el viejo sordo, sin hijos,
derrama su corazón en la copa de su vientre.)

De los huesos también,
de la sal más entera de la sangre,
del ácido más fiel,
del alma más profunda y verdadera,
del alimento más entusiasmado,
del hígado y del llanto,
viene el oleaje tenso de la muerte,
el frío sudor de la esperanza,
y viene Dios riendo.

Caminan los libros a la hoguera.
Se levanta el telón: aparece el mar.

(Yo no soy el autor del mar.)

III

Siete caídas sufrió el elote de mi mano
antes de que mi hambre lo encontrara,
siete veces mil veces he muerto
y estoy risueño como en el primer día.
Nadie dirá: no supo de la vida
más que los bueyes, ni menos que las golondrinas.
Yo siempre he sido el hombre, amigo fiel del perro,

hijo de Dios desmemoriado,
hermano del viento.
¡A la chingada las lágrimas!, dije,
y me puse a llorar
como se ponen a parir.
Estoy descalzo, me gusta pisar el agua y las piedras,
las mujeres, el tiempo,
me gusta pisar la yerba que crecerá sobre mi tumba
(si es que tengo una tumba algún día).
Me gusta mi rosal de cera
en el jardín que la noche visita.
Me gustan mis abuelos de totomoste
y me gustan mis zapatos vacíos
esperándome como el día de mañana.
¡A la chingada la muerte!, dije,
sombra de mi sueño,
perversión de los ángeles,
y me entregué a morir
como una piedra al río,
como un disparo al vuelo de los pájaros.

IV

Vamos a hablar del Príncipe Cáncer,
Señor de los Pulmones, Varón de la Próstata,
que se divierte arrojando dardos
a los ovarios tersos, a las vaginas mustias,
a las ingles multitudinarias.

Mi padre tiene el ganglio más hermoso del cáncer
en la raíz del cuello, sobre la subclavia,
tubérculo del bueno de Dios,
ampolleta de la buena muerte,
y yo mando a la chingada a todos los soles del mundo.
El Señor Cáncer, El Señor Pendejo,
es sólo un instrumento en las manos obscuras
de los dulces personajes que hacen la vida.

En las cuatro gavetas del archivero de madera
guardo los nombres queridos,

la ropa de los fantasmas familiares,
las palabras que rondan
y mis pieles sucesivas.

También están los rostros de algunas mujeres,
los ojos amados y solos
y el beso casto del coito.
Y de las gavetas salen mis hijos.
¡Bien haya la sombra del árbol
llegando a la tierra,
porque es la luz que llega!

v

De las nueve de la noche en adelante
viendo la televisión y conversando
estoy esperando la muerte de mi padre.
Desde hace tres meses, esperando.
En el trabajo y en la borrachera,
en la cama sin nadie y en el cuarto de niños,
en su dolor tan lleno y derramado,
su no dormir, su queja y su protesta,
en el tanque de oxígeno y las muelas
del día que amanece, buscando la esperanza.

Mirando su cadáver en los huesos
que es ahora mi padre,
e introduciendo agujas en las escasas venas,
tratando de meterle la vida, de soplarle
en la boca el aire...

(Me avergüenzo de mí hasta los pelos
por tratar de escribir estas cosas.
¡Maldito el que crea que esto es un poema!)

Quiero decir que no soy enfermero,
padrote de la muerte,
orador de panteones, alcahuete,
pinche de Dios, sacerdote de las penas.
Quiero decir que a mí me sobra el aire...

vi

Te enterramos ayer.
Ayer te enterramos.
Te echamos tierra ayer.
Quedaste en la tierra ayer.
Estás rodeado de tierra
desde ayer.

Arriba y abajo y a los lados
por tus pies y por tu cabeza
está la tierra desde ayer.
Te metimos en la tierra,
te tapamos con la tierra ayer.
Perteneces a la tierra
desde ayer.
Ayer te enterramos
en la tierra, ayer.

VII

Madre generosa
de todos los muertos,
madre tierra, madre,
vagina del frío,
brazos de intemperie,
regazo del viento,
nido de la noche,
madre de la muerte,
recógelo, abrígalo,
desnúdalo, tómalo,
guárdalo, acábalo.

VIII

No podrás morir.
Debajo de la tierra
no podrás morir.
Sin agua y sin aire
no podrás morir.
Sin azúcar, sin leche,
sin frijoles, sin carne,
sin harina, sin higos,
no podrás morir.

Sin mujer y sin hijos
no podrás morir.
Debajo de la vida
no podrás morir.
En tu tanque de tierra
no podrás morir.
En tu caja de muerto
no podrás morir.
En tus venas sin sangre
no podrás morir.
En tu pecho vacío
no podrás morir.

En tu boca sin fuego
no podrás morir.
En tus ojos sin nadie
no podrás morir.
En tu carne sin llanto
no podrás morir.
No podrás morir.
No podrás morir.
No podrás morir.

Enterramos tu traje,
tus zapatos, el cáncer;
no podrás morir.
Tu silencio enterramos.
Tu cuerpo con candados.
Tus canas finas,
tu dolor clausurado.
No podrás morir.

IX

Te fuiste no sé a dónde.
Te espera tu cuarto.
Mi mamá, Juan y Jorge
te estamos esperando.
Nos han dado abrazos
de condolencia, y recibimos
cartas, telegramas, noticias
de que te enterramos,
pero tu nieta más pequeña
te busca en el cuarto,
y todos, sin decirlo,
te estamos esperando.

X

Es un mal sueño largo,
una tonta película de espanto,
un túnel que no acaba
lleno de piedras y de charcos.
¡Qué tiempo este, maldito,
que revuelve las horas y los años,
el sueño y la conciencia,
el ojo abierto y el morir despacio!

XI

Recién parido en el lecho de la muerte,
criatura de la paz, inmóvil, tierno,
recién niño del sol de rostro negro,
arrullado en la cuna del silencio,
mamando obscuridad, boca vacía,
ojo apagado, corazón desierto.

Pulmón sin aire, niño mío, viejo,
cielo enterrado y manantial aéreo,
voy a volverme un llanto subterráneo
para echarte mis ojos en tu pecho.

XII

Morir es retirarse, hacerse a un lado,
ocultarse un momento, estarse quieto,
pasar el aire de una orilla a nado
y estar en todas partes en secreto.

Morir es olvidar, ser olvidado,
refugiarse desnudo en el discreto
calor de Dios, y en su cerrado
puño, crecer igual que un feto.

Morir es encenderse bocabajo
hacia el humo y el hueso y la caliza
y hacerse tierra y tierra con trabajo.

Apagarse es morir, lento y aprisa,
tomar la eternidad como a destajo
y repartir el alma en la ceniza.

XIII

Padre mío, señor mío, hermano mío,
amigo de mi alma, tierno y fuerte,
saca tu cuerpo viejo, viejo mío,
saca tu cuerpo de la muerte.

Saca tu corazón igual que un río,
tu frente limpia en que aprendí a quererte,
tu brazo como un árbol en el frío
saca todo tu cuerpo de la muerte.

Amo tus canas, tu mentón austero,
tu boca firme y tu mirada abierta,
tu pecho vasto y sólido y certero.

Estoy llamando, tirándote la puerta.
Parece que yo soy el que me muero:
¡padre mío, despierta!

xiv

No se ha roto ese vaso en que bebiste,
ni la taza, ni el tubo, ni tu plato.
Ni se quemó la cama en que moriste,
ni sacrificamos un gato.

Te sobrevive todo. Todo existe
a pesar de tu muerte y de mi flato.
Parece que la vida nos embiste
igual que el cáncer sobre tu homoplato.

Te enterramos, te lloramos, te morirmos,
te estás bien muerto y bien jodido y yermo
mientras pensamos en lo que no hicimos

y queremos tenerte aunque sea enfermo.
Nada de lo que fuiste, fuiste y fuimos
a no ser habitantes de tu infierno.

xv

Papá por treinta o por cuarenta años,
amigo de mi vida todo el tiempo,
protector de mi miedo, brazo mío,
palabra clara, corazón resuelto,

te has muerto cuando menos falta hacías,
cuando más falta me haces, padre, abuelo,
hijo y hermano mío, esponja de mi sangre,
pañuelo de mis ojos, almohada de mi sueño.

Te has muerto y me has matado un poco.
Porque no estás, ya no estaremos nunca
completos, en un sitio, de algún modo.

Algo le falta al mundo, y tú te has puesto
a empobrecerlo más, y a hacer a solas
tus gentes tristes y tu Dios contento.

XVI

(Noviembre 27)

¿Será posible que abras los ojos y nos veas
ahora?
¿Podrás oírnos?
¿Podrás sacar tus manos un momento?

Estamos a tu lado. Es nuestra fiesta,
tu cumpleaños, viejo.
Tu mujer y tus hijos, tus nueras y tus nietos
venimos a abrazarte, todos, viejo.
¡Tienes que estar oyendo!
No vayas a llorar como nosotros
porque tu muerte no es sino un pretexto
para llorar por todos,
por los que están viviendo.
Una pared caída nos separa,
sólo el cuerpo de Dios, sólo su cuerpo.

XVII

Me acostumbré a guardarte, a llevarte lo mismo
que lleva uno su brazo, su cuerpo, su cabeza.
No eras distinto a mí, ni eras lo mismo.
Eras, cuando estoy triste, mi tristeza.

Eras, cuando caía, eras mi abismo,
cuando me levantaba, mi fortaleza.
Eras brisa y sudor y cataclismo,
y eras el pan caliente sobre la mesa.

Amputado de ti, a medias hecho
hombre o sombra de ti, sólo tu hijo,
desmantelada el alma, abierto el pecho,

ofrezco a tu dolor un crucifijo:
te doy un palo, una piedra, un helecho,
mis hijos y mis días, y me aflijo.

SEGUNDA PARTE

I

Mientras los niños crecen, tú, con todos los muertos,
poco a poco te acabas.
Yo te he ido mirando a través de las noches
por encima del mármol, en tu pequeña casa.

Un día ya sin ojos, sin nariz, sin orejas,
otro día sin garganta,
la piel sobre tu frente agrietándose, hundiéndose,
tronchando obscuramente el trigal de tus canas.
Todo tú sumergido en humedad y gases
haciendo tus deshechos, tu desorden, tu alma,
cada vez más igual tu carne que tu traje,
más madera tus huesos y más huesos las tablas.
Tierra mojada donde había tu boca,
aire podrido, luz aniquilada,
el silencio tendido a todo tu tamaño
germinando burbujas bajo las hojas de agua.
(Flores dominicales a dos metros arriba
te quieren pasar besos y no te pasan nada.)

II

Mientras los niños crecen y las horas nos hablan
tú, subterráneamente, lentamente, te apagas.
Lumbre enterrada y sola, pabilo de la sombra,
veta de horror para el que te escarba.

¡Es tan fácil decirte "padre mío"
y es tan difícil encontrarte, larva
de Dios, semilla de esperanza!

Quiero llorar a veces, y no quiero
llorar porque me pasas
como un derrumbe, porque pasas
como un viento tremendo, como un escalofrío
debajo de las sábanas,
como un gusano lento a lo largo del alma.

¡Si sólo se pudiera decir: "papá, cebolla,
polvo, cansancio, nada, nada, nada"!
¡Si con un trago te tragara!
¡Si con este dolor te apuñalara!
¡Si con este desvelo de memorias
—herida abierta, vómito de sangre—
te agarrara la cara!

Yo sé que tú ni yo,
ni un par de balbas,
ni un becerro de cobre, ni unas alas
sosteniendo la muerte, ni la espuma
en que naufraga el mar, ni —no— las playas,
la arena, la sumisa piedra con viento y agua,
ni el árbol que es abuelo de su sombra,
ni nuestro sol, hijastro de sus ramas,

ni la fruta madura, incandescente,
ni la raíz de perlas y de escamas,
ni tu tío, ni tu chozno, ni tu hipo,
ni mi locura, y ni tus espaldas,
sabrán del tiempo obscuro que nos corre
desde las venas tibias a las canas.

(Tiempo vacío, ampolla de vinagre,
caracol recordando la resaca.)

He aquí que todo viene, todo pasa,
todo, todo se acaba.
¿Pero tú?, ¿pero yo?, ¿pero nosotros?,
¿para qué levantamos la palabra?,
¿de qué sirvió el amor?,
¿cuál era la muralla
que detenía la muerte?, ¿dónde estaba
el niño negro de tu guarda?

Ángeles degollados puse al pie de tu caja,
y te eché encima tierra, piedras, lágrimas,
para que ya no salgas, para que no salgas.

III

Sigue el mundo su paso, rueda el tiempo
y van y vienen máscaras.
Amanece el dolor un día tras otro,
nos rodeamos de amigos y fantasmas,
parece a veces que un alambre estira
la sangre, que una flor estalla,
que el corazón da frutas, y el cansancio
canta.

Embrocados, bebiendo en la mujer y el trago,
apostando a crecer como las plantas,
fijos, inmóviles, girando
en la invisible llama.
Y mientras tú, el fuerte, el generoso,
el limpio de mentiras y de infamias,
guerrero de la paz, juez de victorias
—cedro del Líbano, robledal de Chiapas—
te ocultas en la tierra, te remontas
a tu raíz obscura y desolada.

IV

Un año o dos o tres,
te da lo mismo.
¿Cuál reloj en la muerte?, ¿qué campana
incesante, silenciosa, llama y llama?,
¿qué subterránea voz no pronunciada?,
¿qué grito hundido, hundiéndose, infinito
de los dientes atrás, en la garganta
aérea, flotante, pare escamas?

¿Para esto vivir?, ¿para sentir prestados
los brazos y las piernas y la cara,
arrendados al hoyo, entretenidos
los jugos en la cáscara?,
¿para exprimir los ojos noche a noche
en el temblor obscuro de la cama,
remolino de quietas transparencias,
descendimiento de la náusea?

¿Para esto morir?,
¿para inventar el alma,
el vestido de Dios, la eternidad, el agua
del aguacero de la muerte, la esperanza?,
¿morir para pescar?,
¿para atrapar con su red a la araña?

Estás sobre la playa de algodones
y tu marea de sombras sube y baja.

V

Mi madre sola, en su vejez hundida,
sin dolor y sin lástima,
herida de tu muerte y de tu vida.

Esto dejaste. Su pasión enhiesta,
su celo firme, su labor sombría.
Árbol frutal a un paso de la leña,
su curvo sueño que te resucita.
Esto dejaste. Esto dejaste y no querías.

Pasó el viento. Quedaron de la casa
el pozo abierto y la raíz en ruinas.
Y es en vano llorar. Y si golpeas
las paredes de Dios, y si te arrancas
el pelo o la camisa,
nadie te oye jamás, nadie te mira.
No vuelve nadie, nada. No retorna
el polvo de oro de la vida.

TLATELOLCO 68

1

Nadie sabe el número exacto de los muertos,
ni siquiera los asesinos,
ni siquiera el criminal.
(Ciertamente, ya llegó a la historia
este hombre pequeño por todas partes,
incapaz de todo menos del rencor.)

Tlatelolco será mencionado en los años que vienen
como hoy hablamos de Río Blanco y Cananea,
pero esto fue peor,
aquí han matado al pueblo:
no eran obreros parapetados en la huelga,
eran mujeres y niños, estudiantes,
jovencitos de quince años,
una muchacha que iba al cine,
una criatura en el vientre de su madre,
todos barridos, certeramente acribillados
por la metralla del Orden y la Justicia Social.

A los tres días, el ejército era la víctima de los desalmados,
y el pueblo se aprestaba jubiloso
a celebrar las Olimpiadas, que darían gloria a México.

2

El crimen está allí,
cubierto de hojas de periódicos,
con televisores, con radios, con banderas olímpicas.

El aire denso, inmóvil,
el terror, la ignominia.
Alrededor las voces, el tránsito, la vida.
Y el crimen está allí.

3

Habría que lavar no sólo el piso: la memoria.
Habría que quitarles los ojos a los que vimos,
asesinar también a los deudos,
que nadie llore, que no haya más testigos.
Pero la sangre echa raíces
y crece como un árbol en el tiempo.

La sangre en el cemento, en las paredes,
en una enredadera: nos salpica,
nos moja de vergüenza, de vergüenza, de vergüenza.

Las bocas de los muertos nos escupen
una perpetua sangre quieta.

4

Confiaremos en la mala memoria de la gente,
ordenaremos los restos,
perdonaremos a los sobrevivientes,
daremos libertad a los encarcelados,
seremos generosos, magnánimos y prudentes.

Nos han metido las ideas exóticas como una lavativa,
pero instauramos la paz,
consolidamos las instituciones;
los comerciantes están con nosotros,
los banqueros, los políticos auténticamente mexicanos,
los colegios particulares,
las personas respetables.

Hemos destruido la conjura,
aumentamos nuestro poder:
ya no nos caeremos de la cama
porque tendremos dulces sueños.

Tenemos Secretarios de Estado capaces
de transformar la mierda en esencias aromáticas,
diputados y senadores alquimistas,
líderes inefables, chulísimos,
un tropel de putos espirituales
enarbolando nuestra bandera gallardamente.

Aquí no ha pasado nada.
Comienza nuestro reino.

5

En las planchas de la Delegación están los cadáveres.
Semidesnudos, fríos, agujereados,
algunos con el rostro de un muerto.
Afuera, la gente se amontona, se impacienta,
espera no encontrar el suyo:
"Vaya usted a buscar a otra parte."

6

La juventud es el tema
dentro de la Revolución.
El Gobierno apadrina a los héroes.
El peso mexicano está firme
y el desarrollo del país es ascendente.
Siguen las tiras cómicas y los bandidos en la televisión.
Hemos demostrado al mundo que somos capaces,
respetuosos, hospitalarios, sensibles
(¡Qué Olimpiada maravillosa!),
y ahora vamos a seguir con el "Metro"
porque el progreso no puede detenerse.

Las mujeres, de rosa,
los hombres, de azul cielo,
desfilan los mexicanos en la unidad gloriosa
que construye la patria de nuestros sueños.

LAS MONTAÑAS

En la finca de Orencio López, llamada El Carmen,
municipio de Ixhuatán, Chiapas, conocí las montañas.
Las montañas existen. Son una masa de árboles y de agua,
de una luz que se toca con los dedos,
y de algo más que todavía no existe.

Penetradas del aire más solemne,
nada como ellas para ser la tierra,
siglos de amor ensimismado, absorto
en la creación y muerte de sus hojas.

A punto de caer sobre los hombres,
milagro de equilibrio, permanecen
en su mismo lugar, caen hacia arriba,
dentro de sí, se abrazan, el cielo las sostiene,
les llega el día, la noche, los rumores,
pasan nubes, y ríos, y tormentas,
guardan sombras que crecen escondidas
entre bambúes líricos, dan el pecho
a limones increíbles, pastorean arbustos y zacates,
duermen de pie sobre su propio sueño
de madera, de leche, de humedades.

Aquí Dios se detuvo, se detiene,
se abstiene de sí mismo, se complace.

Tomás Segovia
(1927)

Nació en Valencia, España, en 1927, y se radicó en México desde que tenía trece años. Estudió en la Facultad de Filosofía y Letras de la Universidad Nacional. Fue coordinador de la Casa del Lago, de la UNAM, y director de la *Revista Mexicana de Literatura*. En su producción literaria que incluye poesía, narrativa, teatro y traducción, sobresale su vasta obra lírica con títulos tales como *Luz de aquí* (1958), *El sol y su eco* (1960), *Anagnórisis* (1967), *Historias y poemas* (1968), *Terceto* (1972), *Cuaderno del Nómada* (1978), *Figura y secuencias* (1979), *Cantata a solas* (1984), *Casa del Nómada* (1992) y *Fiel imagen* (1996). En 1982 reunió su producción lírica (1943-1976) en el tomo *Poesía*. En 1998 este volumen creció al incorporarle su autor la totalidad de su obra posterior y abarcar de 1943 a 1997, y fue publicado en Madrid.

BESOS

Mis besos lloverán sobre tu boca oceánica
primero uno a uno como una hilera de gruesas gotas
anchas gotas dulces cuando empieza la lluvia
que revienta como claveles de sombra
luego de pronto todos juntos
hundiéndose en tu gruta marina
chorro de besos sordos entrando hasta tu fondo
perdiéndose como un chorro en el mar
en tu boca oceánica de oleaje caliente
besos chafados blandos anchos como el peso de la plastilina
besos oscuros como túneles de donde no se sale vivo
deslumbrantes como el estallido de la fe
sentidos como algo que te arrancan
comunicantes como los vasos comunicantes
besos penetrantes como la noche glacial en que todos nos abandonaron
besaré tus mejillas
tus pómulos de estatua de arcilla adánica
tu piel que cede bajo mis dedos
para que yo modele un rostro de carne compacta idéntico al tuyo
y besaré tus ojos más grandes que tú toda
y que tú y yo juntos y la vida y la muerte
del color de la tersura
de mirada asombrosa como encontrarse en la calle con uno mismo
como encontrarse delante de un abismo
que nos obliga a decir quién somos

tus ojos en cuyo fondo vives tú
como en el fondo del bosque más claro del mundo
tus ojos llenos del aire de las montañas
y que despiden un resplandor al mismo tiempo áspero y dulce
tus ojos que tú no conoces
que miran con un gran golpe aturdidor
y me inmutan y me obligan a callar y a ponerme serio
como si viera de pronto en una sola imagen
toda la trágica indescifrable historia de la especie

tus ojos de esfinge virginal
de silencio que resplandece como el hielo
tus ojos de caída durante mil años en el pozo del olvido
besaré también tu cuello liso y vertiginoso como un tobogán inmóvil
tu garganta donde la vida se anuda como un fruto que se puede morder
tu garganta donde puede morderse la amargura
y donde el sol en estado líquido circula por tu voz y tus venas
como un coñac ingrávido y cargado de electricidad
besaré tus hombros construidos y frágiles como la ciudad de Florencia
y tus brazos firmes como un río caudal
frescos como la maternidad
rotundos como el momento de la inspiración
tus brazos redondos como la palabra Roma
amorosos a veces como el amor de las vacas por los terneros
y tus manos lisas y buenas como cucharas de palo
tus manos incitadoras como la fiebre
o blandas como el regazo de la madre del asesino
tus manos que apaciguan como saber que la bondad existe
besaré tus pechos globos de ternura
besaré sobre todo tus pechos más tibios que la convalecencia
más verdaderos que el rayo y que la soledad
y que pesan en el hueco de mi mano como la evidencia en la mente del sabio
tus pechos pesados fluidos tus pechos de mercurio solar
tus pechos anchos como un paisaje escogido definitivamente
inolvidables como el pedazo de tierra donde habrán de enterrarnos
calientes como las ganas de vivir
con pezones de milagro y dulces alfileres
que son la punta donde de pronto acaba chatamente
la fuerza de la vida y sus renovaciones
tus pezones de botón para abrochar el paraíso
de retoño del mundo que echa flores de puro júbilo
tus pezones submarinos de sabor a frescura
besaré mil veces tus pechos que pesan como imanes
y cuando los aprieto se desparraman como el sol en los trigales
tus pechos de luz materializada y de sangre dulcificada
generosos como la alegría de aceptar la tristeza
tus pechos donde todo se resuelve
donde acaba la guerra la duda la tortura
y las ganas de morirse
besaré tu vientre firme como el planeta Tierra
tu vientre de llanura emergida del caos

de playa rumorosa
de almohada para la cabeza del rey después de entrar a saco
tu vientre misterioso cuna de la noche desesperada
remolino de la rendición y del deslumbrante suicidio
donde la frente se rinde como una espada fulminada
tu vientre montón de arena de oro palpitante
montón de trigo negro cosechado en la luna
montón de tenebroso humus incitante
tu vientre regado por los ríos subterráneos
donde aún palpitan las convulsiones del parto de la tierra
tu vientre contráctil que se endurece como un brusco recuerdo que se coagula
y ondula como las colinas
y palpita como las capas más profundas del mar océano
tu vientre lleno de entrañas de temperatura insoportable
tu vientre que ruge como un horno
o que está tranquilo y pacificado como el pan
tu vientre como la superficie de las olas
lleno hasta los bordes de mar de fondo y de resacas
lleno de irresistible vértigo delicioso
como una caída en un ascensor desbocado
interminable como el vicio y como él insensible
tu vientre incalculablemente hermoso
calle en medio de ti en medio del universo
en medio de mi pensamiento
en medio de mi beso auroral
tu vientre de plaza de toros
partido de luz y sombra y donde la muerte trepida
suave al tacto como la espalda del toro negro de la muerte
tu vientre de muerte hecha fuente para beber la vida fuerte y clara
besaré tus muslos de catedral
de pinos paternales
practicables como los postigos que se abren sobre lo desconocido
tus muslos para ser acariciados como un recuerdo pensativo
tensos como un arco que nunca se disparará
tus muslos cuya línea representa la curva del curso de los tiempos
besaré tus ingles donde anida la fragilidad de la existencia
tus ingles regadas como los huertos mozárabes
traslúcidas y blancas como la vía láctea
besaré tu sexo terrible
oscuro como un signo que no puede nombrarse sin tartamudear
como una cruz que marca el centro de los centros
tu sexo de sal negra
de flor nacida antes que el tiempo
delicado y perverso como el interior de las caracolas
más profundo que el color rojo
tu sexo de dulce infierno vegetal
emocionante como perder el sentido
abierto como la semilla del mundo
tu sexo de perdón para el culpable sollozante
de disolución de la amargura y de mar hospitalario

y de luz enterrada y de conocimiento
de amor de lucha a muerte de girar de los astros
de sobrecogimiento de hondura de viaje entre sueños
de magia negra de anonadamiento de miel embrujada
de pendiente suave como el encadenamiento de las ideas
de crisol para fundir la vida y la muerte
de galaxia en expansión
tu sexo triángulo sagrado besaré
besaré besaré

hasta hacer que toda tú te enciendas
como un farol de papel que flota locamente en la noche.

Enriqueta Ochoa
(1928)

Nació en Torreón, Coahuila, en 1928. Hizo estudios de letras y periodismo. En la ciudad de México se ha desempeñado como profesora de literatura. En su obra lírica destacan los títulos *Las urgencias de un dios* (1950), *Los himnos del ciego* (1968), *Las vírgenes terrestres* (1969), *Carta para el hermano* (1973) y *Retorno de Electra* (1978). Una antología de su obra fue realizada y prologada, en 1984, por Mario Raúl Guzmán con el título *Bajo el oro pequeño de los trigos*, cuya edición aumentada vio la luz en 1997.

RETORNO DE ELECTRA

I

Para poderte hablar,
así, de frente,
tuve que echarme toda una vida
a llorar sobre tus huesos.
Tuve que desandar lo caminado
desnudando la piel de mi conciencia.
Para poderte hablar
tuve que volver a llenarme de aire
los pulmones.
Y cuidar de que no se me encogieran las palabras,
el corazón, los ojos,
porque aún se me deshacen de agua
si te nombro.
Ya me creció la voz, padre, patriarca,
viejo de barba azul y ojos de plomo;
ya te puedo contar lo que ha pasado
desde que tú te fuiste.
Con tu muerte se quebrantaron todos los cimientos;
no me atreví a buscar,
porque no habría
un roble con tu sombra y su medida
que me cubriera de la llaga de sol en mi verano.
Uní la sangre que me diste a otra sangre;
malherida,
borré la sombra del sexo entre los hombres
y me quedé vacía, a la intemperie...

Y no pude decir,
hasta que se hizo carne de mi carne el amor,
lo que era hallar la propia sombra, entregándose.
Después quise ubicarte en mí, te pesé,
te ultrajé, te lloré, medí tus actos;
di vuelta atrás,
y volví a caminar lo desandado;
por eso puedo hablarte ahora, así,
porque entendí tu medida de gigante.

II

No podemos hacer nada con un muerto, padre,
se suda sangre,
se retuerce el aullido, tirado sobre las tumbas,
en un charco de culpa.
Padre, yo soy Pedro y Santiago,
el sable que doblado de sueño
castró su espíritu en tu oración del huerto.
Yo soy el viscoso miedo de Pedro
que se escurrió en la sombra
a la hora de tus merecimientos.
Soy el martillo cayendo sobre tus clavos;
el aire que no asistió al pulmón en agonía;
soy la que no compartió
el dolor anticipado que se encerró a devorarse;
la hendidura irresponsable,
la desbandada de apóstoles...
Soy este pozo de noche en que se hunde la conciencia.
Di, ¿qué se hace con un muerto, padre?
Di cómo lavo estas llagas,
si todo queda inscrito en el tiempo
y todo tiempo es memoria.

III

Colgábamos de ti
como del racimo la uva.
Cuando la muerte
reblandeció el cogollo de tu fuerza,
presentimos el vértigo de altura y la caída.
Uno a uno,
en relación directa a la pesantez de tu esencia,
descendimos.
Bajo anónimas pisadas me vi saltar la pulpa,
sorprendida.
Y no era orgía de vendimia,
ni enervación de culto;
fue ser la sangre a la sed de todos los caminos;

dejar la piel desprendida
entre un enjambre de alambradas.
Ahora,
para afirmar la talla
con que tu amor me hizo,
sólo queda una espina:
la palabra.

IV

Perdón, hermanos,
porque no alcanzo a verlos,
ahogada como estoy en mi hoyo
de pequeñas miserias.
¡Mentira que deseo morir!,
antes quisiera conocerlos
sin mi lente deforme,
quizá los amaría tanto,
o más de lo que estoy amando
a mi lastre de lágrimas
en este viaje de niebla.

V

Padre,
no puedo amar a nadie,
a nada que no sea este fuego
de sucia conmiseración
en que se consume mi lengua.
Quiero otro aire,
otro paisaje que no sean los muros de mi cuerpo.
Emparedada, desconozco el resplandor del centro
y la desnudez de la periferia.
Voy a abrir brecha hacia los dos caminos
y quizá quede atrás
la trampa de la vieja noria.

BAJO EL ORO PEQUEÑO DE LOS TRIGOS

Para Samuel Gordon

Si me voy este otoño
entiérrame bajo el oro pequeño de los trigos,
en el campo,
para seguir cantando a la intemperie.
No amortajes mi cuerpo.
No me escondas en tumbas de granito.

Mi alma ha sido un golpe de tempestad,
un grito abierto en canal,
un magnífico semental
que embarazó a la palabra con los ecos de Dios,
y no quiero rondar, tiritando,
mi futuro hogar,
mientras la nieve acumula
con ademán piadoso
sus copos a mis pies.

Yo quiero que la boca del agua
exorcice mi espíritu,
que me bautice el viento,
que me envuelva en su sábana cálida la tierra
si me voy este otoño.

Eduardo Lizalde
(1929)

Nació en la ciudad de México en 1929. Hizo estudios de filosofía en la Facultad de Filosofía y Letras de la Universidad Nacional. En esta misma institución fue jefe de la Imprenta Universitaria y director de la Casa del Lago. Ha sido director de Ópera del Instituto Nacional de Bellas Artes y de la Biblioteca de México y la revista que publica esta dependencia. A fines de la década del cuarenta y principios de la del cincuenta, junto con Enrique González Rojo y Marco Antonio Montes de Oca, animó el efímero movimiento por ellos denominado poeticismo. Poeta, narrador y ensayista, en su obra lírica sobresalen los títulos *Cada cosa es Babel* (1966), *El tigre en la casa* (1970), *La zorra enferma* (1975), *Caza mayor* (1979), *Tercera Tenochtitlán* (1982) y *Tabernarios y eróticos* (1988). En 1983 reunió su obra poética (1962-1982) en el volumen *Memoria del tigre*; diez años después agrupó la totalidad de su poesía, de 1949 a 1991, en el tomo al cual puso por título *Nueva memoria del tigre* (1993).

GRANDE ES EL ODIO

I

Grande y dorado, amigos, es el odio.
Todo lo grande y lo dorado
viene del odio.
El tiempo es odio.

Dicen que Dios se odiaba en acto,
que se odiaba con la fuerza
de los infinitos leones azules
del cosmos;
que se odiaba
para existir.

Nacen del odio, mundos,
óleos perfectísimos, revoluciones,
tabacos excelentes.

Cuando alguien sueña que nos odia, apenas,
dentro del sueño de alguien que nos ama,
ya vivimos en el odio perfecto.

Nadie vacila, como en el amor,
a la hora del odio.

El odio es la sola prueba indudable
de la existencia.

2

Y el miedo es una cosa grande como el odio.
El miedo hace existir a la tarántula,
la vuelve cosa digna de respeto,

la embellece en su desgracia,
rasura sus horrores.

Qué sería de la tarántula, pobre,
flor zoológica y triste,
si no pudiera ser ese tremendo
surtidor de miedo,
ese puño cortado
de un simio negro que enloquece de amor.

La tarántula, oh Bécquer,
que vive enamorada
de una tensa magnolia.
Dicen que mata a veces,
que descarga sus iras en conejos dormidos.
Es cierto,
pero muerde y descarga sus tinturas internas
contra otro,
porque no alcanza a morder sus propios miembros,
y le parece que el cuerpo del que pasa,
el que amaría si lo supiera,
es el suyo.

3

Con su gran ojo el sol
no ve lo que yo veo.

Keats

Si yo no las hubiera descubierto
partiendo en dos al gato,
abriendo nueces,
hurgando por las venas,
Dios no se habría enterado de estas cosas,
a su creación ocultas,
perfectamente ocultas.
De estas cosas terribles
como ratas sumisas
o vidrios comestibles.

Otro Dios antagónico las forja,
en su mundo gemelo de gemelos,
ciego de la ceguera,
bañado por sus nubes de sudor.
Su segunda materia armada en huecos.

Y estas cosas existen sin mis ojos,
sin los ojos de Dios,
existen solas,
gotas de tinta en el desierto,
increadas.

Dios las olvida a martillazos,
sueña en su olvido,
en lo que no se debe a tantas perfecciones:
y se mira las manos sin pulgares.

4

Aunque alguien crea que el terror
no es sino el calcetín de la ternura
vuelto al revés,
sus pastos no son ésos.
No están ahí los comederos
del terror.
La ternura no existe sino para Onán.
Y nadie es misericordioso
sino consigo mismo.

Nadie es tierno, ni bueno,
ni grandioso en el amor
más que para sus vísceras.
La perra sueña que da su amor al niño,
goza amamantándolo.
Reino es la soledad de todas las ternuras.
Sólo el terror despierta a los amantes.

5

Para el odio escribo.
Para destruirte, marco estos papeles.
Exprimo el agrio humor del odio
en esta tinta,
hago temblar la pluma.

En estas hojas,
que escupo hasta secarme, arrojo
todo el odio que tengo.

Y es inútil. Lo sé.
Sólo te digo una cosa:
si estas últimas líneas
fueran gotas,
serían de orines.

6

De pronto, se quiere escribir versos
que arranquen trozos de piel
al que los lea.
Se escribe así, rabiosamente,
destrozándose el alma contra el escritorio,
ardiendo de dolor,
raspándose la cara contra los esdrújulos,
asesinando teclas con el puño,
metiéndose pajuelas de cristal entre las uñas.
Uno se pone a odiar como una fiera,
entonces,
y alguien pasa y le dice:
"vente a cenar, tigrillo,
la leche está caliente".

LAMENTACIÓN POR UNA PERRA

I. MONELLE

También la pobre puta sueña.
La más infame y sucia
y rota y necia y torpe,
hinchada, renga y sorda puta,
sueña.

Pero escuchen esto,
autores,
bardos suicidas
del diecinueve atroz,
del veinte y de sus asesinos:
        sólo sabe soñar
        al tiempo mismo
        de corromperse.

Ésa es la clave.
Ésa es la lección.
He ahí el camino para todos:
        soñar y corromperse a una.

2

La perra más inmunda
es noble lirio junto a ella.
Se vendería por cinco tlacos
a un caimán.

Es prostituta vil,
artera zorra,
y ya tenía podrida el alma
a los cuatro años.

Pero su peor defecto es otro:
    soy para ella el último
    de los hombres.

3

Muerde la perra
cuando estoy dormido;
rasca, rompe, excava
haciendo de su hocico lanza,
para destruirme.
    Pero hallará otra perra dentro
    que gime y cava hace veinte años.

4

No se conforma con hincar los dientes
en esta mano mansa
que ha derramado mieles en su pelo.
No le basta ser perra:
    antes de morder,
    moja las fauces
    en el retrete.

5

¡Qué bajos cobres ha de haber
tras esa aurífera corona!
¡Qué llagas verdes
bajo las pulpas húmedas
de su piel de esmeralda!
¡Qué despreciable perra puede ser ésta,
si de veras me ama!

6

Es perra, sí,
pero sus hijos serán lobos,
sus nietos, hienas,
sus bisnietos...

7

Uno creería que terminado este poema,
gastada en el papel tanta azul tinta envenenada
—catarsis y todo eso—,
sería más claro el rostro de las cosas,
compuesto el trote del poeta,
recién bañado el tigre,
vuelto al archivo el orden,
al gato los tejados.

Pero el dolor prosigue contra el texto,
cebándose en las carnes
como el can caduco y ciego
que desconoce al dueño por la noche,
o bien, el amo alcohólico
que muele a palos a su perra
mientras ella (¡oh tristes!)
lame
la dura sombra que la aplasta.

8

Lavo la mano, amada
en el amor de las mujeres,
y la mano se dora, agradecida,
se vuelve joya.

Antes muñón, y garra o tronco,
dórase la mano
en esos páramos de miel.

Pero a los cuatro días o cinco,
seis cuando más,
vuelve a escurrir por mis uñas
ese líquido amargo y pestilente
que tu piel de loba
destila al ser cortada.

A LA MANERA DE CIERTO POUND

Si yo pudiera decir todo esto en un poema,
si pudiera decirlo, si de verdad pudiera,
si decirlo pudiera,
si tuviera el poder de decirlo
        ¡Qué poema, Señor!
¿Quién te lo impide, muchachito?
Anda: desnúdate, para qué más remilgos,
qué clase de hipocritón gomoso quieres ser,
lanza la rima y la moral al inodoro,
anda, circula.
        ¡Qué gran poema
        qué poemota sería!
Si pudiera, siquiera, si pudiera
poner la letra primera,
lazar como a una vaca ese primer concepto,
si pudiera empezarlo,
si alcanzara, malditos,
cuando menos, a tomar la pluma
        ¡qué poema!

REVOLUCIÓN, TIENDO LA MANO

Revolución, tiendo la mano
y a veces me la muerdes.
Soy individualista,
pero el mundo no es bello.
Sólo el idiota, el loco y el canalla
piensan que el mundo es un jardín
donde florece una esmeralda
con sabor a durazno.
Mira, yo estoy contigo, en serio.
¿Cómo han de herirte a ti,
piedra del siglo,
unas palabras mías?
Ni los tiranos más abyectos han caído,
jamás, por la literatura.
Escucha: come un poco, tranquila,
de mi mano.
No es veneno esta pobre palabra deprimente,
de zorra enferma,
que te doy.

MAÑANA, REVOLUCIONARIOS

Qué interés se te sigue Jesús mío.

Lope

Y yo les dije, voy, estoy conforme.
Espérenme tantito.
Como José Ramón yo canto claro,
y liso, Nicolás,

entiéndanme un momento.
También soy comunista en ratos de ocio
prolongados. No soy bueno.
Pero me asomo ahora a la ventana
y el ángel argentino toca abajo
su porfiado organillo;
llama a la puerta con la mano herida,
toca su mano, sola, en esta puerta y digo:
le abriremos mañana, qué carajo,
para lo mismo responder mañana.

LA MANO EN LIBERTAD

Escribir no es problema.
Miren flotar la pluma
por cualquier superficie.
Pero escribir con ella
—Montblanc, Parker o Pelikan—,
sin mesa a mano, tinta suficiente
o postura correcta,
es imposible,
y a veces pernicioso.
Puedo escribir, señores,
con los ojos cubiertos,
vuelta la espalda al piso,
atadas las muñecas,
esparadrapo encima de los labios.
Puedo:
pero no garantizo ese producto.

AMOR

Aman los puercos.
No puede haber más excelente prueba
de que el amor
no es cosa tan extraordinaria.

prosa y poesía

A Carlos Fuentes

La prosa es bella
—dicen los lectores—.
La poesía es tediosa:
no hay en ella argumento,
ni sexo, ni aventura,
ni paisajes,
ni drama, ni humorismo,
ni cuadros de la época.
Eso quiere decir que los lectores
tampoco entienden la prosa.

el perro

Éste es un perro.
Una criatura que se ignora.
No sabe
que pertenece a una clase
—de cosa o bestia—, ignora
que la palabra perro
no lo designa a él en especial:
cree que se llama perro,
cree que se llama hombre,
cree que se llama "ven",
cree que se llama "muerde".

zona central

Las nalgas de una hembra bien construida
son la obra capital de la naturaleza.
Insondable misterio.
¿Por qué son bellas de ese modo inquietante,
que ciega inteligencias,
abruma pueblos, excita los pinceles,
cambia el curso del tiempo
esas dos nalgas?

Dos puros promontorios de inocente carne,
cuya proporción y forma nadie ha establecido.
¿Dos médanos que atraen por lo que anuncian:
los dos sexos que esconden?
¿Y esos sexos, inocuas oquedades invisibles,
por qué impulsan al vértigo?
No lo sabremos nunca:
pero puede cambiarse de partido político,
de dios, de religión, al descubrirlas,
así sea en el *Play Boy*.

Víctor Sandoval
(1929)

Nació en la ciudad de Aguascalientes, en 1929. Ha sido promotor cultural y, en este ámbito, creador y animador de museos, publicaciones y certámenes literarios y de obra plástica. En 1974 fundó la revista *Tierra Adentro*, la cual dirigió durante muchos años. Ha sido subdirector y director del Instituto Nacional de Bellas Artes y ministro de asuntos culturales de la embajada de México en España. En su obra poética destacan los títulos *Para empezar el día* (1974), *Fraguas* (1980), *Agua de temporal* (1988), *Trovas de amor y desdenes* (1994) y *Coplas que mis oídos oyeron* (1998). En 1999 reunió su obra poética en el volumen *Poesía 1947-1999*, prologado por Benjamín Valdivia.

LA SEÑAL EN EL MURO

Soledad de Abajo
y la brumosa mesa del café.
Puerto de la Concepción
y el viaje que no has de realizar.
Viudas de Oriente
y la pasión nostálgica.
Viudas de Poniente
te desnudo y me desnudas en sábanas de bramante.
Ojo de Agua de Crucitas
desde lejos viene la tarde.
Santa Rosalía del Polvo
un candor de piedra en la mirada.
Rancho de Pulgas Pandas
el purificador de almas tragando lumbre.
Pila de los Perros
el fontanero abriendo las fuentes de la plaza.
Amapolas del Río
una flauta enamorada.
Soledad de Arriba
Don Juan el empalado bajo un claror de hogueras.

•••

Aullidos de bronce,
sábanas blancas y sábanas manchadas,
dilataciones y dolor,
mi padre tranquilo en el zaguán.

–Antes que nada, comadrona,
échame al mundo.

•••

Un día finisecular
tempraneros y diáfanos,
inverecundos al sol y a su deslumbre,
salimos de nuestro refugio subterráneo
en el cerro de El Muerto.
De nuevo la ciudad
tan duramente castigada por nosotros,
silente, sin párpados contaminantes.
Hallámosla entre briznas de oro
como una bestia pura
bañándose en la luz
y el polvo del desierto.
Volvimos a lo que fue devastado.
Todo estaba limpio y reluciente,
limpias las fachadas,
los edificios
con su pátina intacta,
los poros de las piedras
rezumando edades incorruptas.
En la plaza a desnivel,
hacia el puente de San Francisco,
cerca del mercado,
se organizaba el eco
que nos reconocía por nuestras señas
escritas en paredes de matacán y adobe.

•••

Al pie del obelisco
volvieron a departir el aire
nuestras rodillas nómadas
y nuestros codos nómadas.
La tarde
era un caballo sin jinete
silbando nombres a las nubes;
éstas obedecían y se marchaban.

•••

Los días grávidos de agosto tienen un corazón de piedra.
Duermen.
En Fraguas, la ciudad de acantilados
y altos edificios,
hay pequeños y tiernos detalles:
Aurículas de transparentes nervaduras

y palomares de cemento,
acequias y peces de agua fría.
Forja mi padre duras azucenas y besos de granito.

•••

Darse prisa y retomar el rumbo;
abrir ventanas, repartir el aire,
como el que dice ¡Dómine!
y luego frunce el entrecejo ante el candor del salmo.
Estremecer la ropa al sol
contra la cal del muro.
Entrar de nuevo al patio de araucarias,
los granos de maíz en el tejado,
la aguja en el pajar,
su recóndito brillo,
el velo de la gracia
y el rastro del gusano.
El cuervo ciego descifrando signos:
–Como te llamaste, así te llamarás.
En el agua del pozo
los cantos primitivos de la ciudad,
sus cúpulas y arcadas.

•••

Los domingos el sol llega de pronto,
y todo Fraguas es
un resplandor de piedras y follajes.
Fraguas vuelta a encontrar, ganada para siempre;
navegan por el aire partículas de esmalte,
peces estriados, pájaros brillantes y piezas de cerámica.
Entonces las gentes van y van;
los mercados se llenan con sus gritos,
se sumergen en campos de pitayales dulces,
fuman en boquillas de cristal,
de sus cuerpos desnudos cuelgan joyas
y pequeños signos de plata.
Naturalmente
todos somos jóvenes.

•••

Aparte del ciclo pluvial,
las regaderas y los sanitarios,
los ruidos más importantes de Fraguas se han ido perdiendo.
-Fan-faneto-neto-fan-fan-faneto-neto-fan-
¿Qué se hizo la máquina de vapor
saliendo de su cueva de bisonte?
¿Qué se hizo el rey mi padre y su tren de esmeraldas,

su cadena de oro, pechera de cobalto,
la sortija de amor entre los dedos?
No hay ojos para mí,
melancólico y calvo busco una calle antigua,
mido la distancia y no es la misma.
¿Qué se hicieron las señales que dejamos,
el aldabón de hierro y la puerta labrada?
Busco los antiguos lugares visitados:
la miscelánea verde, el nombre de una mujer,
la cicatriz del muro. Busco a la bella Adriana,
su cama de latón y el cielo raso;
busco al minotauro ganadero que le abrió las caderas.
¿Qué se hicieron los ruidos de Fraguas?
¿Qué se hizo el yunque de diamantes de mi padre
y su tren de esmeraldas?

•••

No quedó nada,
sólo el desierto;
Teotihuacan, Fraguas, Caldas, Asterópolis,
con sus rostros de aljibe.
Derruido el zigurat, trunca la pirámide,
el campanario en ruinas.
Sólo el silencio altivo.
¡Patrias de la misericordia
apiádense de Fraguas!
Debo olvidar la crónica,
los días rutilantes,
la procesión de palmas.
Olvidar la ciudad llameante de automóviles y anuncios.
No se hable más de los altos palomares
ni de los apiarios en el valle.
(Entonces las uvas y su dulzor de agosto.)
Olvidar la historia,
dejar la ciudad como el perro
que rompe con sus clases de obediencia.

•••

Y abres los ojos con espanto.
Vienes del sueño a la ferocidad del sol.
Abres los ojos al horror de esta mañana.
Si naciste en Fraguas, la de calles perdidas,
la de sordas campanas y esquilas subterráneas,
eres hijo de mi padre.
Dejaste, dejamos, la humedad de terciopelo,
la caverna tibia,
un ataúd de lunas tendido en las baldosas.
Estamos en cualquier lugar distante.

Las piedras a pleno sol, el farallón de Fraguas.
Olvídate del sueño y su festín de plumas,
reposante en su himen de giganta
y sus labios de arena.
Dejé ruidos de puertas, contraseñas, pasajes,
la terminal en brumas, el ómnibus cansado.
El caballo viajero se desnudó en la cuadra
en busca de su yegua.
Si naciste en Fraguas
olvídate de todo.
Fraguas es una hoja en blanco.
La memoria no existe.

Ulalume González de León
(1932)

Nació en Montevideo, Uruguay, en 1932. Hizo estudios de filosofía y letras en París. Desde 1949 radica en México y adoptó la nacionalidad mexicana. Formó parte del consejo de redacción de las revistas *Plural* y *Vuelta*, dirigidas por Octavio Paz. Además de la poesía, ha cultivado la narrativa, el ensayo y la crítica. En su obra poética destacan los libros *Plagio* (1973), *Ciel entier* (1978) y *Plagio II* (1980).

JARDÍN ESCRITO

En el jardín que recuerdo
sopla un viento que mueve las hojas
del jardín donde ahora
estoy escribiendo

En el jardín que imagino
sopla un viento que mueve las hojas
del jardín que recuerdo

Y en el jardín donde ahora
estoy escribiendo
sopla un viento que mueve las hojas
sin jardín:
armisticio
de fronda imaginaria y fronda recordada

pero también las hojas verdes
del jardín donde escribo

pero también las hojas blancas
en que estoy escribiendo

y nace otro jardín

LUGARES

No sé dónde está el árbol
que me hace estar tan lejos
ahora que se acerca

No sé si yo lo traigo
o si es él quien me lleva

Un hilo desde el fondo de su tiempo
tira de mí y me arrastra

mientras tiro de un hilo
para arrancarlo al fondo de su tiempo

Él llega —árbol entero
Yo de mí mismo falto

La memoria nos cambia de lugares
sin movernos de nuestros sitios

las sábanas familiares

En su cuarto blanco
entre blancas sábanas
se ha dormido
y sueña
que duerme y que sueña
en su cuarto blanco

Se sabe soñando
porque de su cuerpo
a su cuerpo cae
infinitamente
y sin movimiento

Y de pronto llega
al fondo del cuerpo
y entonces despierta
en un cuarto rojo
dentro de su sueño

Sabe que despierta
dentro de su sueño
porque es rojo el cuarto
rojo todo blanco:
sábanas y cuerpo
Y otra vez se duerme
en su sueño
y sueña
que en su cuarto blanco
dormido se encuentra
soñando que está
en un cuarto rojo
donde duerme y sueña

Se sabe soñando
porque de su cuerpo
a su cuerpo cae
y del blanco al rojo
y del rojo al blanco
infinitamente
y sin movimiento

Y de pronto llega
al fondo del cuerpo
al fondo del sueño
al sueño sin fondo
a las familiares
sábanas de frío
al sueño de nadie

ACTO AMOROSO

:dos se miran uno al otro
hasta que son irreales

entonces cierran los ojos

y se tocan uno al otro
hasta que son irreales

entonces
guardan los cuerpos

y se sueñan uno al otro
hasta que son tan reales

que despiertan:
dos se miran...

DIFÍCIL CUSTODIA DEL TESORO INTERIOR

No siempre
despierta con un beso la Durmiente
(y todo un ejército de príncipes podría dejar caer gota a gota sus besos para horadar su sueño pero ella fingiría entonces otro más profundo con sexo y párpados llenos de telarañas)
Empeñada en impávida
superficie de hielo
azul e indiferente
esta bella difícil camufla sus más violentas rosas

Pero uno
a su oído se acerca y pronuncia palabras
y palabras y entonces
descarados
como la escarlatina de una niña pequeña
los colores afloran
tejen la superficie del amor
Y la Durmiente
sin tesoro interior
abre las piernas como una cortesana.

Marco Antonio Montes de Oca
(1932)

Nació en la ciudad de México, en 1932. Estudió leyes y literatura en la Universidad Nacional. Poeta y traductor, fue redactor de la *Revista Mexicana de Literatura* y ha colaborado en las más importantes publicaciones literarias de la capital del país. Su vasta obra poética comprende, entre sus títulos más importantes, *Contrapunto de la fe* (1955), *Delante de la luz cantan los pájaros* (1959), *Cantos al sol que no se alcanza* (1961), *Fundación del entusiasmo* (1963), *Vendimia del juglar* (1965), *Las fuentes legendarias* (1966), *La casa por la ventana* (1968), *Soy todo lo que miro* (1973), *Las constelaciones secretas* (1976), *Poemas de la convalecencia* (1979), *Sistemas de buceo* (1980) y *Vaivén* (1986). El primer volumen de su *Poesía reunida* (1953-1970) apareció en 1971; en 1980, vería la luz el segundo con el título *Comparecencias: Poesía 1968-1980*. Un tercer tomo, *Pedir el fuego*, abarcó la totalidad de su obra poética, de 1953 a 1987, y se publicó en 1987. En 2000, publicó la totalidad de su obra poética en el tomo *Delante de la luz cantan los pájaros.*

FUNDACIÓN DEL ENTUSIASMO

Oh entusiasmo cantor, tú rompes la bóveda de trinos
con el bullicio más alto y la canción más ávida.
Tu fuerza es el amanecer que flaquea sobre la colina,
el firmamento que descarga sus moradas cestas en el hambriento precipicio
y el follaje de campanas que prendes en la selva encantada.
Para ti que iluminas mi confianza,
desbrozo el camino y retiro las verdeantes trampas.
Para ti que fluyes en la gran marejada,
que eres tan débil como un hueso de tórtola,
tan vulnerable como la barda de geranios
y frágil como el guerrero que desafía el alud
con la sola y brillante oblea de su escudo,
trenzo esta vez mi ofrenda enamorada.
Para ti que posees la contraseña requerida para reinar en la Cruz del Sur,
que te lanzas el primero entre las vigas crujientes
y escapas de la noche del mundo por un cable luido,
para ti, palabra única, encarnación solar de todos los milagros,
estiro hasta el suelo las estalactitas de la poesía
y enciendo con extrañas ráfagas el corazón del hombre.

canción para celebrar lo que no muere

Hijo único de la noche,
negreante espejismo que me llevas a cometer serenidades,
silencio indispensable, necesario para la quilla del harpa
que entre las ondas del éter se abre paso.

Hijo único de la noche
que bordas con la mayor impaciencia

un buque rojo en el bastidor lunar;
vuelve desde tu castillo crestado con el festón de mis halagos
y brota en mí como una columna de palomas entre el mosaico roto,
como un géiser de soles bajo la fisura del párpado,
pues sin ti el señorío del capricho se intimida
y no se trenzan los cuernos del buey,
ni se anudan las paralelas,
ni vuelve la carne al muñón
con una estrella entre los dedos.

Acércate ahora que el surtidor eleva
su ramillete de rizados sables; óyeme,
óyeme al fin, sanador de los estragos torrenciales,
amable silencio amado y amante:

"Se pasan yermos, riberas,
túneles como un sinfín de claras cúpulas
y otros túneles amargos por donde el aire ya es de piedra;
se conversa con extrañas aldeanas
que llevan al mercado canastas de fémures inscriptos,
se atraviesan pueblos sin oriente, sin calles ni paredes encaladas,
al desierto se llega,
ileso y sangrante, el roído espíritu intacto,
al país de los derrumbes llega."

Algo, entonces, sobre la conciencia fatigada,
rompe la lívida yema lunar.
Un mirlo baja hasta el pebetero de rosas podridas
y al clima de fragor no con un himno ni una canción responde,
pero sí con el ajado balbuceo
que en su letra y su espíritu,
oh silencio de las grandes ocasiones, así te invoca:
"Que siga la cacería de azucenas,
y manchas verdeantes en las rodilleras
digan por cuánto tiempo y con qué amor
nuestras almas se hincaron en el prado.

"Desborde el fuego mares limitados por otros mares,
y la presea que el adalid ya no detenta,
estalle en nuestras manos,
granada repleta de jazmines,

nube clara manchada de cielo,
nube tan clara, tan cierta acaso, como esa niña que vi
pegada con sus labios a una mariposa.

"Separa cada uno con tenazas de jade
la pluma que brilla entre la resurrección y la catástrofe
y luego nos visiten ángeles enfebrecidos y prudentes
que quieran ser amor antes que ala.

"Salgan del abismo flores bárbaras
nunca insultadas por la vista ni la mano.
Repose por mil años la fresca luz de otoño
en barricas de ámbar
o en sueños tejidos con mimbre de relámpagos.

"Y esa denodada luz subsista
cuando no haya podredumbre para formar gusanos,
ni palas para remover la tumba,
ni cedro alguno para construir la caja fúnebre.

"No sobrevivan luz y silencio entremezclados formando lo deseable.
Sobre todo esa luz en que flotan caravanas de sonámbulas sandalias,
esas ráfagas de luz
que descienden por las brillantes laderas
de unos inolvidables cabellos desplegados."

ALA

A María Díaz de González Cosío

Ala que me ayudas a darle nombre a cada yerba,
Sólo cataplasma que tolera el cielo herido,
Ala capaz de abofetear el interior de una pagoda
Y de hacerla estallar en miles de mosaicos rotos;
Ala en desorden,
Vivo abanico para las estrellas
Siempre sentadas en su gran temperatura,
Ala pacífica, ala religiosa,
Sombra que das vuelta a las páginas del jardín,
Ala magnífica,
Parasol de seda sobre la salamandra ardida;
Ala que arrancas al arpa taciturna
Instantáneos alaridos,
Ala espléndida,
Ala repintada con dos manos de escarcha:
Ahora estás en mi puño
Enrollada como un florero
Donde surgen, tallos súbitos,
El mito y la certeza.

SOY TODO LO QUE MIRO

Bañarse bajo la luz de un álamo
Ser todo cuanto miro
En el pozo del sol.

Sorpresa blanca
Que te acuclillas y saltas
Y me lames la mano con tu llama
Y mueves cabellos
Pegados al rostro con lágrimas:
Vete de aquí
Quema la selva de arpas
Y al viento que la hace gemir
Porque es su amante consumado.

Siempre no te vayas
Sorpresa
Déjame ser todo lo que miro
Tus pavos irreales me interesan mucho
Tus nubes que bajan sin convertirse en lluvia
Me interesan a ojos vistas.

Entre la inmensidad y mi estupor
Tus flancos incandescen
Coro de las anticipaciones
Tupida amarillez:
El mundo que nos prohíbe volar
Nos debe su propio vuelo.

LA CURA DEL CELOSO

Le sacas brillo a tu pelo
Luego te peinas:
Cola de caballo y un listón azul.

En seguida sales a la calle
A matar a las personas
Con tu manera de andar.

A otros los matas
A mí me haces vivir:

Regresas despacio
Enmedallada con miradas
Como medusas de vidrio
Mas yo te aligero
Cuando me abrazas
Y nos quedamos ciegos.

CARTA A UN HOMBRE INMÓVIL

I

Has vivido ecos de un cuerpo a cuerpo
Con escrituras fulminantes
Y quedan en tu espalda
Bordes y signos que ningún ciego sabría leer:
El uñazo de la luz sobre la piedra irrefutable
Mazorcas de lluvia endurecida
Desgranadas sobre el más ronco tambor
Ceros de agua aguaceros
En que la ropa brilla por su ausencia.

II

Plumas de sol exorcizadas o invocadas
Un vino rojo una mujer vestida con tu desnudez
Te hacen volar
Te pillan los dedos en la puerta del orgasmo
Y aúllas y eres lo que no sabías
Grillo eléctrico
Cercenado por la sombra.

III

Mas ahora no te detienes no caminas no corres no vuelas
Estás clavado en tu sitio
Por un firme cabello de mujer
Eres la escalera escalada
Abrasada sangre abrazada
Velocidad de las ruinas
En la luz dorada
Más fría
Cuanto más cercana.

IV

El universo se ha fugado
Pero la tierra sigue en movimiento.

El viento de la tarde
No apaga las llamas de la bugambilia.

Caminan los recién nacidos

Las noches reman a brazo partido.

El ave roc te traerá
La luna que perdiste.

V

En fin
No te muevas si no quieres
Pero al menos respira
Helado dragón en ciernes:
Quiero ver el aire hendido
Por tus dos rayos de luciérnagas:
La carne es el papel
La escritura es el relámpago.

BALANCE

Maté la nube de mis pensamientos,
cedí terreno
a los pensamientos de la nube.

Predije con Apollinaire las nuevas artes,
advertí en un claro del bosque
otras manchas verdeclaras,
ardientes zonas en que pude establecer
una pausa encastillada,
labios que sonríen
en el espejo de la primavera.

Muchas veces conspiré
con el domingo echado a mis pies,
con el tiempo sirviéndome de suelo
y el espacio, mi leal pareja,
aferrado a mis hombros para no caer.

Muchas veces mil veces
me hundí en sueños más sueños que los sueños,
al imaginarme cómo la golondrina corta,

con la tijera azul de la cola,
ciertas cosas ciertas:
pinos, sauces, tilos
contemplados al trasluz.

Confesé a medio mundo
que ésta es mi hora y no es mi hora,
que todo depende y no depende,
que mis pies han bailado
desde antes de saber andar.

No pude permanecer
ni seguir adelante
ni volverme atrás:
la sola solución fue despertar.

Gabriel Zaid
(1934)

Nació en Monterrey, Nuevo León, en 1934. Poeta, ensayista y traductor, fue miembro del consejo de colaboración de la revista *Plural* y *Vuelta*. Sus textos han aparecido en las más importantes publicaciones de la capital del país. Destaca lo mismo como ensayista que como poeta y es autor de obras antológicas fundamentales en el desarrollo de la poesía en México y, por ello, constantemente reeditadas: el *Ómnibus de la poesía mexicana* (1971) y la *Asamblea de poetas jóvenes de México* (1980). Su original obra poética está integrada por los libros *Fábula de Narciso y Ariadna* (1958), *Seguimiento* (1964), *Campo nudista* (1969), *Práctica mortal* (1973) y *Sonetos y canciones* (1992). En 1976 reunió su obra poética (1951-1976) en el volumen *Cuestionario*. Sus *Obras*, publicadas por El Colegio Nacional (del cual es miembro), comenzaron a publicarse en 1993 y abarcan su poesía, sus ensayos sobre poesía, sus antologías poéticas, su crítica del mundo cultural y su crítica social. Han aparecido los tres primeros volúmenes: *Ensayos sobre poesía* (1993), *Reloj de sol. Poesía 1952-1992* (1995) y *Crítica del mundo cultural* (1999).

ALBA DE PROA

Navegar,
navegar.
Ir es escontrar.
Todo ha nacido a ver.
Todo está por llegar.
Todo está por romper
a cantar.

LA OFRENDA

Mi amada es una tierra agradecida.
Jamás se pierde lo que en ella se siembra.
Toda fe puesta en ella fructifica.
Aun la menor palabra en ella da su fruto.
Todo en ella se cumple, todo llega al verano.
Cargada está de dádivas, pródiga y en sazón.
En sus labios, la gracia se siente agradecida.
En sus ojos, su pecho, sus actos, su silencio.
Le he dado lo que es suyo, por eso me lo entrega.
Es el altar, la diosa y el cuerpo de la ofrenda.

canción de seguimiento

No soy el viento ni la vela
sino el timón que vela.

No soy el agua ni el timón
sino el que canta esta canción.

No soy la voz ni la garganta
sino lo que se canta.

No sé quién soy ni lo que digo
pero voy y te sigo.

tumulto

Me empiezan a desbordar los acontecimientos
(quizá es eso)
y necesito tiempo para reflexionar
(quizá es eso).

Se ha desplomado el mundo.
Toca el Apocalipsis.
Suena el despertador.

Los muertos salen de sus tumbas,
mas yo prefiero estar muerto.

pastoral

Una tarde con árboles,
callada y encendida.

Las cosas su silencio
llevan como su esquila.

Tienen sombra: la aceptan.
Tienen nombre: lo olvidan.

penumbra

Cantan los grillos,
duda el atardecer
y misteriosamente
pasa una mujer.

POUR MARX

Querida:
            Qué bien nadas,
sin nada que te vista,
en las aguas heladas
del cálculo egoísta.

LABORATORIO

Me estudiaba
(su conejillo de Indias).

Me excitaba
(su perro de Pavlov).

Me puso el pliegue de sus piernas
como un test de Rórschach.

Y vi temblar las tintas rojas
como la oscuridad gutural
de una garganta loca,
sordomuda, profética,
queriendo articular.

TEOFANÍAS

No busques más, no hay taxis.

Piensas que va a llegar, avanzas,
retrocedes, te angustias,
desesperas.
            Acéptalo
por fin: no hay taxis.

Y ¿quién ha visto un taxi?

Los arqueólogos han desenterrado
gente que murió buscando taxis,
mas no taxis.

            Dicen
que Elías, una vez, tomó un taxi,
mas no volvió para contarlo.

Prometeo quiso asaltar un taxi.
Sigue en un sanatorio.

Los analistas curan
la obsesión por el taxi,
no la ausencia de taxis.

Los revolucionarios
hacen colectivos de lujo,
pero la gente quiere taxis.

Me pondría de rodillas si apareciera un taxi.
Pero la ciencia ha demostrado
que los taxis no existen.

RELOJ DE SOL

Hora extraña.
No es
el fin del mundo
sino el atardecer.

La realidad,
torre de pisa,
da la hora
a punto de caer.

PRÁCTICA MORTAL

Subir los remos y dejarse
llevar con los ojos cerrados.
Abrir los ojos y encontrarse
vivo: se repitió el milagro.

Anda, levántate y olvida
esta ribera misteriosa
donde has desembarcado.

ALABANDO SU MANERA DE HACERLO

¡Qué bien se hace contigo, vida mía!

Muchas mujeres lo hacen bien
pero ninguna como tú.

La Sulamita, en la gloria,
se asoma a verte hacerlo.

Y yo le digo que no,
que nos deje, que ya lo escribiré.

Pero si lo escribiese
te volverías legendaria.

Y ni creo en la poesía autobiográfica
ni me conviene hacerte propaganda.

ELOGIO DE LO MISMO

¡Qué extraño es lo mismo!
Descubrir lo mismo.
Llegar a lo mismo.

¡Cielos de lo mismo!
Perderse en lo mismo.
Encontrarse en lo mismo.

¡Oh, mismo inagotable!
Danos siempre lo mismo.

DESPEDIDA

A punto de morir,
vuelvo para decirte no sé qué
de las horas felices.
Contra la corriente.

No sé si lucho para no alejarme
de la conversación en tus orillas
o para restregarme en el placer
de ir y venir del fin del mundo.

¿En qué momento pasa de la página al limbo,
creyendo aún leer, el que dormita?
La corza en tierra salta para ser perseguida

hasta el fondo del mar por el delfín,
que nada y se anonada, que se sumerge
y vuelve para decirte no sé qué.

Hugo Gutiérrez Vega
(1934)

Nació en Guadalajara, Jalisco, en 1934. En la ciudad de México, estudió leyes en la Universidad Nacional, y siguió estudios de letras y sociología en Italia e Inglaterra. Ha sido director de la Casa del Lago y de Difusión Cultural de la UNAM. En el servicio diplomático ha representado a nuestro país como agregado cultural en Italia, Inglaterra, España, Irán, Brasil y Grecia. Además de poeta es ensayista y traductor, y dentro de su obra lírica destacan los títulos *Buscado amor* (1965), *Cuando el placer termine* (1977), *Cantos de Plasencia y otros poemas* (1977) y *Cantos de Tomelloso y otros poemas* (1984). En 1987 reunió su poesía (1965-1986) en el volumen *Las peregrinaciones del deseo*, que fue reeditado en 1993. En 2000 amplió esta recopilación con el título *Peregrinaciones. Poesía reunida (1965-1999)*.

LAS REGLAS DE LA NOCHE

A Umberto Saba

El día se empequeñece.
Las palmeras, las nubes,
el sol disminuido,
las tranquilas gallinas,
la soledad, la tarde,
tus senos y mis manos,
todo se va tranquilo
hacia una noche suave
y sangrienta a su modo.

¿Por qué este perfume
de atardecidas flores
permanece en la almohada?
¿En dónde están tus ojos?
¿Por qué la ausencia
mueve sus aspas contra la ventana?
(Tal vez la figura azul
que gira en la colina
sea la de la muerte,
o tal vez la del amor
que creíamos ido para siempre.)

La noche da sus reglas:
aquí la cama de los que se aman,

más allá el mar
y tus ojos hundidos en su espuma.
La media luna dice el juramento;
la sombra de un presagio descompone
esta fosforescencia y regresa la luz.
Nada se pierde en esta noche humana.

POR FAVOR, SU CURRÍCULUM

La riqueza me agobia esta mañana
y para conjurarla
hago el recuento
de las cosas que tengo
y de lo mucho
que he perdido en el tiempo:
tengo la vista, el tacto y el oído,
el olfato y el gusto, una mujer
—ella también me tiene—
que lleva sin alardes
los ritmos de la vida;
unos seres que crecen a mi lado;
un techo, pan, un poco de dinero,
libros, el teatro, el cine;
seres vivos que amo
y que me aman;
mis muertos, la memoria
y el presente
(nada sé del futuro,
pero no me interesa);
voy haciendo los días
y ellos me van haciendo
y deshaciendo;
finjo resignación
y me contento
con las luces del alba
(me gusta más la noche);
trabajo y cumplo,
a veces a mi modo
y, cuando no es posible,
me conformo;
intenté el heroísmo
y la aventura
se me volvió sainete;
he aprendido
tres o cuatro cosas
y he olvidado trescientas;
me detengo en la calle
y veo personas,
salgo al campo

y me encuentro con la vida;
me gustan las ciudades
y las odio,
me gusta el campo,
pero no lo entiendo;
mis raíces son débiles;
no le tengo pavor a lo imprevisto,
pero me gustaría que no pasara;
mi sentido común
es estrambótico;
sin proyectos me enfrento
a la mañana;
me enferman los enfermos
de importancia,
me asustan los que esgrimen
sus certezas;
me gustan los que dudan,
los pasos vacilantes
me enternecen
y me dan miedo
los que pisan firme
(el *If* de Kipling
me provoca vómitos);
no pertenezo a nada
y, sin embargo, me hermano
sin poner muchos reparos;
cultivo mis lealtades
e intento preservar estos amores;
mi vida es un recuento
de expulsiones
(esto digo
mientras me acompañan
maracas y requintos,
dos serruchos,
un peine con papel
y voz gangosa);
ya no tomo café,
fumo tabaco,
hablo menos que antes,
me desvelo
y escribo confesiones;
la primera persona me preocupa,
pero sé que no es mía:
todos somos lo mismo,
todo es uno,
uno es todo,
cada hombre es, al fin,
todo este mundo
y el mundo
es un lugar
desconocido...

José Carlos Becerra
(1936-1970)

Nació en Villahermosa, Tabasco, en 1936, y murió en Brindisi, Italia, en 1970. En la ciudad de México, hizo estudios de arquitectura y filosofía y letras en la Universidad Nacional. Colaboró en las más importantes publicaciones literarias de la capital del país. Su muerte, en un accidente automovilístico, truncó una brillante trayectoria lírica que incluye los libros *Oscura palabra* (1965) y *Relación de los hechos* (1967). De manera póstuma, en 1973 aparecería el volumen de su obra poética (1961-1970), con el título *El otoño recorre las islas*, edición preparada por José Emilio Pacheco y Gabriel Zaid, y prologada por Octavio Paz.

EL OTOÑO RECORRE LAS ISLAS

A veces tu ausencia forma parte de mi mirada,
mis manos contienen la lejanía de las tuyas
y el otoño es la única postura que mi frente puede tomar para pensar en ti.

A veces te descubro en el rostro que no tuviste y en la aparición que no merecías,
a veces es una calle al anochecer donde no habremos ya de volver a citarnos,
mientras el tiempo transcurre entre un movimiento de mi corazón y un
movimiento de la noche.

A veces tu ausencia aparece lentamente en mi sonrisa igual que una mancha
de aceite en el agua,
y es la hora de encender ciertas luces
y caminar por la casa
evitando el estallido de ciertos rincones.

En tus ojos hay barcas amarradas, pero yo ya no habré de soltarlas,
en tu pecho hubo tardes que al final del verano
todavía miré encenderse.

Y éstas son aún mis reuniones contigo,
el deshielo que en la noche
deshace tu máscara y la pierde.

OSCURA PALABRA

Mélida Ramos de Becerra
† 6 de septiembre de 1964

I

Hoy llueve, es tu primera lluvia, el abismo deshace su rostro. Cosas que caen por nada. Vacilaciones, pasos de prisa, atropellamientos, crujido de muebles que cambian de sitio, collares rotos de súbito; todo forma parte de este ruido terco de la lluvia.

Hoy llueve por nada, por no decir nada.

Hoy llueve, y la lluvia nos ha hecho entrar en casa a todos, menos a ti.

Algo se ha roto en alguna parte. En algún sitio hay una terrible descompostura y alguien ha mandado llamar a unos extraños artesanos para arreglarla. Así suena la lluvia en el tejado. Carpinteros desconocidos martillean implacables.

¿Qué están cubriendo? ¿A quién están guardando?
¡Qué bien cumple su tarea la lluvia, qué eficaz!

Algo se ha roto, algo se ha roto. Algo anda mal en el ruido de la lluvia. Por eso el viento husmea así; con su cara de muros con lama, con sus bigotes de agua. Y uno no quiere que el viento entre en la casa como si se tratara de un animal desconocido.

Y hay algo ciego en el modo como golpea la lluvia en el tejado. Hay pasos precipitados, confusas exclamaciones, puertas cerrándose de golpe, escaleras por donde seres extraños suben y bajan de prisa.

Esta lluvia, esta lluvia quién sabe por qué. Tanta agua repitiendo lo mismo.

La mañana con su corazón de aluminio me rodea por todas partes; por la casa y el patio, por el norte y el alma, por el viento y las manos.

Telaraña de lluvia sobre la ciudad.

Hoy llueve por primera vez, ¡tan pronto!

Hoy todo tiene tus cinco días, y yo nada sé mirando la lluvia.

[11 de septiembre de 1964, Villahermosa]

2

Te oigo ir y venir por tus sitios vacíos,
por tu silencio que reconozco desde lejos, antes de abrir la puerta de la casa
cuando vuelvo de noche.
Te oigo en tu sueño y en las vetas nubladas del alcanfor.
Te oigo cuando escucho otros pasos por el corredor, otra voz que no es la tuya.
Todavía reconozco tus manos de amaranto y plumas gastadas,
aquí, a la orilla de tu océano baldío.

Me has dado una cita pero tú no has venido,
y me has mandado a decir con alguien que no conozco,
que te disculpe, que no puedes verme ya.

Y ahora, me digo yo abriendo tu ropero, mirando tus vestidos;
¿ahora qué les voy a decir a las rosas que te gustaban tanto,
qué le voy a decir a tu cuarto, mamá?

¿Qué le voy a decir a tus cosas, si no puedo
pasarles la mano suavemente y hablarles en voz baja?

Te oigo caminar por un corredor
y sé que no puedes voltear a verme porque la puerta,
sin querer, se cerró con este viento
que toda la tarde estuvo soplando.

[14 de septiembre de 1964, Villahermosa]

3

En el fondo de la tarde está mi madre muerta.
La lluvia canta en la ventana como una extranjera que piensa con tristeza
en su país lejano.

En el fondo de mi cuarto, en el sabor de la comida,
en el ruido lejano de la calle, tengo a mi muerta.
Miro por la ventana;
unas cuantas palabras vacilan en el aire
como hojas de un árbol que se han movido
al olfatear el otoño.

Unos pájaros grises picotean los restos de la tarde,
y ahora la lluvia se acerca a mi pecho como si no conociera otro camino
para entrar en la noche.

Y allá, abajo, más abajo,
allá donde mi mirada se vuelve un niño oscuro,
abajo de mi nombre, está ella sin levantar la cara para verme.
Ella que se ha quedado como una ventana
que nadie se acordó de cerrar esta tarde;

una ventana por donde la noche, el viento y la lluvia
entran apagando sus luces
y golpeándolo todo.

[28 de octubre de 1964, México]

4

Esta noche yo te siento apoyada en la luz de mi lámpara,
yo te siento acodada en mi corazón;
un ligero temblor del lado de la noche,
un silencio traído sin esfuerzo al despertar de los labios.

Siento tus ojos cerrados formando parte de esta luz;
yo sé que no duermes como no duermen los que se han perdido en el mar,
los que se hallan tendidos en un claro de la selva más profunda
sin buscar la estrella polar.
Esta noche hay algo tuyo sin mí aquí presente,
y tus manos están abiertas donde no me conoces.

Y eso me pertenece ahora;
la visión de esa mano tendida como se deja el mundo que la noche no tuvo.
Tu mano entregada a mí como una
adopción de las sombras.

[20 de diciembre de 1964, México]

5

Yo acudo ciego de golpe a tu llamado,
he caído y mi camino después no era el mismo,
he caído al dar un paso en falso en la oscuridad de tu pecho.

Y no pude gritar: "enciendan la luz o traigan una linterna",
porque nadie puede iluminar la muerte
y querer acercarse a los muertos es caminar a ciegas y caerse
y no entender nada.

Tú y yo, mamá, nos hemos sujetado en quién sabe qué zona ciega,
en qué aguas nos pusimos turbios a mirarnos,
de querernos hablar, de despedirnos sin que lo supiéramos.

Y esta casa también está ausente, estos muebles me engañan;
me han oído venir y han salido a mi encuentro
disfrazados de sí mismos.
Yo quisiera creerles, hablar de ellos como antes,
repetir aquel gesto de sentarme a la mesa,
pero ya lo sé todo.

Sé lo que hay donde están ellos y yo, cumpliendo juntos el paisaje
de una pequeña sala, de un comedor sospechosamente en orden.

Pero yo tropezaba porque caminaba siguiéndote,
porque quería decirles a todos que volvería en seguida contigo,
que todo era un error, como pronto se vería.

Pero no hay luces para caminar así por la casa,
pero no hay luces para caminar así por el mundo,

y yo voy tropezando, abriendo puertas que ni siquiera estaban cerradas;
y sé que no debo seguir, porque los muebles y los cuartos
y la comida en la cocina y esa música en un radio vecino,
todos se sentirán de pronto descubiertos, y entonces
ninguno en la casa sabríamos qué hacer.

[24 de diciembre de 1964, Villahermosa]

6

Yo sé que por alguna causa que no conozco estás de viaje,
un océano más poderoso que la noche te lleva entre sus manos
como una flor dispersa...

Tu retrato me mira desde donde no estás,
desde donde no te conozco ni te comprendo.
Allí donde todo es mentira dejas tus ojos para mirarme.
Deposita entonces en mí algunas de esas flores que te han dado,
alguna de esas lágrimas que cierta noche guiaron mis ojos al amanecer;
también en mí hay algo tuyo que no puede ver nadie.
Yo sé que por alguna causa que no conozco te has ido de viaje,
y es como si nunca hubieras estado aquí,
como si sólo fueras —tan pronto— uno de esos cuentos que alguna vieja criada
me contó en la cocina de pequeño.

Mienten las cosas que hablan de ti,
tu rostro último me mintió al inclinarme sobre él,
porque no eras tú y yo sólo abrazaba aquello que el infinito retiraba
poco a poco, como cae a veces el telón en el teatro,
y algunos espectadores no comprendemos que la función ha terminado
y es necesario salir a la noche lluviosa.

Más acá de esas aguas oscuras que golpean las costas de los hombres,
estoy yo hablando de ti como de una historia
que tampoco conozco.

[6 de febrero de 1965, México]

7

madre, madre,

nada nos une ahora, más que tu muerte,
tu inmensa fotografía como una noche en el pecho,
el único retrato tuyo que tengo ahora es esta oscuridad,
tu única voz es el silencio de tantas voces juntas,

es preciso que ahora tu blancura acompañe a las flores cortadas,
ningún otro corazón de dormir hay en mí que tus ojos ausentes,
tus labios deshabitados que no tienen que ver con el aire,
tu amor sentado en el sitio en que nada recuerda ni sabe,
ahora mis palabras se han enrojecido en su esfuerzo de alzar el vuelo,
pero nada puede moverse en este sitio donde yo te respondo
como si tú me estuvieras llamando,
nadie puede infringir las reglas de esta mesa de juego a la que estamos sentados,

a solas como el mar que rodea al naufragio
hemos de contemplarnos tú y yo,
nada nos une ahora, sólo ese silencio,
único cordón umbilical tendido sobre la noche
como un alimento imposible,
y por allí me desatas para otro silencio,
en las afueras de estas palabras,
nada nos tiene ahora reunidos, nada nos separa ahora,
ni mi edad ni ninguna otra distancia,
y tampoco soy el niño que tú quisiste,
no pactamos ni convenimos nada,
nuestras melancolías gemelas no caminaban tomadas de la mano,
pero desde lejos algunas veces se volvían a mirarse
y entonces sonreían,

ahora un poco de flores para mí
de las que te llevan,
también en mí hay algo tuyo a lo que deberían llevarle flores,
ese algo es el niño que fui,
ya nada nos une a los tres,
a ti, a mí, a ese niño,

[22 de mayo de 1965, México]

BETANIA

He tocado esta carne y no he hallado otra resurrección que el olvido
ni otra vehemencia que aquella de los labios pegados a la noche,
a la oscuridad besada de los cuerpos,
a las palabras dichas para que las bocas resistan el hierro nocturno.

La sangre también recuerda sus hechos de tierra
como un navío que cabecea en los muelles.
El cielo de este día es otra vaga historia,
el anochecer va posando sus alas sobre los nombres escritos.

¿Dónde está lo que resplandece cuando el fuego retrocede?
¿Dónde está aquello que no es vencido por el poderío de lo que duerme?

Llovizna sobre la tierra como un arrepentimiento tardío,

como una voluntad de lavar en voz baja.

La magia ha arrojado sus armas en el centro de la habitación,
la historia de Lázaro se ha convertido en pasto de charlatanes de buena y mala
voluntad,
y la consecuencia es este legado de carne envanecida de su morir,
aquello a lo que llaman primer paso hacia la inmortalidad.
Todos los ríos levantan su copa hacia las nubes
pidiendo que se las llenen de infinito para beber lentamente otra sombra,
todos los ríos esperan la alfombra de la luna, el cuarto cerrado
donde al amanecer se desvisten los que se ahogaron de niños.

Pero no es en la fruta acostada en su madurez
ni bajo el árbol donde el cielo detiene sus dioses ausentes,
donde los ojos se abren de nuevo.
Es en la impiedad de las estatuas, en las sordas lecturas del azufre,
en la verdad del salitre, en el herbazal de la sangre.

La mirada entonces no yerra como no yerra el amor,
las mujeres danzan alrededor de su propio desnudo
y nos invitan a llorar por la muerte de sus astros.

Estos ojos de amor que me llevan se han abierto también en los ríos,
en las arenas lavadas como alguien que pone en orden sus recuerdos y luego se
marcha.
Ríos que se levantan en silencio para abrirle la puerta al océano,
al océano que entra sacudiendo los retratos y las apariciones,
los lechos y sus consecuencias de sangre o de nieve.

Creo en lo oscuro de la materia pero su renombre no es oscuro;
Dios ha entrado en su tumba tranquilamente
porque cree en el poder de los hombres para despertarlo,
porque los hombres se anuncian los unos a los otros
con una luz escarlata y colérica.

He respirado la indiferencia que me atañe,
el olvido que alguna vez tenemos en las manos como una bella flor de papel.
Le he dado un nombre amoroso a mis culpas
y he temblado al creer en lo que me vencía.
He pasado tardes en silencio, mirando mi fraudulenta resurrección
esperando un gesto revelador
para tomar la noche como un incendio.

La primavera ha pasado con sus voces de fruta,
con su tropel de sol en las mejillas,
el sudor ha sido hermoso como la espuma en las adolescentes,
el corazón ha dejado en la playa otra carta sin firma.

También la rabia espera ahora su reinado,
el sol camina sobre los ataúdes abiertos,
pero los muertos no han podido siquiera ofrecernos una disculpa
por su ausencia, por eso la melancolía es más hermosa
que una columna griega.

He aquí esta mirada,
esta mirada nuevamente en las postrimerías de sí misma,
desplegada como un pabellón de guerra, como una lúcida avanzada invernal.
He aquí que mi mano no tiembla al levantar la lámpara.
Hay espejos rotos semienterrados en la arena de la playa,
están las escamas de los días de verano;
y en la tarde plomiza el mar golpea con todo su cuerpo
como si quisiera despertar a la tierra hacia una luz más honda...

Y hemos llorado, nos hemos visto correr en nuestras lágrimas,
hemos alabado nuestras mejillas, hemos palpado a ciegas otro cuerpo
que no venía en las lágrimas; entonces la tarde
parecía esperar en nuestros ojos.

Pero yo quiero ahora la otra mejilla del amor,
el lado no abofeteado aún por su propio silencio;
porque me he convencido de la soledad sin tregua del mar y lo señalo
y me agobia ese resplandor de la luna en los cabellos de los muertos.
Ahora veo lo que tarda en llegar y escucho el sonido de los cuernos
anunciando la partida de caza.

[la noche del bárbaro]

excavar, excavar,
hacerle un topo a la sangre
para que Dios comercie con los agujeros,

un hoyo, un hoyo es un proyectil
lanzado contra un blanco invisible,
un hoyo es un lujo esmerado
de la Divinidad que no quiere ocupar,

excavar, excavar,
hacerle un tope a la sangre
para que el esqueleto
le arroje a Lázaro su nudo corredizo,

excavar, excavar,
tapar el agujero de Dios con Lázaro,
convertir su resurrección en un topo,
su cuerpo en un proyectil lanzado contra Dios
como contra un blanco invisible,

excavar,
excavar,
excavar esta noche,

[el ahogado]

un gancho de hierro
y se jala,
su expansión lo desmiente al subir
el agua que le chorrea
lo
mueve
de
los
hilos
de su salida al escenario

en el muelle los curiosos
miraban ese bulto
donde los ojos de todos esperaban
el pasadizo extraviado del cuerpo
gota a gota el cuerpo caía
en el charco de Dios,

alguien pidió un gancho de hierro
para subirlo,
cuidado —dijo uno de los curiosos—
la marea lo está metiendo debajo
del muelle,

un gancho de hierro
había que sujetarlo con un gancho
había que decirle algo con un gancho
mientras el sucio bulto flotante
caía
gota
por
gota
desde la altura donde lo desaparecido
iba a despeñar una piedra sobre nosotros,

[el brindis del bohemio]

en la sala caldeada de buenos deseos,
alguien de los reunidos dijo: propongo
un minuto de silencio por los caídos,

y todos accedieron,
víctimas y verdugos agruparon sus bocas
brevemente selladas
alrededor de la hoguera donde
algunos leños carbonizados aún crepitaban,

(bajo el dosel de hierba,
uno de los caídos se agitó convulso:
tengo una pesadilla, murmuró quedamente)

Francisco Cervantes
(1938)

 Nació en la ciudad de Querétaro, en 1938. Estudió leyes en la Universidad Autónoma de Querétaro. La poesía y la traducción han ocupado la mayor parte de su vida, y dentro de su obra lírica destacan los libros *Los varones señalados* (1973), *Esta sustancia amarga* (1974), *Cantado para nadie* (1982), *Aulaga en la maralta* (1983) y *Los huesos peregrinos* (1986). En 1985 reunió su obra poética en el volumen *Heridas que se alternan*. En 1987 publicó otra reunión de su poesía, a la cual añadió sus traducciones, con el título *Materia de distintos lais*. Su *Poesía completa*, bajo el título *Cantado para nadie*, vio la luz en 1997.

GENERACIÓN DE MIS ASUNTOS

Guarda para ti solo tus caídas oscuras, tu pequeña miseria, la circundada soledad que te ausculta como preguntándose si aún sigues allí, viviendo, padeciendo tu existencia, la sofocante certeza de estar vivo.

No digas nunca lo que tus ojos ven, tu mirada no esculpe las imágenes vistas con el estilo de la muchedumbre. La realidad cuyas trabas urdes equivale sólo a una pequeña dosis de desesperanza, pero pocos son aquellos que pueden aceptarla. Ama tu osamenta y tu carne, desecha toda lamentación de tu calenda. Y guarda, guarda para ti solo la cerrada estancia de tu existencia apócrifa, la del otro Cervantes que sonríe y tiene que estar vivo, es el único que pisa la tierra, el conocido Cervantes de unos pocos, no el desconocido que vigila el momento de poder borrarse definitivamente.

DERRADEIRA PENA

El hombre que nació sombrío
De su infortunio se despide,
Alta la tarde, mirando en el aljibe
Que reflejó su largo desafío.

Oye latir su corazón tan frío,
Que fue duro, cruel, indiferente.
Sabe que lo que siente no lo siente
Y que al agua de su agua no va el río.

Ha llegado al fondo de su bruma
Y en el cuello siente la cuchilla,
La espada que en sus ojos brilla,
Que no es espada, sino pluma.

CANTADO PARA NADIE

La cólera, el silencio,
Su alta arboladura
Te dieron este invierno.
Más óyete en tu lengua:
Acaso el castellano,
No es seguro.
Canciones de otros siglos si canciones,
Dolores los que tienen todos, aun aquellos
—Los más— mejores que tú mismo.
Y es bueno todo: el vino, la comida,
En la calle los insultos
Y en la noche tales sueños.
¿A dónde regresar si sólo evocas?
¿Amor? Digamos que entendiste y aun digamos
Que tal cariño te fue dado.
Pero ni entonces ni aun menos ahora
Te importó la comprensión que no buscaste
Y es claro que no tienes,
Bien es verdad que no sólo a ti te falta.
La ira, el improperio,
Los bajos sentimientos
Te dieron este canto.

MATERIA DE DISTINTOS LAIS

A la sombra más pegada al muro
Apenas se le nota;
No sin insistencia se remueven
Los tonos y las líneas cercadoras.
Así la suerte del correo insensato.
Entre amantes, amigos o enemigos
Su propia vida pasa prontamente:
No otra ya tendrá.
¿Recibiste y llevaste las frecuentes
Oleadas de tu dicha o tu desgracia?
¿o sólo eres
Aquel que observa y que registra
la vida de los otros?
Torpe y secreto mejor que fascinante,
Dueño de tu latín más que del de otros,
Hablando tus ficciones, tus dolencias,
Tus vicios, tu existencia,
Aunque relates
Materia de distintos lais.

HISTORIA DE LA LITERATURA

Repetir las palabras, no el sentido,
Repetir el sentido, las palabras no;
Entre uno y otro es tanto el ruido
Que nadie oye el silencio que pasó.

¿Habrá silencio tal y tan medido
Que alcance para todos la porción?
Lo que será ya fue y aún lo sido
Poco ha de ser y pobre su noción.

Oficio torpe el tuyo, y adquirido
Como todo principio de extinción.
A la noche y al sueño lo perdido.

A la libertad que arde en la prisión.
Ni cuerpo pleno o músculo rendido
Y que agotan el duelo y la pasión.

USTEDES ESTÁN EN ESTAS PÁGINAS

Un texto explicativo,
¿Quién lo necesita?
Oh, tan sólo decir unas palabras.
Me oyes camino de las tablas.
Luego bajarás a las butacas.
Por lo pronto, déjate oír.
Un texto explicativo.
Algo que una tantas líneas disparadas.
Comienza, por ejemplo:
El tiempo, que ha sido corto,
No me permitió hacer más.
A bien sírvanse disculparme.
Y luego esas palabras tan cortadas
Que parecían de cálculo ensayadas.
Un texto explicativo.
También podrías decir:
El dolor, la soberbia que da el duelo,
De altanería te dio su oficio
Y ustedes están en estas páginas
Leyendo muy diferentes causas.
Un texto explicativo.

José Emilio Pacheco
(1939)

Nació en la ciudad de México, en 1939. Estudió leyes y filosofía y letras en la Universidad Nacional. Fue secretario de redacción de la revista *Universidad de México* y redactor del suplemento *La Cultura en México*, de la revista *Siempre!* Su tarea literaria incluye algunas antologías fundamentales para el conocimiento de la poesía mexicana e hispanoamericana, entre ellas su famosa *Antología del modernismo* (1970) y su *Poesía mexicana, 1810-1914* (1979); junto con Octavio Paz, Alí Chumacero y Homero Aridjis participó también en la célebre obra antológica *Poesía en movimiento* (1966). Poeta, narrador, ensayista, traductor y cronista de la cultura, su obra lírica es de las más significativas en el siglo XX mexicano, y entre sus títulos incluye *Los elementos de la noche* (1963), *El reposo del fuego* (1966), *No me preguntes cómo pasa el tiempo* (1969), *Irás y no volverás* (1973), *Islas a la deriva* (1976), *Desde entonces* (1980), *Los trabajos del mar* (1983), *Miro la tierra* (1986), *Ciudad de la memoria* (1989), *El silencio de la luna* (1994), *La arena errante* (1999) y *Siglo pasado* (2000). En 1980 reunió su obra poética en el volumen *Tarde o temprano*, que se reeditó, corregido, en 2000, e incluye sus libros escritos entre 1958 y 2000.

INSCRIPCIONES

1

Muro que sin descanso pule el tiempo,
altar de piedra y polvo ya deshecho,
puerta cerrada de un jardín que nunca
ha existido o yace entre sus ruinas,
reino del musgo, piedra que se yergue
contra el paso de nadie y bajo el tiempo.

2

Toda la noche se ha poblado de agua.
Contra el muro del día
el mundo llueve.

3

Una vez, de repente, a medianoche
se despertó la música. Sonaba

como debió sonar antes que el mundo
supiera que es la música el lamento
de la hora sin regreso, de los seres
que el instante desgasta a cada instante.

4

Sobre un espacio del segundo el tiempo

deja caer la luz sobre las cosas.

5

Ya devorado por la tarde, el tigre
se hunde en sus manchas,
sus feroces marcas,
legión perpetua que lo asedia, hierba,
hojarasca, prisión
que lo hace tigre.

6

Cierra los ojos, mar.
Que tu mirada
se vuelva hacia la noche
honda y extensa,
como otro mar de espumas y de piedras.

DISCURSO SOBRE LOS CANGREJOS

En la costa se afirma que los cangrejos
son animales hechizados
y seres incapaces de volverse
a contemplar sus pasos.

De las tercas mareas aprendieron
la virtud del repliegue, el ocultarse
entre rocas y limo.

Caminantes oblicuos,
en la tenacidad de sus dos pinzas
sujetan el vacío que penetran
sus ojillos feroces como cuernos.

Nómadas en el fango y habitantes
en dos exilios:
extranjeros

ante los pobladores de las aguas
y ante los animales de la tierra.

Trepadores nocturnos,
armaduras errantes,
hoscos, eternamente fugitivos,
siempre rehúyen la inmortalidad
en imposibles círculos cuadrados.

Su frágil caparazón
incita al quebrantamiento,
al pisoteo...

(Hércules vengó así la mordedura
y Juno que lo envió en misión suicida
para retribuirlo situó a Cáncer
entre los doce signos del Zodíaco
a fin de que sus patas y tenazas
encaminen al sol por el verano,
el tiempo en que germinan las semillas.)

Ignoro en cuál momento dio su nombre
a ese mal que es sinónimo de muerte.
Aún al terminar el siglo veinte
permanece invencible
—y basta su mención para que el miedo
cruce el rostro de todos los presentes.

IDILIO

Con aire de fatiga entraba el mar
en el desfiladero.
                                    El viento helado
dispersaba la nieve de la montaña.
Y tú
parecías un poco de primavera,
                                                        anticipo
de la vida yacente bajo los hielos,
calor
        para la tierra muerta,
cauterio
de su corteza ensangrentada.

Me enseñaste los nombres de las aves,
la edad
            de los pinos inconsolables,
la hora
            en que suben y bajan las mareas.

En la diafanidad de la mañana
se borraban las penas,
la nostalgia
del extranjero,
el rumor
de guerras y desastres.

El mundo
volvía a ser un jardín
(lo repoblaban
los primeros fantasmas),
una página en blanco,
una vasija
en donde sólo cupo aquel instante.

El mar latía. En tus ojos
se anulaban los siglos,
la miseria
que llamamos historia,
el horror
agazapado siempre en el futuro.
Y el viento
era otra vez la libertad
(en vano
intentamos anclarla en las banderas).

Como un tañido funerario entró
hasta el bosque un olor de muerte.
Las aguas
se mancharon de lodo y de veneno.
Los guardias
brotaron como surgen las tinieblas.
En nuestra incauta dicha merodeábamos
una fábrica atroz en que elaboran
defoliador y gas paralizante.

HORAS ALTAS

En esta hora fugaz
hoy no es ayer
y aún parece muy lejos la mañana.

Hay un azoro múltiple,
extrañeza
de estar aquí, de ser
en un ahora tan feroz
que ni siquiera tiene fecha.

¿Son las últimas horas de este ayer
o el instante en que se abre otro mañana?

Se me ha perdido el mundo
y no sé cuándo
comienza el tiempo de empezar de nuevo.

Vamos a ciegas en la oscuridad,
caminamos sin rumbo por el fuego.

EL EQUILIBRISTA

Entre las luces se perdió el abismo.
Se oye vibrar la cuerda.

No hay red: sólo avidez, sólo aire
a la temperatura de la sangre.

Suena el silencio.
Es invisible la luz.
Resbalan los segundos al acecho.

Y la muerte
lo toma de la mano.

Se deja conducir,
pero la ve de frente.
Y ella baja la vista y se retira.

Sabe respetar
a quien no la desdeña ni la teme.

El hombre al fin
llega al extremo opuesto.
Su pavor
se desploma en el aire.

ECUACIÓN DE PRIMER GRADO CON UNA INCÓGNITA

En el último río de la ciudad, por error
o incongruencia fantasmagórica, vi
de repente un pez casi muerto. Boqueaba
envenenado por el agua inmunda, letal
como el aire nuestro. Qué frenesí
el de sus labios redondos,
el cero móvil de su boca.
Tal vez la nada
o la palabra inexpresable,
la última voz
de la naturaleza en el valle.
Para él no había salvación

sino escoger entre dos formas de asfixia.
Y no me deja en paz la doble agonía,
el suplicio del agua y su habitante.
Su mirada doliente en mí,
su voluntad de ser escuchado,
su irrevocable sentencia.
Nunca sabré lo que intentaba decirme
el pez sin voz que sólo hablaba el idioma
omnipotente de nuestra madre la muerte.

LAS RUINAS DE MÉXICO (ELEGÍA DEL RETORNO)

PRIMERA PARTE

Y entonces sobrevino de repente un gran terremoto...

Hechos de los apóstoles 16, 26

Volveré a la ciudad que yo más quiero
después de tanta desventura, pero
ya seré en mi ciudad un extranjero.

Luis G. Urbina, *Elegía del retorno* (1916)

1

Absurda es la materia que se desploma,
la penetrada de vacío, la hueca.
No: la materia no se destruye,
la forma que le damos se pulveriza,
nuestras obras se hacen añicos.

2

La tierra gira sostenida en el fuego.
Duerme en un polvorín.
Trae en su interior una hoguera,
un infierno sólido
que de repente se convierte en abismo.

3

La piedra de lo profundo late en su sima.
Al despetrificarse rompe su pacto
con la inmovilidad y se transforma
en el ariete de la muerte.

4

De adentro viene el golpe,
la cabalgata sombría,
la estampida de lo invisible, explosión
de lo que suponemos inmóvil
y bulle siempre.

5

Se alza el infierno para hundir la tierra.
El Vesubio estalla por dentro.
La bomba asciende en vez de caer.
Brota el rayo en un pozo de tinieblas.

6

Sube del fondo el viento de la muerte.
El mundo se estremece en fragor de muerte.
La tierra sale de sus goznes de muerte.
Como secreto humo avanza la muerte.
De su jaula profunda escapa la muerte.
De lo más hondo y turbio surge la muerte.

7

El día se vuelve noche,
polvo es el sol,
el estruendo lo llena todo.

8

Así de pronto lo más firme se quiebra,
se tornan movedizos concreto y hierro,
el asfalto se rasga, se desploman
la vida y la ciudad. Triunfa el planeta
contra el designio de sus invasores.

9

La casa que era defensa contra la noche y el frío,
la violencia de la intemperie,
el desamor, el hambre y la sed,
se reduce a cadalso y tumba.
Quien sobrevive queda prisionero
en la arena o la malla de la honda asfixia.

10

Sólo cuando nos falta se aprecia el aire,
cuando quedamos como el pez atrapados
en la red de la asfixia. No hay agujeros
para volver al mar que fue el oxígeno
en que nos desplazamos y fuimos libres.
El doble peso del horror y el terror
nos ha puesto
fuera del agua de la vida.

Sólo en el confinamiento entendemos
que vivir es tener espacio.
Hubo un tiempo
feliz en que podíamos movernos,
salir, entrar y ponernos de pie o sentarnos.
Ahora todo cayó. Ha cerrado
el mundo sus accesos y ventanas.
Hoy entendemos lo que significa
una expresión terrible:
sepultados en vida.

11

Llega el sismo y ante él no valen
las oraciones ni las súplicas.
Nace de adentro para destruir
todo lo que pusimos a su alcance.
Sube, se hace visible en su obra atroz.
El estrago es su única lengua.
Quiere ser venerado entre las ruinas.

12

Cosmos es caos pero no lo sabíamos
o no alcanzamos a entenderlo.
¿El planeta al girar desciende
en abismos de fuego helado?
¿Gira la tierra o cae? ¿Es la caída
infinita el destino de la materia?

Somos naturaleza y sueño. Por tanto
somos lo que desciende siempre:
polvo en el aire.

CARACOL

Homenaje a Ramón López Velarde

1

Tú, como todos, eres lo que ocultas. Adentro
del palacio tornasolado, flor calcárea del mar
o ciudadela que en vano
tratamos de fingir con nuestro arte,
te escondes indefenso y abandonado,
artífice o gusano: caracol
para nosotros tus verdugos.

2

Ante el océano de las horas alzas
tu castillo de naipes,
vaso de la tormenta,
recinto de un murmullo nuevo y eterno,
huracán que el océano deslíe en arena.

3

Sin la coraza de lo que hiciste, el palacio real
nacido de tu genio de constructor,
eres tan pobre como yo,
como cualquiera de nosotros.
No tienes fuerza y puedes levantar
una estructura misteriosa insondable.
Nunca terminará de resonar al oído
lo que esconde y preserva tu laberinto.

4

En principio te pareces a los demás: la babosa,
el caracol de cementerio.
Eres frágil como ellos y como todos.
Tu fuerza reside
en el prodigio de tu concha,
evidente y recóndita manera
de estar aquí en este mundo.

5

Por ella te apreciamos y te acosamos. Tu cuerpo
no importa mucho y ya fue devorado.
Ahora queremos autopsiarte en ausencia,
hacerte mil preguntas sin respuesta.

6

Defendido del mundo en tu externo interior
que te revela y encubre,
eres el prisionero de tu mortaja,
expuesto como nadie a la rapiña.
Durará más que tú, provisional habitante,
tu obra mejor que el mármol,
tu *moral de la simetría.*

7

A vivir y a morir hemos venido.
Para eso estamos.
Nos iremos sin dejar huella.
El caracol es la excepción.
Qué milenaria paciencia
irguió su laberinto erizado,
la torre horizontal en que la sangre del tiempo
se adensa en su interior y petrifica el oleaje,
mares de azogue opaco en su perpetua fijeza.
Esplendor de tinieblas, lumbre inmóvil,
la superficie es su esqueleto y su entraña.

8

Ya nunca encontrarás la liberación:
habitas el palacio que secretaste.
Eres él.
Sigues aquí por él.
Estás para siempre
envuelto en un perpetuo sudario:
tiene impresa la huella de tu cadáver.

9

Pobre de ti, abandonado, escarnecido, tan frágil
si te desgajan de tu interior que también es tu cuerpo,
la justificación de tu invisible tormento.

Cómo tiemblas de miedo a la intemperie
de los dominios en que eras rey
y las olas te veneraban.

10

Del habitante nada quedó en la playa sombría.
Su obra
vivirá un poco más
y al fin también se hará polvo.

11

Cuando se apague su eco
perdurará sólo el mar
que nace y muere desde el principio del tiempo.

12

Agua que vuelve al agua, arena en la arena,
la materia que te hizo único
pero también afín a nosotros,
jamás volverá a unirse.
Nunca habrá nadie
igual que tú,
semejante a ti,
hondo desconocido en tu soledad
pues, como todos,
eres lo que ocultas.

LEY DE EXTRANJERÍA

La tierra es plana y la sostienen
cuatro elefantes gigantescos.
Los mares se derraman en las tinieblas
y de las olas brotan las estrellas.

He estado en Creta, Nubia, Tarsis, Egipto.
En todas partes fui extranjero porque no hablaba el idioma
ni me vestía como ellos.

También nosotros, ciudadanos de Ur,
despreciamos al que es distinto.
Por algo hicimos lenguas diferentes:
para que los demás nada entiendan.

En Ur soy como todos. Hablo mi idioma
sin traza alguna del acento bárbaro.
Como lo que comemos los de Ur.
Huelo a nuestras especias y licores.

Y sin embargo en Ur me detestan
como jamás fui odiado en Tarsis ni en Nubia.

En Ur y en todas partes soy extranjero.

CHAPULTEPEC: LA CALZADA DE LOS POETAS

En el Bosque de Chapultepec y cerca del lago hay una calzada en que se levantan bustos de bronce a los poetas mexicanos.

Guía de la ciudad de México

Acaso más durable que sus versos el bronce
y nadie alza los ojos para mirarlos.
Aquí en el bosque sagrado,
cerca del lago y la fuente,
enmedio de los árboles que se mueren de sed,
por fin se encuentran en paz.

La hojarasca de otoño les devuelve en la tarde
palabras que dejaron sin saber para quién ni cuándo.

Y perduran en bronce porque escribieron.
(No para estar en bronce escribieron.)

Extraña sensación esta vida inmóvil
que sólo se reanima cuando alguien los lee.

¿Qué leemos
cuando leemos?
¿Qué invocamos
al decirnos por dentro lo que está escrito por ellos
en otro tiempo, incapaz
de imaginar el mundo como es ahora?

Algo muy diferente sin duda alguna.

Se gastan las palabras, cambia el sentido.

Aquí bajo el sol, la lluvia, el polvo, el esmog, la noche
yacen los prisioneros de las palabras.

ANVERSIDAD

Toda moneda tiene anverso y reverso: anversidad
es la situación en que están respecto una de otra
las figuras de sus dos caras,
unidas para siempre en el mismo sitio, ligadas
por la materia que les da existencia; dos planos
del mismo objeto, en lazo indisoluble,
en cercanía tan íntima, tan próximas,
que si alguna de las dos no existiera
la moneda perdería razón de ser:
las necesita a ambas, no puede
partirse en dos sin aniquilarse:
la moneda es moneda porque tiene anverso y reverso;
y a pesar de esto, o por todo esto, las dos figuras,
sentenciadas a coexistir mientras su espacio de metal no muera,
no se verán jamás ni se unirán nunca.

LA ARENA ERRANTE
(Otro poema de Veracruz)

Los misteriosos médanos cambiaban
de forma con el viento.
Me parecían las nubes que al derrumbarse por tierra
se transformaban en *arena errante*.
De mañana jugaba en esas dunas sin forma.
Al regresar por la tarde
ya eran diferentes y no me hablaban.

Cuando soplaba el Norte hacían estragos en casa.
Lluvia de arena como el mar del tiempo.
Lluvia de tiempo como el mar de arena.
Cristal de sal la tierra entera inasible.
Viento que se filtraba entre los dedos.
Horas en fuga, vida sin retorno.
Médanos nómadas.

Al fin plantaron
las casuarinas para anclar la arena.
Ahora dicen: "Es un mal árbol.
Destruye todo."
Talan las casuarinas.
Borran los médanos.

Y a la orilla del mar que es mi memoria
sigue creciendo el insaciable desierto.

¿QUÉ FUE DE TANTO AMOR?

¿Qué fue de tanto amor? Un cuaderno
en papel que ya no se usa
y está amarillento
y comido por los ratones.
Escrito a máquina,
algo que ya parece tan anticuado
como las runas ahora.
Un libro inédito
y en modo alguno publicable.

En la próxima limpia
de la casa los versos tan románticos
irán a la basura,
donde no se unirán en ningún símbolo
con las fotografías abolidas.
Ya son ridículas
por el cambio en la moda y en los peinados
—para no hablar de los avances
en la técnica fotográfica.

Blanco y negro. Mejor sería
un daguerrotipo
o una silueta recortada estilo siglo XVIII,
o una gacela en la cueva.
Porque el blanco y negro
las sitúa en la prehistoria:
Lascaux, Altamira.

No pregunte, don Jorge, qué se hicieron
las juventudes perdidas y los amores fracasados,
los versos lamentables que se inspiraron en ellos.
Ni siquiera los salva citar las *Coplas*,
éstas sí al parecer eternas
(aunque mañana quién sabe).

Todo se ha deshecho.
Ha regresado al polvo.
Está a punto
de ser vacío
en el vacío que aquel amor
colmó por un instante.
Pero ya basta.

TRES NOCTURNOS DE LA SELVA EN LA CIUDAD

1

Hace un momento estaba y ya se fue el sol,
doliente por la historia que hoy acabó.

Se van los pobladores de la luz. Los reemplazan
quienes prefieren no ser vistos por nadie.

Ahora la noche abre las alas. Parece un lago
la inundación, la incontenible mancha de tinta.

Mundo al revés cuando todo está de cabeza,
la sombra vuela como pez en el agua.

2

El día de hoy se me ha vuelto ayer.
Se fue entre los muchos
días de la eternidad —si existiera.

El día irrepetible ha muerto
como *arena errante* en la noche
que no se atreve a mirarnos.

Fuimos despojo
de su naufragio en la hora violenta,
cuando el sol no se quiere ir
y la luna se niega a entrar
para no vernos como somos.

3

Volvió de entre los muertos el halcón.
En los desfiladeros de la ciudad
entre los montes del terror y las cuevas
de donde brotan las tinieblas
se escuchan
un aleteo feroz, otro aleteo voraz
y algo como un grito pero muy breve.

Mañana en la cornisa no habrá palomas.
El trabajoso nido abandonado,
el amor conyugal deshecho,
la obra inconclusa para siempre.

En la acera unas cuantas plumas,
ahora llenas de sangre.

LUMBRE EN EL AIRE

Estallan los jardines de la pólvora
en el cielo oscurísimo y su aplomo.

Estruendo frente al mar que se encarniza
desde la eternidad contra las rocas.

A cada instante otro *Big Bang*.
Nacen astros, cometas, aerolitos.

Todo es ala y fugacidad
en la galaxia de esta lumbre.

Mundos de luz que viven un instante.
Después se funden y se vuelven nada.

Como esta noche en que hemos visto arder
cuerpos fugaces sobre el mar eterno.

Jaime Labastida
(1939)

Nació en Los Mochis, Sinaloa, en 1939. Estudió filosofía en la Universidad Nacional. Fue director de la segunda época de la revista *Plural*, del diario *Excélsior*, y actualmente dirige la editorial Siglo XXI. Formó parte del grupo denominado La Espiga Amotinada. Además de poeta es ensayista. Sus primeras colecciones de poemas fueron *El descenso* y *La feroz alegría*, incluidas, respectivamente, en los volúmenes colectivos *La espiga amotinada* (1960) y *Ocupación de la palabra* (1965). En su obra lírica destacan los libros *A la intemperie* (1970), *Obsesiones con un tema obligado* (1975), *De las cuatro estaciones* (1981), *Dominio de la tarde* (1991) y *Elogio de la luz y de la sombra* (1999). En 1996 reunió la mayor parte de su producción poética en el volumen *Animal de silencios*.

EL CRECIMIENTO

Con la palabra inauguramos, damos vida.
Yo te nombro la playa de mi cuerpo,
la bahía de mi boca,
el abra de mis brazos.
Yo te nombro callada,
yo te nombro vibrante.
Te digo aves, te digo remolinos.

Espeso ahora mi juventud, tú la adulteces.
Grave ahora mi corazón, tú me lo sanas.
Tú me haces crecer como la tierra plantas,
como la tierra uvasm
como la tierra creces.
Y yo crezco contigo.
Me haces crecer sobre tu cuerpo
y soy como una enredadera
tendido entre tus brazos.

Peso ahora tu corazón y el mío:
peso lo doble.

MENTIRA

Todo cuanto hasta aquí fue escrito,
mentira sorda. No es verdad
que haya sido menos dura
la mandíbula airada de las horas.
Que un pañuelo piedad haya enjugado
el sudor de las víctimas. Falso
también que días más tarde
la vida sea más fácil. La llaga
en la conciencia. La espina,
atroz, en la memoria. Tanto mal
que hemos hecho, sin quererlo
siquiera. Una sonrisa tuerta
en la frontera opaca de la noche.
Una mirada tensa cuando apenas
la niña sonreía. Triunfan siempre
la guerra y los contrarios.
Insaciables las horas, insaciables
los días. Sordomuda
la historia, hostil
la vida: el equilibrio es tenso.
Caminar es violencia.
estamos hechos para devorarnos.
Mentira, pues, que este dolor acabe.

Clamaba a ti, desde lo hondo,
oh polvo, padre bestial,
inhóspito, implacable.
Clamaba a ti, y no me has escuchado.
Mi mano tartamuda había mentido.

VARIACIÓN FINAL

Pero no es verdad. Todo
cuanto en la página dura
quede aquí escrito, antes
y ahora, verdad será. No
pude desmentirme. La llaga
me ha procurado el bien
de ser sanado. Un día
triunfa la noche, una noche
contraria triunfa el día.
Resistir, saber cómo,
de qué manera, en el sangrante
borde del peligro, resistir.

Una y mil veces tropezar
y una y mil veces, contra
todo dolor,
prolongar esa sangre
en nuestros hijos.
Clamaba a ti, desde lo hondo,
oh agua, madre mortal,
serena alondra.
Clamaba a ti, ¿al fin
me has escuchado?
La respuesta está adentro,
afuera de nosotros, una vez
y otra vez, mañana, siempre,
aquí y ahora. Brinca la luz
y enciende el horizonte.
Se ilumina el volcán pastor del valle.
Aquí termina el canto,
quiero decir, una vez más,
la vida empieza.

Homero Aridjis
(1940)

 Nació en Contepec, Michoacán, en 1940. En la ciudad de México hizo estudios de periodismo. Fue jefe de redacción de la revista *Diálogos* y director del Instituto Michoacano de Cultura. En el servicio exterior fue agregado cultural y embajador de México en Holanda. Dirige el movimiento ecologista del Grupo de los Cien y es presidente del Pen Club. Participó, con Octavio Paz, Alí Chumacero y José Emilio Pacheco, en los trabajos para realizar la antología *Poesía en movimiento* (1966). Es narrador, además de poeta, y en su abundante obra lírica destacan los libros *Antes del reino* (1963), *Mirándola dormir* (1964), *Perséfone* (1967), *Los espacios azules* (1969), *Ajedrez-Navegaciones* (1969), *El poeta niño* (1971), *El encantador solitario* (1973), *Quemar las naves* (1975), *Vivir para ver* (1977), *Construir la muerte* (1982), *Imágenes para el fin del milenio-Nueva expulsión del paraíso* (1990), *El poeta en peligro de extinción* (1992), *Tiempo de ángeles* (1994) y *Ojos de otro mirar* (1998). En 1987 publicó el volumen *Obra poética*, donde reunió su producción que va de 1960 a 1986.

Pájaros

tienen el color de la sangre
el color de la sombra

se desprenden hacia arriba
como frutos maduros de la rama

si uno extiende el brazo
son travesados sin ruido

pero azules y blancos
se mueven en la mano

La palabra

lleva el sol
lleva la virgen

lleva el pan
la comunión
y lo que invoca

es la dominadora
la que junta

vive en muchas moradas
entra en muchas formas

sopla desde el fondo del agua
silenciosa

sube de todas partes
quema y nombra

AMANTES

1

Despiertos sus cuerpos en la noche dormida
en la cama oscura sus ojos brillan
y entre las cosas perdidas y la sombra confusa
se llaman por sus nombres y se conocen

2

Unidos fluyen hacia dentro
desde fuera de sí por la mirada
pero entrañados se desensimisman
y salen al aire y se separan

PUTAS EN EL TEMPLO

A André P. de Mandiargues

Llegaron una mañana de septiembre
cuando ya se habían ido los turistas
En los cuartos arruinados abrieron sus maletas
se cambiaron los vestidos
y por un momento desnudas frente al templo
fueron aire carnalizado
Las golondrinas huyeron de sus cuerpos
al entrar ellas en el recinto oscuro
y sus voces gárrulas sonaron en los muros
como el ave más trémula en la tarde
Al ponerse el sol los hombres de los pueblos
vinieron a buscarlas
e hicieron el amor con ellas en camas plegadizas
que parecía que iban a caer sobre las piedras
y después en la noche

A lo lejos se oyeron los perros los árboles
los hombres la pirámide y el llano
cantar el mismo murmullo de la vida
Y por semanas bebieron y amaron en la ciudad antigua
atravesando al moverse fantasmas y perros de la muerte
hasta que una mañana la policía vino a arrestarlas
en un coche viejo
y se fueron de Uxmal bajo la lluvia

FANTASMAS

Míralos en el aire
humo negro
en el día claro

ellos fueron
los Dorados de Villa
que atravesaron sin miedo
los cerros y el desierto

Generales deshechos
con sus pistolas vanas
se transparentan luego

Detrás de ellos vienen
las gentes que mataron

igualmente humo negro

EN LA TIERRA DE LOS ESPÍRITUS

En la tierra de los espíritus
te estoy llamando.

En el cementerio de las lenguas muertas,
pronuncio tu nombre.

Más allá de la lluvia,
más allá de la niebla,
te estoy mirando.

En el espacio de las criaturas
que se hicieron cuerpo y nombre,
forma y olvido un día,

yo camino hacia atrás para encontrarte,
yo te prefiguro.

Para oírte, para mirarte,
para ser yo contigo,
abro ciudades amarillas,
desgarro sombras de mí mismo.

En la tierra de los espíritus
llena de nadies y de nadas,

yo te busco, yo te nombro
con palabras humanas.

Max Rojas
(1940)

468 Nació en la ciudad de México, en 1940. Es director del Instituto del Derecho de Asilo-Museo Casa de León Trotsky. Poeta y narrador, su ceñida y original obra lírica está integrada por los libros *El turno del aullante* (1983) y *Ser en la sombra* (1986), los cuales reunió, junto con algunos textos inéditos, en el volumen *El turno del aullante y otros poemas* (1997) con un texto de presentación de Carlos Mapes.

EL TURNO DEL AULLANTE (X)

Era como si el fantasma de un hombre que se hubiera ahorcado regresara al lugar de su suicidio, por pura nostalgia de beber otra vez las copas que le dieron valor para hacerlo y preguntarse, tal vez, cómo tuvo el coraje.

Malcolm Lowry, *Bajo el volcán*

...y sepa dónde y cuándo apuñalearon mi cadáver.

A Valquiria

Caidal mi pinche extrañación vino de golpe
a balbucir sepa qué tantas pendejadas;
venía dizque a escombrar lo que el almaje me horadaba,
y a tientas tentoneó para encontrarse
un agujero tal de tal tamaño que en su adentro
mi agujereaje y yo no dábamos no pie
sino siquiera mentábamos finar
de donde a rastras pudiera retacharse nuestro aullido.
Eso es lo que me queda —dije— de tanta extrañación
como he tenido; un hueco nada más, y ya me crujo
del tanto temblequear de que ese hueco
del mucho adolorar se me deshueque
y ya ni hueco en que caer tengamos
ni mi agujero ni mi yo
tan deshuecado invertebral volvido
que ni a madrazos mi almaraje quiera
ponerse a recoger su trocerío.

Caidal mi pinche extrañación se fue de golpe
luego de extremaunciar sepa qué tantas pendejadas;
no le entendí ni madres de todo lo que dijo,
pero sentí que era de cosas que desgracian.
A buena hora se te ocurre —dije—
venirme a jorobar con lo pasado,
cuando que a puro ferretear me atasco el alma;
si no fuera por tanto pinche clavo que me clavo,
ya ni memoria ni aulladar tendría.
A mí de sopetón una mujer me destazó en lo frío,
y desde entonces
a puro pinche ardor me estoy enfriando.
Ni lumbre en el finar del almaraje y sus trocitos queda,
y sólo el agujero está y estamos dentro
mi esqueletada y yo y mis agujeros,
a trompicones tentaleando fondo
para por fin tener donde aventar el alma
y de una vez echar la moridera.

Luego de extremaunciarme el esqueleto,
mi pinche extrañación se fue de golpe;
a tales rumbos me aventó de lejos
que pura mugre soledad me fui encontrando;
de arrempujón en empujón llegué a mis huecos,
todo ya de oquedad hallado hoyado,
y sin huesaje ya y sin nada
en que la agonición llevar acabo.
Es frío —me dije— lo de agonir que tanto escalda,
pero el asunto es memoriar lo que en trocitos
del almaje va quedando de esa mujer, y yo memorio
de cuando me hoyancó, y luego hubo un desmadre tal
que estropició la elevación de los San Ángel,
y memoreo, también, que al destazarme
los huesos se me fueron hasta un deshuesadero tal
que, entonces, mi agujereaje y yo crujímonos de frío,
y a puro pinche enfriar hemos andado desde entonces.

Extremahumado ya,
ni un chinguirito de lumbre en el almaje y sus retazos queda
para lumbrar siquiera el huésar donde a tumbos
velorio a esa mujer que desahució mi almario
y cascajó, de paso, la ardidera.
Una llagada me dejó, y qué llagada,
y aluego hubo un friadal y un chingo más de cosas
que a chingadazos, pues, me auparon la caída.

Si así —me dije—, sin nada de huesar
y a puro bújero velorearé por siempre a esa mujer
mientras chinguitos del almar me queden,
y siendo como es de frío lo de agonir que tanto escalda,

mejor ya de una vez me descerrajo el alma
y a ver en qué lugar la moridera boto.
Ya ni mi triste corazón me aguanta nada,
y ya que en éstas del morir me esculco muerto,
dada la extremaunción, el último traguito
mi agujereaje y yo nos lo echaremos solos.
Briagados ya, y a tarascazos dando fondo,
vidriaremos por ahí a ver en qué mugre velorio
nos aceptan:

resurreccir como que está bastante del carajo,
y este pinche camión de Tizapán que ya no pasa,
como que nada más hasta un barranco hubo llegado.

[Junio de 1971]

AGUA SEDIENTA

Agua yo fui, pero agua calcinada.
Agua de sal me amagulló la herida.
Mi luz se acaba;
mi rechazada luz, mi luz huraña.
Fuiste tierna o rencor o amarga o triste.
Yo te quiero.
Agua yo fui, agua sedienta.
Quise hundirme en tu bosque.
Rencor, o ya no sé: fuiste dulce o sombría.
Yo te amo siempre que atardece.

De agua fui, pero de agua calcinada;
agua de sal llegó de ti, agua salobre.
Hecho de sal estoy, de agua salada.
Tan tanta tanta sed, cómo se apaga.

SOLOQUIO DEL SUICIDA

Me voy, o hace tiempo
dejé que se pudrieran las manzanas.
Fui, pero no: siempre estuve de oscuro.
Silencio y sombra me habitaron.

Me acribilla tu luz, luz enemiga,
la rencorosa luz que de tu cuerpo llega.

En la noche me adentro. Allí me ahosco.
Navaja ya sedienta ya se acerca.

EPITAFIO DEL PERRO

Fue de sombra.
Aquí no está sino la sombra
de la sombra de un hueco que una vez
cavó buscando el alba.

(Jardín pleno de luz le fue vedado.)

Se devolvió a la sombra.
En soledad su sombra y su ladrido
siempre estarán huyendo entre la sombra.
Nunca jamás habrá perdón para él y su alarido.
Nunca hallará la paz su imagen de suicida.

ALEJANDRO AURA
(1944)

Nació en la ciudad de México, en 1944. Estudió teatro y, desde muy joven, colaboró en diversas publicaciones literarias de la capital del país. Fue director del Instituto de Cultura de la ciudad de México. Aunque ha incursionado con buenos resultados en el cuento y en la dramaturgia, es en la poesía donde ha desarrollado su obra más significativa. En este género destacan, en su producción, los libros *Cinco veces, la flor* (1967), *Alianza para vivir* (1969), *Varios desnudos y dos docenas de naturalezas muertas* (1971), *Volver a casa* (1974), *Tambor interno* (1974), *Hemisferio sur* (1983), *La patria vieja* (1986) y *Poeta en la mañana* (1991). En 1988 reunió su obra poética en el volumen *Cinco veces*, y en 1998 aumentó esta recopilación en *Poesía 1963-1993*, con prólogo de Tomás Segovia.

MI HERMANO MAYOR

Yo tenía un hermano mayor;
era siempre cinco años más amable y más sereno;
quería un escritorio y un caballo
y una manera nueva de contar los sueños
y una mina de azúcar, de seguro.
Le gustaba leer y razonaba,
a veces era tierno con las cosas
pero yo nunca vi que fuera un niño.
Era un hermano mayor con todo su traje azul marino,
con toda su camisa blanca blanca,
con toda su corbata guinda oscura muy de gala.
Yo tenía un hermano mayor
de pie sobre la luz;
me daban miedo las calles en la noche
y el corredor oscuro de la casa,
me daba miedo estar a solas con mi abuela,
pero tenía un hermano mayor
sobre la luz cantando.
Mi hermano mayor también era un fantasma,
una calavera dientona,
una carcajada de monje a media noche.
Mi hermano era un muchacho blanco y sin anginas.
Por eso nunca nos comimos juntos
ninguna jícama del camino
ni rompimos de guasa los vidrios de las ventanas
ni nada que yo recuerde hicimos juntos.
Ni jugamos ni fuimos enemigos.

Éramos buenos hermanos, como dicen.
Se habló de inteligencias y de escobas,
se discutió sobre los pantalones cortos y las hostias
y el carrito con ruedas de patines;
se supo y se dijo que mi modo era grosero
y mi cabello oscuro.
Él era siempre mejor que yo
cinco años.
Hace cinco años se casó mi hermano.
El que se casa pobre
tiene que andar cuidando su manera de contar estrellas,
tiene que andar despierto y trabajando, qué remedio.
Se tiene que acabar de cuajo con los sueños, dicen,
porque vienen los hijos, la suegra, los cuñados,
y lo dicen, aquello de los sueños, sin decoro,
sin tocarse la vena, sin énfasis ni estilo,
como el que dice que no sabe de dónde viene el hombre.
Hace cinco años que no crece ya mi hermano.
Mi hermano,
mi hermanito menor, mi consentido.

NINÓN SEVILLA

Querida Ninón Sevilla:
quiero decirte que después de todo no ha sido tan difícil vivir
como me parecía en aquellas tardes de domingo en el cine Lux;
claro que mi abuela no me enseñó a quererte
sino todo lo contrario
pero mi educación fue tan tonta que mejor sigo puesto en tus trajes de rumba
y en esa especie de turbante que le dio a mi vida, no sé por qué, la noción de la soledad.

Tarde o temprano se mueve el corazón por propio impulso
y va a dar derechito a su verdadero amor.
Porque nadie, Ninón, sabía moverse como tú; que lo digan mis ojos.
De nada me serviría ahora recordar los nombres de los nefastos galanes
que rodeaban las pistas donde tú, en horas y horas de rodaje, tejiste la tela de araña en donde cayó mi gusto para siempre;
ellos qué, ya se deben haber muerto, o secado,
y nadie puede seguir cogiendo más allá de la muerte, Ninón.

Ahora que ya todo es fácil
no veo por qué callar los alaridos de mis recuerdos;
yo no volveré a vivir, ni tú tampoco,
de manera que es bueno lo que digo.

Tú eres lo que permanece,
en tus caderas tan movibles está puesta toda la eternidad que yo pueda manejar;
y el amor y el desamor a mi abuela,

el amor y el desamor a mi padre y a mi madre,
el amor y el desamor a mis mujeres
y el amor y el desamor a mis hijos
han estado marcados por la forma en que tú movías las nalgas, Ninón,
feliz de ser así,
y ajena por completo a esa marca de agua que imprimías en el alma sin chiste
de un niño flaquito de la colonia San Rafael.

Bebe tus lágrimas
Alejandro

LA ROSA AMARILLA

Se encendió una rosa fulgurante
afuera de la ventana,

ha estallado una rosa,

parecemos las víctimas del incendio,
azorados, ávidos de su belleza.

Ahora todo tiene
color, contraste, vuelo.

Vengan a ver la rosa, vengan,

tiene un grito amarillo despiadado,
es un lujo, es una enhiesta vara
para golpear al cielo,

vengan a la rosa amarilla
que nos dejó perplejos,
vengan a ver la rosa mía.

Elsa Cross
(1946)

Nació en la ciudad de México, en 1946. Estudió filosofía en la Universidad Nacional. Ha incursionado en el cuento y el ensayo, pero es en la poesía donde ha conseguido sus mayores logros. En su obra lírica sobresalen los libros *Naxos* (1966), *La dama de la torre* (1972), *Espejo al sol* (1981), *Pasaje de fuego* (1981), *Bacantes* (1982), *Baniano* (1986), *Canto malabar* (1987), *El diván de Ántar* (1990), *Jaguar* (1991), *Casuarinas* (1992), *Moira* (1992), *Poemas desde la India* (1993) y *Urracas* (1995). En 1989, con el título *Espejo al sol*, reunió su producción poética de 1964 a 1981. En 1994, recogió tres de sus libros en el volumen *Canto malabar y otros poemas*, con prólogo de Adolfo Castañón.

ASALTO

hace girar, para todos, las heridas sajadas en su tronco.
Aimé Césaire

De noche el paso del lince
ruido de hojas
en los aserraderos.
De noche
grito de monos,
fulgor cambiante:
mimetismos.

Bebes en la espesura.
La fiebre deja en tus labios
cáscaras amargas.

Un punto fijo.
Por la mira en cruz
lentos transcurren campos,
sus bestias y sus hombres.
Arrozales.

Tam-tam de guerra al oído.
La fiebre tensa sus tambores.

El fuego crece por las empalizadas,
salta a los techos,
alcanza las ramas del encino.

En los aserraderos
triplica la noche su fortuna.
Negro —en Baco—
dormido.
Savias ardientes te embriagan.

Ante los ojos, ejércitos.
Llamas
a los cuatro vientos.

Fuego sobre el umbral,
fuego en los techos;
vidrio que estalla.
Brillo maligno
doblegando acero,
fundiendo al rojo
sangre
la mirada.
Fragor, esquirlas saltan.
—Piedra ardiente tu pecho.

Un gran árbol en llamas,
un gran tronco se desliza
cuesta abajo.
Corteza oscura
tu piel.
Fuertes brazos las ramas
donde el alba no sorprende
ruido de pájaros.

CIGARRAS

Te embriagarás de ruido.
Será en su especie
estridor de cigarras.
La que viste morir
junto al estanque
vive en tu oído:
chirrido de alas verdes.

Pájaros.
Pájaros picotean la arcilla de tu sien,
vaso frutal.
A la vuelta del día
fraguarán sus hilos luminosos.

Te alcanzan gritos sin memoria.
La noche es sólo ruido.

No disciernes la mano
del muro en que se posa.
El grado de luz cambia.

Las cigarras te hablan al oído.

VOZ

Tu voz contra el atardecer.
El viento empuja
sobre el cristal
las ramas de los altos encinos.

Tu voz llena el espacio.
Y no hay instrumentos
para tu canto.
Tu voz dibuja signos en el viento.

La noche
va bordeando en silencio
ese núcleo
donde la luz se detiene todavía
mientras tu voz,
tu voz sola
borra el instante.

Francisco Hernández
(1946)

Nació en San Andrés Tuxtla, Veracruz, en 1946. Entre los poetas de su generación es uno de los que más han contribuido a la renovación de las formas líricas tradicionales. Ha publicado los libros *Gritar es cosa de mudos* (1974), *Portarretratos* (1976), *Cuerpo disperso* (1978), *Textos criminales* (1980), *Mar de fondo* (1983), *Oscura coincidencia* (1986), *De cómo Robert Schumann fue vencido por los demonios* (1988), *En las pupilas del que regresa* (1991), *Habla Scardanelli* (1992), *Moneda de tres caras* (1994), *Cuaderno de Borneo* (1996) y *Mascarón de prosa* (1997). En 1993 publicó su primera antología personal con el título *El infierno es un decir*, prologada por Jorge Esquinca; una segunda antología con estas características vio la luz en 1999 con el título *Antojo de trampa*. Un par de años antes recopiló la totalidad de su obra lírica en el volumen *Poesía reunida*. Heterónimo de Francisco Hernández es Mardonio Sinta (1929-1990), de quien ha publicado *Coplas a barlovento* (1993), *Jaranas del viento* (1997) y *¿Quién me quita lo cantado?* (1999).

EL CAZADOR

Ibas a la montaña en busca de jaguares,
tapires o faisanes.
Siempre te acompañaba la mujer de otro.
En mis sueños te veía raudo por la playa,
eludiendo tenazas de cangrejos azules.
Ahora caminarás desnudo por la noche sin término.
Ojalá te encuentres con los ojos
de todos los animales que mataste.

DOCE VERSOS A LA SOMBRA DE MI PADRE

Qué abrazo tan oscuro era tu abrazo.
Siendo rayo, olvidabas la luz.
Y ensombrecías la ceiba.
De un solo machetazo la incendiabas.
Las hembras, al oír tu respiración,
recordaban la sangre y salían disparadas.
El mar rompía la esponja de tu pecho.
Era silencio el monte si cantabas.
Los jaguares corrían bajo la luna
al descubrir tus manos en sus garras.

Así te sabe mi pulso de memoria.
Así te busco detrás de la mirada.

HECHO DE MEMORIA

Para Jorge Esquinca

El poeta no duerme:
viaja por la cuerda del tiempo.

El poeta está hecho de memoria:
por eso lo deshace el olvido.

El poeta no descansa:
el tiempo lo desgasta
para probar que existe.

HASTA QUE EL VERSO QUEDE

Quitar la carne, toda,
hasta que el verso quede
con la sonora oscuridad del hueso.
Y al hueso desbastarlo, pulirlo, aguzarlo
hasta que se convierta en aguja tan fina,
que atraviese la lengua sin dolencia
aunque la sangre obstruya la garganta.

BAJO CERO

En los pensamientos del suicida hay un vacío
que sólo se llena con temperaturas bajo cero.
Los pensamientos del suicida no son rápidos
ni brumosos: únicamente son fríos.

La mente no está en blanco: está congelada.
Aparece, con filo de navaja, una sensación de
tranquilidad que se presiente interminable.

Con el cerebro convertido en iceberg nada se
recuerda. Ni la piel más querida, ni el nombre
de los hijos, ni los abrasamientos de la poesía.

El suicida es la viva imagen de la soledad.
Nadie acude a ese trozo de hielo que una bala
cruza de polo a polo.

Aun en los trópicos, cuando alguien se suicida,
comienza tristemente a nevar.

Jorge Ruiz Dueñas
(1946)

Nació en Ensenada, Baja California, en 1946. Estudió leyes, administración y ciencias políticas en la Universidad Nacional. Fue secretario general de la Universidad Autónoma Metropolitana y director de la revista *Tierra Adentro* y del Instituto Mexicano de la Radio. Su producción literaria abarca, además de la poesía, la narrativa y el ensayo. En su obra lírica destacan los libros *Espigas abiertas* (1968), *Tierra final* (1980), *El pescador del sueño* (1981), *Tornaviaje* (1984), *El desierto jubiloso* (1995), *Guerrero negro* (1996), *Habitaré tu nombre* (1997) y *Saravá* (1997). En 1998 reunió su obra poética de tres décadas en el volumen *Carta de rumbos*, con prólogo de Javier Sicilia.

EL LUTO DEL CAPITÁN

We have dreamed our Kaddish, and wakened alive.
Good morning, Father. We can still be inmortal...

Leonard Bernstein

Cerca del mar que ve a la eternidad
la tarde del verano se nos hizo agosto,
ardía el sol en mi cabeza,
flores segadas y metales negros.

El desierto nos llamaba
y abrían constelaciones minerales.
Avanzaba contigo igual que antes entre abrojos,
estallaban las piedras a tu paso
y el vuelo certero de los ojos derrumbaba la vida,
hacías conjeturas y sentíamos el viento
súbito aliado de la vegetación calcinada.

Mas no imaginaste
la abominable sensación de la mirada ajena
que auscultaba el corazón sobre las ropas,
los volátiles rumores encerrados,
el ritual civil inconmovible.

Y no consideraste, tras el definitivo juicio,
que una honda tristeza saldría de mis entrañas
y estrecharía distancias
para seguirte
cuando tu origen terrenal ya no importaba.

Recorrí el presagio de olvidar la última vez,
porque algo decía que hubo una ocasión final,
y así el camino a casa
fue oración de la memoria,
concilio de milagros,
sendero de intuición.

El ludir de las poleas
y la caída de la tierra
abría el silencio.
Mis manos en camisas
ausentes de tu cuerpo.
La presencia fantasmal
en la morada.

Pero las botas en la arena
dieron baño de silicio a viejos pasos.
Apuntabas flamígero
y los cuervos ondulaban:
sierpe helada, cardo, soles.
Abriste entonces tu leyenda,
memoria imaginaria,
y bajo las encinas
escuchar era importante
si explicabas el arte de la muerte.

En el bosque
crujían tus plantas sobre las bellotas,
y la tarde
alentaba el vuelo de plúmbagas perdices,
la canción de las depredaciones,
el júbilo del triunfo en la danza final del puma herido,
las aves lacustres caídas cual centellas,
regocijado a la manera de un Pan atroz, vociferante.

En las vides arrasamos vino en ciernes
y encontrabas en zarzales y colinas
la senda que lleva a la vendimia.
El ritmo de la sangre se liaba con los mostos,
odre abismal y gratuito,
y tu alma como la dulce pulpa de los cítricos
se esparcía en los sedientos territorios.

Montuno abrías
huellas al mar,
convocabas las luces del ocaso,
enganchabas certero las faenas pescadoras
y eran batallas marítimas
las que te hacían capitán en la corriente del Pacífico.

Ahí te evoco,
en la sonrisa,
en la luz de oliva negra,
en los relatos que callaste
para evadir los riesgos de la narración
cuando la brisa meridiana
suavemente insistía en las corrientes de sicigias.

Como el lobario marino
tu ánimo sobrevive a las mareas.
El pecho de espuma
nubla mi mirada
y sé que el tiempo luctuoso ciñe ya mi piel
para inaugurar contigo el conocimiento de la muerte,
el lento exterminio de la especie,
la triunfal marcha de las olas sobre los malecones.

La nostalgia arraiga en mí
con el ulular de las sirenas
en las largas esperas de diciembre.
Ya pierdo a Andrómeda arriba de las islas
y una nueva fe le grita a mis sentidos,
cuando surges en mis hijos
y el océano.

Nuestro andar quedará marcado
en los olivos y viñedos
y los carapachos desollados
como la rosa de los vientos
apuntarán al centro de la soledad.
De nuevo seremos implacables,
incendiaremos la taiga con tu nueva infancia,
nos hundiremos en lagunas para hacer estragos.

Y te diré
ya nada dejamos en el puerto,
recorrimos las dársenas,
abrimos valvas
y maceramos caracolas,
conjuramos los deseos
y la ancestral misión de la supervivencia.

Resguardado en mí
seré capitán de madrugadas,
y como tú
haré una flota transparente
para juntos navegar en tornaviaje.

Abrimos las cartas de navegación
¿lo ves?,
izamos nuestras velas hacia el misterio de la noche,
ya nada nos detiene, padre.

CELEBRACIÓN DE LA MEMORIA

I

Ábrase camino al viento
                    huella erizada
de sol a noche
Paso al viento
            cincel de montaña
cuando nubes arenosas
sepultan todo rastro
Ábrase camino al viento
constructor de silos
                flujo mineral que no termina
respiración astral
dispersa ropa de mujer
                    tenue bandera

II

Hay en mí
        restos de un continente devorado
En la carta de rumbos
                    testimonios de vejez larvada

Riscos
Páramo
Mar en lecho
El tiempo diluido en el piélago

III

Siempre allí
Siempre atroz
Siempre acechante
Tras lagos de salmuera
                    el odio lacera la tarde

IV

Para evitar los males que llegan del océano
hizo levantar una colina de sal
Sobre ella
sus cancerberos otean el horizonte
y aúllan a la luna

Sí
te aguardan

V

Nadie puede salir por los canales
Sólo el Señor de las islas
timonel confiable

Se lo ha dicho el mar

VI

Si hay bajamar
mis islas se desgajan
Si hay bajamar
el estuario se pudre a flor de piel
Si hay bajamar
padecen los cetáceos
Si hay bajamar
no acudes
indulgente y desnuda
a la cita de la suerte

VII

Por los secretos canales
los bajos reverdecen al sol

El timón firme
descifra mensajes de la rosa náutica
La sonrisa del Gaviero lo evidencia

VIII

Repta el mar en la calera
ramifica en versos
desampara medusas en la piel del desierto

IX

Altamar
inunda pastizales acuáticos
pone en retirada a los cangrejos

X

La barca abandonada es mesa
La costilla de ballena
remo
Navegamos sobre la ilusión
Cruza un cormorán el cielo
El bogavante ordena
¡mar adentro!
Entonces
nos sorprenden inauditas sensaciones
No soñamos

XI

La noche incendia las constelaciones
Sobre cubierta
entusiasmados
reconocemos geometrías en vilo
y el poeta musita
Quando o astrolábio não mais te falar de estrêlas

XII

Ya en el viento
el águila pescadora
torna a su naturaleza

Un grifo solar
vigila el secreto de las islas

XIII

Giras los brazos
denuncias el final del día

Entre nosotros
la ribera del canal
serpiente en lodos

A sotavento un eco
Sobre antiguos pecios
espuma en la garganta de la barra en flor
olas sin playa

Allá
otra isla despunta
—*acaso Malta*—

Después
lentamente
tú y la soledad penetran por mis ojos

XIV

Navegación del sol
Médano a la deriva
Así construyo
la celebración de la memoria
la canción de la muerte
tu resurrección

Jaime Reyes
(1947-1999)

Nació en la ciudad de México, en 1947, y murió también en la capital del país, en 1999. Estudió periodismo y comunicación en la Universidad Nacional. Publicó los libros de poesía *Salgo del oscuro* (1970), *Isla de raíz amarga, insomne raíz* (1977), *La oración del ogro* (1984), *Al vuelo el espejo de un río* (1986) y *Un día un río* (1999).

ENTRE LA ESPUMA, SAL EN MI LENGUA, GOTA EN MI CUELLO

I

Estoy dondequiera a la hora del desastre
porque contigo estoy, porque sin ti no estuviera.
Nada más a ti te amo, no estoy para los demás, en nadie estoy si no estoy
    en ti,
raíz del miedo, agua derramada.
Yo soy el hilo de agua que ata las esquinas, los rincones,
las puertas de los que babeantes han descubierto entre cuerpo y cuerpo
    pústulas enfebrecidas,
lagos sangrientos, y han descubierto que atropellados estamos, hermana,
muertos.
Pero a pesar de todo, contra ti, contra mí, a la semilla que eres fecundado
    regreso.
A ti que eres, que estás cavando, que me levantas de la ceniza.
Alejarme de ti es recorrer y caer y regresar
con la garganta ahogada en el olor de amorosa gente dormida.
Con el olor de abrazos insaciables, feroces, tenaces.
Irme de ti, sin ti, es romper el hilo que me ata, títere de la muerte.
Irme de ti, estar frente a ti que juegas a abandonarme, es ir siempre hacia
    atrás,
quitándome las manos, saludando, corcoveando en el polvo de los precipicios.
Amor que me levantas, que te esfuerzas por destrozarme,
río que si ahogas leche que derramas, mancha que no limpias,
alfiler que no alojas.
En el cuarto de los solteros te necesito,
te necesito en el calor de los cuerpos que levantas.
Entre la espuma, sal en mi lengua, gota en mi cuello, te busco, grasa
    de mis ojivas.
He salido de tus manos y a tus manos voy, pues tú me diste la luz
    y la oscuridad y la ceguera.

En el silencio de la mirada, rozándote apenas,
en ti he fundado mi hogar y supiste cómo crecimos, cómo fuimos niños hasta
envejecer.
Y sin darnos cuenta hemos nacido para no saber, para encontrarnos,
para ignorar la amenaza de la muerte que lenta nos acechaba.
Y crecimos, ante mí creciste, amor, mi amor: desnudaste mis reglas,
apagaste mis hogueras,
y solo me abandonaste cuando erigía inútiles paredes y trampas sin razón.

2

De entonces es que te conozco, raíz del insomnio, agua detenida:
de entonces es que sé lo que me dejaste y ya no ignoro lo que fui.
Porque amo en ti lo que tienes de mí y de ti y de los demás
y esto no lo guardas ni lo tiras.
Ahora puedes decirme cuándo callar, cuándo taparme los ojos y no dormir,
ignorar todo, pero a través de tus ojos he de ver y en ellos tendré que
refugiarme.
Ahora puedes reventarme, soy la válvula que desgastas, la mujer que desprecias,
pero tu cuerpo y mi cuerpo están diciendo el amor que ocupan,
que nos restituye y nos devuelve íntegros a lo que somos.
Y así hemos de ir, iremos, con la piel abierta, sin calma,
siendo cada día más nuestra la angustia.
Así he de ir, con un rencor y otro rencor sin salida,
con un amor y otro amor que tal vez olvides, pero que no podrás eliminar,
señalando a ciegas el camino a los podridos, a los ulcerados,
a los que todavía tienen ganas de vivir
y a los que han de matar para quedarse en paz.
Voy a desenterrarte siempre, hueso mío, fantasma en mi almohada.
Siendo la aguja de carne viva invadiendo la piedra que eres,
siendo la oscura boca que iluminas de amargura,
y mutilado y sordo y quedándome sin voz,
no van a dejarme que te siembre y te riegue y en esto me extenúe.
Entre hombres que se besan junto a los árboles, a la sombra,
y mujeres que inútilmente querrán penetrarse, sentirse felices, rezumar veneno,
ahí seguiré.
Perseguido aleteando un murciélago en cada una de mis muñecas, ahí estaré.
Entonces sabrás que nunca estaremos tan ocultos que podamos olvidarnos.

Marco Antonio Campos
(1949)

Nació en la ciudad de México, en 1949. Estudió literatura en la Universidad Nacional. Ha colaborado en las principales publicaciones literarias y culturales de la capital del país. Ha sido director de Literatura de la Coordinación de Difusión Cultural, así como del Programa Editorial de la UNAM. Además de poeta es narrador, ensayista y traductor. Su obra poética consta de los títulos *Muertos y disfraces* (1974), *Una seña en la sepultura* (1978) y *La ceniza en la frente* (1989). En 1981 recopiló su producción lírica, de 1970 a 1979, en el volumen *Hojas de los años*. Su *Poesía reunida*, que abarca de 1970 a 1996 e incluye su libro inédito *Los adioses del forastero* (1988-1996), apareció en 1997. En 1998 publicó su tomo de entrevistas *El poeta en un poema*, que incluye testimonios de poetas mexicanos nacidos entre 1913 y 1950.

DECLARACIÓN DE INICIO

Cada uno de mis poemas pretendió ser un instrumento útil de trabajo.

Pablo Neruda (Estocolmo, 1971)

Las páginas no sirven.
La poesía no cambia
sino la forma de una página, la emoción,
una meditación ya tan gastada.
Pero en concreto, señores, nada cambia.
En concreto, cristianos,
no cambia una cruz a nuevos montes,
no arranca, alemanes,
la vergüenza de un tiempo y de su crisis,
no le quita, marxistas,
el pan de la boca al millonario.
La poesía no hace nada.
Y yo escribo estas páginas sabiéndolo.

LOS POETAS MODERNOS

¿Y qué quedó de las experimentaciones,
del "gran estreno de la modernidad",
del "enfrentamiento con la página en blanco",
de la rítmica pirueta y del
contrángulo de la palabra,
de ultraístas y pájaros concretos,
de surrealizantes con sueños de
náufrago en vez de tierra firme,
cuántos versos te revelaron un mundo,
cuántos versos quedaron en tu corazón,
dime, cuántos versos quedaron en tu corazón?

MIS HERMANOS SE FUERON POCO A POCO

Mis hermanos se fueron poco a poco:
se llevaron la casa, la mujer, la calle al hombro,
el oro más soñado y no la infancia.
¿Qué hacía yo, en tanto, qué diablos dio mi pluma?
Me puse a dibujar en los cuadernos
las mujeres más bellas de la tierra
que sólo lloraban en mis versos.
Mi vida fue en las letras, no en la vida.
Desconfié del amor, de la amistad, de la experiencia;
viví ciego entre idiotas e inocentes.
Mi sueño fue pasto de los perros,
mi ternura una llama como llaga.

A falta de la vida la he inventado;
a falta de un padre he sido el hijo;
a falta del hijo soy la ruina.

LOS PADRES

A Hilda y Gonzalo Rojas

Los padres partieron. Tomaron las maletas
y sonriendo dijeron en voz alta: Adiós.
Cerraron la puerta. Todavía en la calle
alzaron la mano despidiéndose.
Volverían en caso de que los necesitáramos;
sería cuestión de acordar la fecha y hora.
Pero seamos ciertos sin catástrofe
ni menos piedra enfática: nunca pudimos
dialogar con ellos, aunque tal vez
no había mucho que decirse, y esto,
en verdad, acaeció hace muchos años.

Eso digo si fue. Por eso no vale la pena
llevar ala ni cántico, por eso la luz
de pronto nos detiene, trístidos, sin fuego,
por eso el mundo en su esencia
es injusto, inestable, cruel,
aunque luchemos porque no lo sea,
aunque sepamos de antemano y siempre y de nuevo
que golpes ni puntapiés ni gritos
te sirven para nada, que la sangre
de la herida quedó por todas partes.

Pero los padres no volvieron. Qué vana historia,
ay, qué vana fue la busca. Tal vez murieron
en la ruta, en reyerta común o en casa cómoda.
Tal vez aún regresen. Tal vez, si hay dichosos,
los sigan esperando.

INSCRIPCIÓN EN EL ATAÚD

"Yo nací en febrero a la mitad del siglo y unos menos, y Dios me dibujó la cruz para vivírsela y las hadas me donaron cándidamente *el sol negro de la melancolía.* No fui un Propercio, un Góngora, un Vallejo ¿y para qué escribir si uno no es un grande? Me conmoví hasta las lágrimas con historias de amor y de amistad y supe del amor y la amistad lo suficiente para dudar de ellos. No busqué la felicidad porque no creí merecerla ni me importó su triste importancia.

"Escucha esto: la vida es y significa todo aun para los que no saben vivirla. Huye, busca el cielo profundo y el mar meridional, las muchachas delgadas y espléndidas, el camino del sueño y lo imposible, y vive esta vida como si fuera la única porque es la única. Y que la tierra me sea para siempre leve."

DAVID HUERTA
(1949)

492 Nació en la ciudad de México, en 1949. Estudió filosofía y letras inglesas en la Universidad Nacional. Fue secretario de redacción de la *Gaceta del Fondo de Cultura Económica*. Forma parte del cuerpo de editores de Trilce Ediciones. Poeta, ensayista y traductor, ha colaborado en las principales publicaciones literarias de la capital del país. En su producción poética sobresalen los títulos *El jardín de la luz* (1972), *Cuaderno de noviembre* (1976), *Huellas del civilizado* (1977), *Versión* (1978), *Incurable* (1987), *Historia* (1990), *La sombra de los perros* (1996) y *La música de lo que pasa* (1997).

AMANECER

Todo lo inventa el rayo de la aurora.
JORGE GUILLÉN

Cunde el amanecer:
polvo que tiembla pálido
a la orilla del día,
esplendor indeciso
en los techos profundos,
claridad primordial
y leve incandescencia.
Qué perfección de tenue
laberinto de espejos,
de murmullos, de calles.
La vigilia enarbola
imágenes pausadas.
Amplio respira el mundo
que se ahonda sin límite.

NOCTURNO

Milímetros de ti convergen ahogándose, bajo la noche, en la fantasía de toda la transparencia empozada en el cuarto.

Tu mirada oscila con un cerrado esplendor,
y en tu saliva surgen pedazos de nombres, alas de quemaduras: la noche resuena en tu paladar
con paso lentísimo de larva y roce tibio,

de animales numerosos extraviados en el reino de tus ropas, mezcladas de cualquier modo en la silla sombría,

bajo techos muertos y lúcidos, recogido tú en los dones del sueño sobre tu cabeza hipnotizada de silencio.

TRAVESÍA

The useless dawn finds me in a deserted streetcorner;
I have outlived the night.

Borges

La noche está en el silencio y es un grano de resbaladiza materia,
cuerda en el ídolo donde te hundes, aturdido por el viento y la conversación, soñando.

La noche entra, disfrazada, en las bocas —mar adentro de sí.

La noche es elocuente y penetra en los ojos como una persona tenue y tenaz,
en el espesor de objeto sucio y pulido que somos,
en la escudilla larvada y el aguardar sanguíneo que somos.

La noche humedece los cartílagos de la cosa, roza porciones del cuerpo,
calca el tiempo en el drama que interpreta el animal del hábito.

Una llama de transparencia cubre, quema.
Aquí es amanecer. Con larga tristeza y una salud equívoca, entramos en la realidad indiferente.

PLEGARIA

Señor, salva este momento.
Nada tiene de prodigio o milagro
como no sea una sospecha
de inmortalidad, un aliento
de salvación. Se parece
a tantos otros momentos...
Pero está aquí entre nosotros
y crece como una luz amarilla
de sol y de encendidos limones
—y sabe a mar, a manos amadas,
huele como una calle de París
donde fuimos felices. Sálvalo
en la memoria o rescátalo
para la luz que declina
sobre esta página,
aunque apenas la toque.

Efraín Bartolomé
(1950)

Nació en Ocosingo, Chiapas, en 1950. En la ciudad de México, hizo estudios de psicología en la Universidad Nacional y actualmente ejerce la psicoterapia. Ha dedicado su quehacer íntegramente a la poesía y en su amplia obra sobresalen los libros *Ojo de jaguar* (1982), *Ciudad bajo el relámpago* (1983), *Música solar* (1984), *Cuadernos contra el ángel* (1988), *Música lunar* (1991), *Cantos para la joven concubina y otros poemas dispersos* (1991), *Corazón del monte* (1995), *Partes un verso a la mitad y sangra* (1997) y *Avellanas* (1997). También es autor de la crónica *Ocosingo, diario de guerra y algunas voces* (1995). En 1994 reunió una primera etapa de su producción poética, de 1982 a 1987, en el volumen *Agua lustral*; y en 1999 recopiló la totalidad de su poesía, de 1982 a 1997, en el tomo *Oficio: Arder*.

CASA DE LOS MONOS

Para qué hablar
del guayacán que guarda la fatiga
o del tambor de cedro donde el hachero toca

A qué nombrar la espuma
en la boca del río Lacanjá
Espejo de las hojas   Cuna de los lagartos
Fuente de *macabiles* con ojos asombrados

Quizá si transformara en orquídea esta lengua
La voz en canto de perdiz
El aliento en resoplar de puma

Mi mano habría de ser una negra tarántula escribiendo
Mil monos en manada sería mi pecho alegre
Un ojo de jaguar daría de pronto   certero   con la imagen

Pero no pasa nada   Sólo el verde silencio

Para qué hablar entonces

Que se caiga este amor de la ceiba más alta
Que vuele y llore y se arrepienta
Que se ahogue este asombro hasta volverse tierra
Aroma de los jobos
Perro de agua
Hojarasca.

UNA CARTA

(Desde Las Pozas, nacimiento del río Sabinal, en Tuxtla)

Del esmeralda hacia el azul turquesa
la transparencia nada
con un braceo de cristal

Todo es tan frágil

Estoy bajo un sabino de dos siglos
que derrama raíces y ramajes

El agua es lenta como la memoria:
Hermoso Sabinal de lavanderas
lavando el sol bajo las horas de agua

Sin hablar
caminamos
Entramos como a un túnel de silencio

El río nace aquí
Donde no existe el ruido
y nada existe sino la música del agua

En el fondo del río hay hojas secas
troncos que se deshacen
fina arena

Por las breves cascadas caen imágenes antiguas

¿Así era, Sabines, tu viejo Sabinal?
¿Así corría, límpido, inocente, por el centro de Tuxtla,
con este azul, con esta transparencia de esmeraldas?

Porque de esto ya no queda nada:
agua sucia tan sólo y botellas que brillan
turbiamente

Cada día, Sabines, como todos nosotros
el Sabinal se acaba
Olvida su inocencia
La deja atrás como las víboras la piel que ya no sirve

El río Sabinal es un punzón atravesando imágenes

Hoy conocí un sabino de dos siglos
Conocí el Sabinal
Pensé en ustedes
Los niños que nadaron en la Poza del Cura
Los que miraron lavanderas lavando el sol
Los que ahora envejecen como el río

Y pensé en mí
En los kilómetros que hubo que recorrer
para mirar cómo era
el Sabinal volando entre bejucos bajo las horas
de agua

Por el lecho del río a contracorriente
viene un rumor de vidrios rotos
Llega el sonido filoso de las latas

(Por el *lecho* del río:
¿de dónde salió el nombre si el río nunca duerme?)

Ahora pienso en los otros los que vienen

¿Qué habrán de hacer los otros?

¿Qué habrán de hacer
si el río empieza aquí
y aquí termina?

[Noviembre de 1983]

EPITAFIO

Del repecho más alto del acantilado que fue
se despeñó hasta el fondo de sí mismo.
Tardó toda su vida cayendo.
Ya llegó.

ORO DE SIGLOS

He vuelto: tengo otra vez once años y el mundo es tan inmenso, mi espejo tan confuso, el martes tan azul.

Y yo he vuelto rompiendo entre los días cerrados, rajando una vereda en el carrizo tupido de los días, entre la lluvia y contra el viento, bajo el calor y contra el frío, bajo la hermosa Luna, abriendo surco entre las llamas del mundo.

El viento frío de la madrugada pintó mi cara: amorató mis labios, coloreó mis mejillas, puso un toque de escarcha sobre mi barba negra.

La ciudad huele igual. Puebla de sombras el herido horizonte.

Por los tejados donde los gatos beben agua lunar van rebotando campanadas solemnes: oro de siglos.

De Guadalupe a San Cristóbal, de El Cerrillo a la cumbre del verde Santa Cruz con una herida como un precipicio, está vagando un niño que me mira tres décadas después, contemplándolo, viéndolo caminar por la ciudad con un balón de cuero mientras ensaya versos elementales.

Yo lo miro mirándome bajo el martes azul. Él quisiera ser yo. No imagina que el pecho se me achica y que un puño brutal me aplasta el plexo despiadadamente. No sabe. No conoce la flor que me ha quemado: la llama florecida desde el pecho y los ojos con que lo estoy mirando. ¿Quería ese niño ser el hombre que soy? ¿Soy el niño que miro en mi memoria mirándome? ¿Somos los dos el mismo?

No.

Sí.

Tal vez.

Lo cierto es el recuerdo. La espuma. La niebla que sepulta Cuxtitali, los huertos de duraznos, las avionetas contra el martes azul. San Cristóbal con sueño. El estallido sordo contra el cielo pequeño de San Antonio. La destrucción, el gris, la sucia mancha de concreto creciendo en dirección de La Albarrada, por María Auxiliadora, pasando el viejo campo de aviación, en los prados y lomas donde con Tomás Vásquez localizamos nidos de zenzontles.

Ahí estoy.

Me miro entre las casas, ejerzo los oficios cotidianos. Ahí estoy: viene nadando la memoria con la mirada clara.

Mis manos se pintaron de negro tiñendo telas en una casa textil de Mexicanos.

Preparé mezcla, medí con precisión, tiré cordeles largos como el día, puse los plomos, coloqué vigas, armé cimientos de piedra y poderío, levanté muros rojos, encendí los tejados de iglesias y de casas. Repellé las paredes y pinté.

Recogí el polvo.

Después me fui silbando entre las callejuelas rumbo a Santa Lucía.

Ahora lo recuerdo: lo veo con claridad: moví los fuelles en un taller herrero de El Cerrillo. Preparé lanzas, candados, cerraduras y llaves, balcones exquisitos. Y cruces, muchas cruces. Ahora lo recuerdo: pongo mi mano bajo el clavo y descargo el primer martillazo enceguecido y rojo.

Mas no todo fue así. En la Almolonga vi brotar el agua, toqué su transparencia. La transparencia existe: me vi en ella.

Cacé ranas en el canal de El Cubo. Tuve altas ilusiones de fama deportiva en el Campo Benigno.

Miré salir el sol quemando el Zontehuitz y lo vi hundirse incendiando el Huitepec. Al día siguiente los dos eran intactos, frescos, recién nacidos a los ojos amantes de la mañana.

Devuélveme la Maravilla ahora, Campo Maligno. No bajes tus impuros ojos, hipócrita progreso. No me mires ya más, niño en la sombra. No me quemes ya más.

Ya no me duelas, espléndido veneno.

Ahora sube a la fronda de mi memoria un mico de juguete: trépate mico hasta las altas ramas: yo acciono el mecanismo que dispara tu voltereta en el alma. Sube más alto, mico extraviado en la hojarasca de los días, en la hojarasca de los perdidos años. Ven, con piel de verdad sobre tu delicada estructura de madera imposible. Sube, pequeño mico, alma mía, *mon semblable, mon frère.*

Atrás. Atrás. Cinco años atrás. Tengo seis años: aún no conozco esta ciudad, vivo en mi pueblo: en las garitas de los cuxtitaleros compré el trepatemico. De las mulas bajaron grandes fardos. De los fardos fue brotando el portento: dulces, naches, jocotes encurtidos, mistelas de durazno y de membrillo, rojas cocadas, chimbos amarillos. Colores que incendiaban mis rabiosas pupilas, frascos de *temperante* atemperando mi calor extremo: mi sed de maravilla.

Remuevo estos instantes como un rimero grande de confites.

La tarde huele a pan de San Ramón.

Por los Portales pasa la Delicia: la niña de trece años en las alturas de su maravilla. La miro en su destello sobrenatural: su rostro intacto que conmovía hasta el llanto. Su perfección y su delicadeza.

Ella, que siempre vio hacia el infinito, una vez me miró. Una garra dulcísima en mi cuello: una opresión. Un batir de alas en el pecho niño. Y la mudez. Y la Poesía. Eso:

por los Portales iba la Poesía.

¿Era real?

No lo sé.

Lo cierto es que aquí estoy. Viendo la escalinata de piedra que escalé paso a paso, los vendedores de carbón, sus caballos minúsculos entre las bellas casas de tejados dormidos.

Lo cierto es que han crecido pinos en la ladera. Lo cierto es que hay un tajo entre los cerros y hay un castillo feo en el flanco del cerro Santa Cruz.

Lo cierto es que este nudo en mi garganta, esta neblina húmeda llegando hasta los ojos.

Ha crecido la noche. Avanza. Se acaba. Los maitines de La Merced están quebrando su cristalería.

La cohetería estalla.

Las campanas.

Ahora el niño se borra. Se desvanece en la neblina. pero no ha muerto: acaba de nacer. Desde hoy vagará en callejones internos como en un laberinto.

En las callejas profundas de mí mismo.

[Ciudad Real, septiembre de 1991]

invocación

Lengua de mis abuelos   habla por mí

No me dejes mentir

No me permitas nunca ofrecer gato por liebre
sobre los movimientos de mi sangre
sobre las variaciones de mi corazón

En ti confío
En tu sabiduría pulida por el tiempo
como el oro en pepita bajo el agua paciente del claro río

Permíteme dudar para creer:
permíteme encender unas palabras para caminar de noche

No me dejes hablar de lo que no he mirado
de lo que no he tocado con los ojos del alma
de lo que no he vivido
de lo que no he palpado
de lo que no he mordido

No permitas que salga por mi boca o mis dedos una música falsa
una música que no haya venido por el aire hasta tocar mi oreja
una música que antes no haya tañido
el arpa ciega de mi corazón

No me dejes zumbar en el vacío
como los abejorros ante el vidrio nocturno

No me dejes callar cuando sienta el peligro
o cuando encuentre oro

Nunca un verso   permíteme insistir
que no haya despepitado
la almeja oscura de mi corazón

Habla por mí   lengua de mis abuelos
Madre y mujer

No me dejes faltarte
No me dejes mentir
No me dejes caer
No me dejes
No.

los dones

Todo me lo ha dado la Poesía:
el paisaje, la Luna, los vientres de las hembras más hermosas
dulcemente paridas por el húmedo vientre de la patria.

Todo me lo ha obsequiado:
la música más honda de la Música
y las huellas de oro
en el ojo de oro de la Imaginación.

Todo me lo ha ofrecido la Poesía.
Incluso las arterias del Tiempo
y el sentido del mundo:
Nacimiento, Vida, Muerte, Amor
y Permanencia.

Todo me ha regalado la Poesía:
la Tierra, el Agua, el Fuego, el Viento,
la Mujer.

Ya apestaba el cadáver de la Razón.
Ya perfumaba el aire
el azahar de la Poesía
que me ha brindado todo:
mis bienes terrenales
y el Hambre que ha crecido
en el hombre que soy.

Todo me lo ha otorgado:
la manzana y el membrillo,
la sal y el ácido,
el bálsamo y la herida,
el ojo y el paisaje,
el olfato y el café.
Mi admiración por el Águila
y mi agradecimiento a la Lombriz

Todo me lo dio la Poesía:
el Sol, las flores, el Silencio y la Lluvia.

Y yo no supe qué hacer con todo aquello
además de asombrarme.

Y cantar.

Y agradecer.

José Luis Rivas
(1950)

Nació en Tuxpan, Veracruz, en 1950. En la ciudad de México, hizo estudios de literatura en la Universidad Nacional. Es director de la Editorial de la Universidad Veracruzana. Poeta y traductor, ha vertido al español la poesía de Pierre Reverdy, Georges Schéhadé, T. S. Eliot, Saint-John Perse, Jules Supervielle y Derek Walcott, entre otros. En su producción lírica personal sobresalen los libros *Fresca de risa* (1981), *Tierra nativa* (1982), *Relámpago la muerte* (1985), *La balada del capitán* (1986), *La transparencia del deseo* (1987), *Asunción de las islas* (1992), *Luz de mar abierto* (1992) y *Río* (1998). En 1993 reunió su obra poética, de 1975 a 1992, en el volumen *Raz de marea.*

CON VUELO LIGERO...

Con vuelo ligero,
grácil,
va sorteando
espinas de rosal por el codillo
de una rama,

y como prendedor
se posa,
        nuncio de mayo,
una libélula morada.

MI MADRE...

Mi madre
Algo tiene de maga y de palmera
Se arrodilla ante mí
Me unge los párpados

Entre los senos
Asoma su amuleto

Gotas de púrpura
Deslíe
Por un doble desfiladero
Hacia el fragante valle

Con su fuente de espíritus
Su corza herida
Y su lecho de malva
Entre dos sauces

ENTRE DOS PIEDRAS...

Para Manuel y Lourdes

Entre dos piedras
la salamandra
espía
en el jardín cerrado

Pasan dos aves por la fuente
casi rasándola
Se inclina de cabeza
el cielo
para beber

La claridad escancia
el agua de las mesas
al pie de los icacos
florecidos

ESTANQUE

Para asumir un gesto,
vas ante aquel espejo
que guarda tu primera dicha.

Aún es claro. Y puedes
ver entre las monedas
que lanzaste a sus aguas
la que muestra su rostro adverso.

Una mujer de ti ya se retira
paso a paso
como la niebla
de un trópico desierto.

ALBERTO BLANCO
(1951)

Nació en la ciudad de México, en 1951. Estudió química y filosofía en la Universidad Nacional, y culturas orientales en El Colegio de México. Fundó y dirigió la revista *El Zaguán* (1975-1977). Poeta, ensayista, traductor, crítico de arte y artista visual, ha colaborado en las más importantes publicaciones periódicas de la ciudad de México. En su vasta producción poética sobresalen los libros *Giros de faros* (1979), *El largo camino hacia ti* (1980), *Antes De Nacer* (1983), *Tras el rayo* (1985), *Cromos* (1987), *Canto a la sombra de los animales* (1988), *El libro de los pájaros* (1990), *Materia prima* (1992), *Cuenta de los guías* (1992), *Triángulo amoroso* (1992) y *La sombra de cada día* (1994). En 1993 publicó una antología personal con el título *Amanecer de los sentidos*, precedida de un texto de presentación de Álvaro Mutis. En 1998 reunió doce de sus libros, escritos entre 1973 y 1993, en el volumen *El corazón del instante.*

TRÍPTICO AZUL

I

Hay mañanas
en que bajas al río
y te detienes
a escuchar en la corriente
la voz amorosa del mar.

Quisieras volar,
seguir el cauce
de su pelo suelto,
y tal esperanza te sostiene
sobre los juncos de la ribera.

II

Una paloma
cruza los maizales
quebrando
en violetas y grises
la certeza de las miradas.

Absortas en la luz
se doran las mazorcas,
brillantes contra el cielo
como los ojos
colmados de placer.

III

Así mientras recobro
mi cuerpo lentamente,
la tarde en los balcones
toma la forma
de un barco que se aleja.

Entre las nubes que flotan
azules en el horizonte,
contemplo a la luna
dormir desnuda
junto al río.

CANCIÓN DE DICIEMBRE

Qué voluntad de permanencia
        la de este viejo pirú desabrigado
que contra toda ley se sostiene
        de pie sobre el asfalto. Ya tiene
seco el tronco pero tenaz ocupa
        el espacio y el tiempo, meciendo
la breve sombra de lo que fue
        alguna vez la copa sorprendente.

LA MESA PUESTA

Reunidos al calor del buen café,
los panes resplandecen con la calma
de las paredes blancas, encendidas,
rebosantes de luz por la ventana.

Ya la paja se extiende entre los pinos,
crece la claridad y forma el cielo,
forma una habitación, forma una jarra
profunda como el ojo del espejo.

Es este mismo mar, el mar de siempre,
llano rectangular de cada cosa,
donde flotan los montes y las nubes
como islas de quietud entre las horas.

MI TRIBU

La tierra es la misma
        el cielo es otro.
El cielo es el mismo
        la tierra es otra.

De lago en lago,
de bosque en bosque:
¿cuál es mi tribu?
—me pregunto—
¿cuál es mi lugar?

Tal vez pertenezco a la tribu
de los que no tienen tribu;
o a la tribu de las ovejas negras;
o a una tribu cuyos ancestros
        vienen del futuro:
una tribu que está por llegar.

Pero si he de pertenecer a alguna tribu
—me digo—
que sea una tribu grande,
que sea una tribu fuerte,
una tribu donde nada ni nadie
quede fuera de la tribu,
donde todos,
todo y siempre
tenga su santo lugar.

No hablo de una tribu humana.
No hablo de una tribu planetaria.
No hablo siquiera de una tribu universal.
Hablo de una tribu de la que no se puede hablar.

Una tribu que ha existido siempre
pero cuya existencia está todavía por ser comprobada.

Una tribu que no ha existido nunca
pero cuya existencia
podemos ahora mismo comprobar.

NOSTALGIA

A Arturo Rivera

Allí está el cielo: ahora veo.

Allí está el cielo abierto
esperando por lo mejor de mí.

Atrás quedan los padres,
los amigos, los consejos...

Los juguetes soñados en la infancia,
el árbol de los deseos,
la noche al fondo de la alberca,
el parque del primer beso...

Lo veo todo a la distancia
como un cuerpo que se despierta
al fondo de un paisaje.
Lo veo como si no fuera cierto.

Hemos venido a la vida
a despedirnos de todo lo que amamos,
de aquello que nos fue dado,
de todos los que queremos.

Pero justamente allí está el cielo.

Coral Bracho
(1951)

Nació en la ciudad de México, en 1951. Estudió literatura en la Universidad Nacional, y en la Universidad de Maryland, en Estados Unidos. Su obra poética la integran los libros *Peces de piel fugaz* (1977), *El ser que va a morir* (1981), *Tierra de entraña ardiente* (1992) y *La voluntad del ámbar*. En 1988 reunió sus dos primeros libros con el título *Bajo el destello líquido*; en 1994 incorporó a esa reunión su tercer poemario, con el título general *Huellas de luz*.

SUS BRILLOS GRAVES Y APACIBLES

Vivo junto al hombre que amo;
en el lugar cambiante;
en el recinto que colman los siete vientos. A la orilla del mar.
Y su pasión rebasa en espesor a las olas.
Y su ternura vuelve diáfanos y entrañables los días. Alimento
de dioses son sus labios; sus brillos graves
y apacibles.

TUS LINDES: GRIETAS QUE ME DEVELAN

We must have died alone,
a long long time ago.

D. B.

Has pulsado,
has templado mi carne
en tu diafanidad, mis sentidos (hombre de contornos
levísimos, de ojos suaves y limpios);
en la vasta desnudez que derrama,
que desgaja y ofrece;

(Como una esbelta ventana al mar; como el roce delicado, insistente,
de tu voz.)
Las aguas: sendas que te reflejan (celaje inmerso), tu afluencia, tus lindes:
grietas que me develan.

—Porque un barniz, una palabra espesa, vivos y muertos, una acritud fungosa,
de cordajes,
de limo, de carroña frutal, una baba lechosa nos recorre, nos pliega, ¿alguien;
alguien hablaba aquí?

Renazco, como un albino, a ese sol:
distancia dolorosa a lo neutro que me mira, que miro.

Ven, acércate; ven a mirar sus manos, gotas recientes en este fango; ven a
rodearme.
(Sabor nocturno, fulgor de tierras erguidas, de pasajes sedosos, arborescentes,
semiocultos;
el mar:
sobre esta playa, entre rumores dispersos y vítreos.) Has deslumbrado,

reblandecido

¿En quién revienta esta luz?

—Has forjado, delineado mi cuerpo a tus emanaciones,
a tus trazos escuetos. Has colmado
de raíces, de espacios;
has ahondado, desollado, vuelto vulnerables (porque tus yemas tensan
y desprenden,
porque tu luz arranca —gubia suavísima— con su lengua, su roce,
mis membranas —en tus aguas; ceiba luminosa de espesuras abiertas,
de parajes fluctuantes, excedidos; tu relente) mis miembros.

Oye; siente en ese fallo luctuoso, en ese intento segado, delicuescente
¿A quién unge, a quién refracta, a quién desdobla? en su miasma

Miro con ojos sin pigmento ese ruido ceroso
que me es ajeno.

(En mi cuerpo tu piel yergue una selva dúctil que fecunda sus bordes;
una pregunta, viña que se interna, que envuelve los pasillos rastreados.
—De sus tramas, de sus cimas: la afluencia incontenible.
Un cristal que penetra, resinoso, candente, en las vastas pupilas ocres
del deseo, las transparenta; un lenguaje minucioso.)
Me has preñado, has urdido entre mi piel;
¿y quién se desplaza aquí?
¿quién desliza por sus dedos?

Bajo esa noche: ¿quién musita entre las tumbas, las zanjas?
Su flama, siempre multiplicada, siempre henchida y secreta,
tus lindes;
Has ahondado, has vertido, me has abierto hasta exhumar;
¿Y quién,
quién lo amortaja aquí? ¿Quién lo estrecha, quién lo besa?
¿Quién lo habita?

DESDE ESTA LUZ

Desde esta luz en que incide, con delicada
flama,
la eternidad. Desde este jardín atento,
desde esta sombra.
Abre su umbral al tiempo,
y en él se imantan
los objetos.
Se ahondan en él,
y él los sostiene y los ofrece así:
claros, rotundos,
generosos. Frescos y llenos de su alegre volumen,
de su esplendor festivo,
de su hondura estelar.
Sólidos y distintos
alían su espacio
y su momento, su huerto exacto
para ser sentidos. Como piedras precisas
en un jardín. Como lapsos trazados
sobre un templo.

Una puerta, una silla,
el mar.
La blancura profunda,
desfasada
del muro. Las líneas breves
que lo centran.
Deja el tamarindo un fulgor
entre la noche espesa.
Suelta el cántaro el ruido
solar del agua.
Y la firme tibieza de sus manos; deja la noche densa,
la noche vasta y desbordada sobre el hondo caudal,
su entrañable
tibieza.

QUE AHORITA VUELVE

Te hace una seña con la cabeza
desde esa niebla de luz. Sonríe.
Que sí, que ahorita vuelve.
Miras sus gestos, su lejanía,
pero no lo escuchas. Polvo
de niebla es la arena.
Polvo ficticio el mar.
Desde más lejos, frente a ese brillo
que lo corta te mira,
te hace señas. Que sí, que ahorita vuelve.
Que ahorita vuelve.

ARGUMENTO

El aire es denso para mí
como el agua.
Mi vuelo es real
porque mi sensación del aire
es real, y la cercanía del piso
lo hace factible.

ATARDECER

Bajo los arcos rosados de los portales
quebramos piñones con una piedra,
su carne, también rosada,
ilumina la tarde.

CON ABISMADA TRANSPARENCIA

Eres el fuego del inicio.
Eres la luz
en el instante sabio
de hacinarse en el agua.
Eres la voz, la transparencia que penetra,
que engendra;
la nota viva y diáfana
que cae,
con el candor de una certeza
en el centro
del alma.

EDUARDO LANGAGNE
(1952)

Nació en la ciudad de México, en 1952. Hizo estudios de música y lenguas extranjeras en la Universidad Nacional. Fue fundador y codirector de las revistas *El Ciervo Herido* (1975-1977) y *El Oso Hormiguero* (1977-1979). Poeta, narrador y traductor, en su producción lírica sobresalen los libros *Donde habita el cangrejo* (1980), *Para leer sobre un tambor* (1986), *Navegar es preciso* (1987), *A la manera del viejo escarabajo* (1991), *Tabacalera* (1992), *Como calles estrechas* (1994) y *Cantos para una exposición* (1995).

PERCUSIONES
(Canto grave para tambor solo)

madre
madre muerta

mi tambor sobre tu tumba madre muerta

suena el cuero del tambor sobre tu tumba
y mis manos sobre el cuero del tambor sobre tu tumba

las uñas de mis manos
golpeando sobre el cuero del tambor sobre tu tumba
madre muerta

la sangre de las uñas de mis manos
sobre el cuero del tambor sobre tu tumba

la sangre de tu cuello está en las uñas de mis manos
que golpean sobre el cuero del tambor
sobre tu tumba tumba madre muerta

SEGURIDADES

hoy amo a una mujer que no está cerca
que no está lejos siquiera
que no está
y dondequiera que exista si es que existe
será inútil pensar que me conoce
que ha escuchado mi desorden o mi grito

no queda mucho más
inventar que en la casa alguien espera
y pensar que el amor seguramente existe
si uno ha sentido un odio inexplicable

UNA VEZ LO DIJE PERO AHORA HA VUELTO A SUCEDER

Esa mujer paseaba con su aroma

Un día trajo
sus labios acostumbrados a la guerra
y un ciclón adentro de su blusa

entonces sobrevino la catástrofe

POEMA ENCONTRADO EN UN RINCÓN

Los amantes fueron un día adolescentes
se arrancaron con furia el cordón umbilical
para entrar en algún cálido lugar de la mañana

Se cubrieron con sábanas oscuras
dolorosas y limpias
y empezaron a odiar
quiero decir
se amaron

OTRAS PALABRAS

Las palabras son a veces
igualmente dulces y redondas
que las uvas

Mientras la zorra claudica
frente al alto racimo
escribo yo

NECESIDAD

Primero un epígrafe rotundo, convincente.
Después ese pronombre en la dedicatoria.
Abajo, un verso limpio, exacto, trabajado,
bien pulido, aunque el pobre no sea inolvidable.

Otro verso más claro, la sencilla metáfora
del verso que le sigue, tal vez algún recurso

que mantenga la idea y luego un tropo, alguno
que haga chocar las piedras de la alegre semántica

para que saquen chispas que alcancen la hojarasca
y se produzca el fuego. Entonces está listo:
se borra aquel epígrafe, se tacha el nombre de ella,
se suprimen los versos (los exactos, los limpios,

los pulidos, los otros). Se despoja el poema
de metáforas, tropos. Se abandona dejando
la hoja blanca manchada de palabras que digan
ciertas cosas humanas cuando alguno las lea.

Él sin miedo cantaba

Han pasado veinte años de los primeros versos
que escribió aquel muchacho de la barba rojiza,
con su tinta nerviosa. Han pasado veinte años,
acaso la hora exacta era la más oscura
pues su barco zarpaba en busca del océano
sin saber si existía. Y en esas condiciones
él sin miedo cantaba como si tal empresa
requiriera su vida. Así era aquel viaje.

VICENTE QUIRARTE
(1954)

Nació en la ciudad de México, en 1954. Estudió literatura en la Universidad Nacional. Fue director general de Publicaciones de la UNAM y fundador de la colección El Ala del Tigre, editada por esta institución. Poeta, narrador, ensayista y traductor, en su producción lírica destacan los libros *Teatro sobre el viento armado* (1980), *Fra Filippo Lippi: cancionero de Lucrezia Buti* (1982), *Puerta de verano* (1982), *El ángel es vampiro* (1991), *Vencer a la blancura* (1992), *Luz de mayo* (1994), *Desde otra luz* (1996), *El peatón es asunto de la lluvia* (1998). En 1987 reunió su obra poética, de 1976 a 1984, en el volumen *La luz no muere sola.*

VENCER A LA BLANCURA

–¿Qué hacen al ver una ballena, hombres?
–¡Anunciarla!
–Y ¿qué hacen después, compañeros?
–¡Botes al agua y tras ella!
–Y ¿a qué son reman, marineros?
–¡Al de "Ballena muerta o bote a pique"!

HERMAN MELVILLE, *Moby Dick*, XXXVI

A Alicia Trueba

Como el pez que boqueando sobrevive
aquí estoy sin ver el mar ni en sus orillas
tratando de tejer con espumas mi mortaja,
víctima de mi vanidad y mi delirio.
Suelto la brazada y sólo la arena me responde,
quemándome en su silencio venenoso.
Hablo
y mi palabra se deshace en el aire
sin soltar sus arenas sobre el tiempo,
robándome a mí la que me queda.
El barco navegaba en mar abierto
y el silencio apareció sin anunciarse.
¿O es que debía estar preparado
como el loco que sabe que es de día
y anhela la luna intrusa entre los mármoles?
Ayer el mar cantaba por nosotros,
el cielo habitaba los pulmones
y era nuestra bandera el sol marino.

Con el cuchillo entre los dientes
sentíamos el tacto de la seda
más seda bajo los polisones;
la palabra existía al abordar las naves,
espuma jubilosa coronaba la cólera marina.
Hoy,
rendido el viento al sol inconmovible,
las velas olvidan sus verdades.
Sucios y barbados vagamos por cubierta,
con el sol quemándonos el alma,
sin voz de vigía que nos descubra naves,
sin gaviotas heraldos ni licores.
Y es un aguijón que el mar sepulta
en el pecho de rosas de los mares:
Soy Francis Drake bogando en el desierto.

El viejo que se lamenta solo bajo el cielo
ahora vive y muere entre nosotros.
Al mirarnos las manos, las heridas,
las palabras escritas en los muros,
la labor de profetas es de todos:
otros vientos habrán de levantarse
y otros hombres
habrán de caer mientras arriba
siguen volando las gaviotas.
El cielo, desde su nombre, miente.
Mienten sus nubes luminosas
proclamando una paz que no es la nuestra.
Despierto a la vida y no estoy en un barco.
No soy ballenero sino hombre de la calle.
No es el ataúd a flote, es una mesa.
(Los mismos tiburones me rodean
y el más feroz me mira en el espejo.)
No es el Mar del Sur, es el Puerto.
Por el malecón de Veracruz pasean parejas,
los marineros beben en la plaza
mientras la banda toca valses viejos.
El vaso que está sobre la mesa
me mira desde su infame transparencia:
pero mis exploraciones no fueron
más allá de las columnas de Hércules
y siempre que los tifones me golpearon,
mis pies estuvieron en la tierra.
Mis tempestades fueron entre muros invisibles
y no hay aquí naufragio que lamenten
ni héroe al que se llore y se sepulte.
Antes y después de estas palabras,
muchacha es el adjetivo de muchacha
y nada usurpaba este domingo
cuando el alba abrió su flor esbelta.

Pero el hombre quiere mirar
más allá de la transparencia que lo engaña,
buscando los rostros de los otros,
buscándose en rostro de los otros,
esperando la gota que derrame
el vaso que lo ata prisionero:
lento, el poema nace en una mesa,
potro de tortura en el que nadie sabe
si el poeta o la palabra es el verdugo.
Vuelve a mirar el vaso y piensa en la botella
que flota por los mares
hasta tocar en la arena el oro auténtico.
(Detrás de la botella estuvo un hombre
que supo desnudar sus propios ángeles
y quemarse en las llamas de su infierno.)
Pero la botella no es transparente
ni cuando el día
arroja su flecha y la hace verde
el mar en la cresta de sus olas.
La transparencia es sueño y otra mano
al despertarla inicia los prodigios:
la palabra contenida se hace grito,
se une al chillido del pelícano,
al resoplar de la ballena en celo,
a la risa del niño entre las olas.
La palabra es alga que sube por el brazo,
y para que el hombre sienta sus heridas,
llega hasta su corazón y lo atenaza.
La hermosura tiene entonces nombre:
hunde su peso leve
y la arena que el sol y el agua pulen
revela otra presencia:
Viernes.
Se mira sonriente el mar abierto,
la espuma es encaje de nacimiento y no sudario,
el pelícano obtiene pesca entera,
la ballena quiere llegar al sol en cada salto
y el niño se arrulla entre las olas.
Que todos los días sean Viernes
y todo Viernes puerta
y que por una vez el mundo sea de todos.

Y el hombre sigue aquí, como la música,
como el paseo en torno de la plaza,
como el mar
mordisqueando los cascos en el muelle,
advirtiendo de próximas tormentas,
como el marinero que sale del servicio
y fuma un cigarro y mira a las muchachas.

Todo es igual que ayer
menos lo que adentro
sangra sin sangre al que se atreve
a tomar las palabras y besarlas
aunque después del amor nos den la espalda.
Crece la noche con el ruido.
Las parejas caminan por el muelle
(ya se ha dicho y se seguirá escribiendo:
el amor nacerá sin repetirse)
y yo estoy aquí,
buscando las armas que rescaten
la palabra de manos del silencio.
Quiero hablar del mar, lo nombro,
lo traduzco a un lenguaje de pájaros y barcas
y a fuerza de nombrarlo
olvido su nombre propio y lo poseo.
Ahab y Jonás odiaron a la Ballena
y Ella no ha vuelto a sus océanos:
el odio ancestral abre sus fauces
y busca carne de hombre para el tiempo.
Pero no nos volverá a encontrar dormidos:
allí donde el sol hiera un muro blanco
estaremos hablando otro esperanto.
Otro arpón, Queequeg, otro arpón,
aunque la fragua no dé para tantos
y de cada mil tiros uno acierte,
entre a buscar la vida y salga a chorros
con la alegría del mar en primavera.
Oh, capitán, mi capitán,
por ti no están doblando las campanas:
es el rayo azul de la guitarra eléctrica
y la voz de una muchacha
que se muere de amor y de esperanza
en el corazón de un país enfermo,
como un barco en llamas
que no puede apagarse en medio del océano.
No escapaste solo, Ismael,
otros burlamos a la muerte
para combatir la blancura duplicada
y vencer o llevar el bote a pique.
No por la taza de té hirviente
ni por la frazada sobre el cuerpo naufragante
sabré que estoy entre los hombres:
yendo hacia ellos, contra ellos,
sentiré que regreso entre los vivos
y no soy un cadáver más
muriendo entre cadáveres.
Yo no quiero saber,
sólo mirar las cosas, no su sombra.

Otros tomaron armas que hoy rescato
y ahora caminan, ciegos, por el muelle.
Me he armado con sus glorias,
he afilado sus sables,
me he parado a contemplar mi estado
y al fin la soledad me ha recibido.
Ahora suena el grito de combate:
que la palabra quede en la garganta,
cangrejo estúpido echado entre las rocas,
llorando el mar que se quedó a lo lejos.
Que busque otro mar todavía virgen
y la palabra sea huidiza y traicionera
y al tomarla nos diga "Ésta es la Vida".
Pulmón al que hincha el viento, anuncia fiero
la nave que nos quite
la mordaza del tiempo y nos bautice
con el nombre del que fuimos despojados.
Que nadie pierda ni descuide
el palmo de vida que conquista:
todo cuanto el hombre avance contra el odio
será para el futuro signo de victoria.
Aquí no hay que llorar ni por qué hacerlo.
Conmigo, en mí, está un hombre
que sabe que el mar no tiene fruto
y parte al amanecer con redes tercas
aunque a la noche vuelva más vacío
y la muerte afile
en cada nueva derrota su guadaña.
Llego solo al final del día,
deshecho como la cama que no es nuestra,
pero que acaso en silencio garantice
la vida de otro día
en que hallemos las máscaras auténticas.
El adolescente más feroz se levantó en armas,
vomitando en el mar sus maldiciones.
Ahora yace borracho y en la arena,
mientras la sombra de su hermano
escribe en los muros de Montevideo
una plegaria al dios que le hace burla.
Pero hay que volver a Ser,
porque el hambre de ser hombre
me hace buscar los sueños de los otros,
cañonear sus navíos, tomar a sus mujeres,
ser su grumete, fregar sus cubiertas,
subir en bosques erguidos sobre el agua
y ser por un instante Dios en esa cópula
donde el agua y el cielo se vuelven uno solo,
aunque después la soledad levante muros
y en cada crimen expanda sus dominios.

Cierro los párpados para escuchar
la pujanza del mar que no termina.
Cuando despierte aún estará allí
y volveré a mirar su viejo rostro.
Conoceré desiertos más estériles,
pero no aceptaré
la caricia traidora de la espuma.
Que nadie se engañe:
el barco está empezando a hundirse.
Los marineros duermen en cubierta,
los astilleros están abandonados
y los bosques desnudos.
No hay estación más justa:
arriba ya la jarcias, camaradas,
habremos de combatir vientos contrarios
y salir otra vez al mar abierto,
aunque no pueda vencer a la blancura,
aunque no pueda vencer,
aunque no pueda.

Luis Miguel Aguilar
(1956)

Nació en Chetumal, Quintana Roo, en 1956. Estudió literatura en la Universidad Nacional. Es director de la revista *Nexos*. Poeta, narrador, ensayista y traductor, su obra poética comprende los títulos *Medio de construcción* (1979) y *Chetumal Bay Anthology* (1983). En 1990 reunió su producción lírica, de 1975 a 1989 (en algunos casos reescrita y disminuida) en el volumen *Todo lo que sé*, que incluye también su libro *Conversaciones con la Xtabay*.

ELOGIO

Vino de tarde y no la quise comparar con otras cosas: su cuadernos, los ojos de mi madre, el estilo de Bette Davis para ponerse un abrigo sobre los hombros. Vino temblando, como lo dije, por la tarde. Había un poco de frío entre sus manos. En elección de polvo al agua fresca, por ella me incliné hace cuatro años. Tiene un perro que no odio. La quiero porque no sabe lo que hace. Se fue una vez, volvió; ahora puedo elogiarla.

Lo que omito, y sus muslos, y la almendra,
El centro que he perdido y reencontrado,
Y los celos y su casa en las mañanas
Destacan ya una historia decidida.

CESARE PAVESE

Sólo hay un modo de hacer algo en la vida,
Consiste en ser superior a lo que haces.

No hay modo de escribir un poema
Si tú no eres mejor que ese poema.
Cada fantasma que dejas de matar
Es un poema menos; has perdido

Tus textos peleando un odio absurdo, has envarado
Tu esfuerzo en un conflicto inútil. Pero

No hay modo de escribir literatura
Si no eres superior a lo que escribes.

LAMPEDUSA Y EL SORDO LATIFE

La piedra esconde a una pareja de invencibles.
Ésta es la historia central de dos invictos.
Peleaban otra vez. Quién no lo supo.
En todo Chetumal se oían los gritos
Inconfundibles como el mar de Calderitas
O como el fétido olor de los sargazos
Ascendiendo, a las cuatro de la tarde
—Un espectro caliente, imperturbable—
Sobre el cemento blanco en La Explanada
Al pie del malecón.
Tal vez el Sordo pensaba en tales cosas
Cuando salió de la casa esa mañana
Y no miró hacia atrás. Ya no volvió.
(Aunque esto sea un decir: es imposible
Perderse alguna vez en Chetumal.)
La fina Lampedusa lo lloró: pasó tres días
Ovillada sobre un dolor inmóvil.
Ella acabó en el congal. El Sordo en el camellón.
Lampedusa tumbada por los clientes y El Sordo por el alcohol.
Murieron con un mes de diferencia.
Ahora comparten este hoyo para dos.

ASPIRI, CORNUDO

Al salir de la cárcel pasé en Mérida
El resto de mi vida
Y regresé a Chetumal para morir.
No puede perdonar; no fui feliz; tampoco quise serlo.
Echó a perder mi honor y una posible
Carrera de ingeniero: dos heridas
Más hondas que las suyas; dos disparos
Más fuertes contra el pecho; y contra el chismorreo de Chetumal,
Un escándalo más turbio sobre el alma. Y mi consuelo:
Cuando morí, después de haber pasado
Catorce años en la cárcel como el pago
Preciso e indiferente por su muerte,
Ella llevaba treinta en el infierno.

LA COLUMNA

Un mayo iluso toca
A la ronda de los Cayos:
Islas quedas, hiladas. Negaciones
de la noción de Isla.
Más bien proclividad
Al monorriel flotante

Sobre el aceite azul.
Y a cada tramo
Una curva de cocos
Enfermos por la plaga:
Cráneos de monos viejos.

Empieza una columna:
Los hombres van al monte
A bajar ríos del cielo
Por los cauces del caucho y del zapote.

Se tienden a mi lado
Elocuencias de lino. Mi hermana
Es incipiencia de Xtabay.
Empieza mi columna.

NELLY KEOSEYÁN
(1956)

Nació en la ciudad de México, en 1956. Estudió literatura en la Universidad Nacional. Ha traducido a poetas ingleses y estadunidenses, entre ellos Wordsworth, Coleridge y Yeats. Su producción poética comprende dos libros: *Fuego interior* (1986) y *Los paraísos del sueño* (1998).

CANTO AL AMADO

A Iván, a la pasión de amar

Me has penetrado
has abierto en mi cuerpo una herida profunda
honda como la oscuridad océanica del alma
vacía y vastísima.
Y tu boca es un río que se acaba en mi boca
y mi boca una grieta donde se extingue y renace el universo
y mi vientre una gruta lasciva
un manantial de donde nace el agua subterránea
dadora de nuestro eterno aliento y alimento
y tu espada un rayo de lumbre que me parte
y el amor un astro luminoso que atraviesa la noche
y unifica la carne y el espíritu.
Me has poseído
me has dado fuego infinita delicia y energía
y con violencia y caricias
me has arrancado del sexo la muerte y la vida.

•••

Porque eres eterna delicia y energía
Porque en tu espíritu se desborda la vida
como un río que se vuelve otro río
que no sacia el océano ni tu boca ni la mía
ni la boca del pez ni la del tigre
que emergen de la oscuridad del sexo y nos devoran.
Porque tu cuerpo no acaba en mi cuerpo
ni la dicha en nosotros
y la pasión que estalla en nuestras venas
es más intensa que el mar más elevada que el cielo
y nuestro goce infinito es más ardiente que el fuego
y nuestro amor superior a los hombres.

•••

Amemos, Amado, gocemos
Perdámonos en los profundos bosques verdes
Vaciémonos el uno en el otro
y desprendidos del cuerpo elevemos el alma desnuda
a los confines invencibles del deseo.
Penetremos los límites vastos que dividen el paraíso
y el infierno.

Amémonos, Amado,
Arrojémonos como heroicos guerreros
como amantes eternos o albigenses
al precipicio y al fuego.
Como amorosas bestias devorémonos
Purificados resurjamos del tiempo
Celebremos ritualmente la fiesta
del nacimiento y de la muerte.
Y como heridos ciervos saciémonos
bebamos del pozo de la vida
agua, dicha intensa.

•••

No cabe en mi cuerpo tanta dicha
tanta pasión de amar intensamente
tanta oscuridad   tanto vacío y tanto vértigo
tanto fuego en las venas ardiendo
bajo una sola piel.
Tanta es la dicha que es violenta
tanta que ya no sé si es dolor o placer
ni si soy yo la que lo siente
ni si amarte es vivir
o arrojarme con sentido a la muerte.

•••

Te amaré hasta colmar todos los valles y los campos de alegría
Te amaré hasta encender en tu espíritu fuego
atravesar tu corazón   enamorarte
y otorgar a tu goce el dulce fruto del árbol de la vida
Mi amor será interminable como el cauce de los ríos que nace y renace
Y mi pasión
superior a las olas volcará en nuestros cuerpos el deseo de vivir
con intensa locura hasta extinguirnos.

•••

Cuerpo   honda hendidura
silencioso azul del vasto cielo eterno
no acaba el mar profundo de nombrarnos

no acaba el amor de otorgarse a nuestra piel
en la caricia   ni la ternura de darse
ni el deseo de perderse en el otro
Cuerpo   pozo de dicha intensa
no acaba en nuestro goce la amplitud del mediodía
ni la vida en nosotros.

•••

Los amantes se aman
porque amando la vida es más intensa.
Los amantes se gozan, se desnudan,
se entregan silenciosamente a su muerte pequeña
y en la profunda oscuridad del alma en que se pierden
sus cuerpos
se unifican, se funden, se hacen un solo ser eterno.
Los amantes se aman a través de sus cuerpos,
a través de la piel y los sentidos,
a través del deseo, del corazón, de sus fuerzas más íntimas.
Se aman por la pasión de vivir hacia adentro,
se aman para penetrar los límites,
hacer con el ojo del cuerpo visible lo invisible
y aprender de su polvo a renacer.
Los amantes se buscan, se acarician, se flagelan,
se arrancan de la memoria de la carne
el dolor de nacer y la violencia,
se vacían, se desprenden,
sacrifican el alma y la sangre
a los dioses del éxtasis y la embriaguez.
Los amantes se aman porque la vida es breve,
porque no basta para vivirla un cuerpo,
ni una vida para morir mil veces,
ni los cielos del dulce paraíso,
ni la espada invencible del infierno,
ni universo ni tiempo para nombrar la vasta eternidad.
Los amantes aman la vida, la vida intensa.

SALMO

Nunca le pregunté al destino
si me tocaba seguirte.
Simplemente me fui.
Me desnudé y te dije:
bajemos. Metámonos
más hondo en el infierno.
Hagamos ahí dentro en lo obscuro
el paraíso del placer.
Abre la puerta negra
Hurga   Entra

Desciende el misterioso abismo.
Y tu pasión fue mía y tu goce.
Luego te di mi alma y te dije:
Haz de mi fuego el tuyo
Bebe de mí
Muere de amor conmigo.
Te haré mitad demonio y mitad santo
Te saciaré con látigos y con cilicios
Te ataré a la pilastra y al muro

y a la cruz del martirio
hasta que estalles.
Hasta que nazcas por dentro en mí
y en un instante sin fin te fugues
de la cárcel del cuerpo.
Y me arrojé contigo al precipicio.

ORACIÓN POR EL CUERPO

Abusé de ti, malamada.
Te maltraté como al peor de los esclavos.
Te obligué a desnudarte ante los otros,
a descender conmigo hasta los bajos fondos.
Eras objeto de saciedad y de goce:
Acudías como una perra obediente a mi llamado.
Cuántos pasaron por encima de ti
como caballos pisoteando la hierba.
Cuántos bebieron de tu simiente
la savia de la sabiduría.
Corté todas las rosas del jardín.
No floreció ni una sola semilla.

He de morir contigo.
Y de nosotras
no quedará ni una huella.

Silvia Tomasa Rivera
(1956)

Nació en El Higo, Veracruz, en 1956. En su producción poética destacan los títulos *Duelo de espadas* (1984), *Poemas al desconocido/poemas a la desconocida* (1984), *Apuntes de abril* (1986), *El tiempo tiene miedo* (1987), *La rebelión de los solitarios* (1990) y *El sueño de Valquiria* (1991).

EL DESEO...

El deseo: pájaro negro en la noche,
abre sus alas y golpea.
Muerta el alma el deseo la hace espuma,
los caballos del mar ya no están quietos,
se exaltan y se pierden.
El hombre se mueve, en esa marea
ahoga sus sentidos.
El deseo, no es un sentir apenas,
yo lo he visto
enrojecer los labios de los muertos.

LA CIUDAD

I

De la ciudad
no puedo decir nada
porque llegué dormida
como quien llega al mar
a no pensar.

II

Vivir en la ciudad
es como un sueño largo
uno no sabe nunca
cuándo va a bostezar
y empieza el despertar.

III

La ciudad
es una vaca echada
nadie la vio pasar
pero llegaron a sus ubres
a aprender a mamar.

IV

De la ciudad
no amo a los que dicen
que quieren regresar
la ciudad se hizo para hablar
el mar para callar.

V

La ciudad
tiene el alma de todos
en un hilo invisible
que estrangula las ganas
de llorar.

VI

En la ciudad sólo viven
los que tienen valor
para no regresar
a morderse los sueños
en el mar.

FIN DE FIESTA

Porque no tengo necesidad de hablar
estoy callada.
Suena triste pero es más verdad que el silencio.
Anoche hablé hasta que me dolió la comisura
de los labios.
Pero anoche era un tigre.
Ahora soy aquella, la hija del hombre:
sin mañana
sin semilla
sin voz.
Sólo una idea perdida
entre la ropa sucia.

el regreso

Burlando los paisajes, reconociendo a veces,
el tren del desamparo me trajo al sitio exacto.
Verdean los platanares a lo lejos
y ya no es mi paisaje,
son árboles de infancia solamente.

Traigo estaciones en la memoria, aeropuertos,
trenes incontrolables y deseo.
Lobos marinos muerden este mar
nunca donde te amé y te rehice
con un puño de arena emblandecida.
Huyo de ti, recuerdo, pretendo sublimarte
y sólo hay ira que cunde.

Iracundos aquí todos pelean
contra la plaga que se come las hojas.
Estoy lejos de aquí.
La plaga como ola no es a mí a quien toca.
Entre las campesinas hay un dolor quemado
y no sirven mis manos
para cargar bandejas llano abajo.
Ahora lo sé: es el castigo para el que regresa
de un amoroso exilio voluntario.

Tengo las manos suaves y en la mente
los callos del inicio.
Desde aquí no existe otro horizonte,
todo es verde y el rojo de tu mar se hace más débil.
¿Dónde está el origen de la sangre?
¿A qué lugar partí, a cuál regreso?

Anduve por ciudades de tu mano
por bosques donde no estuve a gusto
porque extrañaba de pronto este paisaje.
También tengo memoria
y un velo que no recorro nunca.
Supongo que no he muerto, puedo tocarme
los pechos y las piernas donde algún día estuviste.
Hay sed, y una fruta jugosa en el árbol más próximo.
Ah, si pudiera zafarme de esta planta carnívora
empezaría gritando: hay ciudades
                    más allá de esta tierra
y hombres con sus labios que aman y ensombrecen.

La insolación delira, las risas ya son mar.
Cierren esa compuerta, los canales de riego
no encontrarán su cauce.

La plaga que cunde viene serpenteando,
trata de lograr su objetivo: la conciencia del hombre
no la deja. Un avión fertiliza, quema el aire.
Te respiro en ese aire y busco las ciudades
que rehago como un día te rehice.

Oigo motores, risas, suspiros que se alejan,
estaciones con trenes que hacen ruido,
terminales de sueño. Murmullo y mar.

Tus labios, años luz de mis ojos,
labios como serpientes que me inyectan,
gentío y remolino. Amar será perderse.

–Para antídoto el tiempo
—dice el sabio Palomo entre yerbajos.
Diente de león para la herida
que ya juntó su pus en estos siglos.

Jorge Esquinca
(1957)

Nació en la ciudad de México, en 1957. En Guadalajara, Jalisco, donde radica desde hace muchos años, estudió ciencias de la comunicación en el Instituto Tecnológico de Estudios Superiores. Fue fundador y director de la Editorial Cuarto Menguante, de Guadalajara. Poeta y traductor, en su producción lírica sobresalen los libros *La noche en blanco* (1983), *Augurios* (1984), *Alianza de los reinos* (1988), *Paloma de otros diluvios* (1990), *El cardo en la voz* (1991), *La edad del bosque* (1993) y *Sol de las cosas* (1993). En 1998 reunió la totalidad de su producción poética en el volumen *Paso de ciervo.*

INTAGLIO

Oscurece,
la ciudad se hace profunda:
pozo, vientre.
Luego llega la lluvia
y la disuelve.

LAS ZORRAS Y EL MAR

Salobres, blandas y gordas, las pintarrajeadas se hacen sitio.
Entran a la escena de la playa por una corriente de aire que les revuelve los cabellos,
les unta los fatigados calzones,
las medias desgarradas, los rígidos corpiños.

Son un lento andar sobre la arena,
el reciente olor a sábanas, a cuerpos ajenos
—todavía el escozor de un brioso miembro en las vaginas,
como algo que físicamente se recuerda.
Un resabio de alcohol entre besos repartidos;
la caricia furtiva, los ungüentos, el acre tabaco.
Desde sus ojeras, desde sus falsas pestañas van hacia el mar.
Con la frágil carne casi victoriosa
como si hubieran azotado cardos
sobre el cuerpo de un amante adormecido entre sus muslos.

Y no hay dolor en esos muslos
—depilados con minuciosas pinzas y oficiosos afeites—

cuando asalta la serpiente de la ola
irrumpiendo por la arcada de las piernas,
silbando espumas en el pubis,
astillándose niña de cristal sobre las nalgas.

Encendidas en su íntima corola, las putas se dejan hacer.
Sumergen los senos, que como otra especie de fugitivos peces quisieran
escaparse.
Se lanzan de vientre, de espalda

y cabalgan al mar como a un amante antiguo,
como a un líquido tigre lo fornican en grupo
y exudan entonces un tenue aroma,
que el mar, hasta sus litorales más extremos, propaga.

Así, marítima, se desliza la canción de las sirenas noctámbulas hasta los
lechos tranquilos,
donde la muchacha de quince años se levanta con el índice humedecido hacia
su hermana que duerme;
donde jóvenes febriles manipulan sus vergas erguidas en la sombra.

Salobres, enmarañadas, las zorras emprenden el ocioso peregrinaje al burdel,
al quicio, a la esquina de siempre.
Y van dejando un rastro, una dispersa fosforescencia,
como estrellas de mar que flotan un instante en el viento.

ABRIL

Mientras nosotros escribimos
la vida pasa afuera con su lámpara

Mientras nosotros amamos
todo lo escrito carece de importancia

Mientras bebemos y cantamos
el amor nos traspasa sin herirnos

Mientras estamos aquí
algo sucede

Tal vez abril

ORACIÓN A LA VIRGEN DE LOS RIELES

Bendice, blanca Señora, al más humilde de tus peones.
Concédele vía libre para llegar a Ti.
Ilumina sus noches con el carbón encendido de las máquinas.
Que tus ojos claros sean, en toda encrucijada, brújula y linterna.
Todo tren un potro ligero hacia tu Reino.

Llévalo, gentil Señora, de la mano sobre los durmientes.
Administra, con tu prudencia infinita, su pan de cada día
y cubre con tu sombra favorable los rieles errantes de su casa.
Aquieta sus pasiones,
deja escapar en la medida justa el vapor de su caldera.
Apártalo del estruendo de furgones y góndolas salvajes.
En el vasto ferrocarril de sus breves días, no le des asiento en el gobierno,
pero guárdale siempre un sitio discreto en el vagón de tu confianza.
Bendice, blanca Señora, Virgen de los Rieles, a tu hijo más humilde:
tierra suelta que dispersas con tu manto.

Sergio Cordero
(1961)

534 Nació en Guadalajara, Jalisco, en 1961. Estudió letras españolas en la Universidad Autónoma de Nuevo León. Es autor de la obra ensayística *Jorge Cuesta: Viaje poético de la inteligencia* (1981), y de los libros de poesía *Testimonios del día* (1983), *Vivir al margen* (1987), *Oscura lucidez* (1996) y *Luz cercana* (1996).

CUARTO DE ASISTENCIA

Vivo estrechamente en el mundo
como tú
como ellos
Recorremos pasillos infinitos
nuestros hombros se rozan y a veces se golpean
Despierto   tu cara soñolienta
está muy cerca de la mía
si hubiéramos estado conversando
de cosas muy íntimas
si fuéramos amigos
Ayer nos vimos por primera vez en este cuarto
todavía no sabemos nuestros nombres
ni ese pasado aparentemente tan distinto
En realidad confluye en los recuerdos
recíprocos de infancia
una semejante adolescencia
y una juventud donde amigos mujeres accidentes
dejaron cicatriz
Pasamos el umbral   somos adultos
Tienes razón   no puedo vivir solo
no es posible vivir solo conmigo
¿Qué más pueden hacer las soledades
cuando miran sus islas de desdén
separadas apenas por un hilo de agua?
Mejor hablemos
sí   no es necesario
pero tenemos tiempo disponible
y debemos hablar porque otros hablan
y debemos seguir hablando hablando
hasta gastarnos todas las palabras.

CURRÍCULUM VITAE

Dilapidó en estúpidos proyectos
el caudal de su ira
y después
miró ante sí una puerta.

Fatigado,
tuvo que recargarse
en el dintel de sus cuarenta años
antes de abrir la puerta y contemplar
sus perspectivas.
                    Más allá, el futuro
o el destino —el nombre es lo de menos—
le dieron a elegir
varias salidas:
el corazón que estalla,
la ventana al vacío,
el largo viaje detrás de un escritorio.

Sensatamente,
optó por lo primero.

MIRA A SUS COMPAÑEROS DE GENERACIÓN

Los he visto envejecer
noble y vertiginosamente.

Los he visto pasar
del morral al portafolios,
del cuero y la mezclilla
al casimir inglés.

Recuerdo que su irreverencia
abría de golpe las ventanas
para que entrara un soplo de aire fresco
en la conversación.
Ahora sopesan
                    cada palabra.
                                        Estudian
las acciones ajenas
antes de actuar, medrosos y callados,
como si a un tiempo fueran
las piezas de ajedrez, el contrincante
y el jugador.
                    Hallaron
un lugar en el mundo,
                                        ya son parte
del mecanismo ciego que los hombres construyen.

Éste les da el olvido,
los limita
y los vuelve felices.
                                        Sin embargo
lo que me desconcierta
no es su indiferencia,
su irritación o su desasosiego
cuando me ven,
sino la piedad,
la tristeza invencible que me inspiran.

Cómo salvar esa parte de ellos
que yo admiraba;
cómo salvar esa parte de mí
que irresponsablemente les dejé
como un voto, una ofrenda.

REPUDIA LA RAZÓN

La razón es inútil,
no es humana.
Es la ínfima parte que nos toca
de Dios.
            Y lo demás, lo nuestro,
está en los sentimientos,
la flaqueza.
Porque saberte débil es sentir que estás vivo,
porque la perfección te da la fuerza
y el poder de matar.
Te da la muerte,
la muerta perfección.

Estamos vivos.
Nuestra única culpa es seguir vivos.

Sergio Cordero

EL OTRO POETA

Todas las cosas a las que me entrego
se hacen ricas y a mí me dejan pobre.

Rainer Maria Rilke

Esa esclava que obsedió al orfebre
adorna la muñeca del guarura.

La última acuarela del suicida
se multiplica en el papel tapiz.

La sinfonía del niño prodigio
fue adaptada para un comercial.

Ese verso en el que concentré
años de experiencia y reflexión

es el eslogan de un vino corriente
o remata el discurso de un político.

Todo aquello a lo que me entregaba
ha quedado tan pobre como yo.

ÍNDICE DE POEMAS

PRIMERA PARTE
EL SIGLO XIX Y EL DESPERTAR DEL XX

SEGUNDA PARTE
EL SIGLO XX Y EL FIN DEL MILENIO

ÍNDICE DE TÍTULOS Y PRIMEROS VERSOS

ÍNDICE DE AUTORES

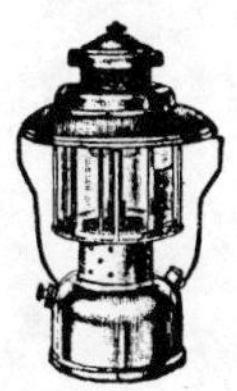

Esta obra fue impresa en el mes de mayo de 2001
en los talleres de Compañía Editorial Electrocomp, S.A. de C.V.,
que se localizan en la calzada de Tlalpan 1702,
colonia Country Club, en la ciudad de México, D.F.
La encuadernación de los ejemplares se hizo
en los mismos talleres.